U0728279

中华中医昆仑

第四集

当代中医药发展研究中心　编
主编　张镜源

中国中医药出版社
·北 京·

图书在版编目(CIP)数据

中华中医昆仑. 第4集/张镜源主编. —北京:中国中医药出版社,2012.11

ISBN 978-7-5132-0900-7

Ⅰ.①中… Ⅱ.①张… Ⅲ.①中医师-生平事迹-中国-近现代 Ⅳ.①K826.2

中国版本图书馆CIP数据核字(2012)第098061号

中国中医药出版社出版
北京市朝阳区北三环东路28号易亨大厦16层
邮政编码 100013
传真 010 64405750
山东鸿杰印务集团有限公司印刷
各地新华书店经销

*

开本 710×1000 1/16 印张 29.25 字数 363千字
2012年11月第1版 2012年11月第1次印刷
书 号 ISBN 978-7-5132-0900-7

*

定价 128.00元
网址 www.cptcm.com

如有印装质量问题请与本社出版部调换
版权专有 侵权必究

社长热线 010 64405720
购书热线 010 64065415 010 64065413
书店网址 csln.net/qksd/
新浪官方微博 http://e.weibo.com/cptcm

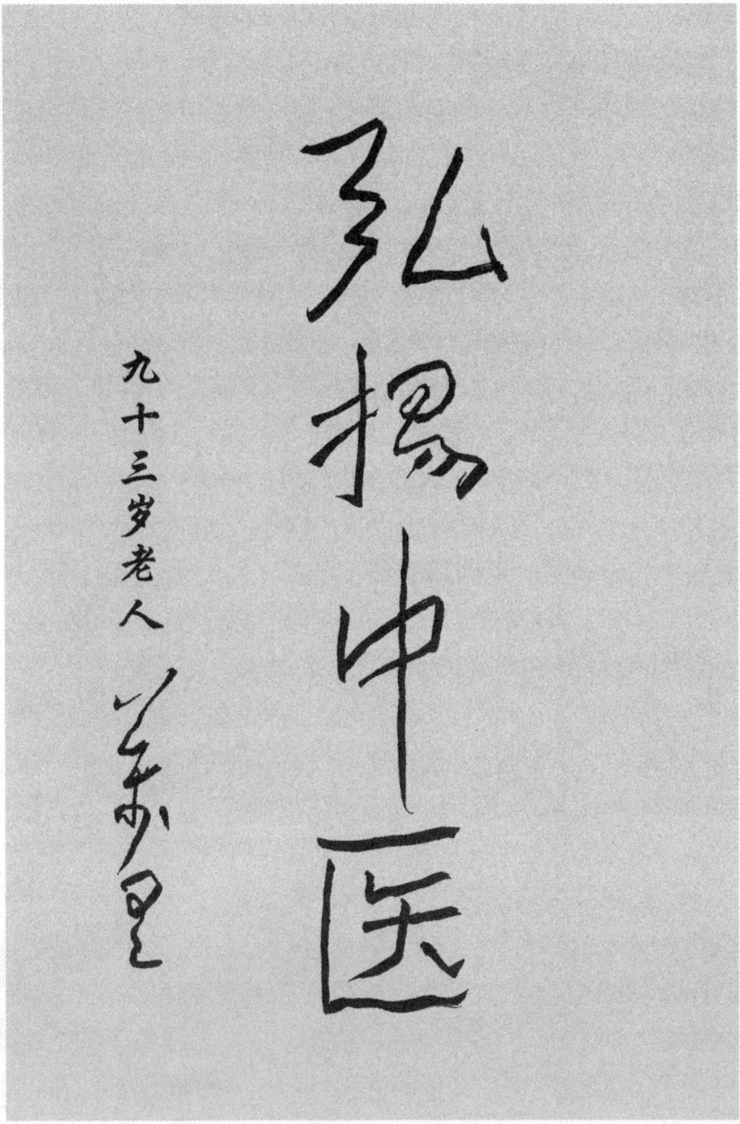

中华人民共和国第七届全国人民代表大会常务委员会
委员长万里于2009年7月29日为《中华中医昆仑》丛书题词

《中华中医昆仑》丛书编委会

总 顾 问　顾秀莲　热　地　郑万通　王国强　胡振民　柳斌杰
　　　　　万季飞　周和平　宋　海　何界生

顾　　问　于己百　王永炎　王孝涛　王宝恩　邓铁涛　石学敏
　　　　　朱良春　刘志明　许润三　孙光荣　李寿山　李经纬
　　　　　李辅仁　吴　伟　吴咸中　何　任　余瀛鳌　张　琪
　　　　　张代钊　张伯礼　张学文　陈士奎　陈可冀　陆广莘
　　　　　苗新凤　金世元　周仲瑛　周兴俊　周霭祥　赵冠英
　　　　　费开扬　高思华　唐由之　程莘农　路志正　颜德馨

主　　任　张镜源　佘　靖　白庚胜

副 主 任　于文明　卫　中　王　炼　王国辰　王承德　王晓民
　　　　　元哲颖　刘彦龙　李大宁　李功韬　李建军　李俊德
　　　　　李振吉　杨　钊　杨　勋　何伟诚　苑　为　周建良
　　　　　房书亭　赵克忠　胡小林　姜在旸　修成娟　姚振华
　　　　　贺兴东　徐建中　梅　伟　崔晓浔　蒋　健　谢秉臻

编　　委　王中华　王汉智　邓耀华　陈伟能　周汉智　郑仁瑞
　　　　　董栋华

主　　编　张镜源

总 编 审　王　立　伊广谦　刘南燕　牟国胜　李佐丰　吴石忠
　　　　　汪兆骞　张年顺　张瑞贤　陈金华　呼素华　孟庆云
　　　　　施宝华　梁星乔　傅　芳　靳　琦　鲁兆麟

编　　审　尹龙元　红　柳　孙雁行　李　岩　李　越　李占永
　　　　　宋　倩　张　浩　陈宏玢　黄　健　崔　宇　鲍国威

编务人员　王　悦　刘　伟　李淑荣　周逢春　张　媛　赵祥龙
　　　　　顾秀玲　常东晗

内容提要

《中华中医昆仑》是为我国近百年来150位著名中医药专家编辑出版的传记丛书，全书共15集，500余万字。这是一部具有历史、学术、文化、实用、典藏价值的传世著作，有重要的现实意义和深远的历史意义。特别是对于广大中医师坚定中医信念，培养医风医德，提高医术水平具有十分重要的启迪和教育意义。

第四集记载了岳美中、沈仲圭、秦伯未、赵锡武、韦文贵、程门雪、黄文东、赵心波、董廷瑶、吴考槃等10人的生平事迹、学术思想、医术专长、医风医德、养生之道和突出贡献。

简 介

当代中医药发展研究中心，是国家中医药管理局作为业务主管单位，民政部批准成立的民办非企业社会组织。业务范围是：组织研究攻克疑难病症，探讨研发中药及保健新产品，学术交流，专业培训，国际合作，书刊编辑，展览展示，咨询服务。

张镜源，山东海阳市人，现任当代中医药发展研究中心理事长、主任。曾担任国务院副秘书长等职，曾在陈毅、万里、谭震林、叶飞、张彦五位领导身边做秘书工作。离休后，立志在有生之年为中医药事业做些有益之事。在多方支持下，带领全体编审、工作人员用了三年时间，为中华近现代百年来150位著名中医药学家编撰出版了这部弘扬中医文化的大型传记丛书《中华中医昆仑》。以此献给数千年来为中华民族的繁衍昌盛和体魄康健作出不可磨灭贡献的中医伟业。

前 言

中医药是中华民族的伟大创造，是世界医学宝库中的夺目瑰宝。数千年来，为中华民族的繁衍昌盛作出了巨大的不可磨灭的贡献。至今，它仍是中国医药卫生事业不可分割的重要组成部分，在维护民族体魄康健、促进经济社会发展中发挥着不可替代的作用。

中医药学，是中华传统文化和科技文明的结晶，是勤劳聪慧的中华儿女在几千年生产生活实践中，在与疾病作斗争的过程中，创造的独具特色的医学科学奇迹。它有着浓郁的民族特色、深厚的文化底蕴和严谨的哲学内涵。经过一代又一代中医药人、一辈又一辈名医大家的实践探索、薪火传承、总结完善、创新发展，逐步形成了系统的理论体系、独特的诊疗方法、丰富的医学内容、实用的制药技术。具有疗效确切、用药安全、应诊灵活、普适简廉和预防保健作用显著的巨大优势，在世界医学之林独树一帜，为人类的文明进步与医疗保健事业，已经并正在作出积极的贡献。

为了弘扬中华民族传统文化，彰显中医药学家的丰功伟绩，当代中医药发展研究中心与中国文学艺术界联合会、国家中医药管理局新闻办公室、中华中医药学会、中国中医科学院、北京中医药大学、世界中医药学会联合会、中国中医药出版社精诚合作，在国家中医药管理局的关怀和指导下，为中华近现代百年来贡献卓著、深受敬仰的150位中医药学家，编撰出版了这部大型传记丛书《中华中医昆仑》。丛书以传主姓名为卷名，生年为卷次，每卷3万字，10卷为1集，共15集；采用评传体裁，记载他们的生平事迹、医术专长、学术思想、传承教育、医风医德、养生之道和突出贡献，使这些宝贵的医学成就和精神财富发扬光大，千古流芳。

丛书取名《中华中医昆仑》。昆仑山，被尊为“万山之祖”，柱西北而瞰东南，立中国而凭世界，凌驾乾坤、巍然屹立。以其高峻豪迈、绵延起伏的磅礴气势，寓意中华中医药学历史悠久、博大精深和永不衰竭；以其挺拔雄伟、高耸入云的恢弘气魄，彪炳一代中医药学家的丰功伟绩、杰出贡献和不朽勋业。

丛书入选传主，从全国范围推荐遴选，遍及中医药界各个领域。有临床家、理论家、药学家、教育家、医史文献学家；有名师亲授、世医家教、学派传人、院校毕业和自学成才者；有师徒并驾、父子齐名和伉俪联袂者。他们学术造诣深厚、诊疗技术精湛、临床经验丰富、学科地位崇高、科研成果丰硕、医风医德高尚、国内外影响较大，从医学理论到临床实践，为中医药事业的传承和发展作出了突出贡献，是近现代百年来中华中医药界的杰出代表。

丛书的出版，对于弘扬中华文化，振兴中医药事业，造就中医药人才，普及中医药知识，具有重要的现实意义和深远的历史意义。这是一项开创性工作，填补了我国为著名中医药学家大规模撰写传记的空白；也是一项抢救性工作，因入选传主已仙逝过半，许多亲历、亲见、亲闻的史料日见散逸，将之收集整理、编撰成书，功垂后世、利国利民；更是一项承前启后的工作，总结传主经验，传承中医药伟业，继往开来，光耀世界医学之林。这部医文结合，富蕴历史性、学术性、文学性和实用性的鸿篇巨制，对医疗、卫生、科研、教育及全球关注中华中医药文化的各界人士，都有重要的参考和阅读价值。

丛书的编撰出版，是一项巨大的中医药文化建设工程，在策划、撰写、编辑、出版过程中，自始至终得到了国家有关领导、政府部门及社会各界人士的关怀和支持。国家中医药管理局高度重视，并组织专家对全书进行终审；数百名专家、学者亲临指导，参与规划；有关省、市、自治区卫生厅、局、中医局（处）给予大力帮助；传主及其亲属、弟子热情支持、密切配合；撰稿人深情满怀、辛勤笔耕；编审专家尽心竭力、精工细琢；关爱中医药事业的企业家热心公益、慷慨资助；全体工作人员不辞辛劳、无私奉献，这一切使丛书得以顺利出版。对此，我们深表谢意。

由于时间紧迫和资料搜集困难，加之水平有限，难免有疏误之处，敬请广大读者批评指正。

中华中医药学，历史悠久，浩浩汤汤，发端于远古，奔向于未来。百年对于历史，不过是短暂的瞬间；百人对于万众，不过是沧海一粟。然本丛书所记载的百年百人，则无疑是波澜壮阔的中医药发展史上辉煌的篇章和光芒闪烁的璀璨星辰。

张镜源

2011年6月

目 录

赵心波 卷

董廷瑶 卷

岳美中卷

岳美中（1900—1982）

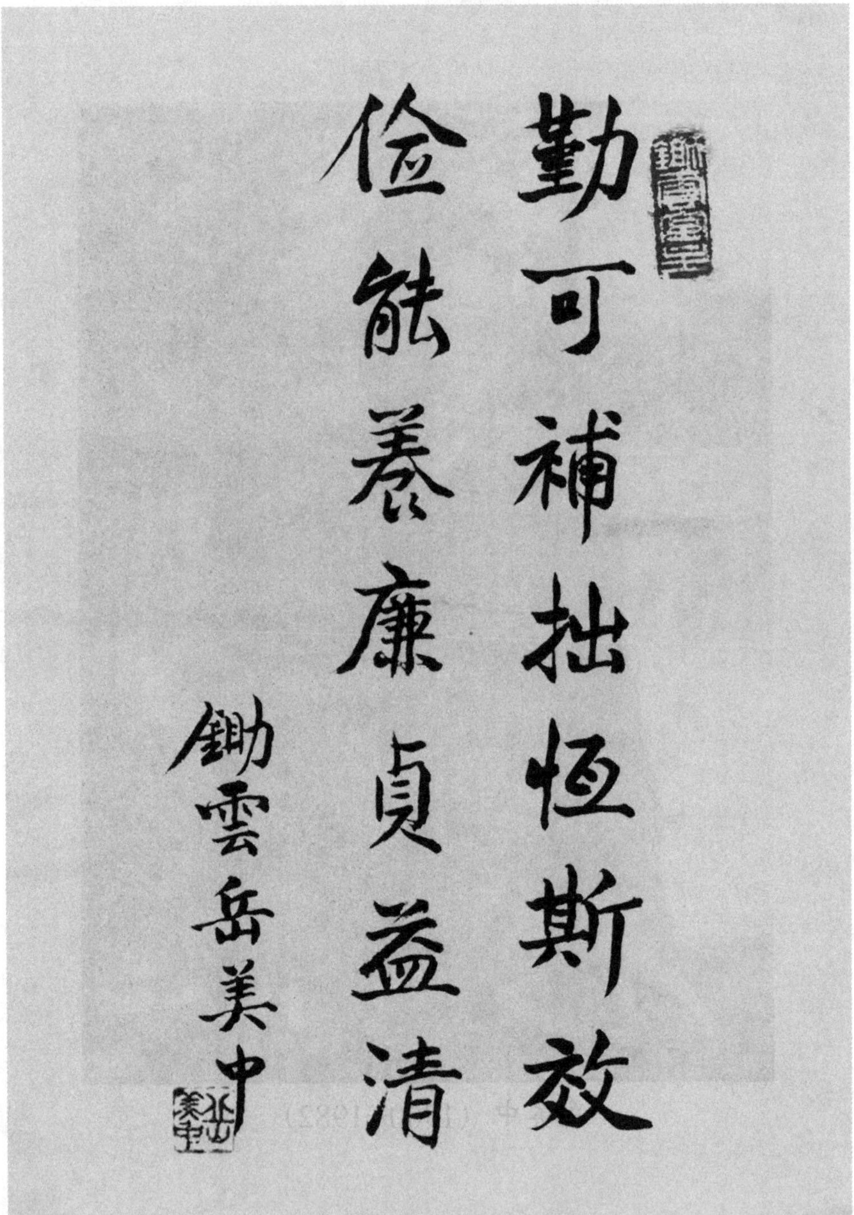

岳美中手迹

做一名医生，有两条至为重要：一是治学，二是临证。治学，要忠诚于学术的真理，直至系之以命；临证，要真诚地对病人负责，此外绝无所求。只有这样，才能认真坦诚地对待患者，谦虚诚挚地对待同道，勇敢无畏地坚持真理，实事求是地对待成败。

——岳美中

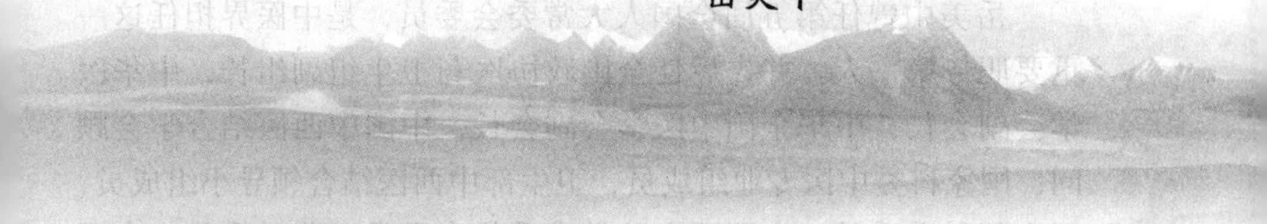

岳美中（1900—1982），原名岳钟秀，字美中，号锄云，河北省滦县人。为自学成才的著名中医学家、临床家、教育家。家境贫寒，早年攻读文史，25岁时因患严重肺结核病求医无效，乃发愤自学中医，以自救救人。行医于冀东、鲁西一带。中华人民共和国成立后任唐山市中医公会主任、唐山市卫生局顾问、唐山市人民医院中医科主任、华北行政委员会卫生局医务主任。卫生部中医研究院筹建时任筹备处门诊部内科主任，其后任中医研究院内外科研究所内科副主任、中医研究院西苑医院内科主任。

岳美中较早提出了“辨证与辨病相结合、辨证论治与专方专药相结合”的观点，对20世纪80年代以来开展的中医药理论与临床研究具有重要的学术影响；提出了“治急性病要有胆有识，治慢性病要有方有守”的原则。他医术精湛，善用经方治大病，主张医药结合，重视对复方和药量以及药味配伍规律的研究；博通中医经典，重视阴阳学说的临证应用；于中医老年病学领域有新的创见，提出了治疗老年病要“细观察、勤总结、慎用药”的原则，创老年补益六法，并出版了中华人民共和国成立后国内最早的中医老年病专著，为老年医学的发展奠定了基础。

岳美中长期从事教学工作，倡导要“重视经典”学习，重视临床实践；提出“振兴中医”这一具有战略意义的口号，为发展中医药事业奔走呼吁；创办全国中医研究班和研究生班，培养出第一批承前启后的中医高级人才，开中医研究生教育之先河，被誉为中国中医研究生教育“第一人”；多次出国从事重要医事活动，以精湛的医术和丰富的临床经验为国家赢得了荣誉，提高了中医药的国际地位，被誉为中国20世纪最著名的“中医药外交官”。

岳美中曾任第五届全国人大常委会委员，是中医界担任这一重要职务第一人。并先后任全国政协医药卫生组副组长，中华医学会副会长，中华全国中医学会副会长，中国中西医结合学会顾问，国家科委中医专业组成员，卫生部中西医结合领导小组成员，卫生部科委委员，中医研究院学术委员会委员、荣誉委员，中医研究院研究生班（部）主任。

岳美中的学术思想和医疗经验，主要反映在《岳美中医学文集》、《岳美中论医集》、《岳美中医案集》、《岳美中医话集》、《岳美中治疗老年病的经验》、《实验药物学笔记》、《中国麻风病学汇编》和即将出版的《岳美中全集》等著作和他所发表的百余篇论文中。

2000年3月19日，首都中医药界、中央有关方面及各界代表在北京人民大会堂隆重举行了纪念岳美中教授诞辰100周年座谈会。

虚心勤奋　自学成名

1900年4月7日，岳美中出生于一个贫苦农民家里，在兄妹6人中，他居长。父母看他体弱多病，难务耕事，东挪西借供他读了8年私塾。16岁考进半公费的滦县师范讲习所，1年后当小学教员，担起养家重担。教书之余，随举人李筱珊等学习古文诗词。其时，军阀混战，民不聊生。岳美中怀着一腔救国热血，写了《灾民泪》和鼓词《郑兰英告状》、《民瘼鼓儿词》等诗文，发表在天津《益世报》等报刊上，但呐喊无应。25岁报考清华国学研究院，落榜后更加发愤读书，不久累得吐了血。求医无效，考学无望，教职又被辞，绝望中，岳美中萌发了学习中医以自救的念头。他买了《医学衷中参西录》、《汤头歌诀》、《药性赋》和《伤寒论》等书，边看书，边试着吃药，肺病竟慢慢好起来了。遂决心学医，治病救人。

其后，岳美中在一个大户人家教书，抱着病弱的身体，日教夜学，读了宋元以后各大医家的医学名著。为了体察药性，亲自尝试过200多味中药。一次因服生石膏过量，泻下不止，浑身瘫软，几天起不来床，人瘦得躺在床上，盖着被单几乎看不出下面还躺着个人。聘其任教的东家知道岳美中在自学中医，家人生病就找他医治。他慎重地认证用药，多有疗效。几剂药治好了东家亲戚女人的血崩，患者全家坐车来致谢，轰动一时。邻村一个小木匠突患精神病，烦躁狂闹，发病月余，诸医束手。岳美中细察其脉象证候，系阳狂并有瘀血，采用调胃承气汤加赭石、桃仁，病人1剂而愈。消息传开，就医者络绎不绝。

1928年秋，岳美中在滦县司各庄开设小药铺，取名“锄云医社”，正式行医。他和友人办了“尚志学社”，白天看病卖药教书，晚上读医书，思索日间的病案。几年间岳美中便名闻乡里。

1935年，岳美中任山东省菏泽县医院中医部主任。在看病授徒的同时，坚持参加上海名医陆渊雷所办的遥从函授部学习。其“述学”课卷受到陆渊雷赞赏，加评语：“中医界有此文才，大堪吐气”，推荐刊载在《中医新生命》上。这期间，岳美中又认真研读了《伤寒论》、《金匮要略》、《备急千金要方》、《外台秘要》等医书，领悟了仲景学说的真谛，以及唐代以前医书中的精华，学术上大有提高。

两年后，山东沦陷，岳美中返乡当小学教员，后到唐山市行医。1946 年，岳美中赴北平参加全国中医考试，取得中医师执照。岳美中专用古方治病，时起大证，成为唐山地区最著名的中医。

实践中，岳美中逐渐认识到专执古方亦有不足，他在博览群书的基础上，总结出：只学伤寒而不精，容易侧重温补；单学温热而不博，容易涉于轻淡。必须学古方而能入细，学时方而能务实。强调“治重病大症，要用张仲景的经方；治脾胃病、虚弱证，用李东垣的效方较好；治温热症及时病，叶派方剂细密可取”，只有因人、因证、因时制宜地选方用药，才能恰中病机。岳美中熔古方、时方于一炉，进一步提高了疗效。

20 世纪 50 年代初，岳美中在中医学术上博采各家之长，对李东垣、朱丹溪、王肯堂、张景岳、赵献可等医家的学术经验，叶天士、王孟英、吴鞠通的温病学说，王清任的瘀血学说，傅青主的女科治疗经验，以及近代恽铁樵、唐容川、何廉臣、张锡纯等医家的思想，均博观约取，终于使自己在中医学术上达到了炉火纯青的境界。总结以前的医疗经验和学术思想，他又有了新的认识：执死方以治活人，即使综合古今、参酌中外，也难免有削足适履之弊。他主张医药结合，重视对复方和药量以及药味配伍规律的研究和运用，并身体力行，取得了重要的成果。组方用药是中医治病的特点。方剂的组成是根据中医的基本理论和实践经验，按照一定的原则由许多药物组合在一起的。因此学习方剂要“在药物配伍和方剂组成历史演变的痕迹中，寻求它的规律性”，“只有善于学习和使用成方，才能掌握中医学方剂配伍的精华和用药独到之奥妙”。这种治学方法，不仅可以为临床一些病的治疗开拓新的思路，而且可以使辨证论治的理论得到丰富和深化。

岳美中认为，成就学问要具备三个条件，即勤奋苦学、良师益友、天资善悟。其中勤奋最为重要。他谦虚地说："论天分，我至多是中中之材。如果说掌握了一些中医知识而能承乏医务，所靠的一是'勤'，二是'恒'。"几十年来，他基本是"日里临床夜读书"。临床常无假日，读书必至子时，以致于"午夜之后岳美中窗口的灯光"，成为中医研究院的一道风景线。即使是出国为外国元首治疗时，也是有空就读书，手不释卷。由于常年伏案，他胳膊肘下面磨起了大片茧子。60岁后，他还近乎苛刻地规定了几条自律：一、要有恒。除极特别的事情外，每日按规定时间温课，不得擅自宽假，时作时辍。二、要专一。不得见异思迁，轻易地改变计划。要有始有终地完成一种计划后再做另一种。三、要入细。不可只学皮毛，不入骨髓；只解大意，不求规律；只涉藩篱，不至堂奥。入细，要防止轻淡，轻淡则流于薄弱，薄弱则不能举大证；还要防止琐屑，琐屑则陷于支离，支离则不能集中主力，也不能理细证。四、戒玩嬉。忌看小说，非星期日不着棋，不赋诗，非有应酬不看戏。五、节嗜好。衣食方面，不求肥甘，不务华美，随遇而安，自甘淡泊。否则必致躁扰不宁，学术上难于探深致远。此后，不独茶酒不事讲求，即书画篆刻，也不宜偏好过多，免得耗费有限的光阴。耄耋之年，岳美中自检，除在旧体诗词方面，有时情有难禁，占了一些时间外，其他都尽力遵守了。

岳美中习医的另一个特点是十分注重临床。他在长期习医过程中体会到，"中医学术的奥妙，确在于临床"，只有长期深入临床实践，才能入细地掌握生命和疾病发展的规律，不断提高疗效，领悟中医学的真谛。他从医50余年，从未脱离过临床。到中医研究院工作后，他结合医疗和科研任务，对很多病种从理论与实践的结合上进行了深入研究。他参加和主持了对流行性乙型脑炎的治疗和研究；参加了对消化系统疾病的治疗和研究；主持了同解放军三〇二医院合作进行的急性肝炎的治疗和研究；结合保健工作，进行了老年病的治疗和研究；特别是长期进行了肾病及泌尿系统疾病的治疗和研究。他在这些方面都取得了重要的成果，获得了良好的疗效，并对这些学科的建设作出了重要贡献。在丰富的临床和深入研究的基础上，形成了自己独到的学术思想和医疗特色。

岳美中认为，做任何一种学问，没有绝对意义上的无师自通，所以他一有机会就向良师益友学习。在唐山时，有位医师精针灸之术，擅长用祖传的“大灸疗法”，能起大证，但年事已高，其术秘不传人。为防绝技失传，岳美中虽年过五旬，仍执弟子礼前去求学，每至入夜，即趋聚灯前，问难请业，无间风雨，终于掌握了这套疗法。他晚年已有盛名，仍然十分注意从同事处体察、吸收其特长和经验。

岳美中不仅博学多才，而且非常谦虚。常常在治好病人后，别人由衷赞赏他的医术和疗效时，他却带着浓重的唐山口音风趣地说：“我又捡了一个‘驴镫’！”（冀东乡谚“瞎子捡驴镫——碰到脚上了”，是凑巧碰上、侥幸成功的意思）

岳美中说，医生这个职业的特殊之处，在于他一举手一投足都接触病人。医术好些精些，随时可以助人、活人；医术差些粗些，随时可以误人、害人。从这个意义上说，医生真可以说是病人的“司命工”。一个医生，如果不刻苦学习，医术上甘于粗疏，就是对病人的生命不负责任。当然，就是勤奋学习，也并非就一定能治好病，但不怠于学，至少可以无愧于心。做一名医生，有两条至为重要，一是治学，二是临证。治学，要忠诚学术的真理，直至系之以生命；临证，要真诚地对病人负责，此外别无所求。只有这样，才能认真坦诚地对待患者，谦虚诚挚地对待同道，勇敢无畏地坚持真理，实事求是地对待成败。岳美中正是从这样的职业良心和责任出发，几十年倾心以赴，刻苦读书，注重临床，广收博取，熔铸升华，成为一位学识渊博的中医学家和医术精湛的临床家。

经方大师 屡起沉疴

朋辈们称誉岳美中“经方浩博寄君身”，岳美中评价自己“专用古方治病，时起大证”。“古方”，主要指张仲景的经方；“大证”，则指急性热症、危重症和疑难症等。

东汉张仲景所著《伤寒杂病论》集中了汉代以前经方的精华，后世医家称之为“经方”，并常以此作为母方，依辨证论治的原则而化裁出一系列的方剂。经方药味少，5味药以下的小方占半数以上，多用药性较猛、带有偏性的药物，轻如麻黄、桂枝，重如大黄、附子，毒如乌头、巴豆，剧如芫花、大戟。此外经方针对性很强，这就要求使用者对于病症的病机病理有系统、准确的把握，对于每味药的作用和相互之间的关系有深入的理解。经方对证则效如桴鼓，误用则非但无效，还能伤人，故不少人不敢用或不会用。岳美中说：“那些经过几代人肯定的、确有价值的东西，通过辨证选用或稍加增减，强胜于师心自用。”我们临床所用的方剂，大部分来自古书成方，若舍此不用，只能事倍功半。岳美中将此形象地比喻为：“有现成的梯子不上，又何苦去爬墙。”岳美中采用经方，匠心独运，屡起沉疴。

急性高热，中西医均感棘手。岳美中治疗高热待查、乙型脑炎等，善用经方取卓效。一名3岁男孩，高热达40℃，人迎脉数，小脸烧得通红，汗出微喘，是有表邪；舌黄不燥，呕恶上逆，大便溏泄且次数多，是脾胃蕴有暑湿，夹热下利。岳美中开葛根黄芩黄连汤原方，连服3剂，患儿热减，大便转佳，也不呕吐恶心了，继服此方，很快痊愈出院。

岳美中善于用经方治疗肾脏病证，包括急慢性肾炎、尿毒症、肾盂肾炎、膀胱炎、肾结石、前列腺肥大、男性不育症及顽固性腹泻等。一女病人，患胃穿孔合并腹膜炎，手术后血压一直很低，尿量极少，甚至无尿，持续数日，渐呈半昏迷状态，肌肉抽动，诊断为急性肾功能衰竭，治疗无效。岳美中接诊，发现患者时而躁动，脉细肢冷，属阳气势微，肾关不开，遂成尿闭。投以真武汤加西洋参、生薏苡仁煎服。1剂之后，能自排小便，四肢渐温，肌肉不再抽动。2剂改用四君子汤加生薏苡仁、车前子、牛膝、泽泻。服后神志全清，排尿自如，精神略振，但仍口干。改用沙参麦冬汤加味服之，诸症好转，血压恢复正常，最后痊愈出院。一老年患者，三年来总是天刚亮就腹泻。某医曾用理中汤、四神丸、附子理中丸等，好转两三天，接着又泻，求诊于岳美中。察其苔净，六脉俱弱，岳美中说："这是肾虚作泻，理中汤是理中焦，这是下焦之泻，如果一定要投理中汤，须去掉甘草再加味。"即处以此方去甘草，加细辛引药入肾以激发肾阳，驱除浊阴之邪；增吴茱萸温肝以暖肾，畅水而降浊阴。服药3剂病愈，3个月后随访未复发。

岳美中亦善于用经方治疗肝脏病证，包括急慢性肝炎、胆囊炎、肝硬化以及癫痫等。谭某，患急性黄疸性肝炎，全身皮肤及巩膜明显黄染，恶心呕吐，右上腹发胀，小便黄，属阳黄热重，投以茵陈蒿汤加味，症状逐渐消失，黄疸减轻，以后改用茵陈五苓散。住院27天，黄疸指数降至正常，但转氨酶仍高。岳美中发现患者脉数，舌质深红有少量黄苔，胸闷气短，口干渴喜饮，认为系上焦燥热，改投竹叶石膏汤加龙胆草、连翘以清之。5剂后，口渴止，转氨酶降至正常而出院。姬某，患慢性肝炎1年余，轻度黄疸不退，转氨酶高。岳美中切其脉，左关浮弦，右脉滑大，望其舌中部有干黄苔，此属少阳阳明并病而阳明热重，选用大柴胡汤，治少阳蕴热之黄疸与阳明痞结之胀满，更辅以小陷胸汤，专开心下热结。连服10余剂，诸症消失，转氨酶正常而出院。

岳美中还擅长用经方治疗心脏病证，包括心绞痛、心律紊乱、肢端动脉痉挛等。心绞痛患者陈某，稍一劳累，或精神紧张，或吸烟时，即感气短，左胸部堵塞作痛，严重时心痛彻背，服滋补之剂无效。察其脉濡弱，左脉尤甚，舌本及沿中线偏右处有黄底白苔，乃浊阴上犯胸阳之象，以枳实薤白桂枝汤合苓桂术甘汤为治，痛稍减，改投枳实薤白桂枝汤，心痛大减。但脉仍濡细，继用人参汤加桂枝，病情逐渐好转。

用经方治疗各种疑难杂症也是岳美中所长。一名17岁男患者，因入河水中受凉，数日后左股关节肿痛，渐及两膝关节发红，肿大疼痛，左侧尤甚，不能行走，两膝屈伸不利，发热38℃左右已4个月，多方医治无效。岳美中认为属风湿内侵，久郁化热，投以桂枝芍药知母汤，数剂取效。患者李某，项部自汗，淋漓不止，颇感苦恼，脉浮缓无力。岳美中认为，项部是太阳经所过，长期汗出，是经气向上冲逆，持久不愈，必致虚弱。投以仲景桂枝加龙骨牡蛎汤，和营降逆，协调营卫，收敛浮越之阳气，服4剂而汗止。

岳美中认为，学好仲景书，获益无穷，故常教导弟子："要背诵与精读仲景书，不可安于小家书。""学通仲景学问，再钻研李东垣的《脾胃论》、《内外伤辨惑论》以及叶天士、吴又可、王孟英、何廉臣的温病著述，可概知中医学术，临证当可圆活不涩了。"岳美中临证从来不一味一味药口授处方，而是以仲景处方为基础作必要加减，他几乎无日不用《金匮要略》医方，弟子们必须熟背出仲景各方，才能在一旁写出处方。熟记的标准是"做到不假思索张口就来"。

岳美中告诫说："临证时，如证与方合，最好不要随意加减"；"若欲加减，宜谙习古人之加减法而消息之"；"若证候不完全符合原书成方的主治证和加减证，便应更方，除非不得已，绝不独出心裁"。这是他从实践中得来的真知。他曾诊治一妇女，患慢性肾盂肾炎，尿频、血尿，用猪苓汤原方3剂，诸症均逝。数日后又复发，但稍轻。岳美中考虑其久病必虚，便于方中加山药一味，孰料病情反重；再用猪苓汤原方，诸症又减，只是排尿时尿道稍感疼痛。又虑其尿道久痛，恐有沙石瘀滞，加入海金沙以导其浊。药后两剂，诸症又大作。鉴于两次复发的教训，岳美中再不敢任意加减，仍守猪苓汤原方，患者服10剂而获痊愈。其实岳美中的医案中有不少是加减变化古书成方，如大柴胡汤加金钱草、滑石、鸡内金等治慢性胆囊炎、黄疸及胆结石等，关键在于不能“随意”加减。

成方的药量亦不可随意增减，尤其应注意关键药物的配伍比例。刘某，患脉结代、心动悸证，服药未效，求治于岳美中。岳美中索阅前医之方，是仲景炙甘草汤，方药对证，只是未遵照仲景药量。于是按仲景原方药量调整，“以水四盅，酒三盅，先煮八味，取二盅，去渣，纳阿胶化开，分二次温服”，吸取了仲景以多量水加酒久煎的方法，意在将药汁浓缩成稀膏，增强调补心脉的力量。患者服四剂而愈。岳美中形象地把配方调剂比喻为烹调：“治某病用某方，只有依据原方固有比例调剂，如法煎煮，才能收到最佳的治疗效果，正像做某种菜肴，依据食谱所列的原料和佐料的比例，如法煎炒，做出来的菜才好吃。”胡某，慢性胃炎，证现干噫食臭，腹中雷鸣。岳美中诊为痞证，处以生姜泻心汤原方，以水八盅，煎至四盅，去渣再煎，取二盅，分二次温服。服1周后，所有症状基本消失。这里运用了张仲景“去渣再煎”的特殊煎法，其意在泻心汤同柴胡汤一样，是调和之剂，方内寒热并投，旨在和解，去渣再煎，从煎法上体现了调和之意，是张仲景匠心独运之处，岳美中忠实地继承了下来。他多次对弟子说，关于仲景方的运用，既要牢记其证候，也要注意其配伍、剂量比例、加减进退，甚至煎服法都要熟记，不能轻易放过，其中蕴含深意，亦可能是疗效所在。仲景方药不传之秘，在于用量，随处可以体会得到。岳美中提出，在患者病情严重而方药煎法复杂时，宜由医生、护士煎煮，以提高疗效。

岳美中认为，“法崇仲圣思常沛，医学长沙自有真”。他对仲景方剂颇有会心，故临证如源头活水，触机即发，信手拈来。因此说他是当代经方派大师，实不为过。

重视辨病 善用专方

20世纪50年代后期，中医学术刚刚振兴，中西医结合医学尚处于起步阶段，不少中医在临床上忽视或不会辨证论治，以中医方药简单地对应西医的病名，使辨证论治简单化；同时，也存在泛谈辨证，忽视对症的专方专药使用的情况。这两种倾向严重地影响了中医药疗效的提高和学术进步。根据这一实际情况，岳美中于1958年提出了“辨证与辨病相结合、辨证论治与专方专药相结合”的重要观点，促进了中医治疗水平的提高。

岳美中指出，辨证论治是中医学术特点和精华所在，数千年来，它在中医学术的发展和促进诊断治疗水平的提高方面起着重要作用。临床上通过辨病因、辨病位、辨病态、辨病机、辨证候、辨方药、辨人的虚实强弱，采用积极主动、恰如其分的治疗，既注意到人体内外环境的联系和统一性，如内外相应与脏腑经络相关的辨证，也注意到个体体质差异等特点，因而有一病多方、多病一方的同病异治与异病同治，不但临床效果好，而且也是中医研究工作中的重大理论问题。

1971年初夏，岳美中会诊汪某，男，54岁，8天来体温39℃～40℃，用过多种抗生素和退热剂治疗无效。阳明经证大热、大汗、脉洪大、大渴四大证皆具，诊为阳明热盛，处方白虎汤加味：生石膏、知母、粳米、炙甘草、鲜茅根、芦根、连翘。其中生石膏用量60g，是常规用量的两倍！陪侍人员惊问：“生石膏能用如此大量？”岳美中成竹在胸。患者一天内连进2剂，热势顿减。第二天继续服用原方，体温降至37.4℃。以后生石膏减为

45g，续服2剂而体温正常，后予调理方而愈。此案轰动一时，以多种西药不能退热之疾，竟用如此平淡之方而奏功，是平凡之中见神奇。此例高热患者，舌苔薄黄，咽微痛，宜略佐透解，故在白虎汤中增入茅根、芦根、连翘，于此可见岳美中辨证论治之精当。

辨证论治，岳美中认为即“因势利导”而已，因势即概括辨证，利导即概括论治。岳美中主张，在临证时，要先辨病，后辨证，再论治。其理由是，每种疾病的基本矛盾决定疾病的发生、发展和预后，证候的寒热表里虚实等，仅是从属基本矛盾的不同表现。所以，先辨病是要了解疾病的本质和特殊性，以便解决疾病的基本矛盾；后辨证是要了解证候的属性，以助基本矛盾的解决；再论治是要找出解决矛盾的方法。三者是密切相关的统一体，只不过是主次先后而已。但病是本、是纲，证是标、是目，证依附于病。根据本标原委、纲举目张之理，在临诊时不能停留于辨识证候，避免本末倒置、以偏概全，务必以辨病为重心。首先辨明疾病，然后辨病的证候属性，病证既明，再辨古今专方专药的应用。如辨证病人为黄疸者，用专方专药茵陈剂治疗；辨证属于阳黄者，茵陈蒿汤主之；阴黄者，茵陈四逆汤主之。

岳美中指出，《伤寒论》开宗明义将“辨病脉证并治”列于篇首，并在每篇中都详论主病、主证、主方；《金匮要略》以专病专证成篇，也首标“病脉证治”为题，二者都是在专病专证专方基础上进行辨证论治的著作，为后世提倡这一学术思想奠定了基础。如太阳病中风桂枝汤主之，太阳病伤寒麻黄汤主之，阳明病经热证白虎汤主之，阳明病腑实证承气汤主之，痉病属刚痉者葛根汤主之，痉病属柔痉者瓜蒌桂枝汤主之等，皆以病概证，以证明治，治有专方，形成了病证与方药的统一。像百合病特设百合剂治疗，疟母用鳖甲煎丸治疗，柴胡证由小柴胡汤主之，五苓散证由五苓散主之等，病有病的专方，证有证的专方，为辨病论治与专方专药的应用树立了典范。岳美中指出，书中某病某证某方“主之”，此即为“专病专方专药”。某病证“可与”或“宜”某方，是在辨证之下随宜治之。后世《备急千金要方》、《外台秘要》皆依此法。因此，“可知汉唐医家辨证论治是外感、杂病分论各治，在专方专药的基础上照顾阴阳表里虚实寒热”。这种诊治疾病的思路及方法，对当前中医临床研究，仍有一定借鉴意义。

岳美中明确指出，强调专病用专方治疗，并不违背辨证论治精神，二者非但不悖，而且相辅相成。所谓辨证论治，就是根据四诊八纲、脏腑经络辨认病证，再依据病证予以相应的方药治疗。而专病专方的初始阶段恰源于辨证论治，一旦形成了“专病专方”，就发展了辨证论治。因此，专病专方是辨证论治的升华，是千万人实践和智慧的总结。中医治病，必须辨证论治与专方专药相结合，对于有确实疗效的专方专药，必须引起高度的重视。

岳美中依据自己的临床体会，将内科杂病分为两大类：一为气化病，即一般所说的功能性疾患；一为实质病，即一般所说的器质性疾患。就治法言，气化病多取泛用通治法，而实质病则取特殊治法。在特殊治法中，再照顾机体的内外情况，辅以其他治法，即专病专方专药与辨证论治相结合的治法。例如痢疾，《金匮要略》治下利脓血的热痢所用白头翁汤，是已为临床证实的专方，白头翁、黄连为下利脓血的专药。后世专方有《普济方》地榆丸、《仁斋直指方论》香连丸、东垣升阳渗湿汤等，后世专药有马齿苋、鸦胆子、大蒜等。他说，这些专病专证专方中的专药，与方剂配伍中的“主药”意义颇相接近，且有一定联系。使用它们，既符合辨证论治原则，又都有明显效果，体现了专病专方与辨证论治相结合的过程，这才是提高中医疗效的可靠措施。

由于岳美中较为成功地解决了中医、中西医结合内科实践中如何应用传统医药提高疗效的理论问题，从而提高了中医学术水平。他本人临证应用这一理论，以疗效显著而名闻遐迩。

岳美中注重专病专方，绝不仅仅限于经方，而是遍览群书，博采众方，勤于验证。无论经方还是时方，杂书所载方或民间流传的单方验方，他都细心研究，凡可取者无不录之备用。他说："作为一个好的医生，除了通晓医学著作以外，还应该多读杂书。中国文化广博精深，经史子集中往往有不少有关医学的内容，引以借鉴，既可丰富医疗经验，又可启发人的思想。我经常留心医书之外的文史书籍，凡有奇闻异说，辄录之，供实践中运用，好像军械库一样，储存的武器越多，制敌之法就越广。"他从《验方新编》里采得四神煎，治疗"鹤膝风，膝关节红肿疼痛，步履维艰"，多获良效。岳美中有个女儿，每一感冒，即剧烈头痛，面红发热，迭服中西药物不能根除，颇为苦恼。岳美中从《止园医话》查得一方，说治偏头痛极灵，方为连翘、菊花、桑叶、黄芩、薄荷、苦丁茶、夏枯草、藁本、白芷、荷叶边、鲜茅根。于是投原方，果然1剂痛减大半，3剂痊愈，后未再犯。其他如治疗慢性肾炎的芡实合剂，治疗心胃作痛的延年半夏汤，治疗慢性肝炎肝肿大的抑肝散等，都是岳美中从万千方剂中精选出来又经验证的有效方剂。

岳美中重视专病专方，并不拘于一病一方。他说："所谓专病，也并不是孤立与静止的，是变化与运动着的，所以在专病专药应用中，若不注意先后的阶段性，不问轻重缓急，一意强调固定专药，也是不对的。"如他治疗肝炎恢复期虽无明显症状，但残留某项肝功能不正常的病人，并不拘泥于肝炎多病湿热，治疗必用茵陈、柴胡的套路，而是细致地寻找辨证线索，抓主要矛盾，随机应治。患者郑某，诊得脉虚无力，舌质及眼睑色淡，岳美中认为血虚见证，他不拘泥于"黄疸多湿不宜滋补"之诫，治以补血之品，辅以清利药物，用四物汤加茵陈、茯苓治疗，患者肝功能得以明显好转，充分显示了岳美中辨证论治的灵活性。

岳美中不仅熟悉药物功效，而且掌握遣方规律，从而达到专方专药与辨证论治相结合的目的。徐某，头顶脱发，如胡桃大小的圆圈连结成片，渐成光秃，这位21岁的小伙子十分懊恼。切其脉濡，舌稍白，无其他痛苦。处一味茯苓饮，茯苓研为细末，每服6g，白开水冲服，一日两次。约服两月余，来复诊，发已丛生，基本痊愈。此案以利水通阳，用气化理论治疗脱发，真乃奇案，又很有理论价值。此例发秃因水气上泛巅顶，侵蚀发根，使发根腐而枯落所致。茯苓能上行渗水湿，而导饮下降，湿去则发生，虽不是直接生发，但亦合乎“伏其所主，先其所因”的治疗法则，说明岳美中掌握辨证论治极为纯熟，左右逢源。

在临床实践中，岳美中根据病证创制了许多经验方药，如治冠心病心绞痛的加味冠通汤、治顽固性气管炎的固本丸、治咳嗽的锄云止咳汤、治支气管哮喘的锄云利肺汤、治虚劳咳嗽的参蛤三七散、治女性不孕症的妇宝胜金丹，以及治小儿肾炎的玉米须（常服）、治寻常疣的单味薏苡仁粉等，在临床均获满意疗效。

有胆有识 有方有守

对于急性病和慢性病的治疗大法，岳美中提出了“治急性病要有胆有识，治慢性病要有方有守”的原则。

岳美中说，医生对急性病，要有胆有识，迅速抓住现证特点，迎头痛击，因势利导，以解除患者病痛。急性病来势凶猛，证多凶险，病情瞬息万变，治疗的有利时机转瞬即逝，任何犹豫疑惧都会贻误病机，酿成后患。医者须当机立断，在准确辨证的基础上敢于用药，包括敢于用峻猛之剂，治之宜准、宜重，同时又要准确把握分寸，即所谓要“有胆”。岳美中说：“有胆有识要学仲景，大剂量，单刀直入，速战速决。”当然，光有胆还不行，还必须要“有识”。识是胆的指导，胆是识的执行，眼明而后手快。唐代孙思邈说：“胆欲大而心欲小”，意思是既要有敢想敢干、当机立断的精神，又要小心谨慎，周密思考。故清代名医吴鞠通说：“治外感如将，兵贵神速，机圆法活，祛邪务尽，善后务细。”

岳美中指出：古人在治急性病的紧要关头“急下之”、“急温之”，“急”字之义，应包含着有胆；同时在“下之”、“温之”之中，应包含着有识。方剂中白虎汤、大承气汤、大陷胸汤、大剂清瘟败毒饮、附子汤、四逆汤、干姜附子汤、桂枝附子汤等，都是猛剂峻剂，必须认准证候，掌握分寸，既不可畏缩不前，更不可孟浪从事。医生投药，关系至重。有识无胆会坐失时机，而有胆无识更会误人杀人于顷刻。

岳美中长于治疗热性病，治愈过许多无名高热症，诊治乙型脑炎、心肌炎等，有较好疗效。

开滦矿务局一位14岁女孩，发热半年余，体温高时达40℃，多方治疗无效。岳美中接诊，根据她“但渴不多饮，二便自调，舌苔淡黄”的症状，判断：虽然高烧，但不是真热，发热恶风，脉见浮缓，时有汗出，系中风症未罢，营卫失和。拟桂枝汤原方，3剂而愈。《伤寒论》曰：“桂枝下咽，阳盛即毙；承气入胃，阴盛则亡。死生之要，在乎须臾。”意思是说，阳盛患者喝下桂枝汤，马上毙命；阴盛患者喝下承气汤，立即死亡。生还是死，就在瞬间。这个女孩发高烧半年余，一般医生绝不敢用桂枝汤，岳美中大胆用之，很快取效。联想到岳美中当年治疗突患精神病的小木匠，用的正是承气汤，其胆识可见一斑，而这种胆识靠的是精于《伤寒论》和千百次临床的积累。辨证失误之差池闪失，常决断于细微之处。

至于慢性病的治疗，岳美中指出：“要注意病变质与量的变化规律，治疗时要做到有方有守。若病程较久，量变达到一定程度，不守方则难获全效。有时久病沉疴，虽服数剂药病情明显好转，临床上看似痊愈，其实只是病情向好的方面发展，由量变向质变的开始，此时停药，稍有诱因即可复发。即使在用药过程中病情亦常有反复，原因就是量变尚未达到质变程度。”他说：“曾治一例病已30余年，每年均反复发作的腹痛胀气，大便溏薄，日3~4行的脾胃虚寒患者（西医诊断为慢性胃炎、溃疡性结肠炎），用理中汤加木香、焦三仙，药服17剂痊愈，再进15剂巩固疗效，后改为丸剂，连服两年，观察4年，虽经多种诱因，仍未见复发，原因就在于病情由量变达到了质变。”有方有守，是指准确辨证后，当守方勿替。清代医家吴鞠通所说“治内伤如相，坐镇从容，神机默运，而人登寿域”即是指此。

岳美中说：“有方有守要学东垣，小剂量缓投，假以时日，由量的积累到质的变化。”在古代医家中，除张仲景外，岳美中尤其推崇补土派医家李东垣。“内伤脾胃，百病由生”是东垣脾胃学说的基本思想，它开辟了一条治病由脾胃入手的路子，岳美中继承并发展了其脾胃论思想。李东垣调理脾胃主要以益气升阳除阴火为主，岳美中在此基础上，更注重于补脾气，调五脏，顺六腑。他自述：“余到晚年，在治疗一些杂症和老年慢性病方面，运用东垣方剂，灵活变通，收益匪浅。治慢性病，若终得培土一法，常可峰回路转，得心应手。调理后天脾胃，确是治疗内伤杂病的善策。”

岳美中早年对治疗慢性疾患急于求功，效果不好，于是仔细观察一位富有经验的名老中医临证。发现老先生治疗慢性病，除了调气理血、滋阴温阳的几个寻常方剂外，并未见有什么奇方妙药。观察一年，百思不得其解，故请教“秘诀”。老中医指点迷津：“治疗慢性病，除先认识到疾病的本质，再辨证准确、遣方恰当以外，‘守方’要算是第一要着。”岳美中茅塞顿开，明白了“一锹掘不出一口井”，“有方”还要“守方”。此后，岳美中遵此用方，在临床中每获良效。

陈某，男，1970年6月诊断为慢性肝炎，连进中西药两个多月，各项指标未见好转。服中药至1973年春，不但各项指标居高不下，而且经扫描检查，怀疑是初期肝硬化。因患者舌苔黄白长期不退，舌面及牙龈出血，医生诊为湿热久郁，频投清热利湿之剂。患者服中药千余剂之多，未获显效。1974年3月，岳美中接诊。诊脉左寸关沉紧，舌红有裂纹，苔黄厚腻。查过去处方，都是清利之剂。岳美中据其清利无效，断非湿热实证；根据牙龈出稀血水，诊为气虚失于摄持，血有脱象；肝脏肿大则由气血不足，远非湿滞淤留胁下所能解释。决定从脾胃入手，投以东垣圣愈汤，配合缓中补虚的大黄䗪虫丸，守方50余剂，诸症减轻，肝功能正常，精神旺盛。

在慢性病的治疗上，岳美中主张用方要准、使用要稳。一位非特异性结肠炎患者，轻时日泻二三次，重时日泻10余次，甚则日泻20余次，消瘦，纳呆，缠绵不愈，西药治疗无效，曾两次住院中医治疗，缓解出院后又复发。岳美中认为，此为不知培土之法、培植之方之过。遂以资生丸为主方，小剂量频服，培土以治其病本；间用附子理中汤，暖土以治其泻不止之标。守法守方，经治三年，大便成形，20年痼疾得愈，并恢复工作。

岳美中一个女儿患肾炎，用济生肾气丸（作汤剂），连进44剂未见效，要求改方。岳美中嘱原方继服，又进3剂，果然效验大显。某医院副院长患肾盂肾炎，迁延年余，发作越来越频繁。岳美中于发作时用猪苓汤，间歇期用肾气丸，持续服用半年，未再复发。岳美中用玉米须治小儿慢性肾炎，强调坚持用药，最好一次备齐晒干的玉米须12公斤，连服半年以上，疗效甚好。岳美中从理论和实践上都充分阐明了治疗慢性病有方有守的重要意义。

在用药方面，岳美中说，急性病用药要单纯，要有力量。如张仲景治伤寒，三阳实证应"治病留人"，而三阴虚证应"留人治病"。他推崇轻量处方，但强调药量，以有效为准则。如治急性高热，生石膏可一剂达240g，治结石，金钱草一剂至210g；但治慢性脾胃病，砂仁、陈皮常用1.5g即可。能小量则不用大量，因药有偏性，积久大剂频进，会使脏腑有不能应付之虞，发生难以预料的后果。

医生治疗急、慢性病，要做到“有胆有识”、“有方有守”，必须对中医理论熟读精研，同时必须多临床实践，并经常总结经验和教训，才能不断地提高治疗急、慢性病的本领。

老年医学　开拓创新

20世纪六七十年代，除日常诊务外，岳美中参加了毛泽东主席、周恩来总理、叶剑英元帅等中央领导的医疗和保健工作。他注重着力研究老年疾病和老年保健，《岳美中老中医治疗老年病经验》是中华人民共和国成立后第一部中医老年医学专著，在老年病治疗首重脾胃、注意老年人的生理病理特点方面有所突破，将补益六法开创性地运用于老年病，成为现代著名的老年医学专家。

中国老年医学兴起和发展较早，唐代孙思邈《千金翼方·养老大例》和宋代陈直《养老奉亲书》奠定了老年医学的基础。明清时期医家防治老年疾病，多注重养生和食疗，相对地轻视药物治疗。加之孙思邈虽倡行补益而立法较少，故后世除多谈健脾补肾之外，缺少较为系统全面的补益法则，中医老年医学的许多理论和实际问题都有待于研究和解决。

岳美中将老年病治疗首重脾胃问题提到新的理论高度。陈直《养老奉亲书》简略提到“脾胃者，五脏之宗也”，后世医家仅宗之以发展老年食疗治病健身。岳美中提出，人之衰老，肾精先枯，累及诸脏，此时全仗脾胃运化，吸收精微，使五脏滋荣，元气得继，才能祛病延年。故调整饮食，促进消化功能之康复，保持大小便通畅，实为防治老年病的关键。

岳美中强调注意老年人的生理病理特点，针对老年病病情复杂、病程长、体质弱等特点，提出“细观察、勤分析、慎下药、常总结”的治疗原则。

岳美中治疗老年病一贯强调，“药宜平和”，“用量要小”，“多用补药，少用泻药”，“多用丸散，少用汤剂”，不要急于求成。他认为：“老年人药量小不怕，药力到就行。”一般从70岁开始，方剂的药量应减半。视体质情况，弱者每一味药用3~6g，发汗药不超过9g，泻下药不超过5g。老人偏于气虚、阳虚者多，黄芪、附子较常量稍大一点无碍，苦寒药如黄连1~3g足矣。老年病多虚证，补药能振奋脏腑机能，改善人体羸状，利于延寿祛病；泻药应中病即止，若施用不当，一泻则恐气脱。但补与泻二者关系又应活看。清代医家徐灵胎说，药物治病的针对性第一紧要，投对了就是补药，投不对就是泻药。岳美中说，医者要用好补法亦属不易，要补得恰当，当补则补，补之不当，则滞气机，所以要“先其所因，伏其所主”，找出虚的主要矛盾方面，才能使补益之法用得恰到好处。岳美中将平补、调补、清补、温补、峻补、食补等六种补益方法开创性地运用于老年病，发前人之所未发。

平补即用平和的方药，不寒不热，不攻不泻，不湿不燥，不刚不柔。有医者认为这类药是普通敷衍药而不予以重视，实际这正是岳美中因人制宜的体现，在平淡中求奇效。一老年肾结石病人，用清化湿热药过程中，阳痿加重。岳美中曾考虑用桂附、阳起石、海狗肾等“兴阳药”，因恐刺激力过大反招致性功能短暂兴奋、长时衰减，遂改用平补药，于方中加入具有兴阳作用的当归，服15剂而恢复。

调补寓有调理的意思，适用于虚实夹杂、阴阳错综之证，强调用药不能峻补、温补、平补，只有调补可图。岳美中曾治一位70高龄男患者。病人素常多病，曾患肝炎，来诊时称腹胀、纳呆，长期以来每餐不及一两，午后心下痞硬，嗳气不止，大便稀薄，诊断为浅表性胃炎。因服西药多不耐受或有不良反应，改服中药半年余，药后腹胀稍舒，不多时则胀满又起，逐日加重，有碍工作。诊之脉濡无力，右关沉取欲无，左关稍弦，舌苔白而润，辨证属肝脾不和，脾胃升降失调，脾虚尤为主要矛盾。患者过去用开破药较多，越开破则运化功能越弱，故应健脾和胃。因患者进食一两即发胀，故药量不宜大，以资生丸方研粗末，每用10g，水煎2次，合成一茶盅（约200ml），作一日量，午饭与晚饭后半小时温服半盅。1周后复诊，嗳气减，矢气多，胀满轻，胀的时间亦缩短，脉沉取较有力，舌苔少，纳食由每餐一两增至二两。续服原方半月，脾虚症状基本痊愈，后仍服此方一段时间以巩固疗效。

清补是补而兼清。岳美中告诫：清补法要清而不凉，凉药易伤脾肾之阳，还要注意滋而不腻，否则有碍脾胃吸收。他举例说：养脾阴以慎柔养真汤为好，该方出自明朝胡慎柔《慎柔五书》，方中选用党参、黄芪、白术、茯苓、白芍、莲肉、山药、五味子、麦冬等清补之品，以取清补脾阴、甘淡滋脾之效。为避其温燥之弊，故要求弃头煎，服二三煎。中医治病绝非只知选方用药，煎服法中亦具医理。由此可见，对老年人阴虚有热者，轻清养阴的分寸把握必须达到入微的程度，方有卓效；稍有失度，反增不适，不是立法不当，而是方法尺度不巧。从中可见岳美中的临证功底。

温补，针对阳虚者运用温而兼补法。首先要明确是何脏何腑的阳虚，根据脏腑生理特点选方用药。如全真一气汤等，适用于五脏阳虚，元真之气消亡。

峻补适用于垂危极虚、不用大剂汤液不能挽回的患者。如阳脱垂危者，须独参汤时时灌服；极虚者，需参附膏一日数两。

食补即以食物代药，适宜病后调理。在中药处方里常以食品入药，诸如玉米、莲子、龙眼肉、赤小豆、糯米、芦根、牛羊肉等即是。由于食物本身性属有寒有热、有阴有阳、有气有味、有升有降之不同，故必须因人而异。如素体偏热，不能妄食参茸以及辛辣之品；如素体偏寒，不能过用滋阴以及咸寒之品，这是必须注意的。

治疗老年病要首重脾胃。治疗脾胃病，应以清淡补脾为主，辅以少量行气消食调理之品，代表方剂是资生丸。此方岳美中常重用薏苡仁和芡实。薏苡仁是陆上的补药，芡实是水中的补药，一个补脾阳，一个补脾阴，能推动脾的运化。制成粗末或丸药小量长期服用，对老年人少食腹胀、脉象软弱、二便不调者，具“坤厚载物，德合无疆”之妙。

治疗老年病，方法应多样化。气功、按摩、针灸、食疗、药疗都可以使用。药疗以丸散为好，尽可能少用汤剂荡之。

治疗老年病，药物和饮食当知宜忌。药物方面，健脾药多用常用无碍；养阴补肾药滋腻碍脾者多，如天冬、麦冬等，生熟地更甚，一般均不作常服药，但天花粉、玉竹不在此例；凉药害脾，也不宜多用；发汗药和泻药应中病即止，过则生变。食物方面，老年人当少食甜味，因甜能壅脾，妨碍消化。糖类以冰糖为佳，缘其兼可止咳，红糖食后咳嗽易剧。老年人多痰，不宜过食鱼和肥肉等助火生痰之物。梨能清痰止咳，但不是每个人都适合。冬瓜解渴利尿，治糖尿病有效；西瓜是天生白虎汤，夏季解暑堪称良剂，颇利老人。

岳美中治疗老年病能始终从老年人的生理特点出发，治病平和稳妥，不求数日取效，多用王道之治，以达祛病延年，法度精准。

立足经典 引领学术

20世纪70年代，岳美中和一批著名中医一起，积极推动和引领中医学术的发展。他发表了一系列论文，如《辨证论治的探讨》、《治急性病要有胆有识，治慢性病要有方有守》、《读书和临症应当注意些什么》、《如何开展中药研究的我见》、《试探辨证论治和时间空间》等。

岳美中倡导“重视经典”的学习。中医有自己完整、独特的理论体系，学习中医的人，要想真正掌握中医，必须学习其理论体系，而不能只学其皮毛。几部重要的中医经典正是中医理论的原创。从治学而论，经典犹如树干，后世医家之论如树枝，学中医应从干入手。不学习这些经典，不可能掌握中医的精髓。岳美中为研究生指定的四门重点课程是《内经》、《伤寒论》、《金匮要略》、《温病条辨》。岳美中认为，学习中医，当从方剂入手，方剂之祖为仲景，因而读书还以从《伤寒论》、《金匮要略》入手为好。仲景最讲求的是辨证论治，《伤寒论》六经标题，首揭辨三阳三阴“病脉证并治”，鲜明地昭示后人；论中更有“随证治之”、“依法治之”等语。在具体治疗中，则某病以某方“主之”，某病“可与”或“宜”某方，则是点明专病专证专方与辨证之下随宜治之的方治精神。《金匮要略》则论述三因，以专病专证成篇，题目亦揭出“辨病脉证治”，是在专病专证专方专药基础上行使辨证论治的经典著作。总之，仲景之书，分论各治，既昭示其辨证论治的原理原则，又指出了辨证论治的具体方法，其规律之谨严，对临床实践具有高度的指导意义，实是中医书籍的精髓，最宜反复钻研。

岳美中强调，对中医经典著作要扎扎实实地下工夫，主张“早背读，积资料，晚下笔”。对医学经典著作，要趁年轻记忆力较强时下工夫，晚则无济。读书要随时随地积累专题和个人感兴趣的资料，札记盈箧，才能著作等身，并注意摘录史书和诸子百家有涉医学的部分。下笔要晚，欲写作承先启后的著作，就要有攀登高峰的雄心壮志、传世不朽的百代思想，完成自己一代的学术任务，才算不负此生。要注意时代背景，设身处地读书，讲求古训，对经典著作，要开卷不放过一个字。对医律要入细。历代注疏《伤寒论》的不下数百家，见仁见智。岳美中强调直接阅读原文，“读白文本”，即没有经过注家注解的原文本，在实践中理解，反复研读，以自己临床验之。读《伤寒论》如此，读其他经典医籍也应如此。对中医典籍要学深学透，根深才能蒂固。

岳美中学宗三家：张仲景、李东垣、叶天士，认为此“三子者，上下两千年，筚路蓝缕，斩棘披荆，于医术有所发明，对人民有所贡献，历代医药著作，固亦不乏人，或长于一技，或擅于一专，不能与三子同日而语”。

岳美中强调，要重视对传统文化的学习。中医与传统文化关系密切，“文是基础医是楼”，要阅读中医典籍，没有相当的古文基础很难读懂。诗人陆游有“功夫在诗外”之说，岳美中则主张“功夫在医外”，对中医人才的培养，若只专注于中医诊断、方剂、药物的学习和要求，很难成就一代医学大家。离开了传统文化的土壤，中医药学便成了无本之木、无源之水。岳美中“对儒、佛特别是从道家学说中，认识人体的倾向与辩证法思想，并着力研究，医学上的长进，有得益于此者”。他非常喜爱唐朝柳宗元的《种树郭橐驼传》，一生“揣摩此文数百遍，获益匪浅”。该文介绍了郭驼背的植树经验，“借传立说”，阐述植树经验最重要的一点是顺应树木生长的自然规律，不破坏生机，从而阐述了一种哲理。元代医家吕复（元膺）评论金代刘完素（河间）时说：“刘河间医如橐驼种树，所在全活。”岳美中深受启发，“认为其种树之道可以通于医，尤其是治疗慢性病更应取法于此。”从中领悟到治病要善于“扶助人体之自然”，不可伐其生生之气，树立了重视培土运脾为本的学术思想，在临床中大获裨益。岳美中说：“专一地研讨医学，可以掘出运河；整个文化素养的提高，则有助于酿成江海。”中医药学所以历数千年而不湮，不仅在于有一套系统、完整的科学理论及确实的临床疗效，亦与历代辈出的医学大家承续薪传有莫大关系。中医药学的继承、发扬、发展、创新，需要一大批于医于文均有较高素养的中医药人才。

《内经》中谈到的五运六气是中医最神秘的部分，也是中医药伟大宝库中一颗光彩夺目的珍珠。五运六气学说是通过观察时间和气候的变化，来预测疾病发生、流行和体质变化的方法。其中包含了天文、历法、气象、物候、医学等多学科的学术内涵，是天人合一思想的最高体现，对疾病预测和临床治疗均具有非同寻常的指导意义。历代对此多有争议。岳美中主张研究这些内容，他说："一个中医，如果不会运用五运六气，就不是一个完全的中医。"1978年，岳美中发表《辨证论治和时间空间》一文，并将五运六气列入中医研究生班课程内容，授课时注重讲述张仲景《伤寒论》重视时间空间的问题。

岳美中在临床实践中，重视因时、因地、因人、因证制宜，根据大自然阴阳气交的变化，对病人有所体认。他说，人类是与大自然浑然不可分离的一体，生息于大地之上、日星之下，因其旦暮昼夜的变化，春夏秋冬二十四节气发展的不同，而随之有生命的抑扬起落，或张或弛，所以产生了所谓周期性、节奏性的规律。一日十二时辰的子午卯酉，一年二十四节气的二分（春分、秋分）二至（冬至、夏至），是阴阳气交的枢机，为一日与一年的最关键时刻。因为子午与二至，是阴阳交替之候；卯酉与二分，是阴阳平衡之际。能注意到这些时令的发展变化，对外感急性病，可以掌握病情转化与传变的时刻；特别是慢性疾患则可以观察恶化的趋向，甚至可以推断危亡的时刻。重病痼疾多发或多死于"二分、二至"：冬至一阳生，夏至一阴生，此时病人的机体应之，也宜阴阳交替，阳生阴长，否则阴阳离决，非病重即预后不良。一日一夜是一年的缩影，昼为阳，夜为阴，黎明卯时及薄暮酉时，相当于春分、秋分，为寒暖阴阳平衡之际；日中午时一阴至，夜半子时一阳生，相当于夏至、冬至，为阴阳交替之时。以下病例，充分说明了阴阳两纲在辨证中的重要性。

一陈姓中年妇女经血漏下，经中西医多次诊治无效，找到岳美中。岳美中采用止血漏的古今方数剂均无效。因此仔细询问患者漏血的时间，是白天，还是夜里？她说只在上午，别的时间没有。岳美中陷入沉思：昼属阳，上午为阳中之阳，患者是因为阳气虚，无力摄持阴血，所以才一到上午就经血漏下。因此处以四物汤加炮姜炭、附子炭、肉桂。投药3剂，经漏即止，追访长期未复发。

一季姓10岁女孩，由父亲抱持而来。她趴在父亲肩上，四肢瘫软下垂，双眼紧闭，嘴微张，如同没有知觉。其父代诉，孩子病已三天，每到上午午时、夜半子时左右即出现这种症状，叫她也不答应，大约一个小时后苏醒如常。看过多位医生，诊断不出是什么病，没有给药。岳美中看到病状，听了病情，亦感茫然，他从医数十载，从未遇到，甚至未曾听说过有这等奇症。他沉吟良久：子时是一阳生之际，午时是一阴生之际，子、午两时，正是阴阳交替的时候，而女孩正是在这两个时辰出现痴迷并四肢不收之症，治疗应于此着眼。但苦无方药，又再三考虑，想到小柴胡汤是调合阴阳之剂，姑且开两剂试试。不料其父隔日兴冲冲来告，服药两剂，女孩已恢复常态，打算第二天去上学了。

岳美中临证把人放进社会、自然、精神情志的大系统中，在"天人相应"的理性思维中，把握疾病的蛛丝马迹，做到秋毫不差、药无虚发。这正是我们所说的"阴阳汇通之医"，也是为医者的最高境界。

岳美中行医50载，深感古医籍既能辨客观存在的具体疾病，又能觉察到时间发展变化的证与脉，从而分析并解决急性病与慢性病。如《伤寒论》，在总的辨病上，既审察到病在空间上的客观存在，又抓住时间上的发展变化。如太阳病瘥愈、欲解之候与传经之时，有"太阳病法当七日愈，若欲作再经者，针足阳明，使经不传则愈"。《内经》谓"伤寒一日，巨阳受之"，又云"七日太阳病衰，头痛乃愈"。抓住病愈与传经的时间，则能掌握到疾病施治与不施治。

岳美中指出，在《伤寒论》中有“太阳病欲解时，从巳至未上”等六条，是说患了太阳病，从上午九点到下午三点时，病自己就转轻见愈。巳午为阳中之阳，故太阳主之，“至未上”者，阳过其度也。人身阴阳，合于大自然的气候，至太阳之时，人身太阳之病，得藉其主气而解。六经病亦各随其主气而解。阴阳在一日一夜的六气上，随着时间的变化，子时一阳生，午时一阴生，是阴阳交替之际，卯时阳与阴平，酉时阴与阳平，这些在《内经》和《伤寒论》中论述详细，使用明确。《伤寒论》历代有700多注家、1000多种注，但对这六条多不作注或认为不可理解。岳美中根据人与天地相应和时间医学的原理作了科学的解读，把这六条解释清楚，不仅解决了一个重大的疑难问题，还揭示了中医理论的博大精深，令人叹服。

1974年，为倡导和推动中医典籍的学习，岳美中作为卫生部中西医结合领导小组成员，在王雪苔、耿鉴庭的协助下，拟定了两批共78种中医古籍书目，建议组织全国有关出版社分工印刷出版。岳美中重视经典，重视中医和中国传统文化的结合，这些对于深化中医研究，对于中医的发展，有重要的指导意义。

振兴中医　中流砥柱

岳美中时刻关注着国家中医事业的发展，他以振兴中医为己任，多年来奔走呼吁，百折不挠。在他不懈的努力下，中医研究生体制得以开创确立。当选全国人大常委后，他更是为发展中医登高而呼，积极推动发展和振兴中医的政策措施的制定和落实。

1951年，作为唐山市人大代表、政协委员和唐山市中医工会主任，岳美中专程赴北京，向卫生部上书，提出开办正式中医院校与举办业余中医进修学校相结合，满足中医人员提高业务技术水平的需求。1953年春，他和著名爱国人士李鼎铭之子、老中医李振三合作，撰写《整理和发扬中医的意见》、《关于中国医学的历史》、《整理中国医药学的初步方案》共二万余言，对中医学的历史和地位、中医队伍的建设和管理、中医院校的设置、中医科学研究等问题提出了系统的建议，经习仲勋、范长江两位领导人上报国务院。

1955年，岳美中到中医研究院工作后，奉派进行中医工作考察、讲学，参加学术会议，足迹遍及上海、辽宁、福建、广西、河北、四川等省市。针对中医学术和中医事业发展的情况和问题，他发表讲话，撰写文章。特别是目睹国内中医界老成凋谢、后继乏人乏术的状况，他于1960年、1961年、1963年先后三次上书卫生部和中医研究院，建议加快中医高级人才的培养。1965年，卫生部郭子化副部长主持中医座谈会，参加者为岳美中、秦伯未、蒲辅周、宗维新、齐振华，称“五老座谈会”，每月一次。岳美中参与如何继承发扬中医传统、发挥老中医和中医专家的作用、抓紧培养中医人才等问题的讨论，积极提出意见和建议。

面对1966年以后中医高级人才青黄不接、后继乏人的状况，1972年9月，岳美中上书中央领导，力陈中医人才培养的重要和急迫，建议开办全国高级中医研究班。获得批准后，他马上开始为筹备工作操劳。在困难、干扰和压力很大的情况下，古稀之年、体弱多病的岳美中主持制订办班方案，制定教学计划，拟订教学书目，招收学员，商请名医授课，克服了许多难以想象的困难。为了解决筹办中遇到的每一个问题，生性耿介寡言的岳美中到处求人。凡是和岳美中接触过的人，都与中医学家关幼波有相同的感触：“在和岳老接触的过程中，感觉他所做的一切都是为了中医事业的发展。”

在国务院领导的支持下，1975年，9000多平方米的两栋教学科研楼和一栋宿舍楼在中医研究院拔地而起。翌年，浸透了岳美中心血的全国中医研究班正式开学。岳美中喜不自禁，援笔赋诗："满园桃李迎人笑，正是莺歌燕舞天"；"学子莘莘来各地，研几探颐兴何如"。1978年，全国中医研究班改为中医研究院与北京中医学院联合举办的中医研究生班，岳美中为主任，方药中、任应秋、董建华、刘渡舟为副主任，招收了我国的第一批中医学硕士学位研究生。如今，中国中医研究院研究生班已发展成研究生院。岳美中为中医界培养高级人才殚精竭虑，是中医研究生教育体制的构建者、开创者。

1978年3月，岳美中当选第五届全国人大常委会委员，他是中医界担任这一重要职务的第一人，具有标志性意义。他以各种形式呼吁加强中医建设，切实重视中医工作。他在全国医药科学大会和中西医结合规划工作会议上发言，呼吁采取有力措施，对祖国医药学在继承的基础上发掘，在发掘的基础上提高，真正把宝贵的中医药学遗产继承下来，发展提高，提出"要有时代的紧迫感，从发展我国医药科学的战略高度来看待这个问题，采取有力措施认真做好"。当年12月，中共中央下发《关于认真贯彻党的中医政策，解决中医队伍后继乏人问题的报告》。邓小平批示说："这个问题应该重视，特别是要为中医创造良好的发展与提高的物质条件。"《报告》指出："在发展西医队伍的同时，必须大力加快发展中医中药事业，特别是要为中医创造良好的发展与提高的物质条件，抓紧解决中医队伍后继乏人的问题。"文件下达后，作为全国人大常委，岳美中抱病写了《为检查和监督中发〔1978〕56号文件的贯彻落实情况事》的提案，还在北京医院病房接受了《人民日报》记者的采访，呼吁落实中央文件精神。他还用提案等形式，对保护中医古代遗迹和文物、重视整理出版中医古籍、成立中医古籍出版社、解决中医抢救急危重病处方得到合法承认等问题，提出了意见和建议。

中央文件下达后，国家每年拨专款用于发展中医事业，中医药也被提上了各级政府的议事日程，并着重解决了最迫切、最核心的三大问题：从各地民间集体单位精选一万名中医充实到公立医院；建设省级中医院和中医学院，国家拨款支持办学建院，并建立了六个中医科研基地；抓紧县级中医院建设。全国中医机构和中医事业迅速发展起来，中医事业出现了新的生机。

1979年，中华全国中医学会（后改为中华中医药学会）在北京成立，岳美中当选为副会长。同年，在中华医学会，这个全国最大的医学学术团体，岳美中作为中医当选为副会长。

1980年，中医古籍出版社成立，岳美中任该出版社顾问。

1982年，“发展现代医药和我国传统医药”写入《中华人民共和国宪法》。

1986年，在岳美中去世四年后，国家中医管理局成立，从此中医工作走上相对独立发展的新阶段。

岳美中是“振兴中医”的大力倡导者，他为此殚精竭虑，奔走呼吁，为推动我国中医药事业的发展，发挥了中流砥柱的作用，作出了重大贡献。

中医使者 载誉亚欧

蓝天，白云，在飞往雅加达的客机上，岳美中难得闲暇，闭目沉思……

记得第一次飞雅加达是在1962年。当时，印度尼西亚总统苏加诺患尿路结石合并左肾功能消失症，健康状况日益恶化，到有“世界医疗中心”之称的维也纳治疗，邀请美国、日本以及西方其他一些发达国家的医生会诊，结果是建议切除丧失功能的左肾。苏加诺不同意，转请中国的医生治疗。中国政府派出了以吴阶平为组长的医疗组飞赴印度尼西亚，在11位组员中，岳美中是主要的中医专家。

到达印度尼西亚后，医疗组决定了“西医诊断，中医治疗，中西医共同观察”的原则。用中药治疗苏加诺疾病的重任就落到了岳美中肩上。派出如此高规格的医疗组，用中医药为外国元首治病，中华人民共和国成立以来尚属首次，责任重大。岳美中反复推敲，依据苏加诺的舌苔脉象，参合其生活习惯，认为证系高年命火偏亢，损耗真阴，并蕴有湿热，致使下焦熬炼结石，日久不出，致使左肾功能消失。治疗宜先清化湿热，以扫除砂石积滞。他采用专方六一散配合专药金钱草、海金沙、冬葵子为主体的方剂，间或辅以补肾的大生地、川杜仲、川牛膝等。岳美中密切地观察着病情变化，专药金钱草用量由每剂60g逐渐增大至210g。看到苏加诺吃药后病情见好，岳美中松了口气。在为苏加诺总统治疗的同时，中国医疗组还为苏加诺总统的亲属进行了治疗。亲属们服用中药后颇见成效，这无疑增加了苏加诺对中医治疗的信心。他对医疗组成员说：“看来爱喝你们‘中国咖啡’的人还真不少，我自己的感觉也不错。”中药汤剂，以其颜色、苦味酷似咖啡，被苏加诺幽默地称为“中国咖啡”。

服药91剂后，做肾造影，发现苏加诺左肾结石消失，肾功能基本恢复！这神奇的疗效让苏加诺总统大喜过望。在记者招待会上，神采奕奕的苏加诺高兴地说：“这是社会主义中国中医学的奇迹。”“这说明，先进的医学不一定在西方。”苏加诺嘉奖了中国医疗组，印度尼西亚总统府发了公报，中国国内也作了报道，岳美中等声名大震。

此后，岳美中又四次赴印度尼西亚，除继续为苏加诺总统作巩固治疗外，还治愈了100余位患者，在印度尼西亚享有极高的声望。印度尼西亚空军副参谋长阿布少将患尿道结石，岳美中7剂中药就使其结石排出。解除了多年病痛的少将亲自开车，陪中国医疗组游览，以示谢忱。一位结婚20年不孕的妇女，西医诊断为左侧输卵管狭窄阻塞，渴求做母亲的她，到中国“神医”处求治。岳美中沉思良久，投四乌鲗骨一藘茹丸，服药2个月后，经X线片检查，其左侧闭塞的输卵管已通。

岳美中第一次走出国门是在1957年，作为首批中国医学代表团的唯一中医代表访问日本。访日期间，岳美中向日本医学界介绍了新中国的中医政策和中医事业发展情况，考察了日本汉方医学研究和医疗机构，结识了大冢敬节、矢数道明等一大批日本汉方医学界的朋友。中医参加正式代表团出访史无前例。岳美中遥想当年，百业凋零，国土沦丧，中医中药备受摧残。20年前的1938年春，他到山东博山应诊，遇日军攻城，被困在城内五天五夜。城破后，只身逃回家乡。茫茫冀鲁，竟没有一个医生的悬壶之地……

令人欣慰的是，1954年党和国家纠正了歧视中医的错误政策，中医受到了重视。毛泽东主席提出要把中医组织起来。1955年，中央政府建立了国家中医研究机构。至此，岳美中才有条件结合读书与临证，对一些问题进行较系统的整理和研究，才可能以一技之长报效祖国，为国争光。他这次是作为苏加诺总统的特邀客人，第四次到印度尼西亚了。坐在飞机上，岳美中抚今追昔，感慨万千……

飞机徐徐降落，岳美中在机场受到热烈欢迎。1965年元旦，在印度尼西亚总统府，苏加诺总统亲手把一枚“伟大儿子”银质勋章佩戴在岳美中胸前。告别的时候，苏加诺总统亲切地称呼岳美中“哥哥”。

1969年9月，周恩来总理亲自安排岳美中去越南，为病重的胡志明主席治疗。

1971年3月，受周恩来总理的委派，岳美中赴朝鲜为崔庸健委员长治病。崔庸健年逾古稀，患脑动脉硬化、震颤麻痹、前列腺肥大。当年岳美中已72岁高龄，且患有糖尿病，不宜远途跋涉。然而，先期被派赴朝的医疗组工作不顺利。朝方亦有一个汉医组，对中方医疗组所开药方严格审查，认为不当的药立即删去。中药讲究君臣佐使，不要说删去药味，就是药量随意增减，疗效都大不一样，甚至主治迥异。出于谨慎，医疗组拟出治疗方案，往往要先用电报发回国内请示后，再决定用药。情况反映到周恩来总理处，总理考虑再三，决定让岳美中和方圻教授等亲赴朝鲜。岳美中以病弱之躯飞抵朝鲜。崔庸健排小便不畅，尿线变细有分叉已数月，溺色清，无尿路刺激症状，小腿无力，转弯时步态不稳，像是要跌倒，舌象无改变，脉稍数无力。岳美中细询病情，察色按脉，认为此属体内相火已衰，肾阳亏虚，气化不行，下焦排泄功能减损，加之肺气不足，气血流行不畅，造成筋肉失养，故又有小腿无力、行步不正等中风先驱症状。遂予补阴配阳、化气行水之味，佐以益气通络，投金匮肾气汤加生黄芪、广橘络、地龙皮内服，并嘱配合针灸按摩以助气血运行。孰料遭到汉医组的质疑，他们认为地龙有毒，不适合年逾古稀的人服用。岳美中于1941年在唐山开办了“明仁堂”药店，对中药材的性能了如指掌。他成竹在胸，坚持原方。崔庸健服了4剂药，溺即通畅，小便次数减少，精神体力改善。继续治疗25天，排尿基本正常，气力倍增，步态渐正，能步行2里路。71岁的崔庸健笑着对岳美中说：“我现在的身体是60岁！”由于中国医疗组的出色表现，金日成主席给毛主席、周总理写了热情洋溢的感谢信。而劳累过度的岳美中，在乘机回国途中流了几次鼻血。他不无遗憾地说，以后再有任务出去，看来只能坐火车了。其实，岳美中患有晕动病，晕车，晕船，也晕飞机。坐任何一种交通工具出行，对他来说都很艰辛。

1973年10月底，越南劳动党中央政治局委员、国家副主席阮良朋患肝炎腹胀，久治不愈，来中国求医。岳美中受周恩来总理的委托，为阮良朋治疗。就诊时患者自述脘胀，食欲不振，很长时间每餐不过一两，午后心下痞硬，嗳气不止，大便稀薄，肝功能不正常。服西药多有副作用，因而改服中药已半年余。药后脘胀稍舒，不多时胀满又起，且逐日加重，体力不支。其保健医生递交给岳美中一份对阮疗效不好的禁忌药物，竟达100多味，第一味为人参。患者形体消瘦，脉象缓弱。岳美中诊后认为，证属肝脾不和，而脾虚尤为主要矛盾。因脾虚日久，食量特少，治宜注重培本，取补脾之法，稍佐理气降逆，以消除当前的胀满，并推动补药的运行。乃选资生丸方，改为粗末，每日煎服三钱，煮取两盅，早晚两次服。一周后，患者嗳气减少，矢气增多，胀满渐轻，时间亦缩短。继服原方半月，脾虚基本痊愈，肝功能检查亦有所改善，患者恢复工作。屡用轻剂以起沉疴，也是岳美中的特长。

此外，岳美中还接待过印度尼西亚、日本、柬埔寨、老挝等一些国家的领导人和著名人士来京就诊，何时希称其“名闻东亚”。

岳美中一生中曾九次受命出国为外国领导人及其他有关人士治病和参加医学交流，以丰富的临床经验为国家赢得了荣誉，提高了中医药的国际地位。他有两方闲章，一枚“东瀛鸿爪，西土萍踪”，一枚“北国青囊，南洋丹鼎”，是其足迹遍及欧亚多个国家的真实写照。岳美中医疗成绩卓著，成为中国在医疗外交方面有突出贡献的中医专家，被中医界同仁誉为“圣惠传方”。

传道解惑 呕心沥血

岳美中认为，中医发展，首重人才。人才不仅仅是在课堂上、院校里培养，主要应该在实践中培养提高。医生的一生，就是学习的一生。他说：“长期研究和治疗的实践，使我既坚信中医药学宝库的丰富，也深知中医事业发展与中医人才培养之不易。耿耿于此数十年，力量所及，未敢稍懈。”

早在1935年，岳美中在山东省菏泽就办过中医学习班，收学员十几名；上世纪40年代在唐山教授的学生中，出现了王国三、高濯风、王继述等知名中医；1950年主持开办中医学习班，组织开业医生学习；1952年倡议举办唐山市中医进修班，担任班主任，亲自授课，毕业的200多学生中，很多成为华北地区中医队伍骨干。

1955年12月，中医研究院建立，云集了全国最知名的30多位老中医，自此，中国医学的“国家队”成立了。为培养中医人才，岳美中按照中医研究院的安排，积极带徒授徒，史庆敦、黄静、周霭祥、翁维良、周绍华等先后拜师问学，陈可冀、王占玺、时振声、李春生等人更是长期随岳美中学习。国家发出“派好的西医学习中医”号召后，由中医研究院创办的第一届全国西医学习中医研究班开学。岳美中积极承担教学任务，致力于培养西医学习中医的工作。弟子陈可冀回忆：“第一天听他讲课，讲的是《金匮要略心典》。他讲课给我印象很深……岳老的医德很好，他经常说：‘要忘我，不能想自己的得失，要想病人多一点。’他有一个座右铭：‘治心何日能忘我，操术随时可误人。’第二个就是他医疗经验很丰富，他教我们要‘勤临证、细观察、常总结、晚下笔’，就是说，看病的时候对病人的病情要细观察，要多分析，多总结经验，至于写书嘛，晚一点没关系。这对我们有很大帮助。”岳美中对培养后学十分热心，教导弟子：读书宁涩勿滑，临证宁拙勿巧；自视当知其短，从师必得其长；读书多些有益于专，知识博些源头更活；勤可补拙恒斯效，俭能养廉贞益清。

后来，岳美中的弟子陈可冀成为著作等身的国内外著名的中医及中西医结合专家、中国科学院院士，获得爱因斯坦科学奖、吴阶平医学奖；周霭祥、时振声等成为著名中医、中西医结合医学专家。

岳美中担任首届研究生班主任，不拘一格招生。中医研究院招收了50名，中医学院招了30名，这些学生中不仅有中医学院和医学院校的毕业生，也有赤脚医生，有卫生院医生，有机关职员，有在煤矿工作的，有在供销社工作的……岳美中对教学内容、教学资料、师资选配、图书资料、生活食宿等都给予精心设计，妥善安排，为首届中医研究生创造了良好的学习、研究条件和环境。在此期间，岳美中陆续发表中医人才《当读的古医书》、《温课与自律》、《述学》等十几篇教育论文，全面论述了中医人才成长应具有的知识结构和素养，使研究生们受益匪浅。岳美中邀请全国各地著名老中医为中医研究生班授课，学员们医术进步很快。曾任浙江中医药大学副校长的连建伟原在嘉兴卫生院工作，1977年给岳美中写信，希望得到指点。他很快就收到了回信，岳美中在信中告诉他一个好消息：北京中医学院要开办中医研究生班。这消息让连建伟备感振奋。第二年，在数千名考生中，连建伟以优秀的成绩被录取。在岳美中的指点下，连建伟选择方剂学作为自己的专业。病榻上的岳美中为连建伟取字“乾乾”，并说：《易经》首篇《乾卦》说“天行健，君子以自强不息”；“终日乾乾，夕惕若”。乾乾，作刚劲解。学习就要有这样的精神，永远自强不息，这里饱含着老一辈中医学家对后学的殷切期望。

岳美中多年来坚持不懈，一而再，再而三，以坚定的信念，以高度的责任感，开创性地倡议并推动了中医研究生教育体制的建立。中医招收研究生，开创了中医教育史上的新篇章，为一批青年人提供了一个平台，改变了他们的人生。在诸多大师的教诲熏陶下，来自基层的莘莘学子成长为中医界的中坚。他们活跃在中医或中西医结合科研、临床、教学和管理等岗位上，有的成为学术带头人、著名的专家、教授，有的成为医学院校的院校长、研究院院长等中医药行业优秀管理干部。中国中医界有了承前启后、继往开来的新一代。

繁重的工作使岳美中身体严重透支。1978年夏，他身体状况不佳，预感来日无多，但仍呕心沥血，致力于著述。他每日仍按时在案头读书写作，到后来看书要用放大镜，写字也越来越吃力，只能口授，仍抓紧一切时间工作。7月底，岳美中不顾自己血糖、血压均较高，曾晕倒三次，以及弟子的百般劝阻，坚持讲授用药经验一个半小时，终因劳累过度，患中风左半身偏瘫，卧床不起。病情稍有好转，他清醒地意识到自己是“行将就木之人”，“余日难以年月计”，连续两次让人代笔上书，要求组织人力，继续整理他的经验，得到上级的重视和支持。在陈可冀等人协助下，他整理出版了《岳美中医话集》。尽管半身瘫痪，右上肢肌肉萎缩，药食需人喂，二便不能自理，说话多时就头晕、气短、呼吸困难，但他仍以惊人的毅力、顽强的意志，给研究生、进修生和医务人员讲课数十次之多。

病榻旁，弟子们专心聆听岳师教诲。耄耋老人，病弱之躯，拼尽自己最后的一点点气力，传道、授业、解惑。他一生坎坷，屡有“末代中医”之慨。看今朝柳暗花明，中兴在望，他深深寄希望于中、青年一代，希望能把自己一生智慧的结晶尽可能多地传授给他们，为后人留下些有用的经验，为振兴中医作出最后的贡献。他谈仲景方药、谈后世方药，点点滴滴，都是穷尽一生积累的临床经验，对指导弟子临证遣方用药的价值不可估量。有时讲完课大小便失禁，满床尽被湿污。他用行动无言地诠释着“春蚕到死丝方尽，蜡炬成灰泪始干”，听课者莫不黯然动容。在生命的最后一段日子里，岳美中鞭策自己“活着一天，就得赶着干点事情”，生命不息，奋斗不止。

尊师重友　诚恳待人

岳美中性格内向，沉静耿介，不善交往，但为人正直诚恳，尊师重道，重情守义，笃诚自谦。

对朋友，重情守义，有始有终。岳美中与吴紫阳、裴雪峰、裴学海总角相交，义同兄弟，早年共同向学，后来虽然走上不同的人生道路，但道义相契，始终如一。吴紫阳很早投入抗日武装斗争，参加领导冀东暴动，抗日战争中在京西斋堂壮烈牺牲。吴紫阳遇难后，家人被追捕，其夫人带着五个孩子逃到唐山，亲友避拒。岳美中冒着风险，背着家人，以自己亲属的名义把他们安排在朋友开的裕丰饭店掩护起来，躲过了日本人的追捕。裴雪峰考入清华国学研究院，后随梁漱溟到山东从事乡村建设试验，其间曾介绍岳美中到菏泽县医院工作；抗日战争爆发后，又组织学生和地方武装开展抗日活动。1942 年裴雪峰病逝于山东，岳美中痛逾骨肉，从唐山千里赴吊，全力操持其身后事，帮助其家人迎回遗榇，托人安排其两个女儿的工作和生活，对其独子视同子侄，一直供到完成学业，参加工作。裴雪峰随林宰平等学者研究《易经》颇有心得，投入抗日活动时将已完成的书稿交岳美中保存。虽历经多次战乱、搬迁和其他变故，岳美中一直精心地保存着这部书稿，并为无力付梓耿耿于怀。直到 20 世纪 70 年代中期，同梁漱溟商量后交存于中国社会科学院哲学研究所，以期有所利用。裴学海从清华国学研究院毕业后，成为著名文字学家，一直与岳美中交往密切，互相帮助，直至晚年。

对师长，笃诚向学，礼貌有加。李筱珊是一位不屈身逢世、以教书育人为业的乡间举人。为便于请教，岳美中专门在李筱珊的邻村教馆随其学了三年诗文。李先生称岳美中“性直才敏”，“好学深思”。岳美中对李先生执礼甚恭，学业完成后又和同学一起力劝并协助先生刊印其诗文，并为之写了序言，使其《宗经室文存》、《宗经室诗存》得以问世流传。1954 年到北京后，岳美中初以裴雪峰身后事与梁漱溟、林宰平两先生交往，钦敬他们的人品和学问，即认两位先生为师，此后，一直对两位先生虚心问学，以师礼相待。20 世纪 60 年代中期，他还把自己的温课计划送给两位先生审阅。岳美中家住西苑，地近世界名苑颐和园，与梁漱溟长公子培宽住地北京大学相距不远。70年代初期，梁漱溟不时到岳美中家。每次来，家人称其为“梁先生”，岳美中则恭敬地执弟子之礼，以“老师”相称，多是小坐后两人就一起到颐和园休憩交谈。其时，梁漱溟正在写作修改《人心与人生》，岳美中正在酝酿写作生命疾病与时间空间关系的文章，两人通过这种交谈和书信往还，进行了很多探讨和交流。无论梁漱溟处于顺境还是逆境，岳美中是长期与他保持交往的学生和友人。

对同道，率真坦直，诚恳仗义。到中医研究院工作后，岳美中与王易门、赵锡武、何时希、耿鉴庭等过从交往较多。一次与何时希谈论学术，岳美中诚恳地说：“你思路阔宽敏捷，爱好尤广，音韵声律、戏剧弦管、小学训诂、诗文书画篆刻，似乎无不有些门道，都是一探门径，即舍而之他，不肯深入以成一家。医学也有同样的情况，上窥《灵枢》、《素问》，继研仲景，涉足隋唐，游泳宋元明清，似乎不能责以所不知，而知之不能尽，‘杂学难精，专擅斯妙’，我希望你在女科和文献两方面着力，其余且搁在一边。”这一席知己之言，出之肺腑，语语中的，何时希顿开茅塞，如迷茫中得一捷径。以后他的治学，多遵循此径，在妇科和文献两方面取得了突出成就。何时希感慨道：“《论语》云‘益者三友，友直，友谅，友多闻，益矣’。美中诚无愧为我有三益之诤友也！”老友过世后，何时希“每听唐山口音，每见近视人而不戴镜者，辄忆吾美中不置”。岳美中至真至诚，何时希情深意切，君子之交，感人至深。

岳美中以“治心何日能忘我，操术随时可误人”为座右铭，毕生重视医德修养。他对病人不论职位高低，不分贫富，一视同仁。他早年行医的诊室里，就挂着“贫者减半，赤贫免费”的牌子。1942年唐山爆发黄疸病，岳美中带头组织义诊，在一个多月里几乎昼夜不停诊治络绎不绝的病人，并让学生和家人用大锅熬茵陈蒿汤分送病人，活人无算。晚年医名日隆，除日常工作外，海内外信函求诊者多时每年达千余人次，他坚持每信必复，不收取任何报酬。他说：“地位和荣誉，说明国家对中医的重视。对个人，重要的是责任。”

醇雅诗情 寄意言志

岳美中不仅长于《灵枢》、《素问》，亦长于诗词。他“平生无多爱好，医学之外，唯酷嗜文史和诗词”，亦医亦儒，终生作诗不辍，感叹“半生误我是诗书”。

岳美中早年组织空中诗社、锄云诗社，以“锄云”为其室号，取“小院栽花剪雨，深山采药锄云”意。他早年在天津《益世报》等报刊发表诗文数百篇（首），所著《锄云诗集》收入20世纪40年代后诗词1000余首，记事、记游、赠友、咏物、述志，生动地记录了他追求真理、执著事业、情系民众、热爱生活的思想感情和人生历程。

如《晚菘》：

篱豆花残韭抱根，独当老圃正秋深。
金风不翦抽蕉叶，玉露常滋卷巨心。
青夺碧光看湛湛，肥添霜气待森森。
三冬贮去鲜无碍，膳佐来春箸喜寻。

晚菘，即深秋大白菜。过去北方罕有暖棚，每至深秋，百姓就会贮藏大白菜，作为一冬的当家菜。这种再普通不过的蔬菜历经风霜而生机盎然，经济实用，鲜明地标示着农家出身的岳美中的价值取向。

岳美中生活简朴，崇尚节俭，《壬子冬杂咏三十首》之一：

丝袋�笼挈向廛，自调风味倍新鲜。
园蔬易饱酸儒腹，何苦一餐费万钱。

其粗茶淡饭、自购自炊的平常人心态跃然纸上。另一首诗写出他亦医亦诗，以一实一虚、一阴一阳来把握自己生命的平衡：

过我论诗复说医，衡量李杜辨轩岐。
蓬瀛喜道古今事，对此终朝乐不疲。

中医研究院内外科研究所中西医自愿结合成师生关系，岳美中写了四首诗《赠诸同学》，用资相互策勉。其一：

主见消除意气平，好从传统听公评。
木经移接花加茂，学到交流识始宏。
在术何曾分国界，无恒难以作医生。
千年文化原相重，启后承先敢自轻。

对于中医的学无止境，岳美中感慨道：

于今才晓做医艰，敢道壶中日月宽。
研古渐深方悟细，临床愈久始知难。
星槎不惮一身老，雪案浑忘五夜寒。
假我数年非望寿，欲期补拙在衰年。

岳美中的诗作还反映了他对中医界同道的尊重和与朋辈的友情。北京医院名中医魏龙骧思路开阔，岳美中赞曰“宜今宜古总推公”。对以善治急危重症享誉医界的蒲辅周，岳美中赞曰“伤寒温病见多纷，中立如公始见真”。江南名医姜春华应邀为他倡办的中医研究班授课，岳美中喜赋：

公才公望重南天，表率唯尊孰与先。
垂老不辞千里远，披颜恨晚十年前。

从中可见他对中医事业重之如山，对个人名利淡之如水的胸怀。

岳美中是位孝子，他在居住条件好些时，就接老母亲来北京同住，亲自服侍，与朋友谈起母亲时总是眉开眼笑。他母亲90多岁时耳不聋眼不花，最后无疾而终。其诗《六十初度》充满了浓厚的亲情和孝意：

少小家贫病不休，学耕无力累亲忧。
因规夜课迟安梦，为备束修早饭牛。

酒食屡谋精馔供，序庠频遣远方游。

严亲纵逝慈亲在，六十孩儿也白头。

岳美中文史根底深厚，为诗质朴典重，用他本人的话说，是“醇雅清洲”。像岳美中诗词造诣这样深的，在同代中医中尚不多见。叶剑英元帅阅其诗稿，赞其为“善此道之老手”。

1982 年 5 月 12 日，岳美中走完了坎坷而扎实的人生。他给世人留下了巨大的财富：《岳美中医学文集》、《岳美中论医集》、《岳美中医案集》、《岳美中医话集》、《岳美中治疗老年病的经验》、《实验药物学笔记》、《中国麻风病学汇编》、《锄云诗集》等著作和百余篇论文。其中《岳美中医案集》获得 1981 年度全国优秀科技图书奖，《岳美中医话集》获得 1982 年度卫生部乙级科研成果奖。此外，还有《实验中药学》、《锄云杂记》、《习医日记》等 200 万字的手稿。

岳美中门人弟子众多，陈可冀、王国三、周霭祥、时振声、高濯风、王占玺、李春生、项琪、江幼李、连建伟、岳沛芬等，均为当代知名中医、中西医结合专家。

岳美中出生于贫苦农民家庭，因自己染疾而偶然涉猎中医领域，从此开始了他长达半个多世纪的传奇人生。岳美中一生执著于中医药事业，有深厚的文化根底，既勤于读书、长于读书，又注重临床、善于领悟，使其医疗水平和学术境界不断提升。他自谦“仅是同辈先进的一个追随者”，实则德识俱丰，理论造诣与临床经验均属当代一流，为中医学的发展作出了重要贡献，为扩大中医药学的国际影响和传播发挥了巨大作用，是中医大师中的杰出代表。

“中国医学必将以更绚丽的身姿，挺立于世界科学之林”，岳美中预言了他挚爱的中医事业的美好前景！

（撰稿人 刘南燕）

沈仲圭卷

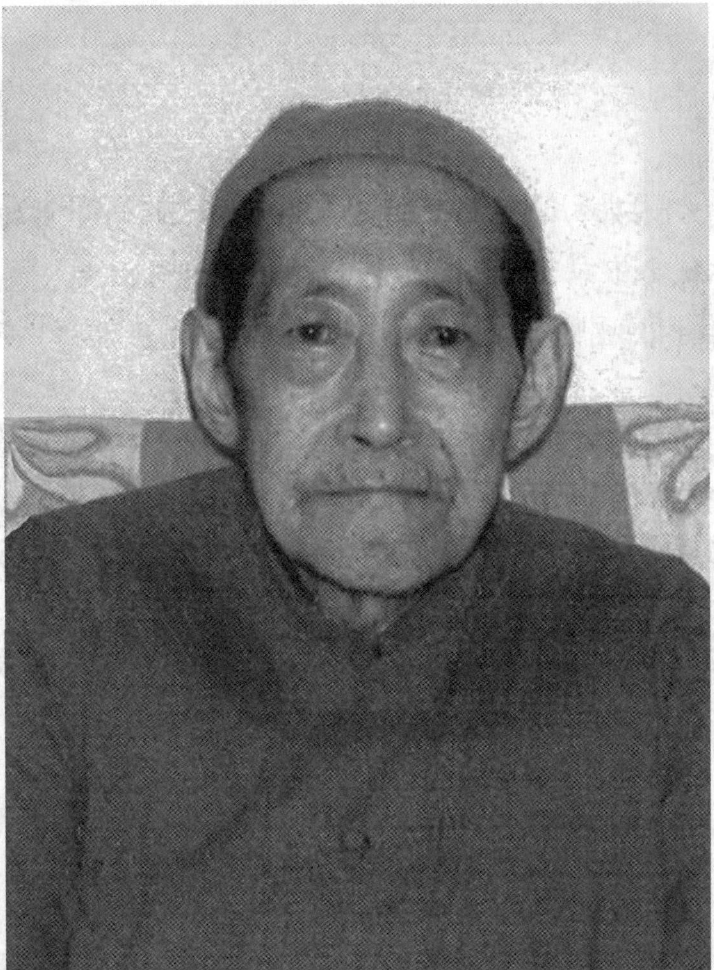

沈仲圭（1901—1986）

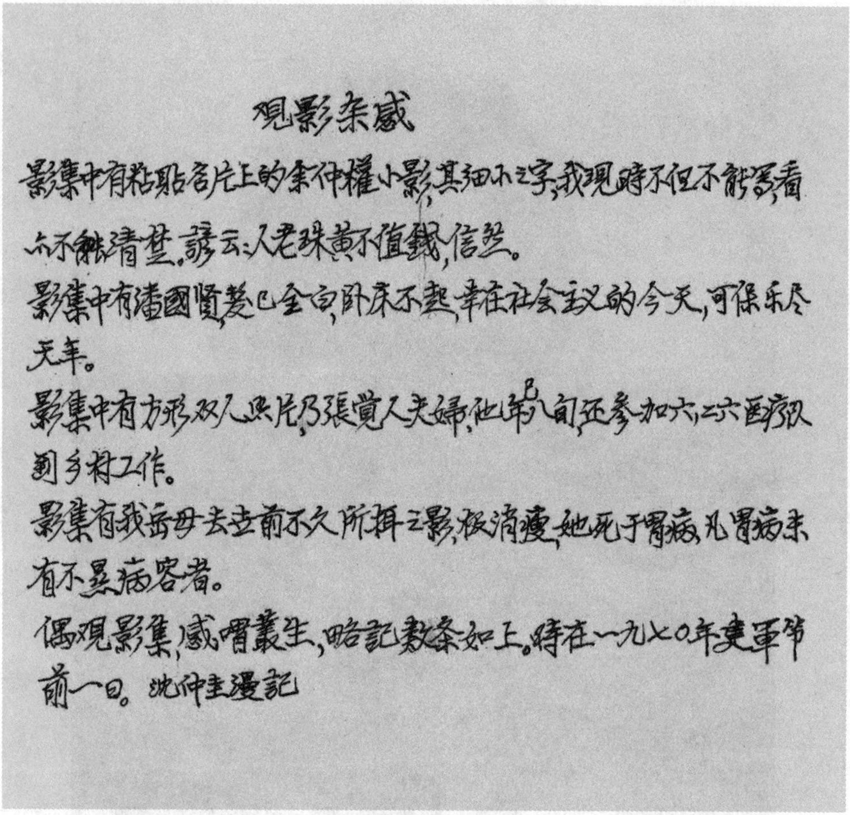

观影杂感

影集中有粘貼名片上的余仲權小影，其细小之字，我現時不但不能寫，看亦不能清楚。諺云：人老珠黄不值錢，信然。

影集中有潘國賢，髮已全白，卧床不起，幸在社会主义的今天，可保乐尽天年。

影集中有方形双人照片，乃張覺人夫婦，他年已八旬，还参加六二六医疗队到乡村工作。

影集有我岳母去世前不久所摄之影，极消瘦，她死于胃癌，凡胃癌未有不显病容者。

偶观影集，感慨丛生，略記數条如上。時在一九七〇年建軍節前一日。沈仲圭漫記

沈仲圭手迹

医学理论必须时时和临床相印证，体会才能深刻。

——沈仲圭

沈仲圭（1901—1986），浙江杭州人。著名中医临床家、理论家。1918 年拜杭州名医王香岩为师，学习中医内科，三年学成。1928 年，沈仲圭任教于上海中医专门学校。1930 年，在上海国医学院任教。1932 年，在中国医学院任教。抗日战争爆发后，于 1938 年到重庆，任北碚中医院院长。中华人民共和国成立后，在重庆中医进修学校任教。1955 年，作为著名中医调入中医研究院，在广安门医院中医内科任职，并负责高级干部与外宾的诊治，深得患者好评。

沈仲圭精于治疗温病和虚证，善用补虚之法。通过对古代医书的研读和数十年的临床实践，沈仲圭认为，伤寒和温病本是一体，不应“机械分割”。他擅长中医方剂的研究，长于内科杂症的治疗，重视治疗法则的制订。同时，在治疗疾病的过程中，他还强调对病人进行食物疗法，这是他诊病治病的一大特色。因此，沈仲圭是食疗法的倡导者和施行者之一。

沈仲圭从医 60 余载，潜心研读古今中医典籍。他聪慧强识，治学严谨，经典中的重要内容均能熟记。他善取百家之长而为己所用，临证时每每能够得心应手。他临证推求病因、明于辨证，处方精炼而灵活，能出奇制胜。

沈仲圭不仅精熟中医理论，而且临证经验丰富。他精心笔耕，著述丰硕，在中医理论研究和临床诊病方面均有重要建树。他有近30年的时间从事中医教学工作，诲人不倦，堪为师表，桃李遍布大江南北。他以渊博的学识、精湛的医术、求实的文风、丰硕的著述为中医临床和教育作出了令人敬佩的贡献。

名医门下自觅径　从流溯源初闻道

1901年2月19日（农历辛丑年正月初一），沈仲圭出生于杭州。父亲曾是清代两浙盐运使官署官吏，家境富裕，他的降生为这个殷实之家带来了许多欢乐。然而随着时局的动荡，家境逐渐衰败，到沈仲圭上中学的时候，家中已无力供他继续读书。1918年2月，年仅17岁的沈仲圭拜杭州名医王香岩为师学习中医。

王香岩，名普耀，浙江镇海人，是湖州名医凌晓五的入室弟子。据《中国医学人名志》记载："凌奂，清归安人，字晓五，治医，读书极博，著有《医学薪传》。"王香岩在杭州悬壶数十年，善治温热病，对杂病也颇有研究，著有《医学体用》一书。王香岩医名鼎盛，求医者众多。

与沈仲圭同时拜王香岩为师的共有四人。弟子们上午随先生出门应诊，下午则摘抄医案，研读医书。王香岩主张学习中医须"从源及流"，就是要求初学中医的学生先从最早的无方之书开始学习，如《黄帝内经》、《难经》、《诸病源候论》，以加强理论认识，然后再选择历代中医名著循序渐进地慢慢研读。因为中医典籍浩如烟海，难以穷尽，所以王香岩选了薛生白《医经原旨》、徐大椿《难经经释》、张隐庵《伤寒论注》、尤怡《金匮要略心典》、王孟英《温热经纬》、雷丰《时病论》、林佩琴《类证治裁》、程钟龄《医学心悟》等，要求门生不仅要细读深思，还要在运用上做到融会贯通。

王香岩选定的中医古籍有不少艰深晦涩，初学者阅读起来很有难度，沈仲圭感到压力很大。经过一段时间的学习，沈仲圭发觉老师所安排的读书顺序并不适合于自己，于是就根据自己的实际情况，从易到难，先从浅显的门径书学起，再从流溯源。《医学心悟》、《医学从众录》、《医学源流论》、《冷庐医话》等就成为了他的启蒙读物。当然，对于初学中医者必须熟读、背诵的《汤头歌诀》、《药性赋》、《医学三字经》等书，他更是晨读夜习。渐渐地，他读《内经》、《难经》等典籍也就觉得比较容易了。

性格内向、好学深思的沈仲圭深知，只有付出更多的精力和时间，才能学好中医。于是，在忙完白天的工作后，他在晚上将老师白天坐诊时说过的话、开过的药方反复回忆推敲，直到熟记药方后才允许自己睡觉。如果在读古书或者摘抄医案中遇到困难，他会把问题先罗列出来，而后趁着先生闲暇时认真请教。

经过艰苦摸索找到入门之径的沈仲圭，对中医经典古籍和理论的学习渐入佳境，对古籍文献日益入迷，并成为终身的爱好。对于读书习惯的养成，沈仲圭曾经在一篇文章中谈道："我平生所读之书，以明清著作为多。清末民初，浙江桐乡大麻名医金子久先生曾对门人说：'《内》、《难》、《伤寒》、《金匮要略》为医学之基础，然在应用时即感不足，如《金匮要略》为杂病书之最早者，然以之治内妇科等病，不如后世医书详备。所以唐宋诸贤补汉魏之不足，金元四家又补唐宋之不足，迨至明清诸名家，于温病尤多发挥。'金氏这段话，与我治学之路正复相同。我细心阅读的书有汪昂的《素灵类纂约注》，徐大椿的《难经经释》、《医学源流论》，治《伤寒》、《金匮》，宗《医宗金鉴》，温病宗《温热经纬》。明代王肯堂《证治准绳》，清代国家编纂的《医宗金鉴》，以及沈金鳌的《沈氏尊生书》，均是皇皇巨著，是我案头必备的参考书。其他如本草、方书、医案、笔记等，平素亦常浏览，以扩见闻，这些书仅是所谓眼到而已，不要求背诵。从前读书，强调背诵，对初学来说，确是一个值得重视的好方法。清代章学诚说：‘学问之始，非能记诵。博涉既深，将超记诵。故记诵者，学问之舟车也。’涉山济海，少不了舟车，做学问也是如此。但不能只停留在背诵阶段，而是要作为以后发展的基础和出发点。”

沈仲圭提出，读书要四到，即口到、眼到、心到、手到。口到指朗诵，眼到指阅读，心到指领会和思考，手到指要勤做笔记。书不但要读熟，还要精思，把读的东西消化吸收，同时要善于思考，不要轻信古书，也不要对古书持一味的否定态度，要力求做到去伪存真。要勤做笔记，不仅要将自己认为精辟的地方摘录下来，还要写读书心得，这样才便于消化吸收。

俗话说："师傅领进门，修行在个人。"王香岩将沈仲圭领入了祖国瑰宝中医的大门，沈仲圭则通过自身的勤勉和业师耳提面命式的经验传授，逐渐对业师所精通的温热病疗法有了深刻认识，也掌握了其中的医治规律。后来，沈仲圭曾专门写过一篇文章《王香岩先生学术思想简述》，将王香岩对于温热病的治疗方法进行总结：即春温热入心营的辨证处方、湿温初起与化热的辨证处方、中暑热入心包的辨证处方、秋燥伤肺的辨证处方和冬温风燥的辨证处方。由此可见沈仲圭对恩师的学术思想和疗法规律掌握之牢固。正如王香岩所教导的："临床辨证选药应该做到不拘执成方。中医在秦汉《内经》、《伤寒论》的基础上，经过历代明贤不断努力，至明清已发展至丰富多彩、门类齐全。由于时代的变迁、气运的不同、地理环境的各异，所以钻研古书，应学其理论与法则，而不必拘泥于其方药。"沈仲圭也认为，学习中医不能拘泥于恩师和其他名医的方药。

1921年，沈仲圭学徒三载满师毕业。当时军阀混战，北洋政府根本无力顾及中医事业。初出茅庐的中医学生如独立开业行医，则往往难以维持。沈仲圭的旧识、《神州国医学报》主编吴去疾就因业务萧条，生存无望，抑郁而死。因此，沈仲圭只好先做小学教员，希望在社会上站稳脚跟后，再实现自已悬壶济世的理想。他自觉对中医的精深之处还不甚了解，于是白天教书，晚上继续钻研医书，每至半夜方入睡。第二天凌晨又伴着响亮的鸡鸣声起床背诵医书。在做小学教员期间，他开始执笔为文，将自己研读古医书的经验和感受全部记录下来，写成文章投递到医刊。如当时王一仁主编的《中医杂志》、吴去疾主编的《神州国医学报》、陈存仁主编的《康健报》、张赞臣主编的《医界春秋》、陆渊雷主编的《中医新生命》等刊物，都登载过沈仲圭的文章。此后，沈仲圭一直坚持写作，即便到了晚年，依然笔耕不辍。他在晚年曾赋诗一首，道出了自己暮年仍然壮心不已，愿为中医发展扬鞭奋蹄的心声：

满目医林气象新，姚黄魏紫竞芳馨。
神功共赞金篦术，奇效还夸玉函经。
病翮何须嗟蓬落，奋飞尚拟向青冥。
欣逢四化千秋业，指路遥看北辰星。

沈仲圭从学医到行医度过六十几个寒暑，几乎无日不读书，无日不执笔。他说："我国医学，博大精深，流派亦多。历代明贤大都各有所长，亦各有所短。初学宜宗一家言，学一家之长，而以他家补其不足。例如学经方者旁参叶天士、薛生白之说，则经方时方，熔于一炉。又如学朱丹溪者旁参张景岳之说，则滋阴补阳两无所偏。学完理论，转入临床，务须详参脉证，妥选方药，对收效缓慢的病例，宜请教老中医指点，不可忽略放过，这是对病者负责，也是鞭策自已向上攀登。"

沈仲圭早年向王香岩学习中医的经历为其后来取得的成就奠定了坚实的基础，他说："我早年幸遇名师王香岩先生，经他传道、授业、解惑，为我以后的学业奠定了基础。王师擅长治疗温热病，我学习的基本上是叶派学说。"但是，在以后的行医生涯中，沈仲圭没有固守王香岩的医学思想和临床经验，而是在此基础上博采众长，不断提高自身医术。中医内科把疾病分为两大类，即外感和杂病。外感六淫之邪，王香岩主张以《温热经纬》、《伤寒指掌》为学习指导，然后再参考《时病论》。但沈仲圭却认为吴鞠通的《温病条辨》更系统地论证了温热各证，也应该列为学习温病的必读之书。

沈仲圭强调，学习中医同样要转益多师、不耻下问。由于自然地理环境的差异及风俗习惯的不同，在长期的发展中，中医逐渐形成了具有地域特色的用药习惯和流派。因此，沈仲圭主张“要多向各地医药同行学习，吸收他们的长处，不拘泥于门户之见。不应以古今著作为局限，现代名医的经验，民间流传的单方秘方都应该兼收并蓄”。民国初年的名中医裘吉生自定疏肝和胃散方，治肝胃气痛疗效显著，方用沉香曲、香附、甘松、延胡索、降香、九香虫、刺猬皮、瓦楞子、左金丸、甘蔗汁、生姜汁。沈仲圭虚心向裘老索方，此后用该方治神经性胃痛、胃溃疡胃痛，均有疏肝和胃、行气止痛之功效。他在长期的临证实践中，总结出裘老的药方并不适宜于虚证。他在医案中介绍了此方的使用情况，生动地反映出他对知名同行验方的科学态度，既善于吸收他人的经验，虚心学习他人之长，又注意结合患者具体病症和自己的临床经验灵活使用，而后在实践的基础上，提高原用药方的治疗功效，进而收到更好的效果。

沈仲圭一方面虚心向各地名医请教医术，博采众长，一方面热情对待年轻人的求教，为他们解疑释惑，有问必答、有信必复，同时也认真听取他们的意见。他多次对家人讲：“中医理论博大精深，一个人不可能样样精通。所谓老师不过是闻道早些。在弟子面前自视高明，听不得他们的意见，实际上是自己底气不足。”1979 年，已经 78 岁高龄且颇具声望的沈仲圭写好《银翘散的研讨》一文后，将文稿寄给北京中医学院在读研究生连建伟，请他不必客气，提出修改意见。后来，沈仲圭根据连建伟的意见，对文章中的某些不足之处做了修改。沈仲圭认为，只有这样，才能做到集思广益而不拘泥于一孔之见。他也因此对连建伟更加器重。连建伟毕业前夕，沈仲圭写信给浙江中医学院院长何任，推荐他到该学院任教。连建伟不辜负前辈的期望，之后在教学、科研上取得了不菲的业绩，被评为教授，又升任浙江中医药大学副校长，并被选为全国政协委员。

哺育桃李勤耕耘　提携后学重基层

中医研究院建院初期，沈仲圭已是一位有着27年教龄、著述颇丰的中医教育家。

沈仲圭的教学生涯始于20世纪20年代末。随着时代的变迁，他所任教或负责的中医院校逐渐发展成为将新式学堂教育与中医传统授业模式融为一体的近代教育机构。任教期间，他撰写了许多讲义和论文，同时收集验方，点校整理古籍文献，培育了大量优秀人才。

1928年，沈仲圭开始在上海中医专门学校任教。该校为近代名医丁甘仁所创办。沈仲圭到该校执教时，丁甘仁已去世，由其长孙丁济万主持校务。当时学校的教员还有程门雪、陆渊雷、时逸人、余鸿孙等。所用教材有自编讲义，也选用古今名著。1930年下半年至1931年，沈仲圭在上海国医学院任教。该院为陆渊雷、章次公、徐衡之三人所创办，聘章太炎为名誉院长。陆渊雷讲授《伤寒论》，章次公讲授药物学，徐衡之讲授儿科，沈仲圭讲授中医常识及医案。由于教师精于医术、认真传授，学生刻苦研习，师生共同努力，造就了一批优秀中医人才。如中国医史文献专家范行准、浙江中医学院教授潘国贤等，都是在这一时期毕业的国医学院学生。

1932年9月~1933年7月，沈仲圭到上海中医学院任教。

该院由上海国医学院设立，教务长为蒋文芳，由上海名医朱鹤皋出资兴办。很多学生勤奋好学，成绩突出，日后成名者，如著名中医肖熙等。

1929年，南京国民政府卫生部第一届中央卫生委员会，通过了余云岫提出的《废止旧医以扫除医事卫生之障碍案》的提案，以及废止中医的六项办法，将已备受歧视的中医事业推到了生死边缘。提案一经公布，立即引起了全国中医界的极大愤慨。各地的中医团体代表聚集上海，召开全国医药团体代表大会，向政府请愿，强烈要求取消该提案。一向谨言慎行的沈仲圭也加入了抗议的行列，他作为杭州代表出席会议，为中医生存奔走呼吁、奋力抗争。中医界的抗争，最终迫使国民政府不得不取消废止中医的提案。

抗日战争爆发后，沈仲圭只身到了重庆，任北碚中医院院长。在那炮火连天、动荡不安的岁月里，沈仲圭坚持在中医园地里辛勤耕耘，一边努力为饱受苦难的当地百姓诊病，一边潜心研究名家医案和地方用药特点，并认真传授中医知识，培养中医人才。

中华人民共和国成立后，沈仲圭在重庆中医进修学校任教，讲授方剂学、温病学，基于自身的行医经验和深厚的中医学功底，精心编写讲义。1955年底，中医研究院在北京建院，应卫生部之调派，沈仲圭进入中医研究院，在附属的广安门医院内科工作，兼负责高级干部与外宾的诊治。

到中医研究院工作，是沈仲圭人生道路重要的转折点。中医研究院是全国中医药事业的最高科研机构，汇集了全国知名中医进行高层次的临床医学研究。中华人民共和国建国初期实行的“就业、医疗、养老”的社会保障制度，彻底改变了沈仲圭漂泊不定的生活状态，为他全心全力从事中医事业提供了稳定的生活保障和广阔的平台，他也因此迎来了中医教育和研究事业的第二个高峰。

与以前多年的教学经历不同，沈仲圭从1955年到中医研究院任职，直至1986年病逝，30多年里除了根据组织安排指导本院青年医生学习外，从未担任过任何实际意义上的教职，但他却从未中断过教学育人，一直通过多种教育形式在培养学生。

沈仲圭经常在中医学术刊物发表论文，各地的中医后学常常在读了他的论文后慕名写信向他求教，他便以信函形式为他们释疑解难。经过长期的书信往来，彭述宪、于世良、袁海峰等青年中医成为他的“遥从弟子”。这些人后来大都成为当地的名医，他们在沈仲圭逝世后的20多年间，多次发表论文，追忆、传播恩师的学术思想和品德，深情怀念恩师并十分珍视从恩师那里受到的教益。

沈仲圭的个体函授教学活动以一己之力艰难地坚持了近20年。尽管受到过挫折，遇到过困难，他仍向慕名求教的外地基层中医师邮寄了大量的中医书籍和刊物，并复信为他们解疑释惑。

沈仲圭始终认为，作为老中医，为弘扬祖国优秀医学，自己有责任搞好“传帮带”。家人劝他要量力而行，他说：“基层中医院图书资料少，让他们多了解古书、学术刊物，有助于他们增长见识，提高业务水平。基层，特别是乡下，医疗条件差，老百姓不到万不得已不会去看病，所以遇到的疑难杂症也多。与他们通信，既能帮他们解决难题，我也能开阔眼界。”他了解基层医生的困难，深知他们的求知欲望，因此对他们来信的答复十分认真，一丝不苟。有时上午刚发出回信，午休时又想到有的病例叙述得不够详尽，马上又追寄一封信去询问或补充，弄得夫人万宝琴有时一天要跑几趟邮局。日久天长，就连报国寺邮电局的职工也都赞扬他提携后学的精神。

沈仲圭致力于中医教育，对我国中医教育的曲折经历深有感触。他认为，照搬西医的教学模式学习中医、教授中医，事倍功半。学生理论知识多，但实践能力不强，有些人在实际临诊时往往处方比较机械，缺乏融会贯通的本领。所以，他特别重视师带徒，认为这种传授方式可以弥补中医院校集中教学之不足，也符合中医的教学规律。书信交流当然不如当面教学效果好，但这是受现实条件制约不得已而为之，也强似于无。写信者往往经过深思熟虑，表达比较严谨，同样可以达到进行深度交流的目的。沈仲圭一旦发现通信方有成功的病例，就督促其及时总结归纳，他会在自己的论文或专著中将这些病例详细介绍，扩大基层中医师在中医界的影响。

主张寒温本一体　治疗温病成一家

沈仲圭在60多年的从医生涯中，倾注了大量的心血研究温病学说。他不仅结合自身临床实践钻研温病理论，而且对包括业师王香岩在内的温病临床名家的学说也进行了系统的研究。沈仲圭在探讨王香岩学术经验时说道："先师善治温病，重透重养。谓温病初起宜辛凉宣透，固无疑义，而邪入心营之须透邪，亦万不可忽视。如春温热入心营用牛蒡、银花、连翘、郁金、菖蒲之类。暑温热入心包用石膏、银花、荷花、连翘之类，均旨在宣透，既可防其内闭，又能泄热外出。温邪最易灼烁津液，故前贤有'存得一分津液，即有一分生机'之说。先师立方治病，亦十分重视津液之保存，每从清养肺胃着眼，选用沙参、石斛、麦冬、梨汁等甘润之品；对暑热或春温热盛者，则常用荷花露、银花露之类。并主张运用辛凉轻清之品，枢转气机，如治温湿常用薄荷、郁金、芦根、青蒿之类。治冬温每投桑叶、杏仁、薄荷之类。治春温则多以银花、连翘为主药。治疗湿温还创立了'启上闸，开支河'法，取'微汗不仅散热，又可去湿'之意，使热从外解，湿向下行。"

沈仲圭在王香岩门下刻苦攻读，不仅深刻理解掌握了王香岩治疗温病的经验和医术，而且对温病学派其他代表人物的治疗经验和学术思想也悉心研究总结，将不同流派的学说加以比较。比如沈仲圭在论述薛生白的《湿热条辨》时就指出：“我体会《湿热条辨》立法遣药，师古勿泥，圆机权变。薛氏在‘温湿之病，阳明必兼太阴’之理论的指导下，着眼于湿，吃紧在热，注意邪正关系，平调阴阳偏颇；其对‘主客交’之治法，参活血通络以祛邪热，仿‘三甲散’意，诚如茅雨人《感证集腋·四家评》所谓薛氏之论‘补又可之未逮’。”寥寥几句，就把薛生白治疗温病的思想剖析得很是深透。他对王孟英、吴鞠通等温病大家的学术成就也有专门研究。正是由于精通温病各派的治疗特色和独到之处，吸取其中精华，沈仲圭终成治疗温病的一代大家。

沈仲圭对肺痨、流行性乙型脑炎、烂喉痧等温热病均有自己独到的治疗方法。

沈仲圭善治肺痨，认为治疗肺痨一证，应该从肺、脾、肾入手，以滋水平木、清金保肺、培土生金为治疗原则，用药以甘寒为主，甘平为辅，方选保阴煎、琼玉膏、六味地黄丸、资生丸等。肺痨虽然在肺经，但与其他四脏相关，俱可发病。在肾为腰腿酸软，内热盗汗，梦交失精，耳中蝉鸣；在心为惊悸怔忡，虚烦少寐，口舌糜烂；在肝为胁肋作痛，目涩而痛，颈项瘰疬，头晕眼花；在肺为咳嗽痰红，或大口咯血，两颧红如胭脂，鼻中气如火热，咽痛喉烂，声嘶音哑；在脾为不思饮食，胀满腹痛，肠鸣泄泻，肌肉消瘦。由于五脏生克关系，肺与脾肾关系更为密切。肺损日久，上夺母气以自养而至脾虚，下不能滋肾而精液日亏；脾虚失运，谷气不能上达于肺；肾精过耗，阴亏则虚火上乘。所以沈仲圭强调“治肺痨当注重脾肾”。因肾藏精，命门内寄相火，水火既济，则阴阳平衡。脾为后天之本，胃开脾运，自能生血化精，血足则肝火不旺，精足则肾水不亏。沈仲圭推崇《理虚元鉴》中对肺痨的认知。他认为劳损在肺，则病还不重。劳损若在肺，出现的症状通常为干咳少痰，咯血时作，或有潮热，手足如灼，口燥咽干，饮食减少，舌边尖红，脉细数。应养阴润肺，止咳化痰。选裘氏清肺宁嗽法治疗，也可选《医学心悟》中提到的月华丸治疗。如果肺痨到肾则已由浅入深。劳损在肾的症状为：咳嗽痰少，或吐黄稠痰，咯血量多色鲜，胸胁掣痛，骨蒸盗汗，心烦失眠，性躁多怒，舌红绛，脉细数。应滋阴降火，潜阳安神。选用裘氏的养阴止血法、育阴潜阳法、养阴敛汗法治疗。如果病势再进则会损及肺、脾、肾三脏，症状为咳呛咯血，骨蒸盗汗，声嘶失音，形体孱弱，或畏风自汗，喘息气短，面浮肢肿，食少便溏，舌光绛，脉微细等。肺痨到此阶段，已经很难治愈。沈仲圭主张填补精血，调理脾胃，培先天之精血，资后天之化源。用《十药神书》中提到的白凤膏及保真汤是比较理想的方剂。肺痨病患者在恢复期间，沈仲圭强调除了适当的体育锻炼及节制饮食外，还需用药物和食疗结合的方式调养。

关于暑温，沈仲圭提出，暑温有偏热、偏湿、伏暑、暑风和暑厥的差别，所以治疗暑温不能囿于一法、一方、一药，要根据病情的不同进行辨证施治。治疗流行性乙型脑炎，同样不能固守一方一药。他指出：人体有弱强，感受有轻重，伏邪有浅深，治法有缓急，用方有大小，必须根据流行性乙型脑炎在发展过程中各种证型、各个阶段的具体情况，以及环境、气候、年龄、体质等，加以全面的综合考察，选择适当的治疗方法。为此，沈仲圭参与研究并提出了8种治疗流行性乙型脑炎的方法。其一为辛凉透邪法。他认为“辛凉透邪是治疗温病的第一要务，治疗流行性乙型脑炎——暑温尤为重要”。其二为逐秽通里法。他认为“逐秽通里一法，是治疗温病过程中紧要的环节。若暑秽内阻，热结阳明，直须芬芳以逐秽，清下以通里，不使热毒内陷，里通而表自和”。其三为清热解毒法。他认为“清热解毒是治疗暑温的关键。在治疗流行性乙型脑炎的实践中，也得出必须以清热解毒为主的结论”。其四为开窍豁痰法。他认为“开窍豁痰是治疗暑温的急迫方法之一。在临床中，发现有昏迷不醒或谵妄不安的证候，应该注意其因火、因痰”。其五为镇肝息风法。他认为“痉厥抽风为流行性乙型脑炎的几个证候。中医暑痉、暑厥、暑风，名虽繁多，而其要领仍在分别证候，即辨证立法”。其六为通阳利湿法。他认为“通阳利湿是治疗暑温不可偏废的一个方法”。在治疗过程中，他强调用《温病条辨》中的法则来立法遣药。其七为生津益胃法。他认为“一切热性病患，未有不灼伤津液的”。所以在治疗中，医生应注意保津液的重要性。“特别是一切热病末期，胃阴消烁，津液愈亏，此时用生津益胃法，真能收到泽枯润槁之效”。其八为清燥养阴法。他认为“清燥养阴是治疗温病后期最重要的方法。温病若在末期，会生内燥，直须清凉甘寒之物，才能收到养阴清燥的功效”。

沈仲圭总结了自己治疗烂喉丹痧的经验。在分析烂喉丹痧病证的形成原因时，他指出：“《内经》云一阴一阳结，谓之喉痹，一阴为厥阴主乎风木，一阳为少阳主乎相火，其脉上循咽喉；又云喉主天气，咽主地气，咽喉系络肺胃，其经为风火阻郁，风为阳邪，袭伤清窍，风火相煽，结痹咽喉，痹则糜烂，症见口渴欲饮，黏痰不易咳出，大便秘结，小便短赤，身热神烦，咽喉红肿糜烂，胸闷不适，遍体红疹，满布颈项。”这是对《内经》“一阴一阳结”深刻的诠释，也是为喉痹治法的立论。在治疗此病时，沈仲圭认为，烂喉丹痧内有厥阴少阳相火上升，外有风热之邪袭于清窍，形成热毒炽盛咽喉糜烂。如果急于散风泄热、涤痰解毒，则燎原之势难以遏制，但恐咽喉肿腐愈甚，变为坏症，所以应该疏散清化并进，慎防痰升内闭之患。可以选用普济消毒饮加减，以清火散风，涤痰解毒。药用玄参（清上炎之火），射干（散风热，平相火），牛蒡子（散热结），银花、连翘（清热解毒），薄荷、僵蚕（透痧疹，散结肿），浙贝、莱菔子（宣肺消痰），马勃（清肺热），山豆根、板蓝根（治喉痹肿痛之专药），鲜橄榄（清厥阴相火），郁金（除热通痹），锡类散（去腐生肌）。

在长期治疗温热病的过程中，沈仲圭认为，温病家辨证，首重察舌、观目、看齿，这是他们临床经验的可贵之处。相较于把脉，用眼睛观察舌色的方法则更为真切、直观。沈仲圭对舌诊的研究尤为精细，他根据古人的论述和自己多年的临床经验，提出“察舌辨证是祖国医学理论宝库中一个重要的组成部分，每一个中医人员都应该认真研究运用”。他常常在教学中提醒学生：“舌诊对于六淫外感病症（包括现代医学多种传染病）具有更高的实用价值。时病辨舌，有其特殊意义，临证多能通过舌诊，即可知病位之所在、病性之所属，以确定治疗法则。如同是外感，舌苔薄白而润者，即是外感风寒，法当辛温解表；若其舌苔薄白而干，边尖红赤者，乃风热为患，治宜辛凉轻剂。时病神昏谵语，为病深入里之重证，大体可分为湿热蒙闭清窍、温病逆传心包、阳明腑实三种。然湿热蒙闭清窍，舌苔黄腻；温病逆传心包，色必红绛；阳明腑实，苔必老黄起刺。但从舌苔、舌质即可判明三种不同的神昏谵语。如现代医学‘猩红热’，中医称为烂喉痧，必现杨梅舌，即是该病的主要特征。”

利用察目法时，如果病人两目黄色，则可以诊断为湿热内盛；如果两目赤色，则是火证。叶天士在《外感温热篇》中曾经记载：“温热之病，看舌之后，亦须验齿。齿为肾之余，龈为胃之络，热邪不燥胃津，必耗肾液。且二经之血，皆走其地，病深动血，结瓣于上。阳血者色必紫，紫如干漆。阴血者色必黄，黄如酱瓣。阳血若见，安胃为主。阴血若见，救肾为要。”利用察舌、观目、看齿的方法，沈仲圭在治疗中屡试不爽，是其临床的宝贵经验。

沈仲圭在大量临床和理论知识积累的基础上，完成了《中医温病概要》一书的编著。该书是在总结古今名医治疗温热病方法的基础上编著而成的，总结了温病的沿革、病理、诊断、方剂及各病证治，内容丰富，使读者用较少的时间，便能获得温病的全面知识，对治疗温病的普及工作作出了较大贡献。

沈仲圭积累了大量临床温病治疗病案，逐渐形成了一套完整的学术思想，其中最重要也是最具其个人特色的学术主张，当属他对温热病与伤寒病辩证关系的阐述。他曾经如此阐释伤寒与温病的关系："温病学说，导源于《内经》、《伤寒论》，经历代医学家尤其是清代叶天士、薛生白、吴鞠通、王孟英诸家的大力发展，使温病学说自成体系，蔚为大观。由于伤寒家运用《伤寒论》的方法，治疗某些热病，亦有疗效。因此，对温病学说仍持异议。伤寒、温病，本是一体，不应另立门户。温病学说是在《内经》、《难经》、《伤寒论》的基础上发展起来的，既补充《伤寒论》之不足，又与《伤寒论》互为补充。"

温病学派自形成以来，引起了历代医学家有关"伤寒"和"温病"之同异的学术论争。有人认为，温病应为一派，不应拿伤寒的治疗方法与温病的治法相比较。然而，长期从事温热病治疗的沈仲圭却认为"寒温一体，互相补充"。

沈仲圭是最早持"伤寒温病一体论"的学者之一，在他的著作中贯穿着如下的学术思想。

温病学说同其他学说一样是逐渐发展起来的。《伤寒论》为汉代以前诸名医对急性热病的治法与方剂，由张仲景集其大成。温病学说则是在《伤寒论》基础上，逐步增补病类、治法、方剂，至叶天士始完成急性热病的治疗体系，补充了《伤寒论》的不足。《伤寒论》是温病之源，因此，有很多伤寒方可用于温热病症。比如《伤寒论》中关于阳明病、少阳病、少阴病篇中若干方剂，可用于温热病症。但是，严格来讲，寒与温属性不同，其病理也不一样，处方用药自难一致。如张仲景的麻杏甘石汤可用于风温初起，但是其中麻黄不免失之辛温；葛根芩连汤可用于温病表里热盛之证，其中葛根不免失之升发，芩连又过于苦寒；黄连阿胶汤可用于温热病热传下焦、阴亏火盛之证，《外台秘要》引崔氏黄连解毒汤，可用于火毒充斥三焦、火热烦狂之证；陶华的三黄石膏汤，可用于温热表邪未解、三焦里热炽盛之证，但均失之苦寒太过，不适合温病所用。

因为伤寒与温病的病因有所不同，所以在诊治上亦有所差别。例如热病初期，如果用张仲景的方法，则是桂枝汤、麻黄汤、大青龙汤；温病派则会用银翘散、桑菊饮，这是辛温解表与辛凉解表的差别。当病情进一步发展时，高热不退，伤寒家将此证称为阳明证，用白虎、承气两种治疗方法；温病派也称之为阳明证，同样用白虎、承气两种方法治病。但是温病派所使用的承气汤，更为细密，属于辨证投方。例如在张仲景承气汤的基础上，又研制出黄龙汤、宣白承气汤、导赤承气汤、牛黄承气汤、增液承气汤等。高热引起的神昏病证，温病派有清热解毒的治法，如清宫汤、牛黄丸、紫雪丹、至宝丹等。又如《伤寒论》中所提到的清热之方，有白虎汤、黄芩汤、小柴胡汤。温病派则有治气血两燔之法，如玉女煎去牛膝加玄参方；有清宫热之法，如清宫汤。这两种清热的原则虽然相同，但方子的组成不同。热性病最容易伤阴耗液，《伤寒论》中关于养阴滋液的方子很少，但是温病派对此病证，有加减复脉汤、大小定风珠、护阳和阴汤、五汁饮、牛乳饮等，在扶正祛邪方面比张仲景时代更加完备。以上这些，都是温病和伤寒在治疗上明显不同的地方。温病派所提出的不同方剂，足可以补张仲景《伤寒论》中的缺陷，充实热性病的治疗内容。

温热病学和其他学科一样，都是随着历史的演变而进步的。张仲景的《伤寒论》成书距今已1800年，其间经过历代医家的理论研究和临床经验的积累，对热性病的认识和治疗，相较于张仲景时代，均有所补充和发展，因此治疗伤寒，不能拘泥于张仲景的著作，应求进步；而治疗温病，更不能忘记其治法是在《伤寒论》的基础上发展的；并非温病的治法只能治温病，《伤寒论》的治法只能治伤寒。沈仲圭认为，尽管两者包含的病类不同，但是治法却在一个体系中。所谓温病的治法，不过是在《伤寒论》原有的治病体系上加以充实和修改而已。

由此沈仲圭强调，温热病的理论，须从系统、全面和发展的眼光审视，不应拘泥于一家之言，横生门户之见，因循守旧，停滞不前。必须将伤寒和温病两者的理、法、方、药统一起来，互为补充，在前人的基础上有所发现，大胆创新。只有这样，才能为继承与发扬中医学事业作出更大的贡献。

化整为零勤写作　百万著述惠杏坛

沈仲圭对温病学说造诣深厚，著述颇丰。这是由于他有着强烈的研究中医理论的意愿，以及早年养成的勤于写作的习惯。

沈仲圭初出茅庐时，就以学术论文多产闻名于上海、重庆的中医界。当时有影响的中医学术刊物《中医杂志》、《神州国医学报》等都刊载过他的文章。从那时起他就以自己的研究成果在现代中医史上留下了宝贵的墨迹。

以1949年为界，他的著述大致可分为前、后两个时期。1949年之前的文章多为教学讲义，着重阐述温病学说等中医经典学术思想的基本内涵、发展沿革以及各学派医家的不同见解和贡献；1949年之后的著述范围更为广泛，既有专著，又有医案集成，还有对《伤寒论》等典籍的考证。

沈仲圭性格沉静，不善言辞，多思善学，勤奋刻苦，即使在他体弱多病时，依然把更多的时间和精力用在中医理论研究和著述上。有一段时间，大多中医学术刊物停刊，著作出版无期搁置。他不管外部环境如何，凭着对中医事业的挚爱，依然每天研究过去的医案，捧读医书，撰写读书札记。他的孙辈早晨醒来时常看到祖父早已在台灯下埋头写作了。

随着国家各项事业的恢复发展，中医学术期刊逐步复刊，这时稿件匮乏，沈仲圭所写的大批中医论文为这些刊物解了燃眉之急。那时还没有恢复稿费制度，但他一直坚持为有关刊物撰稿，从不过问是否有稿酬。

沈仲圭写作十分认真，他的每篇论文都用复写纸印写一份。复写稿寄给杂志社，原稿自己留存。原稿积累到一定数量，用针线装订成册。他给刊物写同类文章时，一定要先看留存的底稿，凡是旧稿中已阐述得比较充分的，他都不忙动笔重写，一定要等到有新的体会时再写；旧稿中阐述得不够准确或不充分的，他一定要再查阅资料，反复推敲后才下笔。

改革开放后，沈仲圭的稿约不断。这时他已年过七旬，写长篇论文，体力难支，于是他化整为零，坚持每天写医论札记，随时记下自己的学术思考，甚至在《吉林中医药》等刊物的空白处也写下了大量的随笔。这种以学术札记搭建长篇论文结构的写作方法，帮助年老体弱的沈仲圭成就了晚年的著述。

沈仲圭对中医理论的研究逐渐系统化。他撰写的《从历代医学文献探讨中风病因及治法的变迁》体现了在这方面的成就。该文通过解析《素问·通评虚实论》等三段文献，说明早期中医就已经对中风的病因、病灶、预兆等有了初步的认识，到明代名医缪仲醇时才比较完善。沈仲圭根据中风的早、中、晚期不同阶段的临床症状，科学详尽地剖析了经典处方的临诊思想和用药特色，使读者从不长的篇幅内就可清晰地了解千余年来中医对中风病的认识轨迹和用药思想的演变。

在撰写临床经验总结时，沈仲圭常按病理将某种病的临床诊治归纳出多种疗法。这些疗法并不仅是他个人的临床实践，而且是结合医学文献及其他老中医的医案进行的高度概括。如《治肾八法》就从肾病的不同成因和临床症状的角度归纳出“摄纳肾气法”、“温补命门法”、“温阳化水法”、“滋养肾阴法”等八法，并辅之以验方，使读者对某一病种的临诊思想一目了然，也印证了他反复阐述的思想：“医学理论必须时时和临床相印证，体会才能深刻。”

沈仲圭的临床论文体现出他为人真实质朴的本色。在他的文章中只要是先辈、同事们的既经得起时间检验又体现中医文化精髓的验方，他都热情地加以宣扬，在自己的验方中凡是借鉴他人验方的也会和盘写出。更可贵的是他会把在验方使用过程中发现的禁忌、不适用的病症都实事求是地加以说明，甚至把自己最初的一些误判也不加掩饰地公之于众，从不顾忌会给个人声望、同行关系带来的不利影响。北京中医学院教授任应秋是他的好友，两人在早年曾长期共事，后来也时有过从。任应秋对肝病素有研究，他的论文《舒肝评议》发表后，沈仲圭不同意其中的一些观点，即写出《〈舒肝评议〉的评议》，与老友展开讨论。两人不仅没有因此而生分，友情反而更加深厚。沈仲圭的这种为人处世风范、求真务实的学术品德和对中医事业的赤诚之心，使他能够结交像任应秋这样的知音，也使他在深受传统文化影响的中医界备受钦佩。

由于治学严谨，勤于著述，沈仲圭先后出版了《养生琐言》、《诊断与治疗》、《仲圭医论汇选》、《食物疗病常识》、《肺肾胃病研讨集》、《中医经验处方集》、《中国小儿传染病学》、《中医温病概要》、《临床实用中医方剂学》、《医学碎金录》、《新编经验方》、《论医选集》、《中医内科临诊方汇》等著作，计有20种近百万字。

渊博融通造诣深　精于杂病除难症

沈仲圭不仅善治温病，而且也善治杂病。他对各种疑难杂病，尤其是妇科病、慢性病、老年病中的疑难病研究很深，对虚劳重证的治疗亦有独到之处。

众所周知，患虚劳重证，治疗难度非常大。可是，沈仲圭却知难而进，在古人治法的基础上，经过多年临床实践自拟了清肺保金、扶元培土、益阴平肝的方剂，虚劳重证患者服用后，疗效甚好。

《内经》中曾经提到："精气夺则虚"。虚劳为病，多为积渐而成。久病体虚，久虚不复为损，损极不复为劳。虚劳咯血形瘦便溏者，病由真阴久亏，水不涵木，木火上灼肺金，金受火刑，肺失治节之权，以致咳嗽气逆、伤络见红、潮热等症接踵而来。肺位于上焦，乃五脏之华盖，肺为娇脏，而朝百脉，肺之化源受损，清肃无权，肝火上冲，颧红面赤。脾气下陷，食纳日少，枯瘦日增，脾乏生金之资，自上损及中焦，大便完谷不化，谷食少进，而出现阴虚于内，阳浮于外，五心烦热，盗汗不止，火灼金伤，津液暗耗。是以口干舌燥，口渴欲饮，咽痛声哑，形体消瘦，神疲体倦。肺伤渐刑，火炎于上，则咳嗽痰血。脾虚中气不固，则大便溏薄。脾乃后天之本，生化之源泉。若脾失健运，致虚热困倦，诸证蜂起，脉象细数，舌光如镜，舌质红无苔。按其脉证分析，应该属于阴虚火炽，这是虚劳重证，难治之证。因为肺喜清润，恶香燥，而脾则喜香燥，恶清润，在治疗上存在矛盾。若单用清润之剂，则不利于脾，若用香燥之品，则有害于肺，在临床施治的过程中，该如何同时兼顾脾肺，实在是棘手难题。

沈仲圭通过临床实践，自拟了清肺保金、扶元培土、益阴平肝的方剂。药用：西洋参 3g，麦冬 9g，燕窝 6g，冬虫夏草 9g，阿胶 10g，百合 12g，山药 15g，川贝 6g，甜杏仁 6g，款冬花 6g，生地炭 20g，琼玉膏 1 匙。沈仲圭自拟的方剂，从表面看似乎偏于滋阴，但脉象虚数带弦，舌光如镜，舌质红，这是阴虚火旺的症状。方中用生地、阿胶、麦冬是必不可缺的。如果调理得当，可望带病延年。

沈仲圭对于妇科病中的疑难病也颇多研究。他认为妇人之病与男子无异，唯有经、带、胎、产诸病不同，因此撰有《妇科四症治法简述》一书，以经、带、胎、产为纲，充分反映了他治疗妇科病的经验。沈仲圭论治月经病时，认为“应辨明经期先后，或先后无定，或经停不行，经量多少，色淡红或紫暗，有无腹痛、癥块等，才能知其寒热虚实，治用温凉补泻”。如月经先期“一般由于肝火偏旺，血热妄行，来时量多，色深红或紫色成块，质黏气臭，同时心烦易怒，脉象弦数，宜凉血清热，选用名医丁甘仁养营清热法”。方为：归身五钱，生地五钱，白芍三钱，黄芩二钱炒，荆芥钱半，炒丹皮二钱，藕节五个，血余炭三钱，白薇二钱，胡麻仁三钱，广陈皮钱半，云茯苓三钱。沈仲圭提到：“本方用四物汤去川芎，加丹皮、黄芩和血清热，荆芥、藕节止血，血余炭养阴去瘀，胡麻仁补肝肾。综合诸药功用，和血清热为主，止血去瘀为辅。用于月经先期，色鲜量多、有块等证。”“果身体阴虚内热，经期超前，量少色淡无块，兼有头晕眠少，五心烦热，脉象细数，宜滋阴清热，选用傅青主两地汤。”

沈仲圭在谈崩漏时强调要辨证论治，因为“产生崩漏的原因分为阴虚血热和气不摄血。阴虚血热者，血色深红，五心烦热，急躁易怒，夜眠不安，脉多细数，宜凉血止血，选用荆芩四物汤加减。气不摄血者，血色淡红，神疲气短，脉多细弱，宜补气摄血，选用丁甘仁益气固摄法加减”。益气固摄法之方为：土炒潞党参、炙绵黄芪各三钱，土炒野白术三钱，炙甘草二钱，云茯神三钱，秦归身、杭白芍、生地黄、阿胶、酸枣仁、杜仲（盐水炒）、川断（盐水炒）、陈棕炭、血余炭各三钱，藕节一个，远志肉一钱，煨木香五分。沈仲圭提到：“本方由归脾汤扩充而成，归脾汤主治心脾虚弱，不能摄血，月事过多。虽有补气摄血之功，但用于血崩尚力弱。而益气摄血汤则补力到位，又能止血，比原方更进一步。”治疗不孕症，他首重调经之法。调经之法“虚则补之，如参香八珍膏；实者泻之，如当归、赤芍、桃仁、红花、香附、延胡索、青皮、泽兰之类；寒者温之，如温经汤；热者清之，如八味逍遥散。等到月事通调，经色正常，自然受孕”。

1952年，沈仲圭在重庆曾诊治过一名患者。该患者妊娠中患恶性呕吐，已经一月不能进食，体重减轻约四五公斤。沈仲圭用温胆汤去甘草，合左金丸，加苏梗、砂仁、灶心土，两剂后吐止，换方调理痊愈。

另外，对于保胎方法，沈仲圭首推丁甘仁的养血保胎方。方为：归身五钱，白芍、生地各三钱，艾叶二钱，阿胶三钱，杜仲、桑寄生各四钱，川断、苎麻根各三钱，藕节炭三钱，炒黄芩钱半，黄芪三钱。沈仲圭在治疗妇科疾病时首推傅青主、丁甘仁的学说，但在治病中，他并没有拘泥于两人的学说，而是辨证精审，用药切当。同时，他治疗妇科病还以擅用简便灵验的单方见长。如用鸡冠花和椿根白皮鲜者一至二两，水煎服，有收涩止带的功效；益母草和红糖煎饮，产后服用可无瘀血阻滞的困扰；通乳用当归五钱，王不留行三钱，水煎温服，行中有补，即便体虚也可以服用。

对老年病中的疑难病，尤其是高血压病的防治，沈仲圭也很有研究。他认为，引起高血压病的原因是长期精神紧张或恼怒忧思，肝气郁滞，郁久化火，同时年老肾亏，肾阴不足，肝失滋荣，肝阳偏亢，上扰清窍，遂致头痛、头晕、耳鸣，健忘少寐，四肢麻木等症蜂起。如延久不治，或治不得法，可使气血上冲，扰动心神，蒙蔽清窍，猝然昏厥，半身不遂。所以，在高血压病后期宜服用滋阴潜阳之剂，或制丸长服，或每周服三四剂，饮食以清淡为宜。

在大量临床经验基础上，沈仲圭总结了治疗高血压病的常用方法。他指出在高血压病初中期，常见的症状是头晕耳鸣，心烦少寐，头重足轻，脉象弦细而数，舌红少苔。他认为用平肝养阴祛风法效果最佳。方为：桑叶6g，菊花6g，白蒺藜9g，生地

15g，制首乌12g，女贞子9g，生龙骨、生牡蛎、磁石各15g，牛膝9g，桑寄生12g，茯苓12g，水煎服。本方以桑叶、菊花、白蒺藜祛肝风，生地、首乌、女贞子益肝阴，龙、牡、磁石镇肝阳，牛膝引气血下行，寄生补肝肾、降血压。综合各药性能，有平肝阳、息肝风之效。高血压病如果发展到中后期，平肝养阴祛风的疗效则明显不足。高血压病中后期的症状表现为：头晕目花，眠少梦多，腰酸腿软，火亢面赤，脉弦细数，舌红少苔。沈仲圭根据多年临床经验，自拟了益阴潜阳涤痰法。方为：生龙骨、生牡蛎各15g，炙龟板12g，钩藤、甘菊花各6g，玄参、麦冬各9g，生地12g，白芍、瓜蒌仁各9g，川贝、枇杷叶各6g，水煎服。本方用龙、牡平肝，龟板补阴，参、麦、地、芍滋阴养血，钩藤、菊花祛风，蒌、贝、枇杷叶降火涤痰。综合各药性能，滋不足之肾阴，平上逆之肝阳，用于高血压病中后期效果显著。

另外，对于治疗高血压的单方，沈仲圭也有所收集。比如他曾经提出用野菊花30g，夏枯草15g，水煎服。方中野菊花清热毒，治头痛，夏枯草清肝火。形体壮实、肝火亢盛者用之效果明显。同样对于形体壮实、肝火亢盛的高血压病患者，用大青叶9g，焦山栀9g，海藻9g，茺蔚子9g，煎服。方中大青叶解心胃热毒，栀子泻心肺之火，海藻咸寒软坚，茺蔚子降血压。对于各类高血压病患者，用侧柏叶、臭梧桐、桑白皮各18g，水煎。方中臭梧桐、桑白皮均有降压作用，侧柏叶可凉血。

1977年5月，沈仲圭曾诊治过一名高血压患者。该患者头目晕眩，颈项强痛，四肢无力，鼻痂干结，大便干燥，尿多而黄。诊其脉沉细尺部弱，舌有裂纹，苔微白，血压250/160mmHg。沈仲圭诊后认为是肾阴不足，肝阳上亢。于是决定投以养阴平肝佐以息风之方。方为：玄参、麦冬、牛膝、茯苓各12g，代赭石24g，生龙骨、生牡蛎各15g，钩藤、菊花、远志、蝉蜕各6g。服3剂后，患者再来就诊，头晕见减，大便仍干，小便略少，血压降至230/110mmHg。又有心悸胸闷，脉弦细。沈仲圭开出的处方为：前方去代赭石、蝉蜕、玄参、麦冬、茯苓，加菖蒲、白蒺藜、女贞子、茺蔚子各9g，丹参、首乌各12g，磁石15g。患者服用3剂后，血压降至190/100mmHg，头晕、便干、心悸、胸闷略减，但下肢关节肿痛，脉细数有歇止，舌剥。前方除茺蔚子、牛膝、龙骨、女贞，加羌活、独活、鸡血藤各9克。服用一个月后，血压趋平且稳定，身体轻松有力。沈仲圭治愈此高血压病患者，根据的是《类证治裁》中提出的“肝主藏血，血燥则肝急……凡肝阳有余，必须介类以潜之，柔静以摄之，味取酸收，或主咸降，务清其营络之热，则升者伏矣”。故治肝阳之法，宜甘凉益肾之阴。药如玄参、麦冬、首乌、女贞之属；介类潜上升之阳，牡蛎、石决明、珠母之类，并视其兼症而酌情增损。一位患者兼心悸、胸闷，他就在方中配丹参、远志、菖蒲等药，以调气血、宁心神。由此可见，沈仲圭用药既有据可考、法有渊源，又不拘泥于前人经验，而能做到因病施治。

沈仲圭对失眠、阳痿等疑难病也能“妙手回春”。20世纪60年代，他曾诊治过一位患有严重失眠症的患者。该患者受失眠所扰已经长达20余年。他追溯其病史，由于长期脑力劳动过度，精神常处于紧张状态，有时彻夜不寐，面赤心烦，头晕头胀，记忆力减退，注意力不易集中，思绪纷纭，身倦体困，胸闷心悸，纳谷不香，小便频数。其脉虚数，舌净无苔。西医诊断为：一、自主神经功能失调，二、动脉硬化症。据上述脉证合参，证属肾阴亏损，心阳浮越，乃心肾不交所致。阳浮于上则面赤心烦，惊惕不寐；阴亏于下则小便频数，头目晕。治疗仿仲景黄连阿胶汤法，滋不足之阴，降上越之火，用轻药缓调之。药用：黄连6g，阿胶10g，白芍12g，鸡子黄1个，夜交藤15g，丹参9g，玄参9g，炒枣仁10g，远志6g，陈皮9g。自1963年7~10月，患者共服54剂，睡眠恢复正常，诸症消失。

一位代姓患者患阳痿、早泄、精量少已有两年，尚有小溲频数，入睡前阴器作胀，少腹痛不适，神疲倦怠，纳差。曾求治于某医院，诊断为：性神经衰弱。形体尚可，面色无华，脉象弱涩，舌净无苔。沈仲圭诊断为肾阴素亏，命火亦衰，而致阳痿早泄。以温肾、益精、兴阳为法，宗还少丹意。处方：熟地六钱，山萸肉二钱，枸杞子三钱，五味子二钱，沙苑蒺藜三钱，菟丝子四钱，覆盆子四钱，川断三钱，大茴香一钱。二诊：服上方七剂，诸症大减，脉舌同前，为巩固疗效，以丸药收功。拟原方五剂量，研细面，炼蜜为丸，每丸三钱重，每日早晚各服一丸，空腹细嚼，淡盐汤送下。经随访，患者自述服上方丸药毕，阳痿等症已愈，两年未复发。沈仲圭认为，此案阳痿、早泄、精少、尿频等证候，皆由于肾阴、阳两亏而起。如肾亏得复，由肾亏引起之诸症，亦必潜消于无形。他用熟地、萸肉、沙苑、枸杞滋阴补肾，大茴香助命门之火，覆盆子起阳痿，菟丝子治精冷，五味子滋肾固精，川断补肝强筋。所用诸药虽然平淡，但奏效甚速。由此可见，治病之要在于辨证、用药之是否中肯，而不在药物之贵贱。

沈仲圭诊治过一位久患鼻衄的女性患者，十余年来，经常出现鼻衄，无明显诱因，与月经无关。就诊前一个月以来，鼻衄达到十余次。每次流血并不多，但衄后头晕。饮食、大便、睡眠等均无异常表现。曾用西药治疗，无明显疗效。1963年3月3日，前来就诊。沈仲圭察看该患者脉沉细无力，稍有薄黄苔，面色萎白。脉证相参，认为是气血两亏，阳络损伤，以致久衄不止。方用人参一钱，白术二钱，熟地四钱，阿胶三钱，以补气血；侧柏叶四钱，艾叶、荷叶各二钱，以止血溢。服用三剂后，衄血已止。

沈仲圭对杂病的治疗，虽涉及的领域广泛，诊疗的病症复杂，但常能药到病除，这是由于他善于从古今典籍、医案中获取经验，注重对传统疗法的临诊思路进行挖掘、提炼，从而拓宽了自已的诊病视野，丰富了临床实践。

方药至要似遣将 加减有度赖辨证

沈仲圭主张选药宜精良，配方须巧妙。这就如同打仗布阵严密，自能克敌制胜。他说："方剂学是祖国医学理论宝库中的一个重要组成部分。治病好比歼敌，用药如用兵，选方如遣将，只有兵精将勇，才能所向无敌。每临证必选一方为基础，辨证适当加减。反之，疗效是不会理想的"。的确，中医的治疗方法以方剂为主要手段。方剂的起源很早，《黄帝内经》中即有12方，并有煎剂、丸剂、酒剂等区别。自后汉张仲景作《伤寒杂病论》，不但方剂的数量增加，而且方剂的疗效又极准确，后人尊称之为"经方"，至今沿用。自汉以后，方剂随年代而扩充，变迁亦至大。所谓扩充者，即方剂数量之增加，如明《普济方》，所收方剂达61739首之多，与李时珍《本草纲目》，并为明代两大巨著。所谓变迁者，即方剂之派别，如金元四大家之治病，各有所长，均为一代名家，具体地反映在所制的方剂上。由于方剂的数量众多，内容丰富，所以它成为中医学的重要部分。沈仲圭重视对方剂的研究，著有《临床实用中医方剂学》。全书共分为两部分，第一部分叙述方剂起源、变迁、性质、效用等；第二部分收方210余首，分发表、清热、解毒、杀虫等。每方注明来源、组成、主要效能、适应证、方义略释、临床运用等，为初学方剂者的必读之书。

沈仲圭为祖国的方剂学贡献了自己的力量。他不但重视对中医方剂学的研究，同时，在临床上注重对方剂的加减，强调辨证论治。他说："处理方剂，是中医临床最后阶段的细致功夫，主要是根据诊断（望、闻、问、切）所得，运用辨证论治体系的方法，对疾病予以全盘的认识和分析，经过认识和分析以后，意识上有了比较全面的概念，便从而商议处方治疗的法则。法则确定了，于是据方用药，加减进退，轻重缓急，老于临床者，如此运用裕如，毫无牵掣。这就是所谓理法方药的具体过程，而完结了对疾病的最后手段。”临床治病，因为疾病的原因不同，病人的体质各异，病状的轻重不一，所以方的组成，就有各种不同的类型，在古代就初步制订了七方，即大、小、缓、急、奇、偶、复七种。在具体的临床中，沈仲圭强调选方要准确，方剂加减要得当，务必谨守病机，灵活变通，加减不能无则，亦须避免照搬成方。漫无边际地加减，每致原方功能改变，轻者影响疗效，重则转为危候。如仲景桂枝汤，本为解肌发表、调和营卫之剂，是治疗太阳中风的专方。若倍芍药加饴糖，即成为温中补虚、和里缓急的小建中汤，再用于太阳中风证何能取效？照搬成方，疗效亦不会高。同患一种病，由于体质强弱、年龄大小、患病时间长短以及性别、环境、生活习惯等方面的差异，所现症状不尽相同，用药也就有别。当然，若逢病情与方剂所主病证完全相符，那也就不必加减了。所以，沈仲圭在方剂的应用上，从不凭经验处之，而总是认真观察病人的病症仔细斟酌。

比如，沈仲圭对甘寒补气汤的临床应用，尤其注重方剂的加减。《医门法律》中记载的甘寒补气汤组成为：人参3g，麦冬3g，蜜炙黄芪4g，酒炒白芍3g，蜜炙甘草2g，生地黄6g，牡丹皮2g，淡竹叶鲜者取汁少许，干者用2g。用法：用水两大盏，煎至一盏，加梨汁少许，热服；无梨汁，可用竹沥代之。功效为补气养阴，清热祛烦。适用范围为内热火灼，或温病羁延，气阴受损，神疲气短，形体虚弱，或午后发热，心烦少寐，咽干口渴，舌红无津，脉象细数。

根据甘寒补气汤本方，沈仲圭通过大量临床经验总结了其加减法则。温邪久羁，气阴受伤，热邪仍盛，身热不退，汗多神疲，心烦不安，舌红无津，脉细数，去黄芪，加玄参15g，白薇9g，养阴清热。热邪鸱张，正不胜邪，邪陷正脱，神昏烦躁，汗出不止，舌光无苔，脉象细数，加黄连6g，银花15g，板蓝根12g，石菖蒲4.5g，泻火解毒，开闭逐邪。劳累日久，肺阴亏耗，咳嗽痰血，潮热颧红，气短盗汗，舌质红光，脉细数无力，去竹节，加玄参、白薇、百合、百部各9g，养阴清热，润肺止咳。心火内动，气阴不足，心悸失眠，舌红少津，脉虚数，去梨汁，加黄连3g，玄参、酸枣仁各12g，生珍珠母15g，苦折心火，滋阴安神。气阴亏损，心液外泄，自汗盗汗，舌红而干，脉细数，去梨汁、竹叶，加煅龙牡各15g，浮小麦18g，潜阳敛汗。血出过多，气随血脱，神疲体倦，气短心悸，舌淡红，苔薄黄，脉细数，去丹皮、梨汁，加阿胶9g，旱莲草、侧柏叶各12g，养阴止血。气虚夹热，血失统摄，月经过多，日久不止，头晕目眩，神疲气短，舌红少津，脉虚数，去竹叶、梨汁，加黄芩炭9g，藕节5g，旱莲草10g，清热止血。分娩血出过多，营阴下夺，气随血脱，头晕目眩，心悸，面色无华，舌淡红，脉细弱，或浮大而空，去生地、丹皮、竹叶、梨汁，加熟地12g，升麻6g，补阴血，升气陷。疮疡破溃，热毒熏灼，气阴已亏，舌红少苔，脉细数，去梨汁，加山药、何首乌、银花各12g，补气养阴，清热解毒。

沈仲圭在临床中曾经遇到过一位因为暑湿误治，气阴欲竭的患者。该患者为女性，已经73岁。时值夏令，感受暑湿，发热畏寒，头身重痛，吐利腹痛，就医后用藿香正气散加桂枝、砂仁，服用两剂后，寒罢热壮，体温达到40℃。注射青霉素、口服土霉素，吐利虽止，热势未减，小腹胀痛，烦躁难安。某中医诊为下焦蓄血，投以仲景桃核承气汤加当归、赤芍。服用两剂后，病情转重，心悸烦躁，口渴饮冷，汗多气短，精神疲惫，小腹拘急作痛，呻吟不安，口唇焦燥，舌红无津，脉细数。沈仲圭辨证为感受暑湿，误用温燥，妄投攻破，气阴欲竭。治宜益气固脱，养阴清热。遂用甘寒补气汤加减：白人参6g，生地15g，麦冬12g，白芍12g，玄参12g，金石斛12g，炙鳖甲9g，朱茯神6g，川黄连3g，鲜竹叶20片。患者服用4剂后，身热退，心悸平，腹痛止，能食稀粥一碗，但头晕目眩，汗多体倦，夜寐不宁，口唇干燥，舌红少津，脉虚数。乃余热未尽，气阴仍亏。治宜补气养阴，佐以安神。方用党参、麦冬、金石斛各12g，酸枣仁、朱茯神、麦芽各9g，炙甘草6g。服用5剂后痊愈。由此可见方剂的重要性。开错药方可使病情恶化，而通过辨证精审，用药切当，适当加减，病症很快就可以治愈。

临床治病，除辨证要精细，用药要恰当外，沈仲圭还强调对药物的用量也不可忽视，因为它关系着全方所起的作用。比如傅青主生化汤，为去瘀生新之剂，治疗产后瘀血停滞，小腹疼痛，具有良好的功效。是方在傅青主《产后编》所载原方为："当归八钱，川芎三钱，桃仁十四粒（去皮尖研），黑姜五分，炙草五分，用黄酒、童便各半煎服。"是方以当归补血润燥，川芎行血中之气，桃仁活血化瘀，炮姜温经止痛，炙甘草调和诸药，黄酒、童便为引，亦取其活血行瘀之义。值得指出的是，此方之所以能取得如此疗效，和方中各药的用量有很大关系。方中所用五药，当归一味用量超过其余四药的总和。可见本方是以补虚为主，行瘀为佐，符合产后虚中夹实的病机。程钟龄《医学心悟》产后将护法中也载有生化汤一方，与傅氏原方比较，去甘草，而易之以益母草，各药分量也有所改动："当归三钱，黑姜五分，川芎一钱半，益母草一钱，桃仁七粒（炒研）。"但当归用量仍居诸药之首，不失原方本意。生化汤之重用当归，和当归补血汤之因血生于气，补血先当益气，而重用黄芪（五倍于当归），都具有特定效用。

注重临证善总结　博览群书成儒医

沈仲圭一生兴趣广泛，好学不倦，博览群书，不但对前辈医家的学术思想钻研甚深，而且对现代各种医学理论也广泛涉猎。对沈仲圭的治学和临床态度，中医专家们常用“儒医”、“认真”来形容。沈仲圭不论写什么文章、开什么药方，总是必有出处，可见他学识的渊博和临证的认真。

说起沈仲圭的认真，可以从他所做的“夹条”中窥见一二。沈仲圭的书室里摆满了中医书籍和报纸杂志，到沈家访学的人们经常可以发现书刊里面夹着许多夹条，夹条上详细写着此书的学术内容，以便翻阅查找，而且井然有序。在临证过程中，沈仲圭为做到处方准确，并不忌讳当着病人的面翻看医书。沈仲圭的精湛医术，很早就已经出名，但他不因名声所累，始终持守临证认真、谨慎的态度，常常令患者感佩不已。沈仲圭病逝后，一位在公交公司工作的中年妇女带着自己曾患精神障碍的女儿前来吊唁。她哽咽着说：“我女儿在工作中受了刺激，行为失常，被单位同事当成了‘神经病’。我们跑了几家医院，总不见效。好不容易才找到了沈老。沈老看病仔细极了，有时他还拿出医书翻看。开始我不理解，后来经过沈老的解释才明白——以往沈老看的精神障碍患者多为中年人，我女儿才 20 多岁，体质、病症都有自己的特点，他老人家翻看医书反复推敲后才处方。现在我女儿已经病愈结婚，可沈老却看不到了。”

沈仲圭还强调要在学习古医书理论知识的基础上注重临证。他说：“学习中医要有 10 年读书，10 年临证的功夫。”他强调，读书是掌握理论知识，临证是运用理论于实践。如不掌握一定的基本理论作为实践的根本，初学皮毛，就开始悬壶，以人命为尝试，难免误诊，甚至会伤及病人性命；反之，如有了一定的理论基础，而没有实践经验，纸上谈兵，又易误事，而且理论水平也难以真正提高。读书和临证存在着辩证关系，只有在读书的基础上进行临证，医术才能有所提高，并且只有善于总结失败教训，才会使失败成为成功之母。因此，医学理论必须时时和临床相印证，体会才能深刻。对此，沈仲圭感受颇深。他曾在论文中提到，中医研究院在与首都医院合作临床研究门脉性肝硬化腹水（即鼓胀）的治疗规律时，经过临床实践，他感到用泻水峻剂，如大戟、芫花、甘遂之类，虽能水去腹小，但不久复鼓勃，反复施用，元气大伤，终至不救。于是他开始从古书中寻求鼓胀的治疗理论，发现朱丹溪《格致余论》中对此病已有记载。朱丹溪说："医不察病起于虚，急于取效，病者苦于胀急，喜行利药以求一时之快，不知宽得一日半日，其肿益甚。病邪甚矣，真气伤矣！"所以，他在治此症时必用"和肝补脾"，殊为切当。

沈仲圭说："书籍记载的症状和治疗方法多为常态，临床所见到的症状和治疗永远会变化，所以医生必须能够做到知常通变，只有这样才能收到'一剂知，二剂已'的显著效果。患者感染的病毒有轻有重，人与人之间的抵抗能力也不尽相同，病中常会出现的并发症也因为发病条件、人体素质等不同而各异。因此，临床中的症状，常常不是书本上所提及的，并非一定有规律可循，往往起初是杂乱的。临床症状与书中所记载的有所出入，对书中所列的药方和治疗方法，应该根据临床加减。"

1961年2月，有一位久泻病人前来诊治。该病人16岁，素有慢性腹泻，大便不调，有时便闭，有时大便稀溏，每日都要大便五六次，腹痛，酸水上泛，恶心欲吐，足腿浮肿，食少，饭后脘腹胀满，四肢不温。开始，沈仲圭用温胆汤加太子参、白术、木香、砂仁、益智仁等，但收效不大。他改用理中汤加扁豆、蔻仁、益智仁、川朴花、荷叶。患者服后足肿消，吐酸止，食欲增进，体重增加，但是大便仍然不调，有时秘结，有时日行三次，质稀溏，兼有腹胀肠鸣。他又在前方上加减，用参、术、姜、草、陈皮、木香、谷芽、益智仁、诃子肉、补骨脂。服用后，诸症消失，体重大增，但仍有腹胀泛酸。于是改用附子理中汤加扁豆、蔻仁、益智仁、荷叶，将药制成丸。患者服用后，5月中旬病情开始好转，到了12

月上旬就已经痊愈了。

沈仲圭善于在博览群书、大量临证的基础上，认真总结，集各家所长。对此，他指出："祖国医学对各种急性热病及各种杂病，都有极其显著的效果，只需加以仔细的临床观察，统计疗效，更进一步以科学的方法加以研究，则祖国医学的宝贵经验，将发挥更大作用。"他在研究和学习古医书时，将书中所记载的治疗方法按疾病进行分类，往往能把一种疾病的治疗方法总结出几十种古今治法。由此可见他对古医书的研读之精、思考之深、归纳之细。

以痢疾一病为例。沈仲圭曾在很多文章中总结古今治疗痢疾的经验，不仅详细记录了痢疾患者的患病原因、症状和如何诊治，还在古人治疗的基础上，结合自己临床实验，精心总结出治疗痢疾的10种方法。一、赤痢，身发高热，恶寒，脉浮数，腹稍痛，宜葛根汤。二、下痢脓血，身热，口渴，后重，肛门灼热，宜用白头翁汤。三、痢初起，无表证，可攻下（须有腹痛拒按，舌苔黄腻，里急后重之症），用木香槟榔丸。四、痢已久，邪将净，可酸涩，用乌梅丸。五、虚人患痢，不堪攻下者，可用油当归、白芍、槟榔、木香、甘草等。六、赤痢初起，无表证者，宜芍药汤。七、赤痢见真武证者（腹痛，小便不利，四肢沉重疼痛），或遗尿者，或舌本纯红者，宜真武汤。八、赤痢腹痛，后重特甚者，宜香连丸。九、痢至后期，呕吐，噤口者，宜用人参、石莲肉、黄连。煎汤，入生姜汁少许，徐徐饮之。十、下痢日久，后重脱肛，痢如鱼脑，脐腹绞痛者，宜养脏汤。以上10种治疗痢疾的方法，虽不能解除临床出现的所有病证，但如果运用得当、对症下药，均能取得很好的疗效。

在治疗痢疾时，沈仲圭善用王太史治痢奇方，每每对症下药，都能收到很好疗效。他结合临床实践，创造性地提出了具有很强实用价值的治疗痢疾三宜、三忌。三宜为：一宜调气行血导气。痢疾病位在肠，气血与暑湿热毒及积滞相搏结，化为脓血，从而出现腹痛、里急后重、便下赤白等症，所以调气行血是治疗痢疾的方法。二宜清热化湿解毒。痢疾乃暑热湿浊病毒胶结为患，其病初期，热证居多，故清热化湿是治疗的总体原则。但临证中必须辨明湿与热孰轻孰重，总归不能离开清热化湿的方药。三宜先治表后治里。痢疾初起，若有表证，当先撤其表邪，再治其里。若舍表邪，单治其里，势必导致表邪内陷，与内蕴之湿热积滞胶结为患，很难根除。三忌为：一忌补涩过早。痢疾初起，千万不要轻易使用补益收涩的药品，如果不慎投药，轻则病情加剧，重则往往转为危候。即便是体虚，只要正气能够支持，就应该以祛邪为主，只有祛邪才能扶正。二忌峻下攻伐。峻下攻伐，正气易伤，正气伤则病必难愈。三忌寒凉过甚。痢必兼湿，湿乃阴邪。若选方遣药寒凉过甚，则阳气先伤，湿愈难除，为害不浅。

在论述治疗眩晕方法时，沈仲圭又提出疏邪祛风、平肝息风、补肾益精、补益心脾、化痰泄热、活血清脑六法。

以上例子，体现出沈仲圭临证系统论治医术之精湛。

倡导食疗集单方　助益药疗重强身

沈仲圭平素注重养生，是食疗的倡导者之一。他治病的一大特色就是擅长食疗。他指出，饮食疗法是中医学的重要组成部分，慢性病患者和儿童尤其适合使用。如果饮食疗法运用得当，同样能够出奇制胜。他在《漫谈食物疗法》一文中系统论述了食疗的渊源和价值："食物疗法最早见于《内经》，如治目不瞑之秫米半夏汤，治血枯之四乌鲗骨一藘茹丸。《金匮要略·百合狐惑阴阳毒病脉证治》治百合病用百合配合药物之方共五首，治狐惑有赤小豆当归散。《金匮要略·血痹虚劳病脉证并治》治诸不足有薯蓣丸。《金匮要略·妇人杂病脉证并治》治妇人脏躁有甘麦大枣汤。他如仲景治悬饮，胁下有水气用十枣汤；《备急千金要方》治干霍乱，用食盐探吐；治肺痈，有苇茎汤；《肘后方》治外感初起，有葱豉汤；《济生方》治虚喘，有人参胡桃汤。古今医书，以食物为主配合药物之方，指不胜屈。至清代，《温病条辨》中以食物配合药物之方，尤数见不鲜。如上焦篇治温病口渴有雪梨浆及五汁饮；燥伤肺胃阴分有沙参麦冬汤。中焦篇治太阴寒湿有椒附白通汤；治素积劳倦，再感湿温，有连翘赤小豆饮；治太阴脾疟有露姜饮；治秋燥胃液干燥有牛乳饮。下焦篇治心中烦，不得卧，有黄连阿胶汤；下焦温病，既厥且哕，脉细而劲，有小定风珠；温病里虚有桃花汤；温病下利，完谷不化，有桃花粥等。”由此可见，食物疗法历史久远，并绵延至今。

所谓食物疗法，即利用食物进行防病治病，或促进病体康复。食物疗法相较于药物疗法更为方便和随意。食物疗法与药物疗法最大的不同是：食物疗法可以“有病治病，无病强身”，对人体基本上无毒副作用。如张锡纯在《医学衷中参西录》中说：“食疗，病人服之，不但疗病，并可充饥，不但充饥，更可适口，用之对症，病自渐愈，即不对症，亦无他患。”因为食物疗法对患者身体不会带来什么伤害，所以沈仲圭在临床上广泛应用。例如，他治疗肺痨病时强调用药物的同时，也常用下列物品进行食疗：百合、柿饼以润肺宁嗽；牛乳、甘梨以消痰降火，润肺止嗽；薏苡仁、莲子、芡实以治肾虚滑精，脾虚便溏；扁豆、红枣以补脾益肾；桂圆补益心脾，以桂圆肉加沙参蒸至糜烂，每用一茶匙，沸水冲服；乌骨鸡、猪肺以补虚益肺，洗净，煮烂，蘸白及末食；核桃益肾，止劳喘，捣烂后，另用红枣蒸熟去皮核，两物混合搓成团，当点心食用。

沈仲圭在《食物疗病常识》一文中提出一种关于春寒感冒的食物疗法，称为神仙粥。初春气候多变，乍暖还寒，是感冒和一些流行性疾病的高发季节。年老体弱者以及儿童尤其应该注意防护，避免在这个季节生病。沈仲圭的神仙粥就是一剂防治感冒的良方。相传神仙粥早在元朝已开始在民间广泛流传，一直深受医家的推崇和老百姓的信赖。沈仲圭对此方有很高评价，认为此方治疗风寒感冒“屡用屡效，非寻常发表剂可比”！神仙粥的用料为生姜、连须葱白、糯米、米醋。曾有歌曰：“一把糯米煮成汤，七根葱白七片姜，熬熟兑入半杯醋，伤风感冒保安康。”神仙粥的具体制法是：糯米50g洗净，加适量水煮成稀粥，再加入葱白7根（洗净拍平，约30g）、生姜7片（约15g），共煮5分钟，然后加入香米醋50ml，搅匀起锅。煎煮时一定要注意，米醋应后入，葱白、生姜也不宜久煎，这样解表效力才强。趁热服下后，立刻盖好被子，使身体微热出汗，一般连续服用3~5次，感冒就可以痊愈。神仙粥适用于风寒感冒，有恶寒、发热、头痛、浑身酸痛、鼻塞流涕、咳嗽、打喷嚏以及胃寒呕恶、不思饮食等症状，特别是患病3天内服用，即可收到“粥到病除”的奇效。本方中葱白、生姜属辛温解表药，性味均为辛温，都具有发汗解表、祛风散寒的功效，而且两药作用均平稳和缓，治疗风寒感冒轻证，如连须葱白汤，效果甚佳。食醋具有解毒作用。本粥取三药合用，足见其发散风寒效力之强。此外，神仙粥不仅可防治风寒感冒，还可预防流感、流脑以及四时疫气流行，但不适合风热感冒、高热烦躁者服用。此方的运用，使很多人不仅治愈了感冒，同时感受到了食疗的切实功效。

药物疗法主要使用药物，是针对患者治病而设。药物相较于食物性质刚烈，因此药物疗法受到的限制多，而食疗则不然。比如沈仲圭曾研究过茶叶和胡桃的防病治病作用，这两种食物是人们日常生活中经常食用的，即使健康人也可常年食用。沈仲圭说：“胡桃仁味甘气温，皮涩肉润，功能温肺润肠、补气养血，治虚寒喘嗽，腰脚虚痛，阳痿遗精，耳鸣，小便频数，大便燥结。胡桃仁含脂肪油、糖类及钙、磷、铁、胡萝卜素、核黄素等。”据他介绍，他家乡的食法是将胡桃仁去衣捣烂，红枣蒸熟去皮核，两物适量配合，搓成丸，如杏子大，每次两丸，常年食用有健脾补肾的功效。沈仲圭还提到胡桃仁的另一种食用方法：阿胶用绍兴酒隔水炖烊，加入捣烂的胡桃仁，搅匀倾入瓷盆内。候凉，切成小方块，每用一块，沸水冲服，一日两次。还可以用胡桃仁150g，白糖120g，清水适量，把胡桃仁放温水中浸泡五六分钟，去皮，以小石磨带水磨成胡桃汁，将汁倒入锅中，加白糖和适量清水，即可饮用。用此汁代茶，最为滋补。

此外，胡桃仁也是处方中常见的药物。《成方切用》中记载使用胡桃的方法：补骨脂300g酒蒸为末，胡桃仁600g去皮研烂，蜜调如饴，每晨酒服一大匙，不能饮者沸水调服，忌芸苔、羊血，用以治疗虚寒咳嗽，腰腿酸痛。青娥丸：补骨脂300g，胡桃仁600g，杜仲480g，大蒜120g，共研为末，制成丸，丸如梧子大，每服9g，日服两次。可以治疗肾虚腰痛。蟠桃果：芡实、莲肉去心、胶枣肉、胡桃肉去皮、熟地等份，以猪肾6个，掺大茴香蒸极熟，同前药末捣成饼，每服一个，空心食前用白滚汤或好酒一二盅送下。可以达到补脾滋肾的功效。又如杨志的《医论医案集》中治石淋方记载：麻油半斤，胡桃肉半斤，用麻油煎胡桃肉至黄色，取出研碎，再加半斤冰糖，倒入油中，搅成糊状即成。每日服用三次，每次一汤匙，开水调服。治膀胱结石有效。由此，沈仲圭总结说："胡桃仁配人参补气益血；配补骨脂温补下焦；配杜仲主腰酸足软；配芡实、莲须补肾固精；和清利湿热之剂同用可治泌尿系结石。可见，胡桃仁是一种优秀的药用食饵。"沈仲圭强调，胡桃仁动风痰，助肾火，阴亏火旺者忌服。

沈仲圭又曾著文专门分析茶叶食疗法。他说："茶叶中含有咖啡因、茶碱等，有兴奋精神、解除疲劳的功用。当人疲困时，或溽暑困人时，如果喝一杯清茶，就可以精神焕发、困倦立解。《本草》说茶有清神泻热之效。另外，茶叶中含有多量维生素C、维生素A、维生素B，和蔬菜的性质相近，所以茶对偏食肉类的人，有补偏救弊之疗效。”因为以上优点，茶叶在医疗上很有功用，它可上清头目，中消食滞，下利小便。古人用以疗疾，亦非少数，如姜茶饮、川芎茶调散、午时茶、治痢散等。沈仲圭将配伍茶叶的各方，全部汇录在一起，说明各种茶品的功用。治疗霍乱烦闷：茶末一钱，煎水，调干姜末一钱，服之有效。治疗霍乱腹痛，两腿转筋：藿香、苍术、柴胡、羌活各二钱，泽泻、木通各一钱，神曲、陈茶叶各三钱，老葱连根两条，水煎服。治疗风寒感冒，头痛身热：胡桃肉连壳、葱白、细茶、生姜同杵烂，水煎热服，汗出而愈。内热者，去生姜，加白砂糖。用甘露茶，疏风清热，去滞逐邪，治疗一切感冒时气、头痛腹胀、不服水土等证。陈皮四钱，炒谷芽一两，神曲一两半，炒山楂五十粒，乌药、厚朴、枳壳各八钱，陈茶叶三两，共为粗末，每服两三钱，生姜汤煎服。用太上五神茶，治疗伤风发热、头痛咳嗽、伤食吐泻、痢疾。陈细六安茶、麦芽、山楂、干姜、紫苏、陈皮、厚朴，各药同炒，共磨末。此外还有茶梅丸治痢疾；茶调散治风热上攻，头晕昏痛及头风热痛；蜡茶散治小儿阴囊生疮，疼痛出水；将茶叶、黄连、生枣仁、通草、莲子心，水煎服，治疗多睡好眠等。就此，沈仲圭总结道：“古代医家善于以茶治病，多用于头目不清，食积不化，痰涎不消，及血证、目疾、痢疾、霍乱等病证。”沈仲圭同时强调，茶叶固然是人们日常生活中的重要饮品，具有很多功用疗效，但是饮茶过多，对身体亦有不利，甚至可能危害健康，所以饮茶要适量。

正是因为药物性质刚烈，如果用药不当，会使原有病情加重。比如虚证用泻药，实证用补药，或热证用温性药物，寒证用寒凉性质药物等，不仅不能治好疾病，反而会“雪上加霜”。所以在使用药物治疗时必须谨慎。而食物疗法则不同，食疗用品在剂量、剂型上没有严格界定，相较于药物疗法，更为便捷，有时甚至能得到出奇制胜的效果。另外，从口感上，药物苦口，患者厌服而难坚持，食物的口感则更容易被人们所接受而长期坚持。人们在享受食物美味的时候，不知不觉地就将疾病治好了。沈仲圭曾经介绍《备急千金要方》中记载的治疗孕妇足肿的食疗方法：孕妇在怀孕5~7个月间，每有两足浮肿，渐至头面全身俱肿，方书称为“子肿”，以脾肺气虚为主要原因。可用鲤鱼汤治疗。方用：鲤鱼一尾，去鳞肠煮汁。另用白术五钱，茯苓四钱，当归、白芍各三钱，共研粗末，纱布包好，投入鲤鱼汤内，加橘皮少许，生姜七片，煎服，有消肿的功效。沈仲圭解释说：“按本方用鲤鱼行水，苓、术培脾，归、芍和血，橘皮、生姜行气散肿，实在是食疗中的良方。”

沈仲圭善于收集民间食疗单方，因为这些单方简便易行，也有很好的疗效。比如用秋梨去心，填入川贝末，竹签固定，置饭锅上蒸熟食，对肺结核干咳痰中带血丝血点，用之最宜。又如用母鸡一只，去头足，切成块；另用柚子一个，切一盖，挖去瓤，置鸡块于其中，加少许盐及水，盖上，竹签固定，黄泥封严，入火中煨熟，取鸡肉及汁服之，治虚性咳喘和哮喘有效。又如橘饼、苏梗适量配合，治疗神经性胃痛及溃疡性胃痛，有药简功宏的妙效。沈仲圭指出：“食物疗法对慢性病、虚弱证最为相宜，因其以食物为主，少药物偏性之弊。《医林漫话》中用豆腐、杏仁、麻黄三物煎服，治支气管炎；用熟豆浆冲鸡蛋，加白糖食，有止咳补血的功效。此种简便有效的食疗方，很有推广价值。”但同时，沈仲圭也提醒说，虽然食物疗法相较于药物疗法有一定优势，但是并不能完全替代药物疗法。食疗对老人、小儿、体虚者尤为有益。但体强证实之人，仍需以药疗为主，免得病重药轻，贻误病势。所以，在防病治病的过程中二者是不可或缺的，应该根据不同疾病，做到食物疗法与药物疗法相互配合，互补长短，相得益彰。

沈仲圭理论造诣深厚，熟悉各家学说，善取各家之长。沈仲圭具有丰富的临床经验，不仅精于温病治疗和补虚之法，还着力于对中医方剂的研究，根据古方，创立了不少实用的新方剂。在杂病、妇科病等方面也有很高的造诣，堪称中医界著名的杂病专家。著名中医任应秋评价沈仲圭说："沈仲圭老先生是一位难得的中医专家。"沈仲圭的著作等身，重要著作有《仲圭医论汇选》、《肺肾胃病研讨集》、《中医经验处方集》、《中医温病概要》、《临床实用中医方剂学》、《医学碎金录》、《新编经验方》、《妇科四症治法简述》等。沈仲圭长期从事中医教学工作，桃李遍布大江南北。其生徒如中国中医科学院广安门医院王齐南、中国中医科学院西苑医院郑金福、浙江中医药大学连建伟、河北景县的于世良等，均为医林杰出人才。

在沈仲圭100周年诞辰之际，他的学生彭述宪赋诗曰："熟谙医理九州闻，简朴清新妙为文。融会寒温灵巧法，音容宛在永扬芬。"诗句真切地概括了沈仲圭的高尚德操和医林地位，表达出后学者对他的尊敬、景仰和怀念。随着岁月的流逝，沈仲圭在中医理论与临床研究方面的学术成就，他为当代中医事业所作出的独特贡献以及他的大家风范，将日益显现出其价值。

（撰稿人 沈 文）

秦伯未卷

秦伯未（1901—1970）

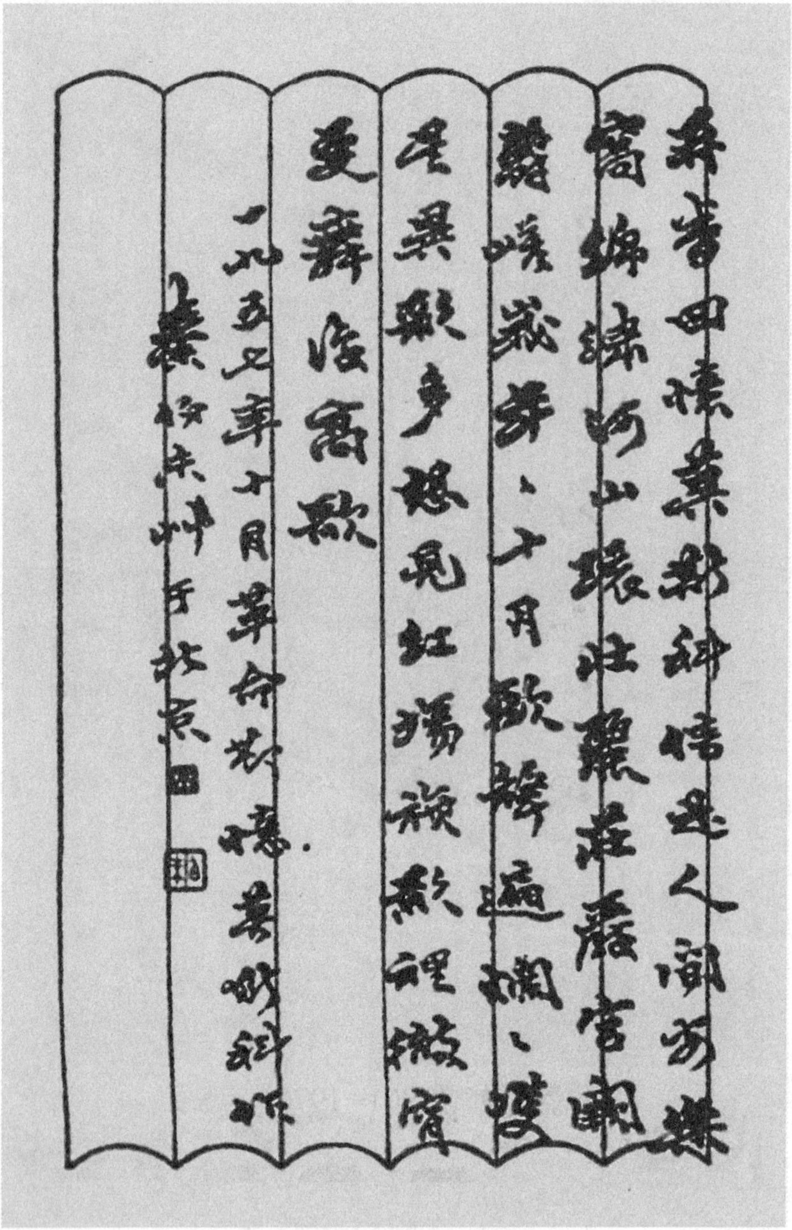

秦伯未手迹

死去原知万事空，生前殁后此心同。

待到国医复兴日，家祭勿忘告乃翁。

——秦伯未

秦伯未（1901—1970），名之济，字伯未，号谦斋，上海人。现代著名中医学家、教育家、临床家。他出身儒医世家，师从名医丁甘仁，毕业于上海中医专门学校。曾创办上海中国医学院，任教务长、院长，创办中医指导社，社员遍及海内外，还创办了中医疗养院。

他一生好学，勤于笔耕，医文并茂，著作等身。早年著《内经类证》，编撰《清代名医医案精华》、《清代名医医话精华》，撰写《秦氏内经学》、《内经知要浅解》、《金匮要略浅解》等中医名著研究心得和《治疗新律》、《中医临证备要》等中医诊断治疗著作，以及《中医入门》、《实用中医学》、《辨证施治纲要》等教材多种。晚年仍笔耕不辍，完成集理论与临床之大成的《谦斋医学讲稿》。秦伯未一生邃密岐黄，共著书60余部，千万字之巨。

秦伯未儒学根柢深厚，擅长诗、书、画及金石篆刻，与医学并称“五绝”，素为同道赞赏。年轻时发表过散文小品、史话医话等数百篇，刊印《谦斋诗词集》七卷及《谦斋印谱》行世。

他学识渊博，临床经验丰富，尤其擅长内科杂病，精通虚劳痼疾，于肺、胃和热病尤为精擅。临床强调抓主症以明病机，再立法遣方用药，理法方药贯通，辨证精细，治法多变，处方稳重，用药轻巧，疗效卓著，在国内外享有盛誉。他一生为中医事业呕心沥血，是我国较早开办中医函授、刊授教育的代表人物之一。在创办上海中国医学院，创办《中医世界》、《中医指导录》等中医杂志，主编《中医指导丛书》，孜孜不倦编写中医教材等方面，为继承发扬中医学、培养中医人才作出了重要贡献。

中华人民共和国成立后，他任中央卫生部中医顾问，北京中医学院（现北京中医药大学）院务委员会委员、特级教授，中华医学会副会长，国家科委中医药组组长，《中华人民共和国药典》编纂委员会委员，全国第一部中医学院试用教材《中国医学史讲义》首席总编审等职。1958 年当选为中国农工民主党第七届中央委员，是第二、三、四届全国政协委员。1970 年 1 月 27 日于北京逝世。

儒医世家　师出名门

一代名医秦伯未，1901 年 7 月 29 日（农历六月十六辰时）出生于上海浦东陈行镇，祖父给他取名“之济”，字“伯未”，语出《周易》六十四卦最后一卦“未济”，因是族中长孙，故称伯未。1901 年是农历辛巳年，因其祖父也是辛巳年生人，故自号“又辛”，晚年自称“辛叟”，别号“谦斋”。一生撰文著述所用笔名甚多，不克备录。

秦伯未出身于书香门第、儒医世家。其远祖是北宋著名词人秦观（字少游，苏轼的得意弟子之一，“苏门四学士”之首，婉约词派代表人物。宋末，秦观八世孙为避蒙元兵乱迁居沪渎，于是上海始有秦氏一系），按家谱记载，秦伯未是秦观第 27 世孙。祖父秦乃歌，字笛桥，号又词，为晚清名医，精于医道，且学识渊博，性格风雅。当时朋友评价他“诗近渔洋，词步梦窗，书法娟秀，画学南田，篆刻取法宣和，不落浙徽窠臼”，诗词书画印各艺术门类均颇有成就，文名亦著，是多才多艺、潇洒出尘之名士。

他一生精研诗词古文，余事攻医，活人甚众，著有《读内经图纪》、《玉瓶花馆丛书》、《俞曲园医学笔记》等医学著作。父亲秦锡祺、伯父秦锡田均为精医道之通儒。秦锡祺为清末民初沪上知名儒医，精通儒学及医道，可谓家学渊源。秦伯未在祖父、伯父、父亲的良好教育和儒医世家的熏陶下，耳濡目染，酷爱诗词书画，又热衷医理药理之研习。

秦伯未幼年即好读书，凡经史子集、诸家医典、诗词歌赋、琴棋书画无不涉猎。日后他才情挥洒，除精通医道之外，旁及诗词、书画、篆刻，均名声颇著。他善画花卉，诗词也清新流畅，书法则端凝古朴，治印功力亦不凡。深厚的国学素养为其后来之医学造诣奠定了极深厚之基石。在医学上，他幼承家学，垂髫之年就熟读了《脉经》、《药性赋》等书。

初学医时，秦伯未拜在近代伤寒名医、经方派大师曹颖甫门下。曹颖甫（1866—1938），名家达，字尹孚，晚年自署掘巢老人，江苏江阴人。清光绪二十一年不到30岁即中举人，后入南菁书院深造。当时书院山长（负责人）黄以周为晚清经学大师，以考据训诂法研治医经，对汉代名医张仲景之《伤寒论》造诣颇深。曹颖甫颇得黄以周真传，常以仲景之方为人治病，临证数十年，疗效卓著，主张研究经方作为习医之基础，后人尊为经方派大家。著有《伤寒发微》、《金匮发微》、《经方实验录》、《曹颖甫医案》等，理论透彻周详而又实用。20世纪30年代，海上曾称方术多崇丁甘仁，词章则称曹家达，足见曹颖甫的才华。秦伯未少年学医即入于曹颖甫门下，研读医经，对经方派医道专心研究，这成为他以后行医治学的起点。

曹颖甫与丁甘仁为莫逆之交，丁甘仁创办上海中医专门学校，延聘他任教。他遂迁居沪上，任教务长；同时也设诊行医，主持上海同仁辅元堂诊务。他在校讲授《伤寒论》、《金匮要略》，以精深之汉学功底对文义深奥之仲景原旨讲解透彻，深为学生敬佩。传授学生数百人，以章次公、严苍山、秦伯未、姜佐景等最为著名。

曹颖甫还能书善画工文章。他擅长画梅，毕生风骨寓于画意，傲气凌然。秦伯未在诗书画方面造诣不凡，亦颇受这位启蒙恩师的影响。1955 年 12 月在曹颖甫《金匮发微》再版的序言中，秦伯未写道："我记得 1924 年的冬天，讨论芍药的酸敛和苦泄问题，沽酒烹茶，一灯相对，不知不觉鸡声唱晓，最后还画了一幅墨梅送我，题句中有'微雪消时说与君'，可谓风趣极了……"

1919 年，秦伯未在江苏省立三中（松江）毕业后，为进一步探求岐黄之术，考入上海中医专门学校，为该校第二期学员。

近代以来，上海乃名医荟萃之地，丁甘仁为首屈一指。他对医术不自秘，致力于兴学培养青年一代。1915 年，他集资创建中国第一所中医学校——上海中医专门学校，向北洋政府申请备案，并在内务部注册，成为后世兴办中医学校立案之先例，开创了中国中医教育的新纪元。1919 年，他又创办女子中医专门学校，还开办了沪南沪北两所广益中医院，均设有门诊及住院部，既服务于民众，又为学生实习基地。各省学者闻风而来，造就了日后大批高水平中医人才，门墙桃李遍及全国，佼佼者不乏其人。除秦伯未外，还有程门雪、黄文东、王一仁、张伯臾、许半龙、章次公、王慎轩等后世中医名家。秦伯未与程门雪、许半龙共为"丁（甘仁）门三才"，后又有王一仁忝列，合为"丁门四才"。

1920 年，丁甘仁发起成立"国医学会"，首次把中医同道组织起来，互相切磋，开协作之风。为加强中医学术研究，他又创办《国医杂志》，成立江苏省中医联合会，被推为首任会长，后还出任上海中医学会会长。由于他医名远播，华侨及外国求医者亦不乏其人，孙中山曾以大总统名义赠以"博施济众"金字匾额。他去世后，有六个国家的公使和华侨代表参加殡礼。他治学严谨，对《黄帝内经》尤有心得，晚年潜心攻研"金元四大家"。他们的学术观点对青年时代的秦伯未均产生了极大影响，并影响了他一生的学术走向。

上海中医专门学校创办之初，由于丁甘仁的声望、号召力及办学之严谨，江浙沪一代名医如曹颖甫、谢利恒、夏应堂等先后应聘。群贤毕至、名师云集，秦伯未躬逢其盛，得以常聆名医教诲，学问日进，加之本人勤学深思，砥砺自强，奠定了坚实的中医理论基础；且丁甘仁的办学理念对他日后兴办中医学校也颇有影响。秦伯未与一代名医程门雪、章次公等为同窗，同声相应，同气相求，共同切磋岐黄之术。程门雪精于伤寒之学，章次公善于本草，秦伯未精于《内经》，后来被世人誉为“上海医界三杰”。

1923 年，秦伯未以第二期第一名的优异成绩从上海中医专门学校毕业。此时，他的中医学术水平已颇有名气，遂被母校延聘为讲师。

精研《内经》成宗师

从 1924 年起，秦伯未一面在上海中医专门学校任教，一面开始整理校订医学古籍和中医学术研究。他博览群书，尤重《黄帝内经》，一生潜心撰写多部研究《黄帝内经》的著作，最著名的是《秦氏内经学》、《读内经记》、《内经病机十九条之研究》、《内经知要浅解》、《内经类证》、《灵素辑粹》六大精研《黄帝内经》著作，蜚声医林，享有“秦内经”之美誉。

《内经》全称《黄帝内经》，是我国现存成书最早的中医典籍，中医四大经典名著之首，分《素问》、《灵枢》两书，托名黄帝，作者不可考，战国末至西汉中期成书。相传黄帝时代有三位名医，除雷公、岐伯外，还有擅长外科手术的俞跗。据说他治病一般不用汤药针石，断清病因后，对需做手术之病人，用刀划开肌肤，切除病灶，缝合包扎，医道高明。《黄帝内经》就是托名黄帝与雷公、岐伯、俞跗等名医的对话录。原书18卷，前9卷名《素问》，主要论述人体变化规律、人与自然的关系，后九卷汉晋时称为《九卷》或《针经》，唐以后定名《灵枢》，核心内容为脏腑经络学说。每部各有81篇。

《黄帝内经》是研究生理学、病理学、诊断学、治疗原则和药物学的医学巨著，它系统总结了秦代以前的医学成就，并为秦以后中国医学发展提供了理论指导，在中医经络、藏象、病因病机学、养生和预防医学以及诊断治疗原则等各方面为中医奠定了理论基础。班固《汉书·艺文志》载，汉有经方11家和医经7家，今仅存《黄帝内经》。

《黄帝内经》的医学理论建立在先秦人文思想的基础上，运用阴阳五行学说解释生理、病理现象，把疾病视为人体阴阳失衡的结果；强调个体精神与社会因素的影响，兼及疾病预防。与西方医学不同，《黄帝内经》强调四时节候、地域及个体生命的差异性而非普遍性。中医讲的"辨证论治"，其实质就是强调生命的个体性与特殊性，如《灵枢·阴阳二十五人》把人的体质分为二十五种，以论述健康和疾病。

秦伯未认为，《黄帝内经》是中国医学的理论渊源，是历代医家论述疾病与健康的依据，尽管中医各派学说时有争论，但几乎无不求之于《黄帝内经》而为自家立论之准绳。中国古代著名医家张仲景、华佗、孙思邈、李时珍等均刻苦研读《黄帝内经》，深得其精要而成一代名医。现代人学中医也须先攻读《黄帝内经》，若不掌握其要旨，对中医学临床各科疾病之认识、诊断、治疗原则、选药处方等就无从理解和实施。

由于《素问》、《灵枢》均系理论阐述，基本不涉及疾病治疗的具体方药与技术。因此，秦伯未研究《黄帝内经》，不像前人仅给《黄帝内经》作注，而是自出心裁，"考诸家之得失，排众说之纷纭"，结合临床经验将《黄帝内经》整理成生理学、解剖学、诊断学、方剂学等七部分。根据病症和治疗原则又分为伤寒、湿暑、热病等 37 类，针对病起、病中、病因都一一提出施治方案，力求因势利导，对症下药。他还比较《黄帝内经》与西方医学各自的特点和异同，阐发创见。他一生擅长内科杂症，尤其对血液病、空洞性脊髓痨、冠心病等现代疑难杂病更有妙术绝技。

秦伯未早年著有《内经知要浅解》，虽名“浅解”而意在深入浅出，由博返约。《内经知要》是明末华亭（上海）名医李念莪（名中梓，字士材）所著，清代吴县名医薛雪（字生白，号一瓢）补注作序，历来被认为是研读《黄帝内经》的入门书，“知要”二字源于《素问·至真要大论》“知其要者，一言而终；不知其要，流散无穷”。秦伯未秉承其精神，在书中首先对《内经知要》各篇予以题解，使人知其要领；其语译，信达而雅；其词解，准确有据；于“体会”、“应用”两项着力尤雄：或决千古之疑而独树一帜，或采先哲之善而补救其失，撷取前贤精论而有补正，阐发己见则不乏独到之论。

例如，他研究《黄帝内经》特别注意运用两种方法：一是高度综合归纳，如《内经类证》将《黄帝内经》的疾病条文进行整理，分为 44 种病类、310 种证候。当年水肿病流行，他归纳散见于《至真要大论》、《阴阳别论》、《脉要精微论》等有关水肿病的条文，写出《水肿病的基本治法及其运用》，总结出该病“主要病因由于湿，也能由外邪和内伤引起”，“发病机制与脾、肺、肾、三焦、膀胱、肠胃等功能障碍有密切关系”，结合自己的临床经验，提出发汗、利尿、燥湿、温化、逐水、理气六种基本治法。二是深入剖析发微，如对《素问·通评虚实论》“邪气盛则实，精气夺则虚”的注释，他从病因、现象、体征等方面加以剖析，并引《伤寒论》有关条文证明：“从因素来说，风、寒、暑、湿、燥、火等外邪侵入的多是实证，气血、精神、津液等内脏损伤的多是虚证；从现象来说，急性进行性机能兴奋的多是实证，慢性退行性机能衰减的多是虚证；故经络障碍，脏腑壅实，气分郁结，瘀血停留，脉象弦大紧急等多属于实；面色惨白，形体疲劳，精神萎靡，呼吸低微，脉象细小软弱等多属于虚。由于虚实是表示邪气与精气，也就是表示病与人两方面，所以邪气只有实而无虚”，使中医虚实概念昭然若揭。

在临床中，秦伯未广泛应用《黄帝内经》作指导。例如，他说中医文献关于肝脏部位的记载，如《黄帝内经》有“肝生于左”的字句，有人以为根本不对。其实《黄帝内经》这句出在《刺禁篇》，是指针刺的禁忌部位，原文是：“脏有要害，不可不察：肝生于左，肺藏于右；心部于表，肾治于里；脾为之使，胃为之市。”如果认清题目，不将文字割裂来看，意思是十分清楚的，故张景岳《类经图翼》指出：“肝之为脏，其治在左，其藏在右胁右肾之间。”中医治病从整体出发，往往不固执于本脏的部位，而是就其生理作用和经络部位来治疗。如《医学正传》记载，治左胁痛用枳芎散（枳实、川芎、甘草）；《得效方》载，治右胁痛用推气散（枳壳、姜黄、肉桂、甘草）；《医宗必读》和《医学心悟》载，治胁痛均以左为肝气不和，右为肝移邪于肺，并说“凡治实证胁痛，左用枳壳、右用郁金”，诸家对左右部位都区别甚清。对《黄帝内经》的类似记载，秦伯未认为，应参照前人观点作深入探讨，具体分析，不要粗暴地一笔抹杀予以否定。

秦伯未说，《黄帝内经》认为，人的生命是生动鲜活的，它不重于解剖的脏器实体，但以前中医也有强调解剖的，如雷公学派。《灵枢·经水》说：“若夫八尺之士，皮肉在此，外可度量切循而得之，其死可解剖而视之。”后来《黄帝内经》不讲解剖了，这意味着中医学术的人文性转变。人文科学不同于社会科学和自然科学，它有主体性、个体性、独特性、不可重复性等特点，对强调客观性、普遍性、实验性、可重复性的西医来说，《黄帝内经》乃至整个中医学术都不符合“科学”原则，有人干脆斥为

"伪科学"，但实际上中医本来就是既讲究"科学"，更讲究"人文"。而"科学"发展到今天也日益呈现出它巨大的局限。《黄帝内经》建构的中医学是一种具有强烈人文色彩的医学体系，它的直观性或模糊性在于认为人的生命是可感知、可定性的，而不是通过实验分析得到的。

总之，秦伯未认为，《黄帝内经》标志着中医学由经验医学上升为理论医学的阶段，是中医学发展的基础，研究中医要先学习《黄帝内经》，然后旁及其他医书，不如此便犹如失掉了钥匙，无法打开中医宝库的大门。

勤于笔耕 著作等身

秦伯未一生刻苦钻研，勤于著书立说。他每晨六时许起床，即伏案写作，将前一天临诊体验及阅览心得写成短文或医话，并对其学术著作、论文进行不断充实加工完善，几十年如一日。自1921年他发表第一篇论文《唐容川以痨病脉浮大手足烦为阳虚辨》以来，至1949年5月，他在上海的24种中医药期刊中发表文章400多篇，其中论文200余篇，诗歌100余篇，时评、补白等数十篇。这些论文反映了他中医学术思想的演进，记载了他大量的学术研究成果和临床经验；那些时评、诗歌、书信等也记载了20世纪20年代初期到40年代末我国中医行业生存发展的社会情景，有较高的史料价值。

秦伯未业医50余年，治学严谨，医理独到，非常善于总结前人的经验。从青年时代他就开始编著医学书籍，20多岁时就完成了《清代名医医案精华》和《清代名医医话精华》的编纂，至今仍具较高价值，是学习医案医话的重要参考书。他说："医案是中医的特点，实事求是，生动活泼，最适用于中医同道间的观摩，实有广泛征集和及时发表的必要。它是根据临床具体事实作出总结，有理论，有法则，而这些理论和法则又都有一定的根据，因而具有指导性和启发性……多看各家医案作为借鉴，也可取长补短，增加智慧，不断提高业务水平。”他非常重视积累和整理病案，认为一方面要用古人的经验指导临床，另一方面要用今人的临床经验去纠正古人的一些不足与错误，去芜存菁，综合分析归纳成为一整套更准确、更完整的中医治疗理论与法则。

他早年写的《内经类证》、《读内经记》、《秦氏内经学》等著作合称“秦内经”，被中医界誉为“铁锥”，意为可锥开中国医学宝库的大门，被公认为医林之宝。他的《金匮要略简释》、《中医入门》、《中医临证备要》，以及晚年集大成的《谦斋医学讲稿》等书均已成为学习中医的重要教科书和参考书。

中年后，他将自己的书房命名为“谦斋”，是因其学晚清赵之谦书法而命名，也蕴含《易经》“未济”卦意，彰示谦虚之德。其代表著作完稿后定名《谦斋医学讲稿》。关于《谦斋医学讲稿》的命名，尚有一段医林佳话。20世纪60年代，秦伯未书稿已经完成，但书名未定，他出差路过上海，看望老友张赞臣，谈及此事。秦伯未说：“这几年我在全国各地的学术讲话稿，虽然年限跨度大，主题近似杂谈，体例不够统一，但却包含着对中医理论及临床的实际经验，有些可能是我一家之言，却代表着我的学习心得及学术思想，所以书名一直琢磨不定，你有何想法？”两人小酌之后，张赞臣稍加思索，一时兴起说：“既然讲的是医学，你就叫《谦斋医学讲稿》好了。”秦伯未听后，拍案叫绝说：“好！就叫《谦斋医学讲稿》。”并向张赞臣敬酒一杯以示谢意。二老那天畅谈至深夜，酒酣心悦而散。该书选录他的中医学术讲稿12篇，包括脏腑发病及用药法则，五行学说在临床上的具体运用，气血湿痰治法述要，诸种退热治法，温病、肝病、感冒、水肿病的基本治法及运用，腹泻的临床研究，痛证的治疗，运用中医理法治疗西医诊断的疾病等专题。每篇均结合读书心得和临证体会，阐发中医理法方药、辨证论治经验，并附治疗实例。这些著作既继承前人余绪，又发皇古义，昭示后人；既有独到之理论见解，又有实践心得，为丰富中医学术作出了贡献，深受中医研究者喜爱，并多次再版。

他治学坚毅踏实，对中医书籍及经史子集无所不读，主张学有渊源，勤于积累，在博学基础上比较鉴别、归纳分类再创独到之见。他毕生致力于中医经典研究，对《黄帝内经》、《金匮要略》用功最深。他把《黄帝内经》、《难经》、《伤寒论》、《金匮要略》比作医家的"四书"。

《难经》相传是战国时名医秦越人（扁鹊）所作，难即问难，经指《黄帝内经》，即"问难"《黄帝内经》。全书用问答体形式讨论医学，以理论阐释为主，兼有病症分析，涉及脉学、经络、脏腑、疾病、腧穴、针法等领域，包括生理、病理、诊断、治疗等内容，特别对脉诊论述最为精要。"独取寸口"的诊脉法是《难经》的创造，确立以手腕寸、关、尺为三部，再分别每部之浮、中、沉为九候的"三部九候"脉诊法。

秦伯未强调，《难经》继承了《黄帝内经》的理论并有发展，在论述正常脉象及各类疾病脉象在诊断上的意义、各类脉象的鉴别等方面均在《黄帝内经》的基础上有所发挥，因其丰富深刻的医理内涵成为学习中医者必读的"四大经典"之一，必须像重视《黄帝内经》一样重视对《难经》的研究。

秦伯未认为，汉代张仲景的《伤寒论》和《金匮要略》是论述辨证论治的奠基之作，但也掺杂了一些与临床不符的内容，应该与诊治规律分别对待。他指出，《伤寒论》中有三类文字：其一是总结临床诊治规律的，如六经病总纲和主要方证的条文，具有普遍指导意义，必须掌握；其二是个别经验的论述，如原书29、30条关于阳旦、四逆、脚挛急、谵语同时并见者，要与第一类文字区别对待，要通过临床去验证；其三是书中有些四言韵文，如

“微数之脉”、“慎不可灸”、“因火为邪”、“则为烦逆”等，与全书朴实的叙述文风不同，可能是后人窜入，不可误认为仲景原文。

通过对中医四大名著的研究，秦伯未认为，中医在长期同疾病的斗争中，对许多疾病都有深入的认识和丰富的治疗经验，并作了初步总结，应该很好地继承。没有继承就没有发展，好比空中楼阁，终成幻影。秦伯未强调，继承不是一味地照搬前人经验，而是有批判地接受，有创新地继承。在《腹泻的临床研究》一文中，他根据《黄帝内经》、《难经》、《诸病源候论》、《医宗必读》等文献关于腹泻的病因、病名、治疗等记载，提出以暴泻、久泻为纲，以虚实两类来辨证施治的规律：虚证属于内伤，浅者在脾，深者及肾；实证属于病邪，以湿为主，结合寒邪和热邪以及食滞等，采用化湿、分利、疏散、泻热、消导、调气等多种泻法，以及健脾、温肾、益气、升提、固涩等多种补法。他运用这些理论治愈了众多难治的腹泻患者。

如：许某，41岁。18岁时患痢疾，3年后复发一次，以后经常反复发作，非服合霉素不能止。来诊时肠鸣腹痛，大便溏，伴口苦口臭，口干不欲饮，尿黄，苔白腻，脉滑数。秦伯未诊断为脾胃虚弱，湿热内阻，清浊升降失司。并认为病虽久，但治疗不在止泻而在清里，湿热一除，则肠胃自复正常。处方：葛根、黄芩、黄连、藿香、防风、厚朴、陈皮、枳壳、神曲。二剂后大便即成形，腹痛、肠鸣随之消失。复诊，去黄芩，加薏苡仁，药后痊愈。

除医学专著之外，他还在当时许多报纸杂志上发表过不少有关中医政策、中医史话、医林人物、治疗心得、中医学习方法等文章，由此也可以窥探现代中医发展变迁之一斑。

西医诊断与中医治疗

近现代以来，中医现代化、借鉴西医和中西医融通一直是中医界的主要论题。清末民初，中医界提出“改良医学”；20世纪20年代后这个口号分化为“中医革新”（恽铁樵为代表）和“中医科学化”（陆渊雷为代表）两大思潮。中医学术革新和中医抗争运动相交织构成了近现代中医史的主要内容。到30年代，“京城四大名医”之一的施今墨倡导中西医汇通。施今墨认为，中医要革新，不能故步自封，主张在诊治时多参用西医病名，参照西医检查结果，中医病名繁杂不一，不利于中医教育和疗法的推广，因此他呼吁中医的标准化和规范化。施今墨借鉴西医思想成为后来主潮。

鉴于中西医是两个不同的理论体系，秦伯未主张用中医理法治疗西医诊断的疾病。但他强调，中医临床遇到业经西医确诊的疾病时，不可生搬硬套，要防止似是而非地仅据西医病名而盲目施治，如遇炎症即用金银花、连翘来清热，遇癌肿即用攻毒解毒之法，应正确理解西医术语含义，正确参考西医诊断和西医文献才有好处，因为根据中医理法，活血、凉血、祛湿均可治疗炎症，扶正、活血、软坚也是治癌肿的有效方法，不可“对号入座”。

秦伯未认为，西医的诊断有时会有助于对某些疾病的性质、发展和转归的认识。在临床中他也常参考西医的诊断，以中医理论为指导进行辨证论治，常收到很好疗效。他认为，西医诊断只是作为参考，不能受其束缚，要有信心和勇气使用中医的理法方药治疗，不应失去中医之根本。他说，中医治疗西医诊断的疾病要想取得疗效，关键在运用中医理论为指导，细致观察，不能忽视中医辨证的依据。例如，他在治疗西医诊断的神经衰弱疾病时，就根据中医理论来分析，总结出其发病机制主要在肝，病性有虚有实、虚实夹杂等不同，从而确定了14种基本治疗方法，对治疗现代人的神经衰弱疗效相当理想。神经衰弱是神经官能症的一种，临床症状复杂，西医认为，这些都是大脑皮层的兴奋过程和抑制过程的不平衡，或者这些过程有某些不协调所致。秦伯未从中医理论来分析神经衰弱的临床表现，归纳为以下几个方面：

身体消瘦，极易疲劳，面色不华，脉象细弱，说明病者肝血虚；头胀头痛，面部烘热，手足心热，潮汗，舌质红，脉细数，说明病者肝热；头晕，偏头痛，眼花目干，泛漾欲吐，脉细虚弦，说明病者肝阳；四肢麻木，颤抖，头晕欲倒，脉沉细弱或浮弦无根，说明病者肝风；头胀，胸闷太息，胁肋胀痛，腹胀腹痛，嗳气矢气，说明病者肝气；头昏，胸膈不畅，多疑善感，忧郁不乐，食呆寡味，脉沉弦或细涩，说明病者肝郁；头脑胀痛，口苦口干，急躁激怒，大便秘结，舌苔黄糙，脉弦数，说明病者肝火；心慌心悸，健忘惊惕，思想不易集中，说明病者心血虚；心烦闷乱，不易入睡，睡则易醒，多梦多汗，说明病者心火旺；耳鸣，腰膝酸软，遗精早泄，咽喉干痛，手足心热，小便黄赤，脉象细数，说明病者肾阴虚，相火旺；怕冷，手足不温，性欲减退，阳痿，小便频数清长，脉沉迟无力，说明病者肾阳虚；消化迟钝，脘腹饱闷，大便溏泄，脉濡缓，说明病者脾阳虚；纳食减少，嗳腐恶心，脘腹胀痛，说明病者胃气滞；神思淡荡，困倦无力，心悸失眠，心烦，足冷，说明病者心肾不交。

秦伯未阐释说，从中医理论看，上述神经衰弱症的病因以七情劳倦为主，与病人体质和大病久病有一定关系；在脏腑经络方面，多为肝、心、肾和脾胃的病变，总的来说属内伤范围。如进一步从这些症状的主和次、多见和少见及各脏之间的相互关系分析，其中肝的病变占重要位置，因为肝与心、肾、脾胃有生克关系，当肝有病变时往往影响到这些内脏，这些内脏有病也多影响到肝。因此，他提出从中医理论来探讨神经衰弱的发病机理应以肝为主。肝以血为体，气为用，血宜充盈，气宜条畅；如受到某种原因而使血分亏耗，则为肝虚；气分横逆和郁结，称为肝气和肝郁。事实上，神经衰弱患者的临床症状往往是几个证候错综出现，通过分析，分清主症与兼症，从而给立法处方指出明确方向。

中医用于神经衰弱的方剂很多，有逍遥散、归脾汤、补心丹、人参养营汤、香砂六君丸、柴胡疏肝散、黄连阿胶汤、六味地黄丸、交泰丸、金锁固精丸、左归饮、右归饮等等。

这么多方剂临床时如何掌握呢？秦伯未认为，首先应从内脏病变了解其基本治法，然后再依具体病情参考成方加减。基本治法可以归纳为养肝血、清肝热、平肝阳、息肝风、疏肝气、降肝火、补心血、安心神、清心火、滋肾阴、温肾阳、清相火、补脾土、和胃气等 14 种。由于神经衰弱的临床表现复杂，故这些治法也多结合起来运用。如：养血清热法、养血潜阳法、养血息风法、养血调气法、疏肝理气法、清肝降火法、养血安神法、滋肾清心法、交通心肾法、滋补肝肾法、温肾扶阳法、温补脾肾法、滋阴降火法、调养肝脾法、调养心脾法、疏肝和胃法等，这些基本治法也就是复方的组成法则。

通过辨证掌握基本治法，灵活运用，便不难选方用药了。如养肝血是神经衰弱属于血虚的基本治法，单纯肝血不足要养血补肝，除适用于消瘦疲乏、不耐烦劳等血虚证外，凡是肝热手足心热，肝阳头晕眼花，肝风四肢麻木颤抖，肝气胸胁满闷及心神不安，肾阴不足，脾土虚弱等，只要与血虚有关的都不能离开这个基础。养肝血的常用药物有当归、白芍、何首乌、阿胶等，如果肝热，可加牡丹皮、山栀子；肝阳可加菊花、牡蛎；肝风可加羚羊角、天麻；肝气和肝郁可加青皮、陈皮、香附、柴胡；心神不安可加酸枣仁、茯神；肾阴不足可加生地黄、枸杞子；脾胃虚弱可加白术、茯苓等，这样就成为养血清热、养血潜阳、养血息风、养血调气、养血安神、滋补肝肾、调养肝脾等复方。

总之，他认为，若纯从西医诊断来看，神经衰弱似乎是一种虚弱症，而中医则认为其有虚有实，也有虚实夹杂，应从各方面来调整其偏盛偏衰，从而有多种不同疗法，由此也可以看到中医辨证施治的重要性。

抓主症以明病机　理法与方药贯通

作为一代名医，秦伯未临床经验丰富，擅长内科疑难杂症，于肺病、胃病和热病尤为精湛，在温病、肝病、水肿病、腹泻、痛证、溃疡病、慢性传染性肝炎、心绞痛等疾病方面造诣极深。尤其是对于现代认为疑难杂病中的不治之症，如白血病、再生障碍性贫血等，他能用中医的基本理论和临床经验，不但探索出治疗方药，还能总结出指导性的法则与方法，实为中医之大家。

秦伯未诊断讲究“因人、因症、因时、因地制宜”，不“执死方治活人”，宗法丁甘仁并善吸取各家精论效方，诊病思虑精审，辨证细致入微，强调抓主症以明病机，再立法遣方用药，理法与方药贯通，治法多变，处方稳重而善于变通，不拘经方时方，用药轻巧，疗效卓著，享有盛誉。

秦伯未善于总结归纳中医诊治的基本规律，临证长于剖析主次见症，善抓主症，搜罗兼症，以主症为线索，以兼症为佐证和鉴别，条分缕析又全面综合。如对冠心病心绞痛，他抓住阵发性短暂性心前区掣痛或胸宇痞闷、窒塞这一主症，归其病位在心，病机主要是气血不利，不通则痛；同时根据其病多兼心慌心悸、自汗盗汗、疲乏无力、睡眠不佳、痛剧、面色苍白、舌质或淡或尖部嫩红起刺、脉象或细或大或弱或紧或迟或数或结或促等见症，进而指出其病机为心血不足，心阳衰弱。

因为他临证善析病机，故立法处方紧扣病症。一病人每服药后即呕吐，秦伯未仅除去病人原用药中一味药，呕吐即止。又如某老人患呃逆，请西医用抑制膈肌痉挛药而无效，秦伯未察知其呃逆系发怒引起，呃逆声频繁而低微，断定是“肾不纳气”，仅用两味药，服两剂即愈。

秦伯未善于标本兼治，本指病因、病位，标指症状。尽管前人都强调审因论治，然他从《黄帝内经》“寒者热之，热者寒之”，“其高者因而越之，其下者引而竭之，中满者泻之于内”等治法，依序针对病因、病位、症状，将临证处方的组成概括为“（病因＋病位）＋症状”这一公式。如治疗风寒袭肺、宣化失职所致咳嗽，由上述公式引出治法为：（疏散风寒＋宣肺）＋化痰止咳，选用杏苏散加减。杏苏散的药物组成也恰好符合上述治法，即（紫苏、前胡＋杏仁、桔梗＋枳壳＋甘草）＋半夏、陈皮、茯苓。可见立法处方在针对病因、病位、症状三方面用药应互相呼应，用成方也应根据这三方面灵活加减，照顾症状，标本结合。这样处方用药，既可迅速缓解症状，又可祛除病根。

如：某男，60岁，体质虚弱，痼疾高血压病，常失眠。近感冒发热5日，曾在某医院用解热剂及青霉素治疗，热势盛衰不定，汗多，热势上升无一定时间，一天发作数次，热升时先有形寒，热降时大汗恶风，伴见头痛，作恶，咳痰不爽，食呆口苦，口干不欲饮，便秘，小溲短赤。诊查：脉象弦紧而数，舌苔厚腻中黄。辨证：病由风邪引起，但肠胃湿热亦重。治法：依据寒热往来、食呆口苦、便秘溲赤等症状，从少阳、阳明治疗。处方：柴胡钱半，前胡二钱，黄芩钱半，半夏二钱，青蒿钱半，菊花钱半，杏仁三钱，桔梗一钱，枳壳钱半，赤苓三钱。一剂后热不上升，二剂退清。但仍汗出量多，因怕风蒙被而睡。秦伯未考虑外邪虽解，肠胃症状未除，且年老体弱，汗出不止，体力难支。二诊改以桂枝加附子汤治之。处方：桂枝八分，白芍三钱，熟附片三钱，生黄芪钱半，半夏二钱，茯苓三钱，陈皮钱半，炙甘草六分。服药一剂，汗出即少，二剂后亦不恶风。三诊继续化痰湿，不久即愈。此病主要是体虚而内外因错杂为病，秦伯未随机应变，初诊处方采用伤寒法结合败毒散，用柴、前、枳、桔升降泄邪，不是单纯的小柴胡汤，这是处方用药变化之所在。

某男，67岁，经常感冒，往往一二月不断，症见鼻塞，咳嗽咯痰，头面多汗。曾服玉屏风散，半月无效果。秦伯未接诊后，改用桂枝汤加黄芪。患者服后自觉精神、体力增强，诸症渐解，感冒亦随之未发。他说，此病前后二方均用黄芪而收效不同，因为桂枝汤调和营卫，加黄芪固表，是加强正气以御邪。玉屏风散治虚人受邪，邪恋不解。一般认为，黄芪和防风相畏相使，黄芪得防风，不虑其固邪，防风得黄芪，不虑其散表，实际是散中寓补，补中寓散，不等于扶正固表。如果本无表邪而服防风疏散，反会给外邪侵袭的机会。

秦伯未精于活用成方。他说，成方是经前人实践有效后留下来的经验方，又可分成通治方（兼治数病）和主治方（专治一病）。他认为，即使运用通治方，也应分析主治、主药，并在认清所治病症的主因、主脏、主症后，再根据具体病情加减之，即“将病因、疗法密切结合症状，便能将通治方转变为主治方”，“只有掌握这些常规，才能出入变化，得其环中，超乎象外”。至于选用专治方，他认为关键不在于主症相同，而在于病因和病位相符，只有这样才具有加减变化之基础。故此，他成功地运用黄芪建中汤治疗虚寒胃痛，用桂枝加黄芪、当归治体弱感冒及其所致的痛痹证，并用阳和汤取代小青龙汤治疗风寒引起的顽固性痰饮咳喘症。

如：王某，26岁，5年前先见阵发性心悸胸闷，渐见下肢浮肿。秦伯未诊查：腰以下至足背浮肿甚剧，腹部胀满，呕吐，心悸气促，不能平卧，小便极少，大便溏薄；口唇发绀，两手红紫，颊部泛红如妆；舌尖红，苔白滑腻，脉象细数带弦。辨证：系属阳虚水泛，气血瘀阻。治法：用真武汤加味。处方：熟附片二钱，生姜二钱，炒白术三钱，白芍三钱，茯苓五钱，春砂仁五分，木香五分。连服四剂，尿量增多，下肢浮肿基本消失，仅足背未退尽，腹胀、呕吐均好转，但两颊泛红不退，阵阵烦急，时有咳嗽，痰中带血，脉仍细数不静带弦。久病烦急，浮阳未敛，肝火上冲犯肺，故见咯血。仍用前方去木香，加黛蛤散 5g，两剂后血止咳平，病情渐趋稳定。本例病根源是心阳衰弱，不能温运中焦水湿，但从伴见颊部泛红如妆诸象，说明水气充斥，虚阳上浮，不仅胃气垂败，且有心肾阳衰随时虚脱的危险。故治疗采用真武汤加味，扶阳温化为主，佐以敛阴健脾，四剂后即收到显效。虚阳浮越病人，如果肝火旺，当防血证。本例并发肝火犯肺之咯血，原方去香燥加清肝镇咳之品，故能迅速扭转病机。

秦伯未善于使用对药，处方上经常把当归和白芍、苍术和厚朴、半夏和陈皮等并用，他认为这都是前人经验积累，亦有理论根据，值得重视。他把对药分为三种类型：一是借两种性质相反或气味、功效不同的药物结合，如气与血、寒与热、补与泻、散与收、升与降、辛与苦等，在相反相成中改变其本来的功效或取得一种新效果，诸如桂枝与白芍、川楝子与延胡索、黄连与吴茱萸、黄柏与苍术、黄芪与防风、红枣与生姜、干姜与五味子、桔梗与枳壳、半夏与黄连等并用属此类；二是以两种药物相辅而行，互相发挥其特长，从而增强其作用，如豆豉与葱白、黄芪与防己、人参与附子等并用属此类；三是以性质与功效类似的两种药物同用，借以加强药效或兼顾有关脏腑，如党参与黄芪、龙骨与牡蛎、青皮与陈皮、紫苏梗与藿梗等并用属此类。鉴于对药配伍巧妙，能加强药效，扩大治疗范围，故为秦伯未所喜用并力荐之。

20 世纪 50 年代，我国肝病流行，秦伯未提出要区别“肝气和肝郁”、“肝火和肝热”、“肝风和肝阳”等几个重要概念。他认为，“肝气”是指肝脏作用太强及其产生病症，其性横逆；“肝郁”是指肝脏气血不能条达舒畅的病症，其性消沉。前者疏泄太过，后者疏泄不及，在治疗用药方面就有出入。肝炎临床表现复杂，从中医角度，秦伯未归纳为两类：一是属于肝的：症见右胁部隐隐胀痛，遇劳则痛加剧，或头痛头晕，潮热或头面掌心热，或自觉烘热而体温不高，失眠，易出汗，小便黄，皮肤偶有瘙痒或落屑，月经不调等；二是属于脾胃（包括肠）的：症见纳食呆钝，厌恶油腻，泛恶，嗳气，腹胀肠鸣，便秘或便溏，消瘦，倦怠无力，精神不振，黄疸等。从病因病机来说，肝的症状有虚实、气血之分，其中包括气虚和血虚，气滞和血瘀，并由于气血不和出现偏寒、偏热现象；脾胃方面的症状多由肝病引起，其中有因木旺克土而使脾胃虚弱，也有因木不疏土而使肠胃壅滞，更因木与土之间此胜彼负，在脾胃不和时又使肝之症状加重。为此，西医诊断的肝炎，中医诊断也以肝病为主，但治疗上不能单治肝，且也不能单用一种治法。由于肝和脾胃关系密切，且肝炎经常伴随有肝和脾胃的错杂症状，所以必须分别主次，全面照顾。遇到特殊情况也能用黄芪、何首乌、当归补肝，桃仁、三棱、莪术破瘀。疏肝理气的中药很多，如香附、香橼、荔枝核、蒺藜、藿香、蔻仁、佛手、鸡内金、六神曲等均可选用。因此，他在中医治疗肝炎方面取得较好效果。

论五行学说的治疗法则

五行学说是中医的理论基础，它以木火土金水五行相生相克规律说明自然万物及人体脏腑间的相互关系，如肝属木，心属火，肾属水，脾属土，肺属金等。1900 年前后，学界出现否定五行学说之思潮。1923 年，梁启超发表《阴阳五行说之来历》，开篇便说："阴阳五行说为两千年来迷信之大本营。"1926 年，章太炎发表《论脏腑五行无定说》，掀起讨论五行学说存废之高潮，其后 20 余年间争论不断。秦伯未曾经在 1929 年创办的《中医世界》发起对阴阳五行学说的讨论，主张慎言废止，并提出一系列看法。

秦伯未认为，《黄帝内经》用阴阳五行学说对生命形成、疾病起因、生理与心理现象的关系作了较符合人体规律的解说；疾病是自然界某些因素侵袭人体而产生，若违反四时五行的养生原则就会导致邪气伤人。中医运用五行学说主要用以解释人体内脏的相互联系及生理、病理的复杂变化，从其正常和异常情况下反映的现象作为推断病情和确定治法的依据之一。

因此，秦伯未认为，中医运用五行学说，首先要注意必须以内脏为基础，其次必须依据病因和病情的发展，在辨证施治下运用五行学说，否则不切实际。他认为，中医将五行分属内脏，内脏发病的原因不同、演变不同，离开了内脏疾病的本质和变化，刻板地强调五行生克是脱离实际的。人体内脏之间具有自我调整的本能，相依相存，相反相成，保持其活动均势为正常现象。反之，当生不生，当制不制，或相生不及、相制太过及紊乱现象则为病。

据此，他把中医运用五行生克规律归纳为四个主要治疗原则：

（一）补母——用于相生不及。如肾虚影响肝脏亦虚，称为水不生木，治以滋肾为主；或者肝虚影响肾脏亦虚，称为子盗母气，要在实肝的同时补肾。此类虚证利用母子关系治疗，即所谓“虚则补其母”。（二）泻子——用于母子关系的实证。如肝火偏旺，有升无降，可用泻心方法，即所谓“实则泻其子”。（三）抑强——用于相克太过。如肝气横逆，犯胃克脾，称为木乘土，治以平肝、疏肝为主；也有木本克土，反为土克，称为反克，亦叫相侮，如脾胃壅滞，影响肝气条达，治以运脾和胃为主，使主因削弱，则被制者的机能自然易于恢复。（四）扶弱——用于相克不及。如肝虚郁滞，影响脾胃健运，称为木不疏土，治宜和肝为主，兼予健脾以增强两者功能。

秦伯未说，运用五行生克规律治疗必须分清主次。如果相生是母子关系，只重视其母、忽视其子；或相克时，只重视克者而忽视被克者，都是不够全面的。如水不生木，用滋肾养肝；木横克土，用疏肝健脾、平肝和胃，均是生者与被生者、克者与被克者结合治疗。在滋养肝肾中，如果水不生木，则以肾为主；子盗母气，则以肝为主；同样，疏肝健脾、平肝和胃，由于木横克土，以疏肝、平肝为主；如土反侮木，便以运脾和胃为主，均有一定主次。此外，临床上制止病情发展和促进身体复原也能用五行生克规律。比如见到肝实有克制脾胃的倾向，先健脾胃则痊愈较速；又如肝虚久不复元，虽然肾脏不虚，也可结合滋肾，加强肝脏恢复。这种利用五行生克来防治疾病需根据具体情况来决定，如能直接解决，就不必要强调生克。

就五行相生而言，因这是一种正常生理现象，临床运用治疗多属母虚累子，其次是子盗母气，再次是单纯子病，均可利用母子关系加强相生力量，所以相生治法主要是掌握母子关系，原则是“虚则补其母”。母虚累子，先有母的症状；子盗母气，先有子的症状；单纯子病，须有子虚久不复元的病史。三者治法相似，处方有主次之分，具体分五种：

一、水不生木，即肾虚不能养肝。临床表现在：肾虚为阴不足，多见耳鸣，腰酸，膝软，遗精；肝虚为血不足，多见消瘦，疲乏，目眩。阴虚能生内热，血虚也能生内热，且易引起虚阳上扰，进一步可出现颧红，潮热，手足心热，头晕，肢麻颤抖等症状。脉象或见细弱，或见细数，或见细弦，舌质亦淡或嫩红。这种肾阴亏耗不能养肝的证候，临床上常见的为肝风眩晕。张景岳曾说：“眩晕一证，虚者十居其八九”，主张用左归饮（地黄、山药、山茱萸肉、枸杞子、茯苓、甘草）；叶天士也指出，“晕眩烦劳即发，此水亏不能涵木，厥阳化风鼓动”，故常用滋阴潜阳法。除内伤杂症外，温病传入下焦，耗伤真阴时亦常出现眩晕，《温病条辨》用加减复脉汤（生地黄、白芍、麦冬、阿胶、麻仁、甘草），佐以一甲煎（牡蛎）、二甲煎（牡蛎、鳖甲）、三甲煎（牡蛎、鳖甲、龟甲）。处方法则：滋水涵木法，滋肾养肝法，滋补肝肾法。常用药物：滋肾阴——生熟地、鳖甲、天冬、女贞子；养肝血——当归身、白芍、制何首乌、潼沙苑、阿胶、黑芝麻；息风潜阳——龟甲、玳瑁、生牡蛎、石决明、真珠母、天麻、菊花、钩藤。

二、木不生火，即肝虚不能温养心脏，表现为血亏，生气不强，心血、心阳、心神衰弱，如消瘦、胆怯、心悸、惊惕、健忘、失眠、脉象细弱或结代或寸脉不静等。肝为藏血之脏，内寄相火为肝的生发之气，心主生血而司君火，火明则神志清朗，这是木火相生的主要关系。故木不生火的心虚证，多见意志萧索，神情淡荡不收。补肝以养心，又当偏于温养。养心汤（人参、黄芪、白术、甘草、当归、白芍、肉桂、五味子、茯苓、远志、陈皮）用血药以补其体，气药以助其用，其中肉桂能温肝，亦能壮心阳，实为主药。用木生火来治疗心虚，侧重在肝阳虚弱；如果心阳虚弱而不属于木生火，应从本脏治疗，如复脉汤（人参、桂枝、阿胶、生地黄、麦冬、甘草、麻仁、姜、枣）。处方法则：补肝养心法，温养心肝法。常用药物：养肝血——归身、白芍、制何首乌、潼沙苑、阿胶、黑芝麻；养心血——生地、麦冬、阿胶、酸枣仁、龙眼；温心阳——人参、肉桂、紫石英、五味子。

三、火不生土，即心火或命门衰微不能温脾。五行分配以火属心，但临床上多指命门之火，即肾阳。脾为阴土，恶湿，以阳为用，阳虚则运化无权。所以火不生土的症状在命门火虚为畏寒，四肢不温；在脾阳虚为食入艰化，胀满，腹泻，或水湿积聚，小便不利，形成浮肿。因为肾阳和脾阳有密切关系，脾阳靠肾阳来温养，所以脾肾阳虚证候以补肾阳为主，但也不能忽视健脾。如真武汤（附子、白术、茯苓、白芍、生姜）治水气，即用白术、茯苓、生姜健中温中；四神丸（补骨脂、吴茱萸、肉果、五味子、生姜、大枣）治五更泄泻，也用肉果、生姜、大枣来温中补土。如《伤寒论》记载的理中汤（人参、白术、炮姜、甘草）治太阴病，加入附子为附子理中汤，治少阴病。在温脾基础上进一步温肾，是助火生土的正常治法。

四、土不生金，即脾胃虚弱，不能滋养肺脏。脾和胃功能不同，但作用是统一的，故在土虚证上往往并提。脾胃虚弱表现为食呆，消化不良，大便溏泄；肺虚表现为气短，干咳，或吐黏痰，或痰内带血。这些证候常见于肺痨后期，此时补肺气则易生胀满，养肺阴又虑增加腹泻，只有侧重脾胃，用甘平补中法使后天生气充沛，则肺脏可得到滋养。用参苓白术散（人参、白术、茯苓、山药、白扁豆、薏苡仁、甘草、陈皮、莲肉、砂仁、桔梗、枣），方内山药、白扁豆、薏苡仁等不仅补脾，也能补肺。至于肺脾两虚，多指气分不足，且多由中气虚弱引起，表现为行动少气乏力，语音低微，表虚多汗等，与土不生金有区别，当用李东垣的调中益气汤（黄芪、人参、白术、甘草、当归、白芍、五味子、陈皮、升麻、柴胡），即补中益气汤加入白芍、五味子补肺敛气。处方法则：培土生金法，补养肺脾法。常用药物：补脾胃中气——党参、白术、山药、白扁豆、炙甘草、红枣；补肺气——人参、黄芪、五味子、冬虫夏草；养肺阴——北沙参、麦冬、百合、石斛、玉竹、梨膏。

五、金不生水，即肺虚不能输布津液以滋肾，临床表现多为肺肾阴虚，兼有内热，如气短，干咳，口渴，小便短赤，腰膝酸软等。治宜用百合固金汤（百合、生熟地、麦冬、玄参、当归、白芍、贝母、桔梗、甘草）补肺滋肾。也有肾阴亏耗，虚火上炎，因肺热津燥，出现金不生水现象，其本在下，其标在上，当以滋肾为主。处方如八仙长寿丸（生地黄、山茱萸、牡丹皮、山药、茯苓、泽泻、麦冬、五味子），即六味地黄丸加麦冬、五味子补肺敛肺，加知母、玄参清肺又能滋肾，加甘草调和诸药，有“金能生水、水能润金”之妙。临床常用开肺以利小便，乃指肺与膀胱的生理关系，肺为水之上源，膀胱为水之下流，肺气宣畅则三焦通调，水道自利，不同于相生，不能用金生水来解释。处方法则：补肺滋肾法，滋养肺肾法，金水相生法。常用药物：养肺阴——

北沙参、麦冬、百合、石斛、玉竹、梨膏；滋肾阴——生熟地、鳖甲、天冬、女贞子。

再论五行学说的治疗法则

秦伯未认为，中医五行相克规律的临床运用也有多种。病症上所说的相克包括相克太过、相克不及和反克现象，故有虚实复杂的症状。总的说来分强弱两面，即克者属强，表现为机能亢进；被克者属弱，表现为机能衰退。因而治疗上采取抑强扶弱手段，并侧重在制其强盛，使弱者易于恢复。另一方面，强盛而尚未发生相克现象，也可用此规律预先加强被克者的力量，防止病情发展。他把五行相克情况也分为五种：

一、木横克土、木不疏土、土反侮木。木横克土即肝旺脾弱，肝旺多指肝气太强，表现为头胀，胁痛，胸闷，腹胀。脾弱包括胃气阻滞，如食呆，脘痞胀痛，频作嗳气等。由于肝旺多指肝气横逆，治疗上常用疏肝理气为主，结合健脾和胃，方药如柴胡疏肝散（柴胡、白芍、川芎、枳壳、香附、陈皮、甘草、生姜）、调气汤（香附、青陈皮、乌药、木香、藿香、砂仁、甘草）和沉香降气汤（沉香、香附、延胡索、川楝子、砂仁、甘草）。木克土的证候以肝气犯胃为多，并因胃影响到肠，胃痛中的气痛常因恼怒后肝气所引起，刘草窗的痛泻要方（白芍、陈皮、白术、防风）目的亦为泻肝和胃而疏肠中气滞。本证在临床最多见，通称为肝胃不和。

木不疏土是由肝气郁结所致。肝气失其条达，脾胃功能迟钝，出现精神抑郁，胸胁满闷，食少艰化，腹胀，大便或秘或溏等症状。治宜疏肝健脾，用逍遥散（当归、白芍、柴胡、白术、茯苓、甘草、煨姜），亦可加入枳壳、陈皮和胃。治疗肝气和肝郁，虽然同以理气为主，药物如柴胡等亦通用，但由于发病和病机不同，方剂的组成并不一样。

反克现象在肝和脾胃亦多常见，故有木与土此胜彼负之说。但一般土反侮木多由木郁不能疏土引起，且因后天生化力弱，肝血不充，产生肝火内郁，成为虚性亢奋现象，宜用化肝煎（白芍、青陈皮、牡丹皮、栀子、贝母、泽泻）。若由脾胃形成，则以湿热积滞为多，与肠亦有密切关系，当用导气汤（黄连、黄芩、当归、枳壳、槟榔、木香、大黄）加减。处方法则：抑木扶土法，疏肝健脾法，平肝和胃法，调理肝脾法，理气畅中法。常用药物：疏肝气——青皮、制香附、川楝子、香橼、柴胡、郁金、玫瑰花、梭罗子、荔枝核；调脾胃中气——枳壳、陈皮、砂仁、蔻仁、佛手；化脾胃湿热积滞——黄连、半夏、木香、枳实、大腹皮。

二、土旺克水、土不克水、水反侮土。土旺克水即胃实耗伤肾阴，常见于胃有实热，即《伤寒论》中少阴病急下存阴的证候，临床上惯称邪热伤阴，很少引用生克理论。

与此相反，土不克水是脾虚而水湿泛滥，成为水肿胀满。张景岳说："水为至阴，故其本在肾；水唯畏土，故其制在脾。"治宜温运脾阳，用实脾饮（白术、茯苓、干姜、生姜、红枣、甘草、豆蔻、大腹皮、厚朴、木香、附子、木瓜）为主。

水反侮土是肾病影响脾脏功能，常见于水肿症，《黄帝内经》所谓"肾者胃之关也，关门不利，故聚水而从其类也"，用金匮肾气丸（附子、肉桂、熟地黄、山茱萸、山药、茯苓、泽泻、牡丹皮）温肾为主，结合胃苓汤（苍术、厚朴、陈皮、甘草、肉桂、白术、泽泻、猪苓、茯苓）以治标。处方法则：急下存阴法，敦土利水法，温肾健脾法。常用药物：泻胃热——大黄、玄明粉、枳实；温脾阳——白术、干姜、砂仁、肉果；温肾阳——熟附片、肉桂、巴戟天、胡芦巴、仙茅、益智仁、补骨脂、鹿茸；利水湿——茯苓皮、泽泻、车前子、冬瓜皮、川椒目、猪苓、大腹皮、葫芦瓢、生姜皮、通草。

三、水旺克火、水不克火、火反侮水。水旺克火即肾阴郁遏心阳，表现为水气上逆，先有脐下悸，再见胸闷心悸。宜用桂枝加桂汤（桂枝、白芍、甘草、姜、枣）。如果水气内停，命火衰微不能气化，未见心气虚弱症状的，当用真武汤（附子、白术、茯苓、生姜、白芍）温肾利水。

水不克火是肾阴不足，心火偏旺，症状为遗精腰痛，心烦失眠，宜滋肾清心，用黄连阿胶汤（黄连、阿胶、黄芩、白芍、鸡子黄）加生地黄。由于水属北方，火属南方，故黄连阿胶汤又称补北泻南法，本方重在心脏本身的血虚火旺，如有肾虚症状，宜加入滋阴药；又因肾为水之脏，肾阴虚亦能使相火偏旺，出现梦遗、耳鸣等症，也称水不制火，故宜用滋阴降火的知柏八味丸（生地黄、山茱萸、山药、牡丹皮、茯苓、泽泻、黄柏、知母）。这种属于一脏本身水火的偏盛偏衰，不能与五行生克的水不克火混为一谈。

火反侮水与水不克火往往互为因果，治法无大出入。临床上热盛伤阴与水不制火的含义有别。处方法则：通阳制水法，扶阳逐阴法，滋阴降火法，补北泻南法，养阴清热法。常用药物：温心阳——人参、肉桂、紫石英、五味子；温肾阳——熟附片、肉桂、巴戟天、胡芦巴、仙茅、益智仁、补骨脂、鹿茸；清心火——黄连、竹叶、焦栀子、莲子心、灯心；清命火——黄柏、知母。

四、火旺克金、火不克金、金反侮火。火旺克金即心火消烁肺脏气阴。心肺同居上焦，心火上炎，易使肺热伤津，如火嗽证咳痰稠黏，咽喉不利，用黄芩知母汤（黄芩、知母、栀子、杏仁、贝母、桑皮、天花粉、桔梗、甘草）。习惯上对于一般邪热伤肺亦称火克金，应加区别。

火不克金是心阳不能温肺，属于肺寒证候。《黄帝内经》说："心移寒于肺，肺消，饮一溲二。"《金匮要略》说："肺痿吐涎沫而不咳者，其人不渴，必遗尿，小便数，所以然者，以上虚不能制下故也，此为肺中冷。”均是心火衰微，形成肺气消索。心肺本为两阳脏，欲温肺金，当扶心阳，但宜温养温润，不可偏于辛热，用温肺汤（人参、肉桂、干姜、甘草、钟乳石、半夏、橘红、木香）加减。

金反侮火当为肺寒而影响心阳不宣，临床上少见。处方法则：泻火清金法，清热润肺法，养心温肺法。常用药物：清心火——黄连、竹叶、焦山栀、莲子心、灯心；清肺热——桑皮、马兜铃、川贝母、黄芩；温肺寒——款冬花、白石英、远志、百部。

五、金旺克木、金不克木、木反侮金。金旺克木即肺肃太过，肝气受制。临床上对于肝气证候常用肃肺佐治，所谓佐金平木，但单纯由肺引起的肝病并不多见。

金不克木当为肺虚而引起肝旺，临床上亦较少见。肺痨后期虽有出现，多与肾虚不能养肝有关。

木反侮金指肝火偏盛，影响肺气清肃，亦称木火刑金，表现为胁痛，口苦，咳嗽，痰内带血，急躁烦闷，脉象弦数等。此时肺脏亦热，当用化肝煎（白芍、牡丹皮、栀子、青陈皮、贝母、泽泻）加青黛、金沸草、瓜蒌、枇杷叶，亦可暂用龙胆草、芦荟以泻火。处方法则：佐金平木法，泻肝清肺法。常用药物：降肺气——金沸草、苏子、枇杷叶；清肝火——黄芩、青黛、牡丹皮、夏枯草、龙胆草、芦荟。

五行学说典型地体现了古代中国人对世界和人体的理解，对其作用既不能无限夸大——认为它能解释一切，也不能一概否定——认为它是故弄玄虚。章太炎主张废除五行而不废中医，其出发点仍是以中医科学化为着眼点，而科学化是以西医解剖实证为标准的，这是那个时代最流行的思维方式。章太炎先生晚年反省时也曾说自己：“少年气盛，立说好异人。由今观之，多穿凿失本意，大抵十可得五耳。假我数年，或可以无大过。”大师谦虚严谨的精神颇值得后人学习。

秦伯未等老一代中医名家以自身扎实的学术功底、对传统医学的全面理解和多年临床治疗实践，表明五行学说多能与人体脏腑相对应，与气功、经络、针灸一样均在几千年治疗中证明其效验，应认真研究而不应轻易否定，更不能因其复杂难学、暂时无法作"科学"证明而加排斥。在这方面，无限夸大的肯定和彻底否定的态度均不可取。

于中医教育 桃李满天下

当秦伯未在中医学术道路上孜孜以求时，1929 年医学界发生了一件震动全国的大事：西医余云岫在南京国民政府卫生部第一届中央卫生委员会上提出《废止旧医以扫除医事卫生之障碍案》，谓中医"理论空洞玄虚，诊断无可靠依据，治法无一定标准"，建议废止中医，提案被通过。上海中医界闻讯大为震惊，立即通电全国，发表宣言，并于3月 17 日在上海召开全国医药团体代表大会，群起抗争。当时少年成名的秦伯未也站在抗争最前列，大声疾呼"抢救祖国遗产"，并为大会秘书长。当局见中医界群情激愤，只得收回成命。为纪念这一事件，中医界遂定 3月 17 日为"国医节"。

无疑，这些耳闻目睹的事实和他亲身参与的保卫中医合法地位的抗争活动，成为他以研究、传播中医为毕生使命的社会原因和精神动力，促使像他这样富于责任感的名中医在未来几十年致力于研究中医学术，同时积极创办中医学校以培养人才，创办中医药刊物以传播学术，努力扩大中医的社会影响力。

秦伯未一生致力于中医药事业，最重人才培育。他从上海中医专门学校毕业后即留校任教，此后一面行医，一面著述，一面办学，一面办中医刊物，为培养中医人才呕心沥血。在研习中医中，他深切感到中医典籍浩如烟海，流派众多，历来学医多靠师承面授，各承家技，虽有所长，亦有所短，总难免局限，而开校办学则可集思广益，兼收博览，是发展中医学术、加速人才培养的好途径。

1927年12月，秦伯未与杭州王一仁、苏州王慎轩及上海章次公、许半龙、严苍山等共同创办了中国医学院（上海），章太炎先生鼎力赞助，首任院长，秦伯未掌管教务。1929年6月，中国医学院由上海国医公会接办，会长朱南山带头捐款8000银元，自是更获全沪医界支持，学校日益发展。至1939年9月因抗战停办，共毕业学生12届，受业弟子不下三千。

秦伯未在办学同时还创办中医学社，主编《中医世界》等刊物发行全国，在中医函授教学和普及方面做了大量工作。当时社会上爱中医、学中医、从事中医者人数甚众，但中医学校很少，能入校系统学习者更少。有感于此，他于1930年创办了中医指导社，每月出刊物，传授中医知识，交流学术及临床经验，释疑解惑，为中医从业人员及爱好者提供指导。中医指导社面向全国及海外侨胞，社员多达千余人。该社编印有《中医基本学说》、《群经大旨（内经、金匮、伤寒论）》、《各种研究法》、《病理讲座》等书籍。这种办学形式突破了全日制学校之局限，更适合社会人士研习中医，实为后世中医函授、刊授教育之典范。虽然我国最早开办中医函授教育的先驱为恽铁樵和张锡纯，但秦伯未以自己创办的中医指导社为组织依托，以自己主编的《中医世界》等为教材，其函授与刊授学员范围之广，影响之大，却远超他人。

同时秦伯未还致力于组织编写各种实用中医教材，编辑出版医籍精华，普及中医知识。1920年，他在上海国医书局（后改名中医书局）出版《国医小丛书》。1927年创办中国医学院时，他亲手编写多种讲义。当时编印出版的《国医讲义》（6种）、《实用中医学》（12种），多是秦伯未通过中医教学实践反复修订的教案。其切合临床实际，至今仍有重要参考价值。1938年，他创办

《中医疗养专刊》，向社会大众普及中医养生保健知识。

中华人民共和国成立后，秦伯未更以极大的热情投入中医教育事业。1951年，秦伯未出任上海第十一人民医院中医科主任。1954年奉调北京任卫生部中医顾问。1955年，他在中医研究院（现中国中医科学院）举办的第一届全国西学中班执教，为国家培养了首批中西医结合高级人才。1959年以后，他一直在北京中医学院（现北京中医药大学）从事教学研究，担任院务委员会委员、特级教授，还担任《中华人民共和国药典》编纂委员会委员、中华医学会副会长。1960年、1962年全国高等中医院校编写中医系列教材，秦伯未参加了第一、二版的编审工作，为总编审。他为发扬中医事业、培养中医人才倾注了全部心血。

1953年和1960年，秦伯未曾前后两次应邀赴前苏联、蒙古等国进行中医会诊及讲学。他曾应前苏联领导人邀请，为列宁的孙女等治病，因疗效卓著，颇受苏方领导赞赏。回国后，他又与中国医学科学院、协和医院等单位合作，用中西医结合治疗白血病及脊髓痨等疑难病症，获得良效。

这一时期，秦伯未亦时刻不放松临床工作。在奉调到卫生部工作后，为了能更加接近临床，他主动从卫生部宿舍搬出，举家迁居北京中医学院家属院内。在此期间，他在带教同时承担大量临床工作，每周两个半天在高干门诊应诊，一个半天在北京中医学院附属医院查房，一个半天去北京医院查房，此外还有大量院外会诊。尽管当时秦伯未已是著名中医专家，但他始终保持良好的医家风范，无论外宾、侨胞，还是领导、群众有病，他总是随请随到，一视同仁，一丝不苟。每次会诊后，他总将病人念记在心，主动打听治疗情况，甚至随访问候，对患者认真负责，真切关怀。

丰富的临床经验使他的教学理论分析透辟，案例内容充实，条理清晰，深得学生好评。在教学上，他殚精竭虑，讲课深入浅出，旁征博引。根据学中医要从应用出发的切身体会，他常常晚饭后去教室，向学生讲解日间诊治的病例。对门下弟子，他采取上大课、布置作业、写医论、随师临诊、整理医案、总结病例等多种方法，使理论与实践密切结合，提高弟子的中医诊断、辨证处方和医案医论书写水平。直至1970年去世，他所教的学生不计其数，一生可谓春晖照四方，桃李满天下。

他在一首诗中写道：“拼将热血勤浇灌，期卜他年一片红。”足见其一生致力于中医教育事业、培育中医人才之苦心。

主编四大医刊 引领一代学风

民国时期，上海医家重视中医药期刊出版，期刊出版与中医药事业发展形成互动，成为出版史上特有的现象。据统计，那时上海中医药期刊有近70种。这些期刊反映了当时中医药界的情形与学术成果，记载了大量中医药临床经验。秦伯未认为办中医刊物，能弘扬学术，传播中医药知识，促进中医药行业发展，是利国利民之事，故此他在行医办学执教之余，在办刊物上花了大量精力。他主编的中医药期刊有《中医世界》、《家庭医学杂志》、《中医指导录》、《中医疗养专刊》四种。

《中医世界》创刊于1929年6月，主编为秦伯未、方公溥，第9卷后由秦伯未、方公溥、盛心如、邱治中、蒋文芳五人组成编辑委员会。该刊宗旨是“以切实研究中医学理为主”，主要栏目有“小评论”、“研究”、“改革”、“医案”、“验方”、“常识”、“消息”等，后开辟“医学研究”、“药学研究”等栏目。在版权页列出“《中医世界》特约撰述者姓氏”，有章太炎、夏应堂、丁福保等近30位中医界名流。

为普及中医知识，1930年1月，秦伯未创办《家庭医学杂志》双月刊，该刊为医药普及性读物，是读者“健康之顾问，幸福之导师”，“宣布医学诀窍，发表灵验秘方”，以“介绍医学常识于社会，谋求民众之健康”为宗旨。该刊不设置栏目，每期刊登与家庭有关的医疗保健常识、常见病防治等文章，文字浅显易懂，可谓是最早的中医进家庭养生保健科普教育之大众读物。

1930年6月，秦伯未创办了《中医指导录》月刊，由中医指导社编辑出版，秦伯未、许半龙主编，作为他的中医指导社社刊，第二、三、四、五卷封面刊名为不同形式的篆刻，书法和篆刻多为秦伯未本人所作。该刊宗旨是指导中医学习门径，主要栏目有“医事导游”、“通信治疗方案选”、“问答汇存”、“论文丛录”、“出版界近讯”、“函牍留痕”、“医界珍闻”、“社员题名”等。“出版界近讯”报道中医新版书刊信息，在同类期刊中很独特，“问答汇存”为指导读者的栏目。

1938年，秦伯未创办中医疗养院，自任院长，又成立出版部，次年5月他创办院刊《中医疗养专刊》。秦伯未认为，“世人明于治疗，昧于摄养”，提出“有病之时贵乎疗，无病之时贵能养”，倡导中医疗养。该刊办刊目的是探讨中医疗养理论，反映中医疗养成果，普及中医疗养知识，为学术与普及兼顾的中医药期刊，偏重学术研究，是民国时期非常独特的中医康复学期刊，对现代中医传染病治疗以及康复医学较有参考价值。该刊根据时令和上海流行病情况刊发大量常见病、时令病的防治以及日常卫生保健文章，与社会大众生活紧密相关，涉及药疗、食疗、运动疗法等，有较高指导性和可读性。秦伯未为该刊精心撰写了《导言》，反映了中医界有识之士对中医药事业的理想抱负和苦心经营的精神。

在办中医期刊中，秦伯未摸索出一套行之有效的办刊宗旨与经营策略。他办刊物首重社会责任，关注与医疗有关的热点问题，争取与中医有关问题的话语权，取得了“小期刊大形象”的办刊效果。他编辑的期刊发表了大量讨论民族医药前途的文章，引起广泛关注，如《中医世界》刊登的《中华民族医药废兴论》(田桐)、《中医科学化之商兑》(顾惕生)、《今后个人之努力与本刊之使命》(秦伯未)等，报道国内外与中医有关的新闻并加以评论，引起广泛呼应。他编辑期刊还注重学术传播与社会生活的结合，诸如对中西医论争、对中医管理制度、对菲律宾政府取缔中医事件等都发出了自己的声音。这使他的期刊很快形成品牌，得到中医同行和广大读者的认可。

秦伯未很注意期刊导向，在中医界倡导良好学术风气，在读者中倡导健康养生和治疗理念。如《家庭医学杂志》曾出版“夏令卫生专号”，全面分析当时国民日常卫生问题，介绍日本等国国民卫生情况，提出详细对策。这使他的期刊在中医界和社会大众中都赢得了良好声誉。

秦伯未注重读者，注重期刊整体策划，强化编读互动，形成独特出版风格。他重视读者定位，以读者为中心设计期刊，形成不同风格的中医系列期刊。如《中医世界》以中医专业人士为读者群，内容定位为交流中医药学术，沟通中医药行业信息；《中医指导录》以促进中医教育为办刊宗旨，读者定位为中医初学者，以中医教学为主要内容，注重指导；《家庭医学杂志》面向普通读者，传播中医药保健、医药知识；《中医疗养专刊》则开始探索中医康复医学，既面向病人宣传中医疗养，又面向社会大众普及中医康复知识，取得了很好的办刊效果。

在办刊风格上，四大刊物各不相同——《中医世界》学术性强，风格严谨；《中医指导录》注重编读互动，形式多样，信息量大；《家庭医学杂志》追求简便实用，文字简洁易懂；《中医疗养专刊》则将学术探究与知识普及相结合，内容丰富，深入浅出。

秦伯未办刊重视以期刊为中心，团结具有较高学术水平和临床经验的作者队伍。如盛心如、朱寿朋、吴汉仙、陈中权、许半龙、沈仲圭、李健颐等众多中医名家均为其期刊的作者。他不但充分利用作者资源积极组稿，还注重针对不同医家的学术特点组织重点选题，既把期刊办出特色，又推动作者总结临床经验，提高理论水平，赢得作者支持，形成良好的期刊学术氛围。另外，他还突破地域局限，刊用全国各地作者稿件，大大提高期刊在全国的影响力。他注重期刊策划，组织重要选题出专刊专号，突出重点栏目。如《中医世界》创刊号为“阴阳五行专号”，此外还有“妇科病讨论专号”、“儿科病讨论专号”、“仲景学说讨论专号”、“中央国医馆成立纪念专号”、“药物讨论专号”等。《家庭医学杂志》结合家庭卫生保健刊出“夏令卫生专号”、“儿童专号”等。这些专号及重要栏目内容还编辑成书出版，书刊互动，使出版资源得到充分利用。

在期刊经营方面，秦伯未把期刊作为整合中医药事业资源的平台。他在《中医世界》中刊登“谦斋医话”、“秦伯未医案”，在《中医指导录》宣传中医教育，在《中医疗养专刊》宣传中医疗养院，都以与中医药产业有关的经营活动为办刊资源，做到期刊和中医教育、中医院经营互动。在广告上，中医药期刊注重广告与期刊内容结合，如“夏令卫生专号”刊登夏季常用药广告，“儿童专号”刊登常用儿童医药广告，与内容相得益彰。发行方面采取地区代理制，以期刊为依托创办全国性中医社团来营销。如《家庭医学杂志》以新中医社为依托进行分销，把期刊发行和学术传播结合起来，规定了刊社和分社（经销商）的责、权、利，形成了有效的期刊营销网络；而依托期刊的中医社成员则成为期刊重点服务对象，由此构建了期刊核心读者群。这些经营手法至今仍值得借鉴。

总之，通过出版中医药期刊，撰写稿件，出版丛书和著作，秦伯未系统总结了自己的中医学术研究和临床经验，并为中医教育、中医院管理、中医社会活动做了大量扎实有效的工作，在中医界和社会大众中有效地传播了中医文化知识，从而使他声誉日隆。

“五老上书”献良策

1950年8月，中央召开了第一届全国卫生工作会议，会上针对新中国成立前医药卫生状况，制定了我国卫生工作的三大方针，其一便是“团结中西医”。民国时期主张“废止中医”的代表人物余云岫在会上提出《改造旧医实施步骤》草案，将“废止”变成了“改造”。当时卫生部的某位领导在会上接见了余云岫，对他“改造中医”的主张表示支持。于是中华人民共和国刚成立便掀起了一场西医改造中医的风潮。

这次全国卫生工作会议拉开了中西医又一次论争的帷幕，团结中西医的政策在执行初期被理解为把中医改造成西医。政府举办中医进修学校，进修的却是现代西医学；青年中医也都被选送到西医学院再学习。这些做法使中医再次陷入困境。“改造”中医政策执行了三年，全国中医业日益萧条。

后来中央发现“团结中西医”政策被错误执行后，立即开展了一场自上而下的学习，以纠正各级领导和医务工作者对中医的偏见。1953年后中医迎来一段较好的发展时期。

1956年，卫生部成立了中医司，筹办并大力发展中医高等教育。秦伯未也在50年代末奉调进京，成为北京八大名医之一。此后三四年间，国家在北京、南京、上海、成都和广州五地建立中医学院，各地还举办了各类中医师资进修班。

1962年，中医学院首届学生毕业，但不少中医师对学院中西医课程设置的比例和毕业考核方式不满意，认为在教学中存在质量问题，主要是中医基础理论掌握不够，重要章节没有要求学生精读乃至背诵，以致印象不深；在课程设置上，应增加中医课程授课学时。

针对学生中医理论和临床能力欠缺的状况，秦伯未联合任应秋、李重人、于道济、陈慎吾等五位老教师联合上书卫生部，认为“中医学院是培养高级中医师的殿堂，不是培育中西医兼备的学院。因此教材应以中医课程为主，西医课程为辅，即中医课程占75%，西医课程占25%。同时在学校要大兴读书风，重要章节要求背诵，以熟练掌握中医理论，用以指导临床，并为科研打下良好的基础”。这便是著名的“五老上书”。

“五老上书”的核心是主张大力加强中医经典课程的学习，加强中医基础理论研究，并提出“先继承好才能有提高”的观点。秦伯未在回顾自己青少年时代学医经历时曾回忆道：“初学于丁师（丁甘仁）门下，丁老首先要求背诵《古文观止》中的220篇文章，每天一篇，天天如此。尤其《出师表》、《桃花源记》、《前赤壁赋》、《后赤壁赋》等更要求背得滚瓜烂熟，一气呵成。当时觉得乏味，却不料古文程度与日俱增，从此博览群书亦觉易也。”因此他也要求习医者要多学文化知识，孤陋寡闻难成大器。他说：“专一地研讨医学可以掘出运河，而整个文学修养的提高则有助于酿成江海。”很明显，“掘出运河”还是“酿成江海”，其差别就在于是否具有广博的文化修养。他还说过：“书非抉择严者不可以为法，医非学养深者不足以鸣世。”秦伯未等“五老”的这些主张代表了老一辈中医学者毕生学医、行医的心得和对晚辈学者提高国学功底、加强中医经典研习的殷切期盼。

“五老上书”对当时中医教学思想产生了很大影响，尤其是“五老”倡导多读中医典籍，重要章节要求背诵以打下习医之根基，可以说是抓住了中医学习的关键。然而，不久即逢“十年动乱”，这一倡导未得到进一步推广落实。

1982年，国家颁布宪法，提出“国家发展医疗卫生事业，发展现代医药和我国传统医药”，这为百年中医存废之争画了个句号。不过，作为学术的争论并没有结束。今天看来，“五老上书”呼吁加强中医基础教育更显得意味深长。

诗书画印皆绝手　南社题名最少年

凡深于中医者，多为文学之士。秦伯未出身儒医世家，名门之后，本人不仅是著名医学家，又是集诗书画印于一身的艺术家。所谓“医家乐意诗文酒，金石书画皆风流”，秦伯未于医、诗、文、酒、金、石、书、画八项皆工，是风流潇洒的八绝奇才。

他早年加入柳亚子创立的南社，成为当时南社最年轻的社员，且其诗作格律之细，构思之速，常为人所赞颂，有“南社题名最少年”之誉。

南社是1909年11月由柳亚子、陈去病和高天梅等人在苏州虎丘秘密组织的我国近代史上第一个反清革命文学团体，以诗歌文章为武器，进行反清及反袁革命斗争。社员从最初成立的17人发展到1000多人。南社诗文活泼淋漓，有少壮朝气，富于民族意识，颇受时人喜爱。南社诗人陈兼于在《兼于阁诗话》评价南社著名诗人，单辟出《诗医》一条，专论秦伯未的诗歌，认为其七言古诗师法昌黎韩愈，古奥奇崛；七言绝句则瓣香唐人，颇有雅趣。

30岁时，他就印行了《秦伯未诗词集》，40岁时将其增订补辑为《谦斋诗词集》7卷，共344首。其诗词形式活泼，笔势新奇，文辞清淡素丽。如《咏怀诗》云：

明珠出东海，媚与月争辉。
嗟彼绝世珍，问谁将怀归？
裹以七锦襦，络以五采丝。
一朝得重价，宁复有贱时。
抱才勿用叹，真赏且相期。

会当待际遇，亦应坚操持。

秦伯未是一代书法名家，其书法学道光年间碑帖一体的名家赵之谦，行笔工整，蝇头小楷浑匀流丽；其隶书颇有功底，推崇杨藐翁，对小篆、北魏书体也下过一番工夫。旧时上海城隍庙大殿上有一副对联即是他早年墨迹，其笔力跃然可见。城隍庙原为金山庙，又叫霍光行祠，供奉西汉大将军博陆侯霍光。明永乐年间上海知县张守约将金山祠改建为城隍庙，属道教正一派宫观。1926 年焚后重建。现存大殿即是当年重建的钢筋水泥结构仿古大殿。大殿左右第一对立柱上配以对联“做个好人心正身安魂梦稳，行些善事天知地鉴鬼神钦”，第二对立柱悬有对联“威灵显赫护国安邦扶社稷，圣道高明降施甘露救生民”，第三对立柱上悬着对联“刻薄成家难免子孙浪费，奸淫造孽焉能妻女清贞”，用以警醒世人。其中第二对立柱上的对联即请当时沪上名医兼书法名家秦伯未手书。这里还有一个典故：据《上海县志》和《沪邑城隍颂》记载，秦伯未的先祖秦裕伯，名景容，号蓉斋，是元朝至正四年进士，亦为书法家，元末任待制之职，曾在上海领导民众抵御倭寇，功著一方。张士诚据苏州时，悉其贤使人招之，秦裕伯以忠孝义回绝。朱元璋建立明朝后屡次征辟秦裕伯，秦不应命。死后被朱元璋敕封为上海城隍兼“护海公”，以“护海”誉其功绩，所谓“生前忠刚烈，死作邑城隍”，殁而为神。作为秦裕伯的后人，请秦伯未为上海城隍庙题字，含有述怀尊承其先人之意。

秦伯未诗酒皆豪，平生所结之酒社有沧社、真社、醒社、壶社、弦社、不社、平社、未名社、瓦当斋、山人集、碧壶小集。他与张赞臣等参加过陶社，参加过李右之、朱大可、顾佛影等人的粹社；又与陈存仁共同发起组织医家诗社，名曰“经社”，参加者还有程门雪、章次公、盛心如、徐小圃、叶熙春、方慎庵，共称“经社八才子”。他们常于节假日饮酒赋诗，题字作画，切磋医道，可谓医家而得文士之乐。

1933年，秦伯未曾为上海中国医学院撰写《院歌》：

“春风暖，桃李开，吾院何多才。启迪炎黄绝学，灿烂散光辉，如琢如磨更栽培。前程期千里，独步国医坛。讲课散，歌声扬，橘井长流芳。阐发轩岐岳训，富丽复堂皇。如切如磋费商量，前程共期无限，永峙春申江。”歌词真切，用典精当，从中也可见词人的自信和抱负。

1941年，汪伪政权导演“还都”南京丑剧，担心安全问题又在全城戒严。秦伯未闻之，特作七律《即事》四首以刺之。其一云：

朱旄画角导还都，旭日曈昽曙色铺。
虎踞山丘存废垒，鹰扬营帐接荒墟。
高寒碧落盘雕鹗，呜咽江流隐舳舻。
报道京师严未解，禁城示入尚需符。

诗中秦伯未讽汪精卫投降，又从历史眼光预见其将成民族罪人。

现代著名中医教育家、一代名医谢观（字利恒）也是秦伯未的恩师，曾任上海中医专门学校校长，著《中国医学源流论》等，主编过我国第一部大型中医辞书《中国医学大辞典》，对发扬中医学术和培养中医人才都作出过极大贡献。1950年谢利恒病逝于上海，门人秦伯未特填词《蝶恋花》一首，以悼先生兼怀同门诸子，词曰：

满院杏花谁作主？恼煞东风，依旧红如许！心事白头无语，兀教俯仰伤今古。

散尽当年诸伴侣。贳酒评茶，没个闲情。回首清游江上路，春波千叠斜阳暮。

秦伯未绘画也颇见功力，善画梅、兰、竹、菊，尤喜画荷，还有不少吟荷花的诗。他欣赏荷花“出污泥而不染，一身清静”的品格，常以之告诫学生：“做人要有人格，看病要有医德。贫莫贫于无才，贱莫贱于无志，缺此不可为良医。”他曾以手绘的淡雅荷花图作为再版的《中医入门》之封面。人民卫生出版社 1963 年版的《黄帝内经素问》封面的梅花，系选用秦伯未前一年所画之作。

秦伯未对金石铁笔篆刻十分喜爱，年轻时即有《谦斋印谱》行世。他的堂弟秦之仁号易安，是位书法篆刻名家，为日本前首相田中角荣青睐，名噪东瀛。秦之仁谈及堂兄秦伯未时，不胜感慨地叹赏他的才华。他说：“之济长我 9 岁，但聪慧勤奋远出于我们同辈之上。他不但在医学上有独到见解，成就杰出，而且诗词、书画、金石都高人一等，功底厚，有自己的个性、自己的面目，比专业书画家都胜一筹。我虽然从事书法、篆刻，却不及他。”这固然是秦之仁自谦之词，但细读秦伯未的《谦斋诗词集》、《谦斋自刻印》，确如秦之仁所云，既见功力又有个性。

过大江藏有秦伯未的一幅扇面，诗书画印俱全，作于 1944 年。画的是一株秋葵，看似随意点染，然设色淡雅，布局稳健，用笔写中寓工，颇见功力，毫无匠气，完全是文人画的清雅。上题其自作一诗：

不关世事乱如麻，菀菀幽怀兀自嗟。
省识伤春情太重，而今只爱写秋花。

诗中把心里那慨于世事、无可奈何的悲凉情怀抒写得含蓄而又深挚；书法则活泼灵动，是赵之谦的魏碑笔势，正与冯其庸所云“秦老精研赵之谦”的评语相契合；又有篆刻两方，“无所为”、“伯未小技”，亦与赵的《二金蝶堂印谱》相近，然又融入黄牧甫平正中见流动的风致。虽不过是一幅扇面小品，然从中可见他在诗书画印方面造诣之不凡，难怪当年吴昌硕、柳亚子等与之唱和，令吾辈后学不胜仰慕。

秦伯未还精于书画鉴定，爱好金石考古，遇有鼎彝碑帖总要考据一番，津津乐道，如数家珍。某次，他还与同门陈存仁在上海南市出游，专程踏访过元代书法家赵孟頫故居。他每游寺庙，首务寻觅碑石遗墨。对于书画鉴定，当时《人民日报》总编辑邓拓还常去找他切磋。当年，邓拓、吴晗、廖沫沙合署“三家村”的《燕山夜话》中，有话说《三七、山漆和田漆》等几篇医药短文，其实是出自秦伯未手笔，列入杂文名家专栏及文集中，其知识含量及犀利文笔也毫不逊色。

1970 年，秦伯未不幸逝世，成为中医界一大损失。其身后也留下了他生前曾有过的两个心愿：一是中医金元四家里有许多学术宝藏可以发掘，应把它综合起来，去芜存菁；二是把所有外感病的理法方药整理为一编，打破门户派别，并称“这工作对整理提高祖国医学有很大作用，比研究一个病要强得多”。这也是秦老对后继者的两点期望。

（撰稿人　阙建华　吴大真）

赵锡武卷

赵锡武（1902—1980）

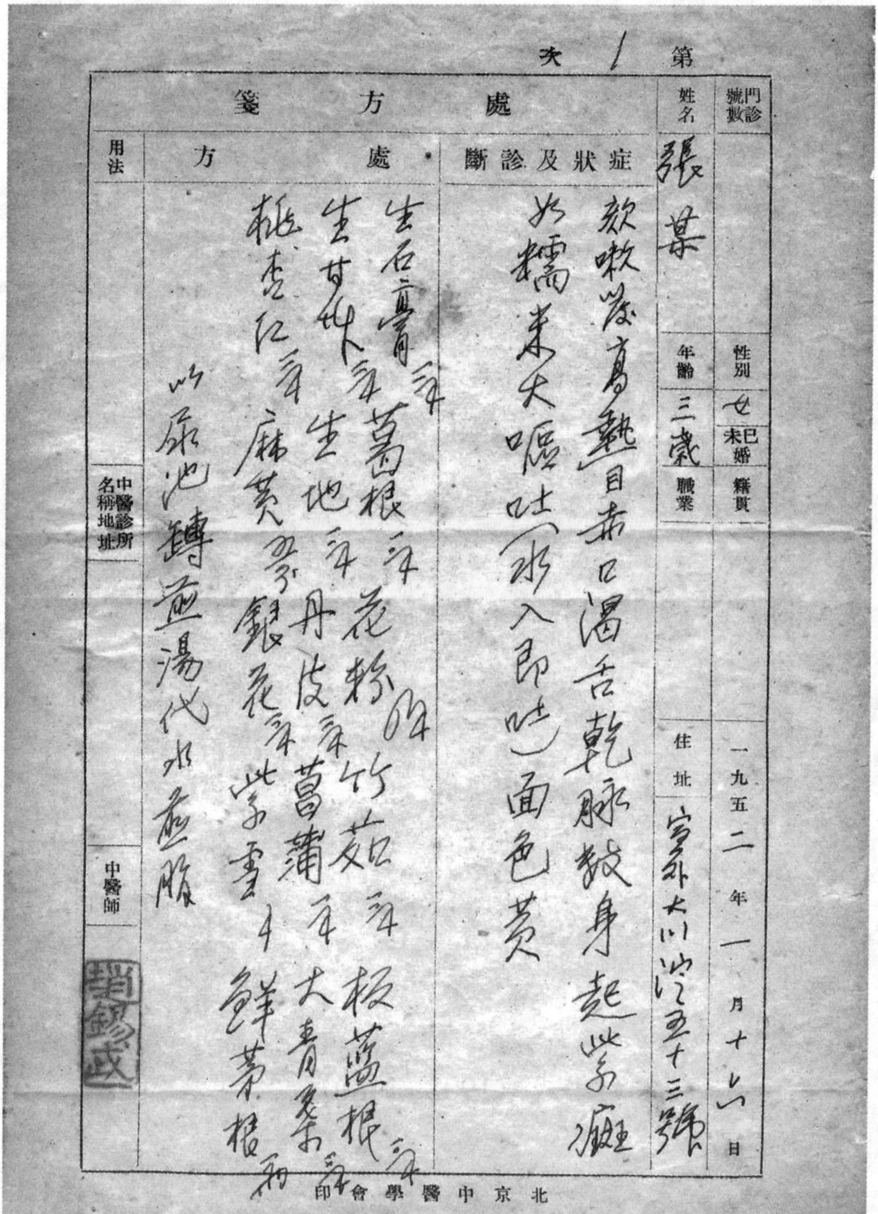
第 1 次

門診號數	姓名	處方箋
	張某	

性別：女　年齡：三歲　已婚/未婚　籍貫　職業

住址：宣外大川淀五十三號

一九五二年一月十六日

症狀及診斷：欬嗽發高熱目赤口渴舌乾脉數身起紫癍如糯米大嘔吐（水入即吐）面色黄

處方：生石膏三錢　生甘草三錢　葛根三錢　花粉四錢　竹茹三錢　板藍根三錢　梔子仁三錢　生地三錢　丹皮三錢　菖蒲三錢　大青葉三錢　麻黄五分　銀花三錢　紫雪一錢　鮮茅根一兩

以[illegible]湯代水煎服

用法

中醫診所名稱地址

中醫師

趙錫武

北京中醫學會印

赵锡武手迹

辨证论治的实质，就是辨别清楚“病因体异”，然后“同病异治”、“异病同治”、“药随证变”。医生的天职是看病，不是看级别，找我看病，只有前门没有后门。治病应不分富贵与低贱，救死扶伤为人民，这才是我们的职责。

——赵锡武

赵锡武 (1902—1980)，当代著名中医学家，河南省人。未经师承，自学成才，且颇通文墨。18 岁开始自学中医，对古典医籍颇有造诣，对《伤寒论》、《金匮要略》等古籍的临床研究，达到了很高的水平。学术上博采众长，勇于推陈出新。他不仅医术高明，学识渊博，其高尚的医德，亦有口皆碑；在长期的医疗实践中，形成了善用仲景方术防治疾病的特点和风格；在运用中医药方法系统观察和治疗冠心病、心力衰竭、中风等心脑血管疾病方面，独有专擅；毕生从事中医临床及教学工作，治学严谨，培养了一大批中医人才。

赵锡武 1956 年加入中国共产党，是当时北京中医界入党的第一人。历任北平国医公会调查股干事、北平华北国医学院教授、北京中医学会执委会干事，并代表中医界出席首次全国卫生工作会议。1954 年调入中医研究院工作，先后任中医研究院西苑医院内科主任、中医研究院副院长，第二届及第三届全国政协委员、第三届全国人大代表、中共十一大代表，中华全国中医学会副会长、中华医学会中西医学术交流委员会委员、卫生部医学科学委员会委员、《中国药典》编委会委员、《医学百科全书》编委、古典医籍整理委员会主任委员等职。出席第一、二届全国科技大会，为大会主席团成员。

一些国家领导人，如朝鲜金日成主席、崔庸健委员长，越南胡志明主席等都请他看过病，越南范文同总理之妻患精神病也请他参与治疗。

赵锡武临床经验丰富，对众多疑难病症的诊治有独到的专长，治疗各种内科杂症积累了丰富的临床经验，被誉为医林临床大家。

出身贫寒　自学成才

1902年10月19日，赵锡武出生于河南省夏邑县毛庄。赵锡武兄弟三人，他是老大。他7岁入私塾读书，后因家庭困难而辍学。为了养家糊口，父亲赵明亮到城里以开小饭馆谋生。那时管厨师叫做厨子，其社会地位低下。赵锡武年龄很小，就随着父亲到处帮工，料理杂务，帮助买菜、记账，所以也学得一手好厨艺。1920年，赵明亮到北京谋生，继续做厨子，一家人也从此定居北京。

不管外界如何看不起厨子这个行当，但忠厚老实的赵明亮坚信有了厨子这门手艺什么时候都不会挨饿。他希望三个儿子长大后子承父业。

目睹父亲起早贪黑的艰辛，作为长子的赵锡武心里很不是滋味。他既想尽早地为父亲分忧，担负起养家的责任，又不愿意像父亲那样，也做个厨子。他想当一位受人尊敬的中医大夫，行医救人。在18岁随父亲定居北京后，他凭借自己几年的私塾功底，便开始自学中医。即使家中粮绝炊断，也丝毫没有动摇他学医的志向。

赵锡武白天在饭馆里学徒、打杂，夜里挑灯夜读，悉心钻研历代医学名著，探索中医药理论和治疗方法。历经7个寒暑，他熟读了《黄帝内经》、《伤寒论》、《金匮要略》、《难经》、《温病条辨》、《神农本草经》等百余部中医经典著作，对中医理论的源流、沿革、发展及诸家学说熟记于心，且有深刻体会。25岁（1927年）时赵锡武考取了行医执照，并在北京正式开业行医。开业后，他仍然坚持诊余攻读，对经典医籍逐字逐句揣摩，这既为他行医奠定了坚实的中医理论基础，也使他养成了精心研读的好习惯。直至78岁高龄时，给研究生讲课，他仍然引经据典，且精确无误。行医50多年，赵锡武坚持自学不已，真正做到了活到老学到老。

这种特殊经历，客观上使赵锡武在医学界摒弃门户之见，不受流派影响，博采众长，收各家之优，容各路之言，并且中西并蓄，不断推陈出新。天赋加长期的刻苦学习与实践，形成了他行医做人的风格：医术上，有胆有识，思路开阔，有独到之处；医德上，救死扶伤，人格高尚，高风亮节；理论上，兼收并蓄，光大创新，在中医界独树一帜。

1943年，赵锡武在华北国医学院任教，为学生讲授《伤寒论》、《金匮要略》、《黄帝内经·素问》等中医经典著作。华北国医学院由北京四大名医之一施今墨先生于1931年创建，学院聘请许多名家先后在校执教，赵锡武位列其中。授课之余，赵锡武还要行医看病。

那时中医备受歧视，为了弘扬中医药学，1945年，赵锡武与张作舟、于道济、马继兴、石子兴、孟昭威等同仁自发组织成立了“中国医药学会”，开展中医学术活动。

赵锡武是一位善于向同行学习、谦虚谨慎的人。1949年以前，赵锡武经常到国医公会办的医学讲习所学习，与萧龙友、孔伯华、施今墨、汪逢春等名中医来往交流，商讨医理，切磋中医学术。这些友人对赵锡武的学识及为人亦甚为钦佩。

善于博采众家之长，是赵锡武学术思想的一大特点。他熟谙中医经典著作，对张仲景的《伤寒论》、《金匮要略》尤为精通，对于后世医家，如金元四大家，明清时代的温病学家以及王旭高、陆渊雷、张山雷、王清任、张锡纯等众多医家的学术思想也均有深入的研究，对同时代的医家经验也广为吸收。20世纪50年代初，赵锡武在北京中医进修学校开办的西医班学习西医。他虽任门诊部医师，且身为中医名家，但对病症不清楚的地方，仍礼贤躬行，虚心向西医求教。1950年5月30日，北京中医学会在中山公园“来今雨轩”宣告成立，全体执委一致推选赵锡武为副主席。

赵锡武毫无门户之见，他在给学生上课时，经常将一些当代同行的专长、特点、经验予以介绍。比如他在给学生讲述“肾炎证治”时说：“最初治疗此病时，以利水为主，常用五苓散、苓桂术甘汤，实际上这只是治标利水，没有治本。对于严重病例，虽能使症状得到一时缓解，但最后患者仍有可能死于尿毒症等。20世纪50年代，施今墨的门生李介鸣，常常对我开好的方子提出能否再加某某味药。我想他提出的药味可能是施今墨的经验，应该吸收。北京治肾炎的有名大夫还有李景泉、姚正平、岳美中、时振声等。李景泉用药量大，桂枝、黄芪、茯苓、泽泻皆按两用；姚正平善用涩药，如金樱子等；岳美中常先以玉米须为主服，用半年，然后用防己黄芪汤、香砂六君子汤治脾胃为主；时振声治肾炎也很有研究。”他教导学生：“我们要学习各家的长处，取众家之长。”

1955年12月，中医研究院（1985年更名为中国中医研究院，2005年又更名为中国中医科学院）成立。成立前，研究院相继从全国各地聘请了一些知名度很高、学识渊博、经验丰富的大夫来院工作，其中北京地区就有赵锡武。这些著名的老中医成为中医研究院第一代学科带头人和学术骨干，也是中医研究院第一代学术奠基者。

对中医经典著作赵锡武坚持背读，熟记于心。曾有一位武汉的军医跟赵锡武学医，对一个问题搞不明白，恰巧赵锡武的儿子在场，就给这位军医读《伤寒论》，以做解答。这时年近花甲的赵锡武打断儿子，直接将后面的有关内容背诵下来，令来者惊叹不已。赵锡武的“经典”功底于此可见一斑。时至今日，赵锡武的子女们仍能记得父亲背读医书的情景：“那时父亲已是四五十岁的人了，但他仍然像小学生背书一样，声音时高时低，抑扬顿挫。父亲专心背医书的神态，我们至今仍历历在目。”

赵锡武学医，未有师承与家传，全凭其刻苦自学，靠其认真临床。在临床实践中他体验经义，领会经旨，反复琢磨，直到心领神会。如 1960 年，国家处于经济困难时期，很多人患浮肿病，同时大便干燥，小便自利。赵锡武根据《金匮要略·痉湿暍病脉症并治第二》第 23 条，“伤寒八九日，风湿相搏，身体疼烦，不能自转侧，不呕不渴，脉浮虚而涩者，桂枝附子汤主之；若大便坚，小便自利者，去桂加白术汤主之”，用大量白术等治之，愈者颇多。赵锡武分析：白术一药，一般认为是健脾燥湿、治脾虚溏泄之品。今大便干燥，小便自利而浮肿，何以用之而效？此乃用白术健脾行湿。脾健使水湿得化，正常敷布，则水肿得消，大便得润。赵锡武说，张仲景的临床经验是丰富的，只有对白术健脾燥湿的作用有更深入的理解，才能在实践中像张仲景那样运用自如，恰合病机。

同道们赞扬赵锡武：“赵大夫，您诊病真是与众不同。”赵锡武回答：“没有什么不同的，只是我下的工夫多一些罢了。”赵锡武行医 50 多年，坚持自学不已，法师仲景，兼收各家之长，终于成为一代名医。其自学成才的经验是：勤奋加实践。

赵锡武是临床大家，他的著述不算多，但依然有学术论文及著作数十篇（部）存世。如《对〈金匮·胸痹〉篇的讲述与临床运用》、《对冠心病的认识及治疗体会》、《冠心病》、《赵锡武心脑血管病医案选》、《辨证与辨病》、《赵锡武医疗经验》等。其中《赵锡武医疗经验》一书，是赵锡武一生治学、行医、科研、授徒生涯的心得体会及经验荟萃。其内容以内科为主，包括27个病证，所阐释的病机多从《黄帝内经》等中医经典医籍的理论出发，辨治疾病则多以《伤寒论》、《金匮要略》为依据，比较全面地反映了他贯用重剂治大病、擅抓主症、善用经方化裁以及选用力宏效专药品的治疗特点。

心脑血管 独有专擅

赵锡武对《黄帝内经》、《伤寒论》、《金匮要略》等中医典籍研究颇深。由于其有相当的中医理论功底，所以对经方运用自如，在冠心病、心力衰竭、中风等心脑血管疾病的治疗上，独有建树，疗效显著。

一、首用大黄䗪虫丸治疗冠心病

大黄䗪虫丸原为《金匮要略》方，主治虚劳而兼血瘀等病，原是用来治疗月经不调的。1952年，赵锡武首先用该方治疗冠心病心肌梗死而获效，因为其符合冠心病“正虚血瘀”之病机，他为采用活血化瘀法治疗冠心病开辟了先河。

冠状动脉粥样硬化性心脏病是西医病名，虽然中医没有这个名词，但是它的临床表现如胸痛、胸闷、心悸、气短等症状，在最早的中医典籍《黄帝内经》中就有记载。例如《素问·脏气法时论》中说：“心病者，胸中痛，胁支满，胁下痛，膺背肩胛间痛，两臂内痛。”又如《灵枢·厥病》中说：“真心痛，手足清至节，心痛甚，旦发夕死，夕发旦死。”类似心绞痛及心肌梗死的记载，在同一篇中描述的“厥心痛”症状是“痛如似锥针刺其心”。张仲景《金匮要略·胸痹心痛短气病脉证治》中除有“胸痹，不得卧”、“心痛彻背，背痛彻心”等一系列脉证描述外，在治疗方面也提出了比较系统的方药。在临床实践中运用这些方药治疗冠心病，也收到了一定的效果。因此，赵锡武认为，可以把胸痹心痛看做是中医学对冠心病的描述。

《金匮要略·胸痹心痛短气病脉证治》开篇即云：“夫脉当取太过不及，阳微阴弦，即胸痹而痛，所以然者，责其极虚也。今阳虚知在上焦，所以胸痹心痛者，以其阴弦故也。”赵锡武指出，《金匮要略》此条至关重要，是胸痹心痛病之总纲，其言简意赅，为医者当细细玩味。张仲景仅以“阳微阴弦”四字，即将全篇理论观点详尽概括，“所以然者”以下数句，说明了病之本质在于极虚，并指出上焦阳微之虚，能造成脉络阴弦之实，而阴弦之实，反能影响阳微之虚，不但是血脉不足为阳微之果，而血不足也为阴弦之因。赵锡武强调，作为医生，如果对此条能深刻体会，即能对冠心病有整体的认识。

20世纪50年代初，一位前苏联委派的专家，来华前就患有严重的冠心病，来华后病情加重，行动不便，只能卧床指导工作。为此，卫生部请赵锡武为这位专家治病。赵锡武按胸痹论治，采用活血化瘀法，最后治好了这位专家的病。这位苏联专家不但能站起来，而且还能跳交际舞。他回国后，多次写信感谢赵锡武，还托人给赵锡武带来礼物，以表谢意。一传十,十传百，此后找赵锡武看冠心病的人越来越多。

赵锡武认为，冠心病虽病位在心，但与胃、肾、肝、肺等脏器及血脉运行关系密切。了解这一点，对于胸痹心痛的发病及治疗具有重要意义。人体营养之输入，废物之排出，皆有赖于血液运行。而血液之运行，又赖心阳之鼓动，故云“心者，生之本……其充在血脉”。心为阳中之太阳，位于胸中，心阳虚微就会影响血液的正常运行，血运失常则易导致前胸猝然而痛，甚至浊阴不化而成心肌梗死。

《素问·痹论》中说：“心痹者，脉不通。”赵锡武认为，脉不通则心虚，心虚则胸中冷，胸中冷则胃阳微。胃阳微则影响消化吸收，而成呕吐、干哕、下利等胃肠疾患。营气、卫气、宗气皆赖胃阳腐熟水谷以生成，如果胃阳虚的话，则营气、卫气、宗气生化之源不足，胸中阳微，亦能影响心脏之血液循环，形成胸痹心痛。故曰微则无气，无气则营虚，营虚则血不足，血不足则胸冷。所以脉不通由于胸中冷，胸中冷由于血不足，血不足由于营虚，营虚由于无气，无气又由于胃阳微，胃阳微又由于血不足，层层相因，互为因果，又互相依赖。由于心需胃供给营养，胃需心供给血液，于是胃强心亦强，胃弱心亦弱。在中医看来，冠心病乃因虚致实，是本虚标实的病证。

对于冠心病的诱发原因，赵锡武说，中医与西医均认为厚味饱食、精神因素、“六淫”等，都能引起本病的发生。

一是厚味饱食。心绞痛发作严重时，可伴有恶心、呕吐、上腹部饱胀等消化系统症状。而饱食厚味，食滞不下，亦能促使心绞痛的发作。《素问·经脉别论》云：“食气入胃，浊气归心，淫精于脉。”过食膏粱厚味，则浊气壅于胃之大络，使血液不行，虚里阻塞，从而导致心失其营，而诱发本病。

二是精神因素。《素问·生气通天论》云：“阳气者，精则养神，柔则养筋。”《素问·痹论》云：“阴气者，静则神藏，躁则消亡。”《灵枢·本神》云：“是故怵惕思虑者则伤神，神伤则恐惧流淫而不止。因悲哀动中者，竭绝而失生。喜乐者，神惮散而不藏。愁忧者，气闭塞而不行。盛怒者，迷惑而不治。恐惧者，神荡惮而不收。”这些都说明，人的精神情绪波动太过，可以伤脏，进而诱发本病。

三是“六淫”影响。“六淫”是指风、寒、暑、湿、燥、火六种环境因素。《素问·举痛论》云：“经脉流行不止，环周不休，寒气入经而稽迟，泣而不行，客于脉外则血少，客于脉中则气不通，故卒然而痛。”又说：“寒气客于脉外则脉寒，脉寒则缩蜷，缩蜷则脉绌急，绌急则外引小络，故卒然而痛。”由于本病系胸阳不足，加之寒邪侵袭而导致脉绌急而不通，不通则痛，而诱发本病，说明环境因素对本病是有影响的。《灵枢·百病始生》中说：“风雨寒热，不得虚，邪不能独伤人。卒然逢疾风暴雨而不病者，盖无虚，故邪不能独伤人，此必因虚邪之风，与其身形，两虚相得，乃客其形。”意思是说，环境变化之所以能诱发本病，是由于患者胸阳素虚，说明只有外因而无内因是不能诱发本病的。

对于冠心病的治疗原则，赵锡武主张以补为主，以补为通，以通为补，通补兼施，补而不塞，通而不损正气，并在实践中归纳出治疗冠心病六法，发展了《金匮要略》关于胸痹的治疗法则。冠心病治疗六法，是赵锡武临床经验的结晶。

第一法，宣阳通痹。阳不宣可致血之痹，血之痹可令阳不宣，故通阳可以宣痹，宣痹亦可通阳，二者相互为用，故临床以宣阳通痹为治胸痹心痛之主要方法。选方宜用瓜蒌薤白半夏汤。方中瓜蒌宽胸，可宣痹以通阳，薤白可通阳以宣痹。由于胸痹者多胃浊上逆，故用半夏和胃以降逆，降逆亦可间接地扶助心阳。若伴有失眠者，可佐酸枣仁汤；若胸胁逆满、肢冷者，用枳实薤白桂枝汤；若阳虚痛甚、心痛彻背、背痛彻心者，可在主方中加乌头赤石脂丸；若兼有脏躁及百合病者，加百合知母汤、百合地黄汤、半夏厚朴汤、甘麦大枣汤等；善感冒、体酸痛乏力者，主方加新加汤。

第二法，心胃同治。“胃为水谷之海”，故人体之热产于胃，集于脉，蓄于血，借心阳之鼓荡，充沛于周身。所以脉以胃气为本，“有胃气则生，无胃气则死”。“半日不食则气少，一日不食则气衰，七日不食则死矣”。“胃寒则血薄，胃热则血浊”。血薄则血衰阳微而卫外之功能减退。血浊则血之流通不畅，血中之代谢物质陈腐淤积，故心与胃相互依赖，相互影响，治疗上应心胃同治。

胸痹胸中气塞短气，证偏实者，橘枳姜汤加减。若症见胸中气塞，动则气短心悸，病兼在肺而无胃肠症状者，改用茯苓杏仁甘草汤。胸痹，心中痞气，气结在胸，胸满，胁下逆抢心，证偏虚者，宜人参汤加味。胸痹食后脘腹胀满，证虚者，宜厚姜半甘参汤加减。下利呕吐者，宜吴茱萸汤。

第三法，补气养血。气与血同出而异名，血为阴，气为阳，阳生于阴，阴生于阳，此即阴阳互根之意。无气则营虚，血不足则胸中冷。血者气之体，气者血之用，气为血之帅，血为气之母。补气即能养血，养血亦可益气。故补气养血不可分割，例如当归补血汤。若症见发热、不渴、脉虚，病久正气衰弱者，宜增投当归补血汤加味。若见脉间歇、气短、脉数、心悸者，主方加当归芍药散。若心悸脉数者，增用生脉散加酸枣仁、龙骨、牡蛎、当归等。若见脉结代，心动悸，增投炙甘草汤。

第四法，扶阳抑阴。阳盛则热，阴盛则寒。阳虚则寒，阴虚则热。盖阴消则阳长，阳消则阴长，故扶阳即是抑阴，抑阴也是扶阳。胸痹由于心阳虚微所致。阳消则阴长，所以扶阳抑阴之法亦不可少。若胸痹时缓时急，用薏苡附子散，方中附子扶阳，薏苡仁缓急。若四肢厥逆、脉微、下利者，增投四逆汤。若阳虚胃冷者，增用附子汤。若心下满者，增用理中汤。若寒甚者，加细辛、桂枝等。

第五法，活血行水。冠心病出现浮肿者，乃血运失常，壅塞淤积，络脉充胀，体液渗出所致。中医有“去菀陈莝”法，在治这种病的场合应理解为疏导血液中之陈腐淤积，使血液畅快而非攻法（虽然攻法有时能达到“去菀陈莝”的效果）。运用“去菀陈莝”结合“开鬼门”发汗通上窍，“洁净府”泄膀胱以利下窍等方法，虽可退水消肿，但往往水退复发，肿消再作。究其原因，虽然血与水关系密切直接，但根本病因，其主要矛盾在于心阳虚（心功能不全），故运用“去菀陈莝”、“开鬼门”、“洁净府”只能治水肿之标，而助心阳方为治水肿之本。再说水盛则阳衰，阳盛则水衰。发汗虽去水，但也同时能散体温，而对阳不足者亦能损阳，故有大汗亡阳之说。人体之热产于胃，蓄于血，夺血者无汗，夺汗者无血，故阴虚过汗则亡津液。所以治冠心病水肿者，应以真武汤为主剂以助心阳，再辨证选择治标方法中之一二，始能符合“治病必求其本”的理论，使水去而阳不伤。血瘀浮肿者，加当归芍药散；若肺部瘀血或肝大充血者，加参苏饮（人参、苏木）；若脉结代、心动悸兼阳虚浮肿者，瓜蒌薤白半夏汤合真武汤化裁，并酌加活血之品。

第六法，补肾养筋。心与肾相互为用，肾不能还精于心即显心功能虚衰，肾不能还精于肝则不能柔肝养筋，致筋膜憔悴，脉管渐硬，故补肾养筋亦为治胸痹之又一大法。若见两尺无力、脉迟、胸闷、心悸、头晕、耳鸣、腰酸、腿软、面暗虚烦、少寐或见高血压等症，瓜蒌薤白主方加杞菊地黄丸久服。便干者，加草决明。若肾阳衰微者，见畏寒、肢冷、脉微等症，加桂附八味丸，亦可加鹿角胶、巴戟天、仙茅、淫羊藿、党参、麦冬等，或左归丸加味。若再见脉结代，心动悸（或见心房纤颤），增炙甘草汤，便干用火麻仁，不得寐用酸枣仁。见头昏、脉弦、阴虚阳浮、血压升高者，加天麻钩藤饮，或加杞菊地黄丸。

赵锡武说：“在临床上使用此六法治疗冠心病，可以一法用之，亦可数法结合使用。”

二、首创真武汤配“治水三法”治疗充血性心力衰竭

心力衰竭是心血管疾病导致死亡的主要原因，充血性心力衰竭是各种心脏病所引起的严重心功能代偿不全的共同表现。根据

多年的经验，赵锡武逐渐摸索出治疗这种疾病的方法，即以真武汤为主方，适当配用“治水三法”。这一治疗原则，是赵锡武治疗心脑血管疾病的又一项开创。

真武汤在《伤寒论》中有两处提到，一条是在太阳病篇中：“太阳病发汗，汗出不解，其人仍发汗，心下悸，头眩，身瞤动，振振欲辟地者，真武汤主之。”另一条是在少阴病篇中：“少阴病，二三日不已，至四五日，腹痛，小便不利，四肢沉重疼痛，自下利者，此为有水气。其人或咳，或小便不利，或下利，或呕者，真武汤主之。”

“治水三法”在中医典籍中就有记载。《素问·汤液醪醴论》中就有“治水三法”，乃指“开鬼门”、“洁净府”、“去菀陈莝”，其对控制心衰亦有一定的意义。

为什么要以真武汤为主方适当配用“治水三法”治疗心力衰竭呢？赵锡武认为：心藏神而舍脉，脉为血之府而诸血皆属于心，心欲动而神欲静，一动一静，则心脏一张一缩，不疾不迟，有一定之节律，一息四至谓之无过。血液之流行有恒一之方向，逆流则为病，故曰“神转不回，回而不转乃失其机”。其所以能如此者，由于心阳旺盛，心血充盈，否则血运失常回流障碍，血流淤积，造成肿胀及腹水。《金匮要略·水气病脉证并治》有先病血后病水名曰血分、先病水后病血名曰水分之说。故水去其经自下，血去其水自清，可以证明水与血之关系。《黄帝内经》所谓“去菀陈莝”是指疏通血脉中之陈腐淤积，使血流畅通；“开鬼门”是指宣肺发汗，以开上窍；“洁净府”是指泄膀胱排尿，以利下窍。“去菀陈莝”、“开鬼门”、“洁净府”三管齐下，本当水去而肿消，岂知消而复肿，其故何在？盖因水肿之为病虽然在水，而根本矛盾是由于心功能不全所造成。“开鬼门”、“洁净府”、“去菀陈莝”只是治水之标，故水消而复肿，所以必须以强心温肾利水之真武汤为主，辅以上述“治水三法”，心肾同治，方能水消而不复肿，以符合治病必求其本之意。

心力衰竭在临床上表现的脉和症，多见心肾两虚，宜选用强心扶阳、宣痹利水之真武汤为主方，主要取其壮火制水之意。根据临床实践，赵锡武认为，本方主要在于温阳强心之功效。本方虽属强心扶阳、利水导湿之剂，但单用本方治疗心衰，不如佐以“治水三法”更好。因为心衰时出现的肺瘀血、肝肿大、水肿等，皆提示心阳虚衰，肺气壅滞，升降失调，血瘀不畅，水不化气，所以必须以真武汤为主方，再配合“治水三法”随证施治，方能扭转病机。赵锡武的具体用法是：

一是配合“开鬼门”法的运用。鬼门，即汗孔。“开鬼门”即宣肺透表。此法可使肺气得宣，营卫因和，以求“上焦得通，濈然汗出”。其作用部位在肺，故以真武汤为主，配合越婢汤，肺热者配麻杏石甘汤等方。

如：一位邓姓女病人，48岁。患者于1963年6月15日入院。入院时咳嗽吐白痰，心下痞满，气短心悸，颜面浮肿，尿少，唇轻度发绀，颈静脉怒张，心界向左稍扩大，心率每分钟100次，二尖瓣区可闻及Ⅱ级吹风样收缩期杂音。胸部叩诊高度回响，两肺满布细湿啰音。诊为慢性气管炎，阻塞性肺气肿，慢性肺源性心脏病，心衰Ⅲ度。中医辨证：心肾阳虚，痰湿阻滞，肺气壅塞。宜温阳宣肺，豁痰利湿，用真武汤加“开鬼门”法治之。赵锡武为之处方：附子6g，杭芍9g，白术9g，云苓12g，甘草9g，麻黄8g，生石膏12g，生姜9g，杏仁9g，白茅根30g，车前子（包）15g，大枣（擘）5枚。上方服3剂后，患者尿量显著增加，下肢浮肿明显减退。5剂后，肿退、咳嗽减轻，故上方加入宽胸理气之品，厚朴6g，陈皮6g。6剂后，心率减慢，考虑还有胸闷、咳嗽、气短等症，上方去白茅根、厚朴、车前子，加入止咳降气之苏子9g。再服5剂后咳嗽已止，仅微有气喘，心下稍有痞满，又予厚朴麻黄汤清肺泻热、豁痰平喘之剂。服药一周后，心率每分钟

89次，诸症均除，出院返家。

二是配合“洁净府”法的运用。净府，指膀胱。意在行水利尿，使水行肿消，作用在膀胱。若右心衰竭，腹水，严重小便不利，五苓散加车前子（包）15g，沉香（后下）、肉桂（后下）各9g。此为真武汤加“洁净府”法。此法的变通方是消水圣愈汤（药味：桂枝汤去芍药加麻黄，附子细辛汤加知母，亦可酌情加用防己等）。

如：一位张姓男病人，54岁，咳喘5年，因感冒咳喘气短不能平卧，于1961年11月入院。入院时，患者息促不能平卧，痰多黏稠，肢肿尿少，心下痞满，腹胀不适，唇紫绀，两肺中下闻及湿性啰音，心率每分钟100次，律齐，心界略向左扩大。诊断为慢性气管炎，阻塞性肺气肿，慢性肺源性心脏病，心力衰竭Ⅲ度。中医辨证：心肾阳虚，痰湿阻滞。用温阳利水、蠲饮化湿之法，方以消水圣愈汤治之。赵锡武为之处方：桂枝9g，甘草9g，麻黄4.5g，黑附片9g，知母9g，防己12g，生姜9g，杏仁9g，大枣（擘）6枚。患者服后尿量增多，水肿渐消。住院第13天，水肿明显消退，腹水征转阴性，仅小腿微肿，体重由入院时的71kg减至59kg。遂改用益气养心、清肺化痰之剂。处方：党参15g，麦冬12g，五味子6g，杏仁9g，甘草9g，生石膏9g，麻黄15g，小麦30g，远志6g，茯苓12g。3剂后，咳喘虽减，但尿量明显减少，浮肿又显。因此继用消水圣愈汤加入茯苓30g，车前子（包）30g，服后尿量明显增多而浮肿消退，咳喘亦减，精神食欲均好，心率每分钟84次，临床表现心衰已得以控制。

三是配合“去菀陈莝”法的运用。《黄帝内经》提出的“去菀陈莝”法，其意大致是日久为陈，淤积为菀，腐浊为莝。“去菀陈莝”应为散瘕通络、活血化瘀之意。作用部位在脉。心力衰竭的发绀、肝肿大、静脉压增高等皆可提示有瘀血情形。心衰、瘀血多伴有水肿，正是“血不利则为水”的现象。尤其《金匮要略·水气病脉证治》中的血分、气分概念，对赵锡武颇有启发。《金匮要略》所述血分一证，可以有两种情况。其一为血气虚少，其二为阴浊壅塞。临床观察到充血性心力衰竭表现的症状，可用阴浊壅塞去理解，如胸闷气憋、喘咳有余之象，以及肝脾大、心下痞满。充血性心力衰竭的治疗需在真武汤强心扶阳的基础上佐以“去菀陈莝”，治以桃红四物汤去生地加藕节、苏木等药。水、气、血三者关系密切，血可病水，水可病血。气得温而化，血得温而活，水得温而利。故在主方中加肉桂、沉香一类温阳化水药。此法只有在强心扶阳佐“洁净府”法时加入温阳化水药，方能证、法、方药三者丝丝相扣，取得疗效。其中值得特别提出的是兼有心肺阴虚征象，即肺虚少气、咳嗽自汗、心血亏耗、虚烦而悸者，当于上法中考虑配用生脉散。

如：一位游姓男病人，24岁，长期心悸气短，久治不愈，于1964年4月29日入院。入院时，该病人唇紫绀，巩膜黄染，咽红，颈静脉怒张，两肺底可闻及干湿性啰音。心界向左右明显扩大，心尖搏动弥散，可触及震颤，心尖区闻及Ⅲ级吹风样收缩期杂音及Ⅳ级隆隆样舒张期杂音，心律不齐，有早搏，心率每分钟69次。诊断：风湿性心脏病、二尖瓣狭窄伴关闭不全、心房颤动、心源性肝硬化、心力衰竭Ⅱ度。中医辨证：据脉证所见，系心肾阳虚，而证见心悸，脉结代，因夹血瘀，可见舌唇紫暗，因胸阳不宣，肺失肃降，故胸闷气短胸痛。心脾阳虚，肾阳不足而现尿短，下肢浮肿，曾选用炙甘草汤、五苓散、真武汤、联珠饮、消水圣愈汤等配伍应用，病情未见好转。考虑到该病人心下痞硬，舌质暗红，面色黧黑少华，脉结代，便少，认为本病实为心肾阳衰，兼有瘀血，故选用真武汤合“去菀陈莝”法施治，收到较好效果。处方：附子9g，杭芍30g，云苓18g，白术15g，生姜9g，肉桂（后下）6g，沉香（后下）6g，当归12g，红花12g，白茅根30g，藕节10枚。服5剂后，患者尿量增加，心衰明显好转。其后因附子暂时缺药，病情出现波动，经继用原方，病情又日趋好转。出院时一般情况尚佳，活动后未见明显心悸，无咳喘，浮肿消失，能平卧，心衰已得到控制。

心力衰竭并见心律失常是治疗上的难题。赵锡武在临床中多推崇炙甘草汤、桂枝甘草龙骨牡蛎汤、茯苓甘草汤诸方。阴虚者用炙甘草汤加生脉散。阳虚者重用真武汤。水气凌心、烦躁不安、心动悸者，用桂枝甘草龙骨牡蛎汤。在治疗心衰的同时，赵锡武适当选用上方纠正心律失常。他说，心律失常的治疗，颇需时日，非短期能愈，须根据不同情况辨证施治。

上述三例是赵锡武单纯用中药控制心衰的验案。三例均表现为心肾阳虚，故皆取真武汤为主方。例一肺气壅塞明显，故兼用“开鬼门”法，加用麻杏甘石汤。例二由于肢肿尿少较重，故直接用消水圣愈汤温阳利水，洁其净府。例三瘀血指征明显，故兼用“去菀陈莝”法，加用当归、红花、藕节等。心力衰竭病情复杂，其正气虚极难以维系生命，而水瘀互结又难以利之散之。赵锡武权衡虚实，大胆选用真武汤维护真阳，“治水三法”消水散结，故能挽救生命于危急之中。像心力衰竭这样危重的病症，赵锡武治疗起来，亦能得心应手，可见经义不可丢，经方不可弃，仍然是治疗大病危症的有力武器。

三、发展以地黄饮子为主方治疗中风

地黄饮子由金匮肾气丸化裁而成，是刘河间治“痦痱”所制之主方。“痦痱”为中风之一种。赵锡武说，人之所以中风，多因喜怒思悲恐之五志，有所过极而卒中。五志过极，皆为热甚。中风是有征兆的，清代王清任在《医林改错》中详细描述了发病之前的表现，如有以下三点不适：指麻木感、肢体局部的知觉障碍、常自觉一瞬间意识不清，应特别注意。且年龄在40岁以上者，在1~2年间更要特别警惕，要采取积极的措施，预防中风的发生。

在古今诸医家影响之下，赵锡武通过实践摸索出逐血痹、补肾治中风大法，即用地黄饮子为主方，并且对地黄饮子的用量、用法有所改进，治疗方法有其独到之处。这是赵锡武治疗心脑血管疾病的又一经验。

赵锡武对于地黄饮子的药物用量，独具匠心，生地黄用量曾至每剂40~50g，而桂附仅用6g，对舌红思饮水者则不用附子，巴戟天仅用12g，以体现刘河间创方剂之原意。处方常用量为：生熟地各20~25g，巴戟天12g，山萸肉12g，石斛12g，肉苁蓉24g，制附子6g，远志9g，五味子9g，官桂6g，茯苓12g，麦冬12g，菖蒲12g，姜9g，枣7枚，薄荷9g。

赵锡武指出：中风有广义与狭义之分。《黄帝内经》风、痹、痿、厥、贼风等篇所论，皆属广义之中风；《伤寒论》中的桂枝汤证等，乃是狭义之中风。《备急千金方》谓中风有四：一曰偏枯，二曰风痱，三曰风懿，四曰风痹，亦是指广义之中风。金元以后，中风又有真中风与类中风之别。真中风者，谓其为外界“风邪”所袭而得；类中风者，非“风邪”所为，故又称“类中”、“非风”，以与真中风区别。这样一来，一病就有二名，许多医家以为祛风诸药只能治真中风，而对于所谓“类中”则不敢稍加一二，即因于此。

赵锡武认为，只要系脑血管意外，皆可谓之中风，而不要强分为真中风与类中风，但虚实寒热之辨是必要的，“类中”之名不切实际。他说：只要看一看《灵枢·贼风》中所述就可明了，依余管见，中风者，非邪风之中于人身，而是病中于“风”上。肝乃风脏，换言之即是病中于肝。是故中风病之基本病机，是肝在病理因素之下，“其用为动”等方面的功能失常。至于中风分为中络、中经、中腑、中脏四个阶段，是以临床见症轻重、病势浅深而分。所谓中腑之“腑”是指奇恒之腑的脑腑；中脏之“脏”则为少阴心肾二脏。少阴是指肾而言，肾主骨，骨藏髓，脑为髓之海，名奇恒之腑。中腑中脏，是指肝被邪中，病深涉及脑腑、心肾之谓，故临证可见昏不识人、语言难出、口中流涎等危重证候。赵锡武强调，脑出血恢复期，均宜以治肾为大法，凡中风之后出现舌謇、音喑、肢废、饮食作呛、反应迟钝，均宜投地黄饮子。古书言“喑”而不言“呛”者，乃因“呛”由饮食所致，由于古时诊病均不在饮食之际，故未见食呛之发作，此可能为古书不言“呛”之原因。“喑”与“呛”虽症异，但因其均为舌僵不灵，其病在脑所致，故治法相同。

中医历来有上病治下之大法，赵锡武说地黄饮子就是治下为主之剂。金元时代，曾有主痰、主火、主气及真中、类中之说盛行一时，究其实，中风过程中，不但痰、火、气以标象出现，而且肢废、语謇、麻木等也均为病之症状，其病之本质在脑，故古人上病治下。赵锡武指出，万物之生存皆赖升降出入之新陈代谢以维持，而需五味五气以养之。若代谢失常，则能导致人之衰老病死。脑病虽能影响全身，而亦关系代谢。若脏腑经络每一局部发生障碍，亦能影响于脑。药物仅能起到扫除障碍、调节功能、调动脏腑积极因素的作用，至于充脑髓、强筋骨、长肌肉、续绝伤仍赖脏腑运化之精微，以充实脏腑，调整机体。

赵锡武的临床体会是：若心肾不交，脉结代，心动悸，可佐瓜蒌薤白白酒汤、当归芍药散。若肾不温脾，脾阳衰，出现腹胀、呃逆、不食者，宜加党参、半夏、干姜、丁香、柿蒂，温脾降逆。若胸闷有痰，宜配伍鬫饮六神汤，去痰通络，调气和胃，解郁安神。

对经中西医结合诊断属于脑梗死者，赵锡武主张用地黄饮子原方不去桂附，而对脑出血者则主张早期先用风引汤，继用地黄饮子去附子。赵锡武认为，脑梗死非温药不化，脑出血非凉药不止。刘河间所说的“凡觉中风，必先审六经之候，慎用大热药乌附之类”，也是针对脑出血初期而言。生地为上方主药，功在逐血痹。血痹一除，血得充、筋得强、骨得壮、肌肉得养、脑腑得补充，群药得各尽其职。桂附推动阴药，药效遂著。由于瘖痱病变乃是气不到之处，也是病邪存留之所，逐除血痹，滋补肾精，需依赖地黄较大量的投施。赵锡武在逝世前夕还嘱咐他的学生，“用地黄饮子的经验，重点就在于突出逐血痹”。血脉痹而不通时，须赖生地通之。瘖痱也必须靠生地通逐脑及四肢之血痹，生地主治伤中，逐血痹，填骨髓，长肌肉，补五脏，滋阴潜阳，生血凉血，能治血虚劳热，痿痹惊悸。近代中医方剂学均写明地黄饮子功用是滋肾阴、补肾阳、安神开窍，主治中风瘖痱，肾气虚弱。地黄饮子方剂主要由生地黄、巴戟天、山萸肉、石斛、肉苁蓉、附子、五味子、肉桂、茯苓、麦冬、菖蒲、远志等12味药组成。

对血脉不畅，赵锡武常用归芪加川芎；对气虚、津液不得四布之证，常用春泽汤（即五苓散加党参）；对脑梗死，有时间断使用补阳还五汤；对脑出血，加大茯苓用量，以增渗利之功，促进出血的吸收；对病初神昏、痰涎壅盛者，主张用局方至宝丹；血压高者，用地黄饮子主方佐草决明、生石决明、杜仲、牛膝等；气短心悸、脉结代者，佐瓜蒌薤白汤。赵锡武在用地黄饮子治瘖痱的经验中，主要一点是间断投用豁痰方剂如蠲饮六神汤（旋覆花、菖蒲、胆南星、茯苓、橘皮、半夏），与地黄饮子交替使用。这不仅能防止或减少地黄的滋补浊腻、夹痰上涌之弊，而且瘖痱用豁痰开窍法，促进神腑功能以利神识康复。当见肢体不仁、无触觉时，佐人参再造丸，日服两丸，触觉恢复后即停用。

赵锡武对中风的具体治疗方法如下：

病人在昏迷期神志不清、病情危重时，首先予通关散（细辛、法半夏、皂角等分研末）少许吹于鼻中。其意义有二：一是治疗意义，促使苏醒；二是判断预后，谓有嚏者生，无嚏者死。继予生姜汁、白矾灌之，灌后探吐。第二步，每日两次再造丸，用1~2天，不可多用。该药有三种作用：其一，因此药中虫药多，所以可以调节神经功能失调。其二，有养血活血药，具有化瘀通络作用。其三，有祛风药，具调节发汗、改善末梢血循环及感觉神经末梢功能。在此期间，可配用续命汤（脑出血可用本方，脑血栓形成可用小续命汤）。第三步是用安宫牛黄丸或苏合香丸，对于痰盛有热象者予安宫牛黄丸或至宝丹；热盛于阳明症见便干舌燥者予紫雪丹，亦可用三化汤，兼湿者予苏合香丸。以上诸药用至苏醒。

赵锡武对于中风后遗症的治疗方法如下：

病人以半身不遂为主，兼血压高者，予潜阳通络，选用风引汤（大黄、干姜、龙骨、桂枝、甘草、牡蛎、寒水石、滑石、赤石脂、白石脂、紫石英、石膏）加磁石、龟甲、鳖甲、生铁落。痰盛阳亢，血压过高也可以予天麻钩藤饮配合续命汤（麻黄、桂枝、当归、人参、石膏、干姜、甘草、川芎、杏仁）。便干舌燥阳明胃热，予三化汤或调胃承气汤。半身不遂善后方，选用侯氏黑散（菊花、白术、细辛、云苓、牡蛎、桔梗、防风、人参、矾石、黄芩、当归、干姜、川芎、桂枝），宜冷服。如无大便干热象时，血压已降，高血压症状已减，留有后遗症麻木无力，屈而不伸，臂不能举，可用强筋壮骨、通经疏络法，用桂枝汤加黄芪、当归、杜仲、续断、天麻、冬虫夏草、淫羊藿、鸡血藤、香附、乌药、高良姜、伸筋草、山甲等以善其后，病愈后用侯氏黑散加六味地黄丸以巩固疗效。

病人以失语为主，选用资寿解语汤、地黄饮子、河间羚角散。资寿解语汤：防风、附子、天麻、酸枣仁、羚羊角、官桂、羌活、甘草。地黄饮子（刘河间方）：熟地、巴戟天、山萸肉、石斛、肉苁蓉、附子、五味子、官桂、白茯苓、麦门冬、菖蒲、远志。

病人脑血栓形成，视病情再配用活血化瘀药，如桃红四物汤等。

病人脑软化，选用清代王清任的补阳还五汤。

上述各方药中包括风药。赵锡武认为，风药对本病并不禁忌，可以调节血管功能。对于热药，只要病证相符便可用，如附子、干姜、肉桂，也有扩张血管作用。又如淡渗药云茯苓、白术，有促进吸收作用。镇静药如龙骨、牡蛎、紫石英、铁落，有一定降压作用。凉血药可以止血，活血药可以通络，对肢体功能恢复颇为有益。

如：一位64岁男性病人，中风后右上下肢不灵，步履蹒跚，腿沉重，头眩而痛，言语不清，呛食，脉弦两尺无力，病在肝肾，1975年8月27日入院。一诊：生地黄、熟地黄各12g，丹皮12g，山药12g，山萸肉12g，茯苓12g，泽泻12g，肉苁蓉18g，巴戟天15g，杜仲12g，黄芪30g，当归12g，天麻12g。二诊：连服数剂，呛食已愈，余症同前。依上方加葛根18g，穞豆衣18g，泽泻增为30g。三诊：服上方10剂，言语有进步，头痛肢重依然，余症同前。投地黄引子加减，熟地黄24g，石斛12g，山萸肉12g，肉苁蓉18g，麦冬15g，茯苓12g，菖蒲9g，五味子9g，巴戟天15g，天麻12g，杜仲12g，黄芪30g，泽泻30g，穞豆衣18g。每周数剂连服。四诊：言语见好，头仍痛，腿重不灵。上方去泽泻、穞豆衣，加桂枝9g。五诊：上方服10剂，言语清晰，音低，腿无力，脉弦有力尺弱。仍以地黄饮子方加杜仲12g，天麻12g，鸡血藤30g，其中肉桂、附子各6g，煎服。六诊：诸症大减，仍脉弦尺弱，两腿乏力，乃肾虚、柔不养筋。照上方加淫羊藿30g，冬虫夏草9g，煎服10剂，继以蜜丸久服。一年后随访，病已愈，步履正常，已无头眩腿重，食纳正常，言语清晰，但答话迟慢，反应略迟。

又一位77岁男性病人，因冠心病，心房纤颤、高血压住院。一个月后又出现脑血栓，左身轻瘫、麻痹，继而合并肺部感染。明显瘫痪3周后病情转危。西医抢救的同时，邀赵锡武会诊。当时病人面色黧黑，语喑舌謇，神疲痰多，呃逆呛食，冷汗出，脉结代，左体瘫痱。赵锡武以地黄饮子为主随症加减，7个月后取效。初治因正气已脱，地黄饮子加西洋参、黄芪。呃逆加旋覆代赭汤及柿蒂；心衰房颤严重时配合瓜蒌薤白汤；发热痰盛神昏加局方至宝丹、蛇胆陈皮。连服中药配合西药，至神志清、言语清晰、吞咽正常、四肢灵活、血压正常，治愈出院。一年后随访，生活正常，能自行活动。

赵锡武生前一直在对地黄饮子进行研究，可惜没有来得及完成。可喜的是，他的学生1998年以“补肾法治瘖痱”为题投标卫生部科研课题，中标后用“加味地黄饮子”治疗脑梗死202例，5年后经专家鉴定组鉴定、验收获奖，实现了赵锡武的遗愿。

突破禁区　古为今用

赵锡武在临证时严格遵循中医理论，以辩证法指导医疗实践，不为古人之论所拘囿。他善于发扬古训，又勇于融会新知。

一是革故鼎新，大胆推翻“细辛不过钱”之说。

细辛为马兜铃科多年生草本植物，因其根细而辛辣，故得此名。细辛最早载于《神农本草经》，属常用中药之一，有小毒，具有解表散寒、温肺化饮、祛风止痛、温通鼻窍等功效。张仲景《伤寒杂病论》中用细辛的方剂共有17个。

“细辛不过钱”是一句流传很久、很广的古训，它严重影响了细辛功效的正常发挥，致使医生不敢据证大量使用，从而使疗效大打折扣。不少药房人员遇到细辛过钱的处方，不是拒不调配，就是要医生特别签字，以示负责，曰：“细辛不过钱，过钱命相连。”“细辛不过钱”之说，源于宋代元祐年间陈承著的《本草别说》一书，900年来，已成为临床上的戒律，许多中医大夫不敢越雷池半步。中医界一直恪守“细辛不过钱”之说。

通过查阅大量的中医文献，以及多年临床实践，赵锡武大胆提出“细辛不过钱”这一说法“误人不浅”。这一提法在当时是很了不起的，是需要勇气和经验的。赵锡武说，细辛是一味好药，味辛香窜，既能外散风寒，又能内化寒饮，开窍止痛，一个最重要的功效就是能入阴搜邪，把风寒、痰饮搜寻分离并透出体外，善治很多怪病奇症。

根据病情需要，赵锡武在给病人开药时，药方中细辛少则2~3钱，多则7~8钱，从未发现毒副作用，而且治好了不少疑难杂病，打破了“细辛不过钱”的羁绊。问其原因，赵锡武说，只要看一看清代陈修园的《神农本草经读》就可明白其中的道理。陈修园引张志聪《本草崇源》曰：“宋代元祐陈承谓细辛单用末，不可过一钱，多则气闭不通而死。近医多以此语忌用，而不知辛香之药岂能闭气？上品无毒之药何不可多用？方书之言，类此者不少。学者不详察而遵信之，伊黄之门，终身不能入矣！”赵锡武说，宋代陈承“细辛不过钱”说，是“别出心裁，误人不浅”。其实宋代之前的诸多医书，皆言细辛无毒，也未限量，就是在宋代之后，许多医家也并不同意陈承之说。

是否会发生细辛中毒，赵锡武认为，服用方法和使用剂量才是关键问题。如果是单服细辛末，或丸散中含有细辛末，每次服用细辛含量若超过三钱，就有发生中毒的危险。如果是用煎剂，细辛的毒性成分在煎煮过程中会被蒸发掉一部分，用量即便很大也不会发生中毒。当然，大剂量应用细辛一定要用煎剂，还应当注意辨证用药，细辛毕竟属于辛温发散之品，对阴虚有热者，应当忌用。由此可以看出赵锡武知识之广博，研究之深入。

二是首先提出治疗肺炎不能囿于卫气营血学说。

赵锡武是当代中医“截断疗法”的首倡者。根据多年的临床观察，赵锡武在充分肯定清代名医叶天士卫气营血的辨证施治“是温病理论学习的基础，是温病临床治疗的指南”的同时，也提出了自己的见解，其中包括卫气营血与肺炎的证治、“上工治未病”与肺炎的证治。

1962年，赵锡武首先提出，治疗肺炎不能囿于温病卫气营血学说的“在卫汗之可也，在气方可透热转气，入营则恐耗血动血，直须凉血散血”，强调“治病必求于本”。特别是病毒性肺炎，临床上虽有不同的证型，但治本之法则应始终不变。一旦确诊，则应直以清解肺热之法为主治疗，切断病程，以期轻者早愈，重者提高其治愈率。这一见解，无论在理论上还是实践上，对肺炎治疗都是一个突破。

赵锡武认为，病在气就不能治营，或病已到了胃也不能治气，这实际上是违背“上工治未病”原则的。所谓“上工治未病”乃“见肝之病知肝传脾，当先实脾”之意也，能够切断病程进展就是“治未病”，如果治法晚（慢）于自然病程就要变坏证。所以他特别强调叶天士之名言“温邪上受，首先犯肺，逆传心包”之医理，认为肺炎的病位在肺脏，病邪在脏，而不是风邪侵袭肺卫皮毛；指出风温病机的传变首先是犯肺，既名“肺炎”，说明邪已犯脏，即使是轻型肺炎初期，也属肺热里实之证，又多伤阴，故不能依靠轻取获效，非一般辛凉之剂所能胜任。

三是首先提出小儿麻痹症急性期属中医温病范畴。

小儿麻痹症，又名脊髓灰质炎，是由病毒引起的急性传染病。该病主要通过消化道及呼吸道传染，多在夏秋季节流行。赵锡武首先提出小儿麻痹症急性期属中医温病范畴，为中医治疗小儿麻痹症开辟了思路。

根据该病系由病毒引起，初起者有突然发热、呕吐、烦躁、嗜睡、多汗或无汗等表证，并能互相传染，赵锡武创拟加味葛根汤治疗。又根据清代王清任《医林改错》中风小儿半身不遂类似小儿麻痹症之记载，认为其与该病相似。赵锡武进一步提出，该病属温病范畴的小儿中风，而非半身不遂之“中风”，按临床症状，该病“应划归中风门为宜”。赵锡武认为，所谓“中风”，不问其原因如何，只要影响到神经系统而表现出各种神经症状即名“中风”。小儿麻痹症因是传染病，按中医理论当名之为“温病系小儿中风”。因此，对其恢复期及后遗症又创拟加味金刚丸治疗，发展了中医学对该病的认识。

赵锡武对小儿麻痹症的治疗独有建树。

小儿麻痹症急性期，赵锡武主张以清热透表、芳香逐秽、调肝息风、宣痹通络为法，主方为加味葛根芩连汤。其方是：生石膏 18g，葛根 12g，甘草 9g，金银花 12g，杭芍 12g，川黄连 4.5g，黄芩 9g，全蝎 3g，蜈蚣 3g，麻黄 4.5g（无汗或汗不多者，临时加此味药），然后加水 600ml，先煮石膏 15 分钟，再入其余的药煎至 120~150ml，分 3 次温服。

赵锡武指出，小儿麻痹症为急性传染病，温邪从口鼻而入，顺传肠胃，发病于督脉，见症于四肢及腹壁、头面等部位。发病之初，典型患者多发热呕吐、下利，继而出现弛缓性麻痹，且可由患者之吐泻物感染他人。发热为太阳温病，当由表解，故用越婢汤。吐利病在肠胃，故用葛根芩连汤。麻痹在督脉，故用葛根、蜈蚣、全蝎以祛风。因由病毒传染，故用金银花、连翘解毒。凡属于病毒感染，必须解毒、排毒二者兼施，若单解不排，毒仍在内，单排不解，徒伤正气，故方以芍药除血痹，黄芩、黄连、金银花、甘草解毒，以麻黄、葛根排毒，使从汗解。全方亦符合痿证独取阳明之意。若治疗及时，护理得当，就能缩短疗程，减少后遗症。疗程 3~6 个月。

另外，要注意药味加减。赵锡武强调，初起加局方至宝丹或安宫牛黄丸、紫雪丹（腹泻者去紫雪丹）。无汗者加麻黄。发热者加大青叶、板蓝根、连翘。烦躁者加胆草、钩藤。疼痛者加天麻、芍药。通络加地龙、僵蚕。麻痹在下肢加牛膝、桑寄生。麻痹在上肢加川芎、地龙、桑寄生。口眼㖞斜加细辛、辛夷、川芎、白芷等。兼暑者加藿香、滑石。呕者加半夏、陈皮、竹茹。大小便闭者大柴胡汤加芒硝、车前子、地肤子、紫雪丹。

小儿麻痹症后期，赵锡武主张滋肝肾、强筋骨、补气血，自拟加味金刚丸治疗。这是赵锡武据其长期经验研制而成的。其方是：萆薢30g，杜仲30g，肉苁蓉30g，菟丝子15g，巴戟天30g，天麻30g，僵蚕30g，蜈蚣50条，全蝎30g，木瓜30g，牛膝30g，乌贼骨30g，精制马钱子60g（必须严格炮制，以解其毒）。以上药炼蜜为丸，每丸重3g。每服1~2丸，日服1~3次，或单用或与汤剂合用，白开水化服。若见早期马钱子中毒症状，如牙关紧闭，即停药并服凉水。

加味金刚丸中，萆薢为利尿泻湿清热之品，且有解毒作用。杜仲有镇静止痛功效，强筋骨，补肝肾。肉苁蓉、菟丝子润五脏，益髓强筋。巴戟天能除风、强筋补肾、益精，故对虚弱骨痿有补益强壮的作用。方中加天麻能缓解四肢之筋骨肌肉疼痛，并治四肢弛缓。加牛膝、木瓜能使腰脚筋骨强壮，僵蚕祛风化痰，治口眼㖞斜，全蝎、蜈蚣能祛风活络，调节神经。马钱子的有效成分是士的宁，为脊髓神经兴奋剂。本病患儿如伴有软骨病，可加乌贼骨以增加钙质。淫羊藿为温阳补肾良药。桑寄生能强筋骨，散风寒。现代研究认为，桑寄生对脊髓灰质炎病毒有抑制作用。本方对脊髓灰质炎的恢复期有祛湿解毒、祛风通络、补肝肾强筋骨、兴奋脊髓神经的作用。加减：在热退瘫痪出现后，可根据病情配用当归补血汤、黄芪桂枝五物汤、桂枝附子细辛汤、当归四逆汤。以上方剂对肢凉、肌肉松弛均有益。当发烧退下数月后，仍应积极清热解毒。

1958年，赵锡武在北京儿童医院对小儿麻痹症进行了临床观察与治疗，比较完整的病例共179例，均疗效显著。临床观察显示，早用清热解毒药物，可促进患者短期恢复，不留任何后遗症。

曹某，男性，6岁，1958年7月14日就诊，因发热3天，伴喷射性呕吐，嗜睡，精神欠佳而入院。入院后腰穿（－）。诊断：发烧待查。7月15日发现麻痹，吞咽困难，口吐涎沫，便秘、身热（38℃），嗜睡，气短，作呕。查体：左目闭不严，左鼻唇沟浅，言语不利，颈强，膝反射（—），每高倍视野脑脊液细胞4个，蛋白（—）。血常规：红细胞4.0×10^{12}/L，血红蛋白12.2g/dl，白细胞6.65×10^{9}/L，分类中性58%，淋巴40%，嗜酸2%。会诊时，舌苔白厚，证属小儿温病中风，治用清热止呕、芳香化浊之剂：鲜藿香12g，薄荷9g，佩兰12g，厚朴9g，生石膏18g，陈皮12g，竹茹15g，川黄连4.5g，蚕砂12g，姜半夏12g，滑石12g，甘草9g，至宝丹1粒（因至宝丹不易灌服，改用藕粉冲汁稀释为混悬液而服用）。7月16日改用加味葛根芩连汤3剂。7月17日神清，痰涎壅盛，继用前方6剂。痰涎减少，便干，吞咽困难，口有恶臭，当清胃，方用加味葛根芩连汤加藿香9g，陈皮12g，法半夏12g，桔梗12g，钩藤12g。7月28日精神转佳，前方加菖蒲9g，射干4.5g，六神丸12粒，溶化分3次口服。7月30日下午开始能吞咽，大便正常。

以上成就的取得，是赵锡武发古融新、古为今用、发展中医药的具体体现。

辨证论治 中西并蓄

赵锡武在临证时严格遵循中医临床基本原则，重视辨证论治。所谓“辨证”，就是把四诊（望诊、闻诊、问诊、切诊）所收集的资料、症状和体征，应用“八纲（表里、寒热、虚实、阴阳）”、“脏腑”，结合病因，进行分析、归纳，辨清疾病的病因、性质、部位，以及邪正之间的关系，概括、判断为某种性质的证。所谓“论治”，又称为“施治”，即根据辨证的结果，确定相应的治疗方法。辨证是决定治疗的前提和依据，论治是治疗疾病的手段和方法。通过临床效果，可以检验辨证论治的正确与否。辨证论治的过程，就是认识疾病和解决疾病的过程。辨证和论治，是诊治疾病过程中相互联系、不可分割的两个方面，是理论和实践相结合的体现，是理法方药在临床上的具体运用，是指导中医临床的基本原则，是中医学的基础功夫。中医之辨证论治始见于《素问·至真要大论》，至张仲景而发扬光大，使之具体化。《黄帝内经》谈辨证论治，张仲景也谈辨证论治，历代名医无不重视辨证论治。赵锡武说，虽然《伤寒论》重在辨证，《金匮要略》重在辨病，但均非绝对的，二者是不可分割之一体。在医疗实践中，赵锡武重视并坚持辨证论治，一再强调，作为医生，在临床中"若舍此，则无所措手足"。

赵锡武强调辨病与辨证及机体的整体观，指出："辨证论治的实质就是辨别清楚'病因体异'，然后'同病异治'、'异病同治'、'药随证变'。"他说，每种病与每种病有不同的个性，亦有相同的共性，故每种病有每种病不同的治法，各病有各病的主方。证与病不同，证属共性，为诸病所共有，病属个性，为每病之专有，故病不变，而证常变，方不变，而加减变。证与病的辨证与辨病是相互联系，不可分割的，辨证就是为了认识疾病，认识疾病是为了治愈疾病。鉴于病的治法不同，故既要辨证，又要辨病。不论是辨病，还是辨证，必须理论通，思路广，方法多，既要掌握原则性，又要有一定灵活性。治病必求其本。所谓本者，有万病之共本，有每病之个本。医者既要辨每病之个本，也要辨万病之共本，二者相辅相成，缺一不可。临证时须先辨每病之个本，再辨万病之共本。所谓辨证论治是先辨其为何病，再辨其寒、热、虚、实，然后施治。非头痛为一症，足痛又为一症，头痛医头，足痛医足。医者当对每证每方必须刻苦探思，一增一损务使合于规矩，方不至捕风捉影，扶墙摸壁。没有丰富的临床实践和经验，是不会理解并熟练地掌握、应用"辨证辨病"的。赵锡武用药得体，其加减用药之妙，得心应手，药味仅6~9味，方小效高，使人深感古方之卓越及赵锡武本人辨证用药之精辟。

“有病始有证，辨证方能识病，识病后方可施治。”这是赵锡武在临床中一贯坚持的指导思想。何谓病？何谓证？有疾病而后有症状，病者，为本，为体；证者，为末，为象。病不变而证常变，病有定而证无定，故辨证不能离开病之本质。赵锡武认为，“辨证”二字最为重要，提醒医者对《伤寒论》六经标题所曰“辨病脉证并治”应予注意。

赵锡武认为，中医辨证不易，识病尤其难。如有一个病人连续高烧4个月，经中西医多方治疗均无效，病之初曾服桂枝汤调和营卫，未能如法取汗，后即易苦寒解毒之剂，亦未见效。家属邀赵锡武前往诊治。赵锡武接诊后投以桂枝麻黄各半汤，早晚各一剂，小发其汗；并嘱其多喝温开水发汗，不汗不更方。两剂后得汗，复以归芪建中汤善后。当学生问其中原因时，赵锡武答：“治外感者，必须先识得病。《伤寒论》六经病各篇皆冠之以‘辨某某病脉证并治’，置‘辨病’于‘脉证’之前。盖病为本，证为标，有病才有证，只有先识得病，方能断得准证。证固然可以千变万化，病则有常，故辨证论治绝不可离开识病辨病。若识不得病，或舍病以辨证，必然把握不住疾病发展变化的规律，辨证论治不免降格为‘对症治疗’，如此舍本逐末，病必难除。此患者高烧不退，似已入营卫，其实不然。其病虽壮热不已，但不渴不呕，非阳明少阳病之征；病虽四月有余，却无下利、但欲寐、厥逆诸症，亦非三阴病证。其病之初起于太阳中风之证，只缘桂枝汤服之不得透净。今脉浮而微汗出，面色微赤，心中烦，乃邪气郁遏不得外达、阴气屈而不伸之故。因此予桂麻各半汤小发其汗，促使外达而营卫和调。本案之治，正是识得其病在太阳，证属邪气郁遏营卫，方能不为其热势汹汹所惧，用辛温发散之剂为治，药中病机，故效若桴鼓。”

赵锡武虽是中医大家，但力主中西并蓄。他一直呼吁传统医学与现代医学的结合，认为中西医既有共性，又各有其特点。

赵锡武一生曾三次脱产学习西医，经常请懂西医的徒弟和同事讲解现代医学知识，并应用于临床实践。1958年，赵锡武与西医心血管病专家黄宛协作，研讨对心血管病的中西医治疗方案。为研究红斑狼疮的治疗方法，赵锡武曾经连续40天，把中国医科大学主编的40万字《免疫学资料汇编》一书仔细通读了一遍。经他确诊治疗的红斑狼疮患者，病情均得到缓解。直至晚年，他不顾年迈，仍然学习心电图等新知识、新技术。他让学生给他讲解心电图，不但自己学，而且还让从医的小女儿跟他一起学，并告诉女儿，要掌握这些先进技术，将来会用得上的。

1980年，赵锡武在《广西中医药》杂志上发表了一篇《三位一体，统筹兼顾——兼谈中西医结合的几个问题》的文章，对中西医结合作了全面的论述。他在这篇文章中指出，我国医界的三支力量——中医队伍、西医队伍、中西医结合队伍应当相互尊重，相互学习，团结合作，共同前进，“这是历史赋予我们的使命”。他认为，中医要发展，西医也要发展，中西医结合的事业要不断推向前进，不能片面地强调或忽视任何一个侧面。中西医既有共性，又各有其特点；既有离的一面，又有合的一面，离与合是对立统一的辩证关系，是客观规律。医者应当自觉地认识这种规律，并按规律办事，绝不能永远处在只有传统医学而达不到现代医学先进水平的状况。要组织好一支队伍，让他们全力以赴地在现代医学领域内进行探索，在若干重要、关键的领域里尽快达到或接近世界医学的先进水平。只有在现代医学领域内研究得越深入、越透彻，才能谈得上中西医结合的高水平。赵锡武支持采用现代科学方法及手段进行临床研究，主张中西医之间共同攻关。他说：“许多学科的发展，常常是在形成了边缘科学的时候才有所突破，中医在发展，现代医学也在发展，二者在发展中相互渗透，相互影响，是不可避免的。在比较中探索其内在的统一性，必将促使更高水平的医学科学的出现。”赵锡武晚年仍关注中西医的结合，期待着“中国医学科学在中西医结合上能有所突破，以对人类的健康作出更大的贡献”。

这篇颇有预见性的文章，至今对中国医学科学的发展仍有重要的意义。

延缓衰老 见解独特

赵锡武对延缓衰老有独特的见解，根据老年人的特点，提出了“补心气，培益肝肾”的养生方法，认为这两点实为延缓衰老的妙法。他提醒老年人，平素应多用补心气的中药，或多服培益肝肾的中药，平衡阴阳，调节脏腑，遂致阴平阳秘，精神内守，达到长寿健康。

“补心气”养生法。赵锡武强调，老年人要注意补心气。《素问·阴阳应象大论》里记载：“诸血者，皆属于心。”《灵枢·经水》中指出：“经脉流行不止，环周不休。”《灵枢·邪气脏腑病形》中说：“脉实血实，脉虚血虚。”说明了心在人体中的重要性。心主血、主脉，为阳中之太阳，心为一身主宰，人之老年，若心气不足，往往出现心悸气短、疲乏倦怠、懒言少语、精神萎靡等症状，甚则心跳不匀，起搏衰退，进而发展为心功能减退。对此，宜采用补心气之品，调节脏腑，平衡阴阳。《素问·玉机真脏论》云：“心受气于脾，传之于肺，至肾而死。”“五脏相通，移皆有次，五脏有病，则各传其所胜。”进一步指出，心气不足，则五脏六腑之精不足。反之心气充足，心血所濡，血脉畅通，脏腑旺盛，人体健康。由此可见，当心有病或不足时，可损及他脏，其他脏有病时，亦会影响心。所以赵锡武提出，老年人在未出现器质性病变时，应以补心为宗旨。方用生脉饮（《内外伤辨惑论》）加柏子仁、酸枣仁、延胡索、瓜蒌之品。方中人参补益心气，麦冬养阴生津，五味子益气敛阴，三药配合，一补一清一敛；柏子仁、酸枣仁养心安神，使神得守，心不扰乱，气血运行疏通；延胡索、瓜蒌具有理气、豁痰、宽胸及温通心阳、血脉功能。全方配合，相得益彰，使精、气、神得以充沛，达到阴平阳秘，健康长寿。

“培益肝肾”养生法。赵锡武强调，老年人要注意补益肝肾。人进入老年后，则齿松发脱，易出现腰膝酸软、头晕耳鸣、健忘、失眠等症。《素问·上古天真论》云：“肾者主水，受五脏六腑之精而藏之”，指出肾在人体中的主导作用。《灵枢·本神》中说：“肝藏血，血舍魂。”肝主筋，肝主疏泄，说明肝的疏通和排泄，使人体气血能够得到畅通，废物不致瘀阻而得以正常排泄。乙癸同源，相互为用，肾阴不足，龙雷之火失制，相火易炎，可见二者之间关系密切。故赵锡武又提出，对老年人要以调理肝肾为佳，即培补肝肾，应常服地黄饮（《景岳全书》）加桑螵蛸、益智仁补益固涩肾中阳气，亦可减少老年人肾虚引起夜尿频数的痛苦症状。总之，肝肾健壮，人体精力充沛，才能健康长寿。

工作之余，赵锡武喜好莳花及养石，玩小盆景。在赵锡武的桌子上曾有一只白色的小瓷盎，内有一块灵璧石，细如乳瓜，高约三寸许。粗一看好像是仙人柱，再仔细端详，才知道是一块石头，上面布满青苔，没有一丝缝隙。为使这块石头不干燥，赵锡武时时用水来湿润它，渐渐地就有绿苔长出。越是及时湿润，这块石头就越是变得润绿，有如“髯翁翠峰”在眼前。除此之外，赵锡武还喜欢打太极拳，推手也很在行。他自幼练习书法，魏碑学得非常好，字写得相当漂亮。很多经方、验方他都是亲手抄录，今日看来，不失为书法精品。

一代名医　品格高尚

赵锡武不仅医术高明、学识渊博，其高尚的医德、全心全意为人民服务的精神，更是广为传颂，有口皆碑。

赵锡武对待病人一视同仁。赵锡武的父亲是一位勤劳善良的厨师，为人忠厚，能急人之困，助人之难。赵锡武幼承家教，待人亦甚为厚道。在20世纪三四十年代他就以光明磊落、刚直不阿、不走豪门为行规，驰名京城。他耿直坦诚，以济世抚民为宗旨，对劳苦民众怀有深切的同情心，在生活极为艰苦的情况下仍为穷人免费施诊，且常解囊相助，毫不吝惜。到他诊所就医的多为工人、脚夫、洋车夫、贫民，因此他很早就是大众远近称颂的中医名家了。

赵锡武生前常对学生们讲："那时穷人看病不容易，不到非治不可的地步是不会轻易求医的。医生对待病人要一视同仁，不能分三六九等。""医生的天职是看病，不是看级别。""找我看病，只有前门没有后门。医生就是要治病救人，不要为名为利。过去我们挨饿都不搞这些，现在就更不应该这样做。"他对病人高度负责，对疾病严肃认真、实事求是，从不虚弄病情，吹嘘疗效，而且他平生最讨厌那些自吹自擂的江湖陋俗。平时接诊时，越是远地区来京就医者、无"后门"者，他越是格外热情。20世纪60年代，一位从山西来的"知青"，架着双拐慕名来找赵锡武看风湿性关节炎，连夜排队，也没挂上号，非常着急。赵锡武得知后，便嘱咐助手先叫这位"知青"等着，看完其他病人后一定给他看。赵锡武认真地为这位"知青"把脉诊病，并开出足够的药。"知青"临走时，赵锡武起身携手相送，还不忘叮嘱他回去以后要注意防寒保暖。"知青"感动得泪流满面，在场的助手及学生个个热泪盈眶，深受教育。

赵锡武总是想病人所想，急病人所急。对危重病人，他精心治疗，对疑难症病人，他从不推辞。凡是一剂药能治好的，他不开两剂，想方设法让病人少跑路，少花钱。只要有病人，他就尽快为病人诊病。常常有病人深夜里来叩他家的门，对此他从不厌烦，总是立即起来接诊。“病人随时需要医生，医生就应随时到”，是他一生都在遵守的行医原则。

1967年的一天，有人急匆匆地找到赵锡武，神秘地问他敢不敢给某某要人看病，说这位要人现在病得很重。赵锡武说：“我是医生，怎么能不给病人治病呢？救死扶伤是医生的本分，我没有什么好怕的。”赵锡武当即随来者去给那位正处逆境的要人看病。凡是接触过赵锡武的人，无不被他正直、纯朴及平易近人的品格所感动。

赵锡武是一位实事求是的医林大家，比如治疗慢性肾炎，他有丰富的医疗经验，但他仍说：“我虽然有《慢性肾炎的病机与治疗》一文收载于《赵锡武医疗经验》一书中，然而，对于肾功能衰竭病例的治疗，取效者，仅不过偶有数例而已，叹已未得要领。”由此可见赵锡武谦虚谨慎、实事求是的诚实治学精神。

赵锡武医德高尚，对同道不贬低，不攻击，能接受各家之长，有容乃大是他的一贯作风。经常有同道到他的寓所探讨学术问题，赵锡武常常引经据典，详尽表达自己的见解，从不留一手。著名中医学家何时希在其所著《豪迈须眉赵锡武》一文中说：“与赵锡武论医，他从来都是海纳百川，包容南北。温热、伤寒不划鸿沟，非如一般北医之见解，胶执于麻、桂、姜、附者不同。”何时希曾与赵锡武同组研究喘息，在治法上互相取长补短。赵锡武见何时希用玉屏风散配小青龙加石膏汤治喘息，甚加欣赏，于是合议配置一成药，以供病人常服。正在讨论时，有一四川省老中医提出疑义：补、泻、温、凉合用，不知这是一种什么思路？赵锡武当即解释说：“此为玉屏风散、小青龙加白虎汤、沙参麦冬饮、百合固金汤四方之组合，肺司开合而主皮毛口鼻，若皮毛固密，开合无阻，口鼻亦不受邪，则金安矣，故定名为‘安金膏’，润之以蜜，备喘病缓解及不发时用，冬病夏治，所以固其本而拒邪也。”这样一来，那位有疑问的老中医“闻之乃无辞”。赵锡武就是这样一位深熟经方时方、不分畛域的中医名家。

赵锡武一生耿直正派，为人憨厚，能团结不同意见的学术流派，所以学术上意见不同的朋友也很多。北京大学有一位教授，经常在报纸上发表文章指责中医，但赵锡武依然与他做朋友。1955年中医研究院建院时，诚征各省名医，一些人到了北京很不适应，颇有“举目少亲，落落寡欢”之感，加之都是从全国各家医院调来的，人员之间由于“口不同语，人不同文”，难免相处不好。一位从上海调来的中医大夫，时年42岁，不仅不适应北方的生活，而且不适应新的工作环境。在他备感“郁气难伸”之时，幸有赵锡武可以倾诉，略消“形单影只”之苦闷。1967年，这位大夫为一下放干部开了较多的安金膏，在医院大会上受到了不点名的批评。赵锡武认为，这位大夫并没有什么过错，就在会上直言不讳地说：“若此为错误，则凡为医者不拖‘下放后腿’，人人必犯矣。”会后，赵锡武每次经过这位大夫的宿舍，都进去予以安慰，要他正确理解院方的批评。赵锡武说：“今后你凡有不解、不怿的地方，尽可跟老哥哥说，勿抑郁自困。”对困难中如兄长一般关心自己的人，这位大夫终生难以忘怀。在赵锡武1980年去世时，这位大夫已调离北京，他为未能守在赵锡武身旁而备感悲痛。

赵锡武对待学生，是言传加身教。他一生热心培养人才，早年曾在华北国医学院任教授，后来又在首批西学中班及中医学院讲课，并认真带徒弟和研究生，培养出不少优秀的中医人才。陈可冀、张问渠、郭玉英等不少著名中医专家都曾师从赵锡武。1978年，我国招收首届中医研究生时，赵锡武任中医研究院副院长，他身兼数职，事务繁忙，但仍亲自带了陈士奎、朱邦贤、周安方、魏庆兴四名研究生，并亲自制订培养计划、研究课题，亲自为研究生授课，指导研究生查阅文献和进行临床观察。他言传身教，诲人不倦。

赵锡武常常对学生们说：作为一名中医大夫，“只靠几个方子是不行的，经典的医书要背下来，这是基础，是临床的基本功。”“除此之外，还要掌握剂量的多少，这才是做医生的本事。”“别人治不了的病你要能治，这才是一个好大夫。”短短数语，道出了做医生的真谛。赵锡武在给研究生讲课时引经据典，精确无误，令学生们折服。在背读经典医书方面，学生们都深深领教过赵锡武的严厉，并因此终生获益。

赵锡武经常教诲学生要认真对待历代医籍和古人经验，切不可轻率持以否定态度，或未经实践反复印证便轻率提出非议。他要求学生学习《伤寒论》、《金匮要略》时，对其每证每方必须结合实践深刻思考，潜心琢磨，临床上的“随证加减”，切不可变为“随意加减”，一增一损务必合于规律，绝不能捕风捉影。除了严格要求学生，赵锡武还身体力行，对经典理论的学习精益求精，并勤于实践，勇于探索。他在为研究生讲解“瘫痫”病证时说，《金匮要略·中风历节病脉证并治第五》“风引汤：除热瘫痫”条中首次提出“热瘫痫”病名，后世医家对“瘫痫”病证之注释众说纷纭，见解不一。有医者认为，“瘫痫”就是“癫痫”；也有医者认为，“瘫痫”就是“瘫痪”；也有医者对“风引汤”这一汤证存疑。到底临床上有无“瘫痫”这一病证，赵锡武说：经自己临床验证，方知“仲景撰书实事求是，绝无妄添枝叶之弊，若见诸临床，方知仲景所论至真至确”。赵锡武并向学生们举例说明了临床上的病例：“余一乡闾，猝染中风，半身不遂，知觉亦失，虽药饵调摄，仅能扶拐蹒跚而行，胳臂终不为用。”一次赵锡武去看望他，“彼送门道别之际，猝然仆倒在地，旋即抽搐大作，已废用之臂也强直抽搐。俟其神志得慧，其胳臂依然不用。”赵锡武说，他曾见多个类似病例，并亲自查阅《金匮要略》，发现书中不止一处有关于癫证的描述，所以他认为，“仲景是不会将其常用的‘癫’误写为‘瘫’的。‘瘫痫’这一病名概念当为仲景严谨观察病证的科学记录，毋庸置疑”。“仲景以‘瘫痫’二字命名斯疾，诚属一绝妙的传神之笔。所谓‘瘫痫’者，正是其病又瘫（半身不遂，肢体瘫痪）又痫（癫痫抽搐发作）之谓也。”“仲景观察并记录的‘瘫痫’病证，是准确无误、客观存在的。”赵锡武强调指出：“由此可见，古人之说不可轻率否定，只有经过实践方能识妙通玄。”临床上他用“风引汤”治疗脑震荡后遗症及脑血管病后遗症既瘫又合并癫痫样发作者，每有良效。赵锡武对仲景学术思想之深入研究，使学生受到深刻教育。

在学术和医术上，赵锡武对后学毫不保留。为了使学生和徒弟能掌握心脑血管病的治疗经验，他将《金匮要略·胸痹短气脉证并治》的一节逐字逐句地进行讲解，详细剖析冠心病的机理，将冠心病治疗六法毫无保留地传授给他们。有一次张问渠接诊的一个病人口舌糜烂，舌尖发红，经过各种治疗效果不显。张问渠遂找赵锡武讨教。赵锡武看后说：“病人舌红溃烂属热为标，但脉沉细，下肢怕冷属寒为本，乃上实下虚所致，应采用‘益火之源，以消阴翳’的治法，以桂附为治。”张问渠按此法给病人进行治疗，果然收到了显著的疗效。类似后学向赵锡武讨教的事不胜枚举，每每他都是有问必解，从不保留。

时至今日，赵锡武的学生们谈起老师来，仍然赞佩不已：“我们不仅要继承赵老高明的医术和学术思想，更要继承赵老高尚的医德，他的医德和医风永远是我们做医生的榜样。”

赵锡武对待家人，要求严格。他一生为无数高官显贵、社会名流医治过病，结交的高官和名流不计其数，但他从未为自己和家人索取一丁点儿利益，从不让家人以他的名义去“求人”，利用他的关系去“找人”。正因为他没有谋私的企图，所以他才能对待病人不分三六九等。这一高尚品德，在今天仍是医者的一面镜子。赵锡武经常教育子女：“做人要本分，在工作和生活中，吃点亏没事儿，吃点儿苦、受点儿罪也没有关系，不要与人斤斤计较，要长真本事才好。”

1980年4月20日，德高望重的赵锡武因积劳成疾与世长辞，享年78岁。全国中医界和社会各界为之悲恸，党和国家许多领导人敬送花圈和挽联或亲自参加追悼会。临终前，赵锡武还抱病为病人诊病，一再嘱咐学生与徒弟，要将他的临床经验整理出来，供后人借鉴。赵锡武数十年如一日，为中医药事业的继承与发展贡献了自己的一切，真正做到了“春蚕到死丝方尽”。

（撰稿人　曹　慧　李剑君）

韦文贵卷

（此卷为韦文贵与其女韦玉英合传）

韦文贵（1902—1980）

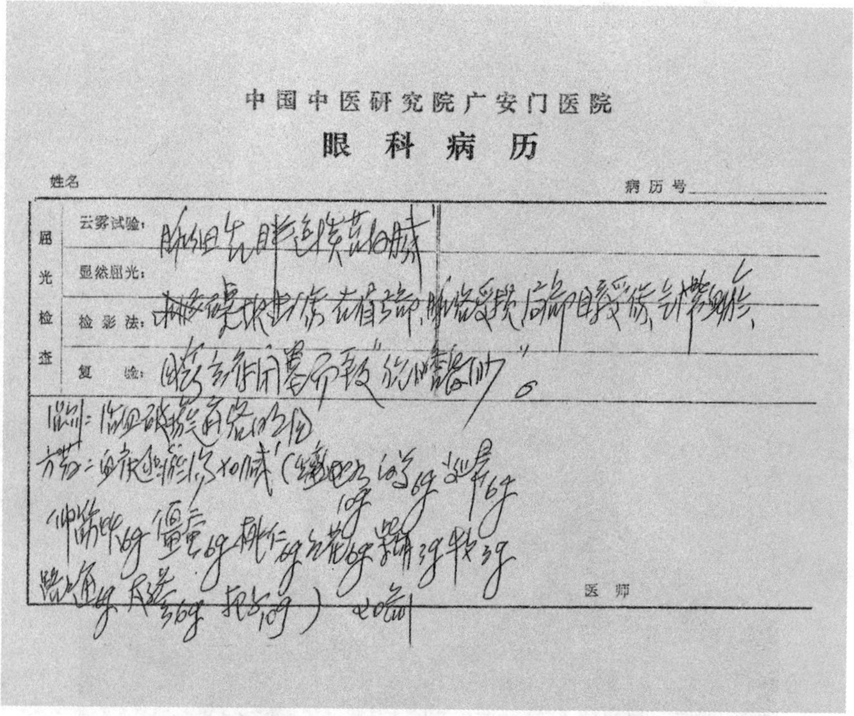

中国中医研究院广安门医院

眼科病历

姓名　　　　病历号

屈光检查：云雾试验、显然屈光、检影法、复验

医师

韦文贵学术继承人韦玉英手迹

医生要有医德，要用医家之心宽慰病人之忧急，以尽治病救人之责。

——韦文贵

韦文贵（1902—1980），字霭堂，浙江省东阳县人，当代著名中医临床家、理论家，尤精专眼科。早年在杭州行医，自建“复明眼科医院”，以祖传之“金针拨障术”使万千眼病患者重见光明。韦文贵医德高尚，医术精湛，儒雅博学，情系百姓，是一位成就卓著的中医眼科专家。

1949年之后，社会稳定，国家昌盛，人民安居，使从苦难年代走来的韦文贵大受鼓舞。为了振兴中医，使祖传医术为人民服务，韦文贵于1954年带头献宝，将几代人秘传的“金针拨障术”和韦氏眼科秘方公之于世，毫无保留地献给了国家。此后，又组织各种参观和传习活动，将拨障术的原理和技法传授于同仁。从此，韦氏之术走出密室，成为国家和民族的财富。

1955年11月，应卫生部邀请，53岁的韦文贵结束了个人的行医生涯，携家眷一道进京，入驻新建的中医研究院（即今中国中医科学院）广安门医院，在外科研究所任眼科主任。从个体行医到为国家服务，韦文贵的杏林生涯开始了一个崭新的阶段——一个为临床、科研、教学而忙碌的阶段。从1957年起，韦文贵历任中华医学会眼科学会常务委员，《中华眼科杂志》常务编委和中国中医研究院学术委员会委员。1959年晋升为研究员。同年在全国医药卫生技术革新交流大会上，韦文贵荣获了卫生部颁发的“技术革新先锋”金质奖章和奖状。这一年，他光荣地加入了中国共产党。韦文贵进京以后，一直担负着党和国家领导人的医疗保健工作。

韦文贵行医特别重视学习和继承工作。他认为，中华医学是在永不停息的学习和继承的循环中发展、进步起来的。前人的成就是后人举步的起点。韦文贵博览群书，不仅广泛阅读了历代中医药典籍，而且对中国的文、史、哲学也多有研究。他重视脏腑定位和五轮学说，崇尚脾胃学说和后天之本理论。他谦逊笃实，待人真诚，问病精细，断病准确，常以价廉之药治大病，深得百姓信赖和赞许。他金针拨障几十年，其艺神速无误，更是独树一帜。

韦文贵一贯尊重西医学术，他强调说，中医要发展，必须学习现代医学理论和西医诊病治病的先进技术。他认为，在世界医学领域，中西医并存是中国医药卫生事业的特色，把二者结合起来，创造新的医学模式，必将是对人类医药卫生事业的一大贡献。

韦文贵非常重视人才的培养。他不以个人医术的精湛为荣，而是把培养后学看得高于一切。他常说，医术的成就不能只看今天，更要想到未来的发展和进步，要把培养接班人的工作放在重要位置。几十年来，不论是课堂教学、临床带徒，还是座谈会，做报告，韦文贵都是满腔真情，谆谆训勉。他培养的研究生、进修生和西学中医师，今天大多数已经成了中医眼科界的名师、专家和各级医药卫生部门的领导。

韦文贵是一位眼科大家。他留给后人的不只是盲人眼前的光明，更有许多驱眼疾、塑光明的著作。这些著作，或韦文贵亲笔，或由子女和学生代笔，洋洋洒洒百万余言，都是韦文贵献给中华医学的瑰宝。其主要著作有《韦文贵眼科临床经验选》、《前房积脓性角膜溃疡的中医治疗》、《中医治疗视神经萎缩证简介》、《中医治疗沙眼的经验介绍》、《金针拨白内障简介》及《医话医论荟要·韦文贵医话》等。

秉承家学 弘扬金针拨障术

韦文贵出生于中医世家。祖父韦德生、父亲韦尚林都是江南名医。其父韦尚林曾侍医于清宫贵胄，是位御医，善治眼疾，尤以“金针拨障术”之精巧神奇为世所崇。辛亥革命后，回杭州悬壶，于中山路67号开设“文明眼科医局”。“金针拨障术”是中医治疗白内障的一种手术。顾名思义，只需金针一枚便可巧妙地拨去遮挡瞳孔的白色云翳，而使患者复明。韦尚林学识渊博，医术精湛，金针拨障更是手到病除，灵巧绝伦。因曾是御医，故而以“御医韦尚林”之名享誉大江南北。韦尚林有子三人，即文达、文轩、文贵，文贵最幼。三人自幼随父习医，均擅眼科，尤以韦文贵最负盛名。

韦文贵幼年在家乡东阳县白火墙村的私塾读书。12岁被父亲接往杭州上学。16岁起随父习医。白天在父亲左右侍诊，听父亲说病、配方，代父亲写病历、抄处方，以及迎送患者；夜晚在灯下读书，从启蒙读物《医学三字经》、《药性赋》，直至《黄帝内经》、《伤寒论》等历代医家经典都必求熟读成诵，撮其精要，融会贯通。韦文贵幼读国文，有着良好的文言文基础，所以从不把读书当作苦事。他酷爱读书，常常读到深夜。凡内、外、妇、儿各科方书专著，无所不读，尤其是有关眼科的专著则必须精读，重点章节定要背诵如流。

韦文贵回忆说：“当年家父不但在读书方面对我们兄弟要求严格，不容苟且。在侍诊和学习拨障术方面更是严而又严，一丝不苟。”患者来初诊，必须记住姓名、年龄、病情和用药等情况。复诊时，不待病人开口，就要主动将姓名、年龄、病情和初诊用药诸项叙述无误。这是医生的一项基本功，也是抚慰病人心理的一种方法。因为患者心悦气顺对治病是大有好处的。在学习调剂配方、炮制成药和外用眼药时，韦尚林对儿子要求更严，需遵从古制的必须依祖训炮制，丝毫不得走样。若是自制成药，尤其是配制眼药，韦文贵必须在熟记药物配方、制作程序、操作手法，以及适应病证、用药方法和疗效之后，父亲才让他参与操作。有些药，如外用眼药，必须自己试用后，才能用于患者。

至于拨障术，其训练更为认真。第一步，必须从理论上熟练掌握眼球的构造和白内障的病机病理，必须了解白内障针拨手术的过程和操作手法。第二步，见习观察。韦尚林每做手术，儿子必须伫立一旁，静静地观察手术过程，并默记于心。第三步，在用布做成的眼球模型上练习各种针法。韦文贵是一个做事认真并力求完美的人。他每天不分晨昏，一有空闲便在他的小屋里扎挑眼球模型。扎坏的布制模型不计其数。第四步，用猪、羊眼睛做针拨实验。为了做这种模拟手术，韦文贵不知买了多少猪头、羊头。第五步，实际操作。经过长时间的观察见习和模拟训练，韦文贵可以独立做手术了。患者是一位六旬老翁，白内障致盲已经8年之久。征得患者同意，韦文贵亲自持针，干脆利落、准确无误地拨下了翳障，使老人家重见光明。

1922年，其兄韦文轩开始独立行医，在杭州里仁坊自设“文明眼科医局”。1924年起，韦文贵也独立挂牌应诊。父亲特地送他一枚赤金拨障针，并语重心长地嘱咐他，要多读书，慎用针，勿逐名利，善待病人，做一个术业求精的好医生。韦文贵独立行医后，先开设眼科门诊，后改称“复明眼科医院”。医院还设有简单病床，供远道而来的患者住宿。抗日战争爆发，杭州沦陷后，他举家回东阳故里，租房设帐继续行医。

韦氏“金针拨障术”到韦文贵兄弟已经是第三代了。在西医白内障手术兴起之前，“金针拨障术”是使白内障病人复明的唯一方法，所以韦氏医术备受时人尊崇。关于“金针拨障术”，韦文贵说，它并非韦家独专，其实古已有之。韦氏之术是从中华民族的医学宝库中继承和发展起来的。据史书记载，早在南北朝时期就已有此术。《梁书·鄱阳王恢传》云：“后有眼疾，久废视瞻。有北渡道人慧龙下针，豁然开朗。”《涅槃经》中也说：“有人诣良医。医者以金篦刮其眼膜，使复明。”这些记载不但说明白内障病古已有之，而且还有剥膜复明的医术。金篦亦称金錍、金筹，即金针。这种“金针拨障术”古代诗文中也有记载。杜甫诗有“金篦刮眼膜”句，刘禹锡《赠眼医婆罗门僧》中描述得更形象：“三秋伤望眼，终日哭途穷。两目今先暗，中年似老翁。看朱渐成碧，羞日不禁风。师有金篦术，如何为发蒙。”韦文贵说，刘禹锡所患眼疾肯定是白内障。诗中所提的医僧便是掌握金篦拨障术的医生。针拨术经过历代医家实践，其方法渐趋完善。古人已总结出八法，即审机、点睛、射复、探骊、扰海、卷帘、圆镜、完璧。明代傅仁宇《审视瑶函》在“拨内障手法”中提出：“凡拨眼要知八法，六法易传，惟二法巧妙，在于医者手眼、心眼。”可见，金针拨障是手、眼、心高度协调的高难度技术。也许正是因为这种手术难度大、风险大，历史上掌握和传承此艺的医生并不多见。

韦文贵兄弟博览历代医籍，总结拨障术发展的历史经验，在父亲韦尚林的指导下，掌握了这一精细绝技。这不仅使韦氏医术有了传人，而且也使金针拨障之术得以弘扬。可以说，这是中国医学史上的一件幸事。

抗日战争胜利后，韦文轩、韦文贵兄弟重返杭州。韦文轩恢复医局，更名为“老文明眼科医局”。韦文贵则恢复“复明眼科医院”，并增数间病房。开业时，兄弟二人共同登报通告：“凡远道来杭就诊者，一宿两餐不取分文。”消息传出，远近的白内障患者纷纷上门求诊。在医院病房里食宿的病人长年不绝。

韦文贵兄弟医术高明，且以仁爱之心待人。从行医之日起拨障手术做了无数，绝大多数获得满意疗效，其人品、医术备受百姓赞扬。1956年，韦文轩荣任浙江省中医药研究所眼科主任。1962年，韦文轩被浙江省卫生厅评为首批“浙江省十大名医”之一。韦文轩从医50余年，在“金针拨障术”方面取得了不凡的成就。他自编的《眼科金针诀》深入浅出，简明适用，是留给后学者的一份珍贵遗产。韦文轩是20世纪中国中医眼科医学贡献卓著的专家。

韦文贵与兄长韦文轩一样，以“金针拨障术”的精巧迅捷、疗效满意博得病家的叹服和信赖。他的“一宿两餐”的待遇，使许多贫苦患者前来就诊，而且都重见了光明。韦文贵不但医术精准无误，收费低廉，而且待人态度真诚热情，无论贫富妍媸，一视同仁。对于贫寒孤寡之病人，常常是免费手术，免费施药。所以，韦文贵和他的“复明眼科医院”妇孺皆知，远近闻名。

金针拨障不是任何白内障都可施行的手术，手术与眼压有着密切的关系。在20世纪中期，中医眼科还没有测量眼压高低的仪器。韦文贵只能凭借经验和指压判断。在实践中，他总结出白内障眼球的三种症状，分别称作铜珠、铁珠和豆腐珠。“铜珠”是手术适应证，而“铁珠”和“豆腐珠”则不能做针拨术。“铜珠”是指正常眼压的老年性白内障。“铁珠”是指继发性青光眼所致的并发性白内障。“豆腐珠”是指眼内炎症后或陈旧性色素膜炎的并发白内障，眼球已经萎缩，无法针拨。至于进针的部位和方法，韦文贵说，必须从风轮外眦相半正中刺入，手术时强调精力集中，慎用浮动，切忌粗暴猛进。其用针必须“三慢”，即进针要慢、转弯要慢、拨障要慢。

在术后护理方面，韦文贵总结出四点经验：

（一）手术后要慢慢步行回房，取半卧位休息，以帮助脱位之晶状体固定于颞下方。单眼手术者，健眼亦须遮盖，以免眼球转动，影响晶体固定。两天内必须有人照顾，第三天即可去掉眼垫，饮食、二便均可自理。但要避免低头弯腰，以免拨下的晶状体再度浮起，遮盖瞳孔，影响视力和视界。3~5天即可出院，一月内避免剧烈活动和重体力劳动以及低头动作。

（二）不能吸烟，避免咳嗽，防止头部震动，不要大声说笑。手术后三天内，创口会因气血流畅而发痒，切忌用手揉眼，防止感染。

（三）手术前后若精神紧张，肝气犯胃，胃失和降，呃逆呕吐，胸膈苦满，不思饮食，则急宜疏肝和胃止呕，否则晶状体容易浮起。若遇此状，可用和胃止呕汤治之（柴胡、厚朴、黄芩、姜半夏、淡豆豉）。

（四）针拨白内障前房出血合并头痛者，首先是保持半卧位，以减少并发症。然后用养阴清热明目方调理（熟地、生地、当归身、熟川军、羌活、黄芩、木通、防风、玄参、木贼草、谷精草、炙甘草）。韦文贵认为，熟地滋阴填精，阴虚而刚者，以熟地之甘足以缓之；生地和玄参滋阴清热，凉血止血；川军破瘀泻火。以上四味为主药。木通、黄芩泻心肝之火而清胃热，以助川军之力。针拨术后，风邪乘虚而入，用羌活、防风可散头面之风邪而止痛；木贼草、谷精草祛风清肝，退翳明目；当归身有养血补虚、润燥通便之功，用以扶正；甘草调和诸药而补中。

韦文贵调入中医研究院（今中国中医科学院）广安门医院后，通过培训和带徒弟等各种渠道将“金针拨障术”广泛地传授于医务同仁和青年后学，使“金针拨障术”在新时代得以弘扬。著名中医眼科专家、原中国中医研究院副院长、国医大师唐由之在全面继承、反复研究“金针拨障术”的基础上，从手术所用器械、术中各个环节、术前术后处治等多方面进行了改进，使该手术更具科学性、安全性。该手术在20世纪60年代初迅速在全国推广，使万千白内障失明患者复明。唐由之还先后为毛泽东主席、朝鲜金日成主席、柬埔寨宾努亲王及多位中央领导人做了针拨白内障手术，均取得满意疗效。

"金针拨障术"是中医学宝库中的一朵奇葩。在白内障西医手术兴起之前，"针拨术"是使白内障患者复明的重要医疗技术。中国的"金针拨障术"是对世界眼科医学的一大贡献。

博采古今 论证悉从整体观

韦文贵常说，人间百艺都是在一代一代人的传承中延续和发展起来的。其传承的方式主要有两种：一是人与人、长与幼之间的口耳相授，言传身教；二是读书，从书籍中汲取前人的经验、学识和技艺。中医犹然。师徒传承，博览群书，勤求古训，发展自我已是一代代医家的共识。但是韦文贵也常告诫他的学生和后人，尊古学古，不是迷古。那种执一不变，食古不化，躺在古书上行医的方法是不可取的。那种只知其表，不识其里，只看现象，不究本质，眼痛医眼，牙疼拔牙的医生是为现代社会所不齿的。专科医生的"专"是在广博的基础上提炼出来的，不以"博"为基础是绝对"专"不起来的。

韦文贵认为，眼科诸病，虽然疾患表现于目，但其根本是因全身脏腑经络气血失调所致。治眼病断不可对全身情况置于不顾而单纯治眼。识别和诊断眼病，不能单以两眼的局部症状为依据，必须结合全身症状表现，综合分析，整体考察，审证求因，溯本追源，运用辨证之法，抓住事物的本质，才能施治无误。

人体是一个有机统一的整体。各脏腑之间有着相互依存、相互制约的关系。在正常状态下，以气血运动的形式维持着彼此的联系。《灵枢·大惑论》中说："五脏六腑之精气皆上注于目而为之精。"可见眼睛之所以能视万物，观五色，全赖五脏六腑之精气上行以灌输营养。《灵枢·口问》又说："目者，宗脉之所聚也。"在人体十二经脉中有八条经脉的运行与眼睛有着直接或间接的关系。既然眼睛的功能是靠身体的气血津液循经络转输来维持的，那么，脏腑经络的病变也必然会影响双眼。由此可见，眼疾往往是脏腑经络病变的外在反映。

1956年8月，有一位18岁的男患者侯某前来求诊。自诉：从1954年2月起发现双眼视力减退，曾在北京某医院治疗无效，视力日渐衰退，特来向韦文贵大夫求诊。经检查：双眼视力均为0.01，近视力耶格表为7。双眼周边视野正常。双眼视神经乳头颞侧色泽苍白，动脉较细。黄斑中心凹反射弱。脉弦细，舌质红，苔微黄。韦文贵断为阴虚肝旺，肝阳上扰清窍。当以滋阴益肾、平肝明目、适加活血行瘀之品治之。

处方：熟地黄25g，女贞子10g，五味子5g，草决明（先煎）25g，滁菊6g，蒺藜10g，桑叶5g，茯苓10g，川芎5g，茺蔚子10g，怀山药10g。隔日1剂，水煎服。服90剂后，复诊。

复诊时患者云：双眼视力已有进步。查双眼视力均为0.2，双眼近视力耶格表为4。脉弦细，症见气短神疲纳差。仍用滋补肝肾法治之。

处方：六味地黄汤加减。熟地黄25g，怀山药10g，牡丹皮6g，茯苓10g，山茱萸6g，五味子6g，黄芪6g，党参15g，天冬6g，炒神曲12g，全当归10g，苍术6g。14剂，每日1剂，水煎服。另，黄连羊肝丸每日服10g。

上方服30剂后，患者视力明显进步，可看书报。但觉视力疲劳。继续服药。至1957年6月，右眼视力增至1.2，左眼为0.4。患者要求继续服药。

韦文贵再诊，脉弦细，舌淡红，证属玄府郁滞未解。治宜疏肝解郁，辅以养肝益气，滋补肝肾。

处方：柴胡6g，当归10g，炒白芍10g，焦白术10g，茯苓10g，炙甘草5g，制首乌25g，党参12g，麦冬10g，五味子3g。10剂，水煎服。另，犀角地黄丸（犀角现已代用）90g，服完为止。

经过一年的服药调养，患者右眼视力从0.01升到1.5；左眼视力从0.01升到1.0。双眼近视力耶格表为1，中心视野暗点消失。病人欢愉，阖家大喜，特来医院致谢。

韦文贵对侍诊的医生说，侯某之病为视神经萎缩症。这种萎缩症是视神经纤维在各种病因作用下发生的退行性变性和传导功能障碍所致，可导致视力下降和失明。中医文献中，虽然没有对眼底视神经病变作过什么描述，但对这种病症已有相当认识。《审视瑶函·青盲症》中就说："目内外并无障翳气色等病，只自不见者，是乃玄府幽深之源郁遏，不得发此灵明耳。"《证治准绳·视瞻有色证》中还说："若视有大黑片者，肾之元气大伤，胆乏所养，不久盲矣。"韦文贵指出，这种病的治疗原则应是滋补肝肾，益气升阳，疏肝解郁，养血活血。目为肝窍，瞳神属肾，凡是瞳神内部的慢性眼底疾患，应多以补益肝肾为主。药以杞菊地黄汤或明目地黄汤为基础，随症加减。又因脾为后天之本，生化之源，所以在治疗中又要重视保护和调理脾胃。

韦文贵在辨证眼病时不但重视脏腑定位，而且尊重五轮学说。眼病多为脏腑病变、气血失调、经络阻滞、阴阳失调、外邪侵袭等因所致。其中脏腑病变是病因病机的关键。只有找出脏腑失调的症结，整体辨析，才能从根本上治疗眼疾。所以临证中必须根据眼的局部症状，结合全身状况和个人病史，甚或家族病史，审证求因，定位于脏腑，定性于寒热虚实，才能做到"治病求本"。

中医眼科的五轮学说认为，角膜、虹膜为黑睛，属风轮，在脏属肝，肝胆相表里，故黑睛病变多与肝胆有关；球结膜及巩膜的前部为白睛，属气轮，在脏属肺，肺与大肠相表里，故白睛病变多与肺、大肠有关；上下眼睑、睑结膜、睑板腺、轮匝肌等为胞睑，属肉轮，在脏属脾，脾胃相表里，故胞睑疾患多与脾、胃有关；内外眦及附近结膜和巩膜浅层血管、泪器等为血轮，在脏属心，心与小肠相表里，故血轮病变多与心、小肠有关；瞳孔、晶状体、玻璃体、视网膜等属瞳神，为水轮，在脏属肾，肾与膀胱相表里，故瞳神疾患多与肾、膀胱有关。

韦文贵认为，“尽管五轮学说对于眼病的脏腑定位给人们提示了一个普遍规律，说明了眼与脏腑的密切联系，在很多情况下能解释眼的生理病理现象，对临床有一定指导意义，但应用时不能拘泥于五轮。”他主张“在临床中对眼病的脏腑定位应尊重五轮学说，但不可执一不变，墨守成规”。因为千变万化的临床现象既包括了普遍规律，又有特殊规律的存在。例如“角膜翳”的病变部位在黑睛，属风轮病变，按五轮学说应当定位于肝，但症见视物疲劳、眼睫无力、肢体疲倦、不思饮食、便溏、脉细无力等现象，这是脾胃虚弱、中气不足之过，当以益气、健脾、和胃之法为治。

又如中心性浆液性视网膜脉络膜病变，病变部位主要在黄斑区。黄斑位于瞳神内，从内而蔽，外不见症，属“内障”范畴，病在水轮。但若症见病程已久，视物模糊，视惑，视力迟迟不恢复，眼底黄斑水肿，渗出明显，全身兼见神疲气短，少言懒动，或纳少便溏，头痛绵绵，面色萎黄或稍有浮肿，舌淡胖，边有齿痕，脉沉细或虚大无力等症状时，韦文贵则按脾虚气弱论治，而不拘于“水轮属肾”之说。

韦文贵在临证中对眼病的脏腑定位、审证求因，是根据眼部的症状，结合全身情况及现代医疗器械的检查结果，灵活地运用五轮学说。具体问题具体分析，通过综合分析，而后才定位于某脏某腑。这种辨证方法切合病情实际，条理清楚，重点突出，还给确定治疗大法提供了有力的依据。

尊重古人，博采历代医家精华，充实自我，探求新知是韦文贵成功的重要途径。他认为，自己在医术上的进步都是在前辈的基础上发展取得的。无古则无今，没有前贤的成就，便没有今天的辉煌。前人的那么多典籍论著是储宝的锦囊，是取之不尽的。

但韦文贵也指出，只知古人和继承古人之术是不够的。“江山代有才人出”，在当代的众家中，“才人”也比比皆是。在博采百家、勤求古训的同时，绝不可忘记博采当今医家之精华。韦文贵认为，向今人学习、向身边的同仁们取经也是自我提高的重要途径。

中国中医研究院是名老中医荟萃的地方。这里的每位专家都有着丰富的临床经验和医术特长。在研究院工作的25年里，韦文贵常常主动上门向各科医师请教，吸取各科医家之长来丰富自己。中医学家蒲辅周，中医教育家、理论家沈仲圭，皮科专家朱仁康和脑病专家赵金铎等都是韦文贵的同道诤友。他们只要相聚相遇，就是论病说药谈心得。韦文贵的观点是：远学古人，近学同仁，怀揣利器，总有用得着的时候。

20世纪60年代，中央某部一位领导患眼底病日久，请韦文贵出诊。在治眼病的同时，该领导提出能不能给他治一治皮肤瘙痒的老毛病。韦文贵欣然允诺。在四诊辨证后，韦文贵开出了仅有9味药的处方，共7剂，每剂只要五角六分钱，7剂共三元九角二分钱。该领导怀疑地笑着说：“就这不到四块钱的药，能治好我多年的老毛病吗？”韦文贵说，药用对症，不在贵贱。还嘱咐患者，两病在身切勿烦躁，要泰然处之才是。结果患者服药7剂后，瘙痒之症减轻了。服药两月，在眼病康复的同时，瘙痒症也奇迹般地治愈了。患者大喜，专程送锦旗致谢。当侍诊的弟子们请教这次用药的经验时，韦文贵说：“治好该同志的眼病是我的方药，而皮肤瘙痒症则是借用皮科专家朱仁康先生的处方。”

有一年，韦文贵在杭州海军疗养院疗养期间结识了邮电部部长的夫人。在聊天中得知，该同志在1948年以前曾与部长以“夫妻”名义在“白区”从事地下工作，在那艰苦而又危险的岁月里，他们常常是居无定所，食无定时，担惊受怕，精神紧张。结果她患上了失眠惊梦、夜寐遗尿的毛病。拖拖拉拉治了20多年，噩梦虽减，但遗尿之症如常。韦文贵听后，既钦佩又同情，告诉她，夜间遗尿、小便不能控制是常见病，不必紧张。这种病主要是由于膀胱约束力不强所致，多属肾虚。因肾与膀胱相表里，肾脏虚损则不能制水。欲治此病必须以补肾固摄为先。由于长期从事地下工作，喜怒悲恐七情不能正常宣泄于外，便又造成肝脏积郁而心火压抑于内，进而造成遗尿惊梦之后患。韦文贵为患者制订了以疏理肝气、清心安神、固肾缩尿为原则的治疗方案。经过一个多月的调理治疗，该同志的遗尿症完全治愈，夜眠也不再惊梦了。

韦文贵常说：事物的特殊性是寓于其普遍性之中的。不研究，不掌握事物的普遍性规律，是提炼不出也发现不了其特殊性的。医生看病也不例外。没有对人体及其疾病的整体和普遍的研究，是不可能成为一个好的专科医生的。所谓博采百家，不但要博采古今百家之精华，而且还应该博采其他各科之术。他谦虚好学，勤于与不同学科的同仁切磋交流，善于吸纳他人经验和新事物，故而能临证不慌，断病精准，用药如神，祛疾势如破竹。

知常达变　脾胃学说有新论

在韦文贵的眼病理论中，“风”、“火”之说、脾胃之论占有十分重要的地位。他认为，对于外障眼疾而言，究其病因，多以“风”、“火”为主。“风”为阳邪，是百病之长，巅顶之会，风邪所致，上先受之。所以风邪常为外眼疾患之先导。韦文贵认为，眼病初起，不分内外，总有风邪作祟。目为肝窍，常先受之。故治应祛风散邪，究病之归属，防其传变。平时用药按病审因，选药入方。荆芥、防风，发散风邪不伤阴分，荆芥又散血分之热；对泪多眵少、抱轮红赤者，首选蝉蜕、菊花疏散风热；羌活、白芷祛风胜湿，疗目赤肿痛。韦文贵认为，内障初起，风邪亦为先导，故无论因热、因火，或气机郁滞、肝肾亏损等病，均应加入疏散宣导药。如瘀血灌睛方治血灌瞳仁，方中有荆芥、白芷；又如坠血明目饮中有蒺藜、防风、细辛。投以此类方药治疗初发玻璃体积血常常奏效。

对于风药之效，韦文贵认为作用有三：其一，“肾肝之病同一治，非风药引至不可也”。其意为补中有疏通宣导，舟楫之用，载阴精而达脏腑。其二，同时配苦寒之剂以升降并行，起相反相成、相互制约作用。如消炎退障方中大黄、黄芩、枳壳合薄荷、牛蒡、白芷。其三，如风药配以甘温之剂，有升提之功，合东垣之意。

韦文贵认为，“火”有虚实之分。六淫时邪，疠气时疫，侵犯肌表，经卫、气、营、血而入里可以化火。内伤七情，气郁化火，阴虚血少，肾阴不足，相火偏炽为虚火。外风易引内风，虚火易招风邪。目病多火，目为火之门户，目不因火则不病。故临床常以犀黄散清热镇痛，退赤消肿。在凝脂翳医案中，泻火解毒方用硝黄导热下行，再加祛风清热、退翳明目之品。对偏头痛、大小雷头风则以风火痰湿论治。本虚标实，病发急骤者，初以龙胆泻肝汤加硝、黄，继则阴虚不足，肝肾阴亏，常用青光眼三方清肝泻肝，疏风止痛。方中用黄芩、生地黄、石决明、羌活、防风、白芷。因感受时邪、疫疠之气而患小儿青盲症者，他认为是风邪余热未清，热留经络，脉络壅遏，以钩藤息风饮清热养阴，平肝息风。这些均为“风”、“火”之辩证关系。

对于火热之邪充斥内外所致的外眼病，因其发病急、来势猛、变化快，韦文贵认为，若单纯用清热解毒或清热祛风法治之，则如杯水车薪，扬汤止沸，药不胜病。唯用釜底抽薪之法，方能使火灭风息，病机转化。但应用时必须注意“适可而止”的原则，即所谓“大毒治病，衰其半而已”。用此法为先导，中病即止，继而酌情调改治法，以缓剂图功。

曾有一位六旬老妇，患黄液上冲症，风轮内黄色脓液已掩及瞳仁，黄仁和风轮上之凝脂白翳粘连在一起，瞳仁偏向一侧，兼见抱轮红赤，头目剧烈疼痛难忍，叫苦不迭。韦文贵对她说："视力已经不能恢复，但红赤疼痛可除。"随即投以前述之眼珠灌脓方5剂，其中大黄用至21g。当时有医生在侧，吃惊道："患者年纪高迈，服如此峻下之剂岂不有虚脱之虞？"韦文贵答曰："经有'有故无殒，亦无殒也'之说。此人年纪虽高，但体质壮实，服之无碍。且如此毒热壅盛之候，不峻下何以折其嚣张之势？"患者依言服之，药后仅拉稀屎数次，并无大泻，而头目疼痛大减。连服5剂之后，风轮后脓液竟获全消，疼痛及抱轮红赤诸症均消失。又处以清热养阴之剂以善其后。病家大悦，频频致谢。

应当注意的是，上述峻下之剂只可暂服，不可久用，以免损伤脾胃，使正气耗损而病势缠绵。万一有服上述泻剂而泻下过多者，可饮冷开水一碗，泻可立止，不必惧怕。韦文贵说，治病贵在随证变通，不可偏执一端。

对于起病较缓的内障眼病，韦文贵认为多是肝肾不足所致。《银海精微·序》中所说"肝肾之气充，则精采光明；肝肾之气乏，则昏蒙眩晕"，就是指内障而言。韦文贵治疗内障眼病，首重肝肾二脏之症状。通过辨证，定为肝肾不足者以补肝肾之法为治，自不必论，即使属其他证型者，往往也在处方中加用枸杞子、女贞子、生熟地黄等养血填精、固本培元之品。他认为，补益肝肾既可以使精血充沛，上荣于眼，起到直接治疗内眼病的作用；又可以通过补益正气，调动机体的能动性，达到扶正祛邪的治疗目的，对于缩短疗程，提高疗效极为有利。但需注意，凡有实邪者，如血溢络外，瘀血滞留，气机阻滞，痰湿不化等，均不宜早补或单纯补，以免滞腻敛邪。脾胃虚弱，纳谷不佳，当佐以理气健胃消食之品。

韦文贵治疗外眼和内眼病的这些常法，是普遍规律。他常说："治疗眼疾，必须有常有变，知常才能达变。"也就是说，不能对所有的外眼病均治以祛邪之法，也不能对所有的内眼病均治以补肝肾之术。如对外障眼病的凝脂翳（角膜溃疡），若久病不愈，全身兼见阴虚火旺证候者，虽为外障眼病，但应以补益肝肾、滋阴降火为治。又如内障眼病中的视网膜静脉周围炎性眼底出血，属久瘀不化者，视神经炎属肝火夹痰者，视神经萎缩属肝经风热、肝气郁结者，均应以祛邪为治，切不可拘泥于内眼病仅以补肝肾为治。临床中应以“证”为依据，其治则、治法、治方，既要掌握普遍规律，又要随时不忘具体问题具体分析。这样才能做到“知常而达变”。

韦文贵遵从李东垣脾胃学说，在眼科内服用药时特别注意顾护脾胃。他常常告诫后学说：“药石易伤胃气，小儿尤当注意，无胃纳脾输，药物之所治亦成空话。”认为脾胃为后天之本，主生育营卫，生津调布，一有所病，则九窍不利。中气一旺，百病可减，脾气一虚，清阳不升，目窍闭塞。脾胃虚，则百脉不充，目无所养。

韦文贵临证善理脾胃，强调食不可太精，偏食尤为所忌。临证用药，中病即止。用承气汤时常嘱病人多喝稀粥，儿童用药时常选木香、山楂、炒谷芽、炒麦芽，推重七味白术散。虽然平时善用六味地黄汤化裁治内障诸病，但常使用畅通脾胃之品防滞防腻，避免损伤脾胃。

韦文贵在辨证时多以脾胃功能情况作为拟定治法的参考。属脾胃失常的患者，则调治脾胃无疑。有一些眼病，虽其病机主要矛盾不在脾胃，但在治疗过程中，根据不同情况也辅以调理脾胃。因为脾胃之气旺，气血充盛，升降有序，脏腑和谐，有利于眼病的恢复。他常强调：病久而长服中药者，药性的寒热温凉走窜以及滋腻之偏难免损及脾胃，故治慢性眼病不知顾及脾胃者，是治之失着。他调理脾胃的形式多种多样，以治中土为主者，有补脾健胃、益气升阳、温中健脾、利湿化痰、补脾摄血等多种治法，酌情选择；属兼顾中土者，或将调脾胃之品佐于组方之中，或另开丸药辅佐汤剂，或分阶段暂停用他药而专事调理脾胃于一时，或病后收功等等，专门调理脾胃，以巩固疗效。

韦文贵认为，扶胃气首先要考虑病人的运化能力及饮食喜恶，切忌蛮补。临证时对于药物的用量一般不予过重。他常说：吃药亦如吃饭，消化不良的人进食过饱则伤胃，而若遇脾胃虚弱之人，投重剂补药，因消化无力，徒伤脾胃，反致病情加重。所以调理脾胃，须用轻剂助脾醒胃，增进饮食，使饮食有思，运化有权，用药方能见效。

在补肝肾或补心肺时，韦文贵也特别注意脾胃的强弱，不过用甘寒黏滞之品，以免碍胃。他常提醒学生在配伍时要注意醒脾胃、疏气血之药，使胃纳增加。脾胃之生气健旺，运化有力，方能滋养肺阴，并能使心、肝、肾精血充足。若不顾病人的运化能力，一味蛮补，反而损伤脾胃。即使在病之后期，当余邪未尽之时，误补也易使病邪稽留，造成病势缠绵。此时倒不如以米麦之属代替补药，使正气恢复，病邪可望自退。

对于有些慢性病如青盲之类，需要长期服药才能收效。但服药日久，常常损伤脾胃之气，引起食欲不振、痞塞满闷等症，甚至出现呕吐不能纳谷等现象。此时应停攻病之药石，进以养病之饮食，以养脾胃之气。遇久病服药者，常用轻剂，并嘱其隔日一剂，以免伤胃。治至将愈，也常嘱患者停药，靠饮食调理以收功。总之，重视后天之本，并采取多种形式调理脾胃，以适应病情，这是韦文贵在治法上的一大特点。韦文贵善于使用时方，著名的补中益气汤就是他在临床上经常使用且每获良效的方剂。

1955年，韦文贵到北京某医院会诊。患者由西藏自治区转来，是全国群英会的西藏代表，素有“雪山英雄”的称号。在赴京开会前夕，因施工中雷管爆炸，致使面部及双眼严重外伤，遂转来北京某医院住院治疗。为抢救患者双眼，使其重见光明，有关方面召集所有在京的著名中西医眼科专家会诊，共同研究施治。在讨论中，西医眼科专家认为必须尽快手术治疗，才能保住双眼。

但因外伤造成房水外流，眼压太低，不能施行手术。所以治疗关键在于迅速提高眼压，创造手术条件。但是对如何提高眼压，众医者沉默寡言。西医用西药可以很好地降低眼压，但对于如何提高眼压却殊少良策。此时，韦文贵建言：可服中药提高眼压。众人闻言，惊、喜、忧、疑，表情不一。于是公推韦文贵把脉施治。病人身材魁伟，体质中等，因外伤出血面色略显苍白，且神疲气弱。其双目黑睛受损，神水外溢，伤口业已封闭，目珠内陷，眼胞按之软而少抗力。脉虚大少力，舌淡，边有齿痕，苔薄白。病属中气不足、目珠下陷之症。韦文贵拟以补益中气、提举清阳之法提升眼压。

处方：炙黄芪15g，炒白术10g，野山参6g，陈皮6g，升麻6g，醋柴胡6g，炙甘草10g，当归身12g，水煎服。服14剂后患者眼压升至5.5/5=17.30mmHg，全身情况好转。由于具备了手术条件，经及时手术治疗，双眼视力均恢复到0.8以上。英雄得救，皆大欢喜。

补中益气汤在内科临床适用于胃下垂、脘腹痞满、身倦肢乏、消瘦，以及胃气虚、中气下陷所致诸症。眼科病症中眼压低而目珠内陷为虚弱不足之证。房水与玻璃体禀受于先天，而依赖后天的濡养和补充。《灵枢·口问》中说："目者，宗脉之所聚也，上液之道也……液者，所以灌精濡空窍者也。"这里所说的"血气"和"液"与眼睛的泪水和房水以及玻璃体的形成都有一定的关系。五脏六腑之精皆上注于目，脏腑之气又以脾胃中气为物质基础。"脾运化水谷精微，为气血生化之源；脾气统血，循行目络，脾虚则气血生化乏源。眼内循环的液体包括血液、房水和玻璃体等和脾气是否充足和健运关系密切"。可见，中气足则五脏六腑之气得充。本方则大有提举中气之功，清气津液上达于目，双目得以濡养则眼压恢复可图。韦文贵在临床中遇有眼压低而兼气血虚弱、中气不足者，每用补中益气汤加减，多获良效。

药用神效 处方配伍独一帜

韦文贵继承先贤，深谙古训，但尊古而不泥古，自成一家风格，无论断病辨证还是处方用药，均有其难能可贵的独到之处。韦文贵认为，外障眼病实邪为多，故常用峻下、清热、疏风、活血等法，以祛邪气为急。对火热邪毒充斥内外的外障，必须釜底抽薪。内障之疾发病较缓，主张养血填精，固本培元，寓祛邪于扶正之中。而对虚中夹实的患者，又强调扶正祛邪兼顾。如对青光眼的治疗，韦文贵指出，首先要辨缓急虚实。认为发病急、疼痛剧者多属实证，当疏风清热，平肝活血。反之为虚证，但应切忌纯补。可在滋补肝肾的同时，佐祛痰除湿、活血行气、和胃止呕之品，以提高疗效。韦文贵遣药制方有如下几个特点：

（一）方简量轻：在其自制的57个经验方中，用药14味以上者仅2首，12味的6首。还有10方用药均不足6味，而疗效却灿然可观。这种不求广原猎兔，但求单刀直入的组方思路值得重视。韦文贵对叶天士所云“诸香皆泄气”、“香气如云烟，先升后降”等观点颇有同感，故对轻扬芳散诸如蝉蜕、薄荷、羌活、细辛等药及辛温沉降的砂仁、沉香、肉桂等品的用量极轻，仅投1~3g，而荆芥、防风、牛蒡子、白芷、辛夷、桑叶亦仅3~6g。对苦寒之品如栀子、黄连、黄柏、龙胆草等，亦很少超过5~9g。

（二）喜投辛散：因目为上窍，用药非轻则难以直达病所，辛散之品多轻扬上浮，故韦文贵极喜投之。在57个经验方和69个常用的前贤方中，有30方用了防风，16~22方用了羌活、荆芥、柴胡；11方用了细辛、白芷。这样广泛选用风药，除因“诸风药，升发阳气，以滋肝胆之用……使火发散于阳分而令走九窍也”(《脾胃论》)之外，还为了避免苦寒伤胃之嫌。与苦寒降逆之品同用，共收升降转枢中州气机的作用。李东垣曾赞当归为“和血之圣药”(《兰室秘藏》)。韦文贵虽亦取其养血安神、活血通络之功，而作为治眼疾良药，他考虑到川芎升发清阳和引经报使作用尤胜于当归，故在43方中均选用了川芎。韦文贵对某些病的治疗，完全以辛散药为主，如治青光眼急性发作期的偏正头风方、风热头痛方、退红方、和胃止呕方、青光眼3方、慢性青光眼方(亦治急性发作)，几乎无一例外地用了荆、防、蝉、芷、藁、羌、柴、细、桑、菊等辛散疏风解表药。这种独辟蹊径的用药法，令人赞叹，更可推而广之。

(三)精研配伍：韦文贵因对药性了如指掌，故在制方时能结合临床经验，精究药物的配伍。他根据《三家注》所云“石脂具湿土质而有燥金之用”及《本草汇言》所云赤石脂可“去湿气，敛疮口”之理，将他人很少用于治眼疾的赤石脂与细辛相伍，取其一沉一浮，一合一开，一敛一散，相反相成，配制在自拟的红肿翳障方中，用治角膜溃疡，可谓别具一格。

韦文贵讲过这样一个医案：河南省一位男性干部，50岁，因患右眼凝脂翳，辗转河南、北京等地治疗，两个月来病情不能控制，溃疡继续发展，众医束手无策。经人介绍前来韦文贵处求治。患者右眼白睛抱轮红赤，畏光流泪，视物困难，黑睛鼻侧有脂状物附着，平日失眠多梦，口苦咽干，尿黄便结，脉数舌红。韦文贵认为此乃肝肺积热，复感风热毒邪，热毒之邪上犯目窍，风轮受损，发为本病。因此以清泻肝肺之热、退翳明目为治，主以自拟红肿翳障方：石决明20g，赤石脂10g，夏枯草6g，川芎6g，黄芩6g，细辛6g，甘草6g。

石决明平肝清热，退翳明目，治目赤翳障为主药。川芎滋阴活血、退赤明目为辅助药。细辛祛风止痛，夏枯草、黄芩清肝散结明目，赤石脂收敛生肌，甘草健脾和中，调和诸药。服药14剂，诸症减退，白睛已不红赤，眼部其他症状亦已全退，唯黑睛遗有斑翳。再予以犀黄散外用点眼。一个月后，患者前来复查，右眼斑翳明显减轻，后随诊一直未再复发。

赤石脂是一种红色的高岭土，因色红滑腻如脂而得其名，性味甘涩微温，具有涩肠止血、收敛生肌的作用，是一种常用收涩药。临床上多用于治疗久泻、久痢、便血、脱肛、遗精、崩漏、带下、溃疡不敛等病症。《本草求真》说赤石脂："甘温质重色赤，能入下焦血分固脱，及兼溃疡收口，长肉生肌也……石脂之温，则能益气生肌；石脂之酸，则能止血固下。至云能以明目益精，亦是精血既脱，得此固敛，始见目明而精益矣。催生下胎，亦是味兼辛温，化其恶血，恶血去则胞与胎自无阻耳。故曰：固肠，有收敛之能；下胎，不无推荡之峻。"从以上论述可知，赤石脂除有收敛固肠的作用之外，尚有化恶血、通脉络的活血化瘀功能。所以赤石脂是一种具有活血化瘀作用的收敛药，既可收敛生肌，又可活血祛瘀，用于眼科角膜溃疡的治疗，颇有佳效。

韦文贵对补药及泻药的应用亦有其独到的见解。

应用补阴药时，常伍以理气开胃之品，以免碍胃损脾，生湿敛邪，如熟地配枳壳，炒酸枣仁配沉香，生地黄配神曲等。特别是补阴药与眼科常用的一些轻清宣扬之品协同应用，既可标本同治，又可防止滋腻碍胃敛邪。如炙鳖甲、炙龟板配桑叶（养阴平肝止痛方），何首乌、冬虫夏草配蔓荆子（平肝息风降压方），熟地黄、当归配羌活、防风（养阴清热明目方）等均是。

对于补阳药，特别是一些峻补壮阳之品，如鹿茸、附子、肉桂、巴戟天、淫羊藿、全鹿丸、参茸卫生丸等，一般慎用。因为火性炎上，实热邪火可循经上扰于目，以致罹患目疾。阴虚火亢，虚火上炎，亦多导致目疾。故古人有"目为火户"之说。综观临床眼病，从寒热的角度分析，其中以热证居多，寒证虽有，但毕竟为少数，故补阳之品，必须慎用。

韦文贵主张在照顾脾胃的前提下，滋阴养血、益精明目的补阴药可以适当重用，温里助火壮阳药则应当轻用慎用。因为阴为物质基础，是有形之质，欲补其虚，没有一定的数量就不能引起质的改变；阳为功能表现，是无形之用，补阳应取其巧，在补阴的基础上略加补阳之品，剂量宜小不宜大，使其起到启开发机的作用，才能达到补阳而不动邪火的目的。若妄用壮阳峻补之品，非但不能补阳，反而会引动相火，既有伤灼耗精之害，又有肾关不固、真精受损之危。在治疗小儿眼疾时，助阳之品更应慎用。对于12岁以下儿童慎用炙黄芪，因小儿为纯阳之体，黄芪性温补气，有助火之弊，易导致鼻出血。

具体方法上，应用补益药，如人参、黄芪、熟地黄、阿胶、女贞子、肉桂等，剂量均应由轻到重，逐渐加量。因为病者体质虚弱，虚不受补，纵然重用，于病无益，甚至会因补阴而滋腻碍胃，因助阳而引动相火。剂量由小到大可循序渐进，待正气渐起，吸收运化功能恢复，再重施补品，这样能达到益气补阳、养血填精的治疗目的。

韦文贵十分重视被别人忽视的单方小药。他使用这类药物，常常出奇制胜，取得佳效。

一位在西藏工作的干部，两目微红，两眦常有大量眼眵壅结，视物昏花不清。患者非常痛苦，于是慕名前来就诊。韦文贵处方：番泻叶30g，嘱其每日用2~3g泡水，代茶饮之。结果尽剂而病愈大半。患者惊喜，赞叹不已，一味小药竟使为患日久的眼病立退，特来报喜致谢。韦文贵又开番泻叶30g。日日见效，药尽病除，视力等恢复如常。

众所周知，番泻叶味苦而性寒，质黏而润滑，是一味使用方便的泻下药，能入大肠经泻积热而润肠燥，可用于热结便秘之证。古书并无记载，至近代才被用于临床，用于治疗眼疾的资料则更为罕见。临床上目眵壅结，多属肺经实热。又因肺与大肠相表里，泻大肠即可清肺热。番泻叶入大肠而泻热导滞，故可导肺经之实热下行，从大便而解。所以凡见白睛红赤、疼痛羞明、眵多泪热之症，均可用番泻叶治疗。而且本品可用开水浸泡代茶，服用甚为方便，颇受患者欢迎。但是应当注意的是本品的用量：少量使用可清肠胃之热而开胃进食；服用5~10g即可在2~3小时内出现肠鸣、腹痛而致泻；过量则会引起恶心，甚或呕吐。所以，若非胸腹胀满、便秘不通而需要峻下者，用量一般在3g以下为宜。韦文贵用药不偏执一端，能够随证变通，故常常取得良效。

辨证有术 韦文贵重塑光明

眼睛虽小，但构造复杂，其功能于人体之重要性自不待言。保护眼睛、治疗眼疾是医家专科之术。韦文贵秉承前人教导，结合自己几十年的临床实践，对眼睛的病机病理、病情症状、传变规律、检查方法、辨证手段和用药护理等等都有深刻的理论认识和治疗经验。他对眼病的局部症状的分析辨证，有着十分重要的临床指导价值。

第一，眼珠病变。韦文贵认为，白珠红赤，凡见赤脉粗大而鲜红，用手指隔眼睑压之可暂退，充血以球结膜周边为主（结膜充血），则多为外感风热之实证；若赤脉细小密集，色暗略紫，环绕黑睛一圈，以手压之而不易退色者（睫状充血），则为“抱轮红”，多属肝肺郁热所致；白睛一片紫红，略高于球结膜平面且痛甚者，多为肺肝火郁而兼气血瘀滞所致；若不痛不痒，无泪无眵，白睛一片胭脂样血红者，多属络脉损伤或血为邪滞、凝而不行所致；倘若白睛淡红一片，则多属阴虚火旺之证。

第二，眼部肿胀。眼部肿胀，状若鱼胞，为肺火炽热；肿胀发于睑胞，红硬臃肿，属脾胃实热；若“胞虚如珠”肿软而不红者，属于脾虚气弱；如若红肿糜烂，则是脾胃虚弱之故。

第三，眼痒症。韦文贵认为，眼痒发于内眦，多为泪窍病变；睑缘发痒兼赤烂肿痛为湿热蕴蒸所致；痒如虫行，年年复发为风邪上攻；若刺痒灼热则为风热壅盛；若是诸痒并重乃为血虚生风之象。

第四，泪眵症。热泪如汤为风热；冷泪长流属肾虚；眵多痂结为实热；眵多微黄且稀薄是虚热；眵多而白黏是湿甚。

第五，疼痛症。韦文贵说：疼痛之症因部位不同、程度各异而定。双目隐隐作痛，且时痛时止，为阴虚火亢；痛如针刺，持续无间者，属实火上亢；眼干涩而痛乃肝肾阴虚、精血不足之故；双眼痛，经期尤甚者是为血虚；久视劳倦，眼无力，兼前额隐痛者乃气虚；赤痛而多眵多泪为风热壅盛；目淡赤而隐痛，少眵少泪，二便通利者，为虚火上越；目赤而痛，二便不利者为实火内蕴；若眼痛欲脱，头痛呕吐，则多为肝火上炽。

第六，视力症状。韦文贵说，人之视力，能近怯远，属于心火不足；能远怯近，多为肾气亏损。视瞻昏渺，逐渐失明者为青盲，且以虚证居多，常为肝肾不足、气虚血少所致；若突然丧失视力，甚至失明者，则为暴盲，以实证居多，常为肝胆实火、血溢络外、气滞血凝或络脉受阻所致。

第七，视觉形色。韦文贵指出，若云雾遮睛，眼前有黑花飞蝇，乃肝肾阴虚或肝胆炽热；若视正反斜，视小反大，视直为曲，则多为阴虚血少或脾运失健，湿浊上犯，痰火上扰之证。

第八，瞳仁形态。韦文贵说，瞳仁干缺，瞳仁紧而小，属于肝胆郁热，或肾水亏乏；瞳神散大，不伴眼珠红痛者为肝肾不足；瞳神散大，伴有目珠红痛者，为肝火内炽；若瞳仁内发白，阳看则小，阴看则大（圆翳内障），则多为肝肾两虚或气血不足之证。

必须指出，上述各种症状的判断常常不是孤立的，诊疗时必须参考眼部的其他症状和全身的病状反映，全面辨证，综合分析，才能得出精确客观的论治措施。

所谓辨证论治，韦文贵说，辨证是为了论治，只有辨证准确，论治之法才可能得当。辨证是论治的基础和前提，论治是辨证的目的和结果。只有辨证准确，治则对症，才能药到病除，回春有望。

患者兰某，男，34岁。7年前因右眼底突然出血而致盲，经抢救，视力有所恢复。但几年来眼前总有蚊蝇状黑影浮动。4个月前视力又迅速减退，眼前总是一片云雾遮挡，眼球胀而痛。患者精神萎靡，一脸悲观之象。韦文贵诊之，舌淡色暗，苔薄而白，脉弦细而稍迟。右眼视力0.3，左眼1.0。眼底：右眼玻璃体混浊，视乳头边清色正，静脉怒张纡曲。末梢静脉有白线伴随。沿中周边视网膜静脉径路有大片火焰状出血，波及后极部，色暗红，黄斑中心窝反射未见。左眼底正常。诊断为右眼云雾移睛（右眼视网膜静脉周围炎、右眼玻璃体积血）。证属阴虚火旺，肝热血瘀。眼底出血日久，难以吸收。治以滋阴平肝，活血破瘀，益气明目。方用坠血明目饮：生地黄15g，川芎6g，赤芍6g，当归尾10g，牛膝6g，山药6g，生石决明15g，蒺藜10g，防风6g，细辛3g，知母6g，党参10g，五味子3g。水煎服，20剂。韦文贵鼓励患者，治病应有乐观的精神，悲观消沉于病无益，要振作。

服药后再诊，患者右眼视力增至0.5，眼底出血已部分吸收。继续治以滋阴益气，平肝明目。用眼底出血方。

处方：石决明24g，决明子10g，益母草10g，当归尾10g，赤芍6g，滁菊5g，柴胡5g，五味子3g，天冬6g，山药10g，茯苓10g。服14剂。

如此三诊后，患者右眼视力已达0.9，眼底瘀血已全部吸收。为防复发，再用知柏地黄汤加味以治。

处方：炒知母、炒黄柏各6g，熟地黄20g，山茱萸10g，怀山药10g，茯苓10g，牡丹皮10g，泽泻10g，青葙子10g。水煎服，15~20剂。

数月后，患者兰某来信说，药尽病除，眼前一片光明，现已上班，特向为他重塑光明的韦大夫鞠躬。

某日，韦文贵正在坐诊，一对夫妇抱着一个男童走进诊室。妇人跪地哀呼："韦大夫，救救我的孩子吧。"韦文贵急忙起身将其扶起。坐定后，妇人称：孩子3岁，两月前忽然发烧，精神烦躁，坐卧不安，少食呕吐，继而痉挛抽搐，昏迷不醒。经治疗，一度好转。20多天前，突然发现孩子目不感光。急上医院，已经双目失明。某医院确诊为"双眼球后视神经炎，双眼早期视神经萎缩，右眼内斜"。今慕名前来，请韦大夫救治。

韦文贵诊查：孩子双眼视力黑蒙，瞳孔散大，对光反射消失。双手颤抖，项强，下肢瘫痪，时有寒热往来。舌红苔白，脉弦细。眼底检查：双视乳头颞侧色浅，动脉细。韦文贵说，此症属高烧热病后余热未尽，热留经络，玄府郁闭，以致清窍失养，肝肾阴虚，经脉也失濡养，故有肝风内动之象。遂以清透少阳、平肝息风定惊之法治之。方用小柴胡汤加减。

处方：柴胡6g，黄芩3g，党参2g，甘草2g，茯苓2g，石决明12g，僵蚕6g，全蝎3g，木瓜3g，麦冬2g。9剂，水煎服。又加服紫金锭，每日2次，每次1g。并嘱家长不可急躁，对孩子更要有耐心，要天天哄孩子高兴才是。

药尽后二诊：孩子烦躁症状大减，项强、手颤也大有好转，并能短时间站立。余同前。韦文贵检查，双眼有光感，但反射迟钝，瞳孔稍有收缩。证属少阳已透，肝风已减，但余热未尽，其热仍留经络，玄府依然郁闭，以致青盲。治以疏肝解郁、平肝息风、健筋活络之法。方用丹栀逍遥散加减。

处方：柴胡3g，当归3g，白芍3g，茯苓2g，白术3g，甘草2g，焦栀子4g，薄荷2g，牡丹皮3g，僵蚕3g，牛膝4g，全蝎2g，木瓜3g，石决明12g。水煎服，7剂。继服紫金锭，每日2次，每次1g。

三诊时，孩子双眼已能辨认父母和手指诸物，瞳孔已近正常。手脚时有微颤，但手可持物，扶墙可蹒跚。脉数苔净。仍以前方治疗，服7剂，并继续用紫金锭。

数日后，患儿乐呵呵走进诊室，大声说："爷爷，我好了。"顿时，其父母双双落泪而笑，同声道："谢谢韦大夫，孩子的病都好了，在家可拣拾芝麻大小的东西了。"再行检查，瞳孔已正常，双眼视力均为1.2。8年后随访，小孩子已是一个视力、智力俱佳，活泼可爱的小学生了。

曾有一位复明患者专门题词赠韦文贵："光明使者，妙手回春。"其誉不过也。

医以报国　韦玉英不输乃父

韦氏医术之于眼科，到韦文贵已是第三代了。三代为医，代代名医，可谓世家之最。第四代传人韦玉英是韦文贵的长女，也是当代中医眼科大家。韦玉英与其父一样，适逢中华盛世，以精诚报国之情怀，用毕生精力塑眼科学术之新高。父女并驾齐驱，享誉中华，堪称杏林绝响，故而合传传之。

韦玉英（1925—2004），受家庭熏陶，幼有学医之趣。稍长，父亲见她端庄娴静，聪慧好学，且又正直诚实，有助人之风，便有意塑之为医。所以在韦玉英中学期间，为其特聘一位秀才先生专门教习古文。韦玉英从《论语》、《孟子》和《古文观止》等文章中，不仅领悟了仁人之德，治学之方，处世之道，还懂得了文言文的章法修辞之学。16岁高中毕业后，韦玉英赴杭州，在韦氏眼科诊所随父学医。

韦文贵对爱女不娇不宠，一以徒弟之务要求。韦玉英每日里除了侍诊见习和听父亲分析病案、讲解处方等日常医务之外，就是读书。当她捧起一本本文言古籍阅读的时候，顿然悟出了父亲当年请秀才教古文的良苦用心，所以读书特别刻苦用心。由于有良好的文言文基础，韦玉英几乎把读书当作每日的生活内容。按照父亲的要求，韦玉英在《医学三字经》、《汤头歌诀》、《药性赋》、《本草备要》、《眼科百问》、《黄帝内经》和《伤寒杂病论》等典籍中吮吸营养。她不仅遍览，而且背诵。诸如“阴阳四时者，万物之终始也，死生之本也，逆之则灾害生，从之则疴疾不起……”(《素问·四气调神大论》)等等箴言至理，韦玉英脱口背诵者不计其数。对于历代眼科专著，如元代倪维德之《原机启微》、明代傅仁宇的《审视瑶函》、清代吴谦的《医宗金鉴·眼科心法要诀》，以及刘耀先所撰的《眼科金镜》等著作，韦玉英更是手不释卷，其中重点章节和精辟论述，除背诵外，还摘抄卡片无数。

韦玉英是一位自制力极强而又志存高远的女子。她视父如师，凡有医理疑惑必讨教，悉从教诲；她自视如徒，事事以弟子之规自勉。在父亲严格的教导下，经过四年的学习，韦玉英不但熟练地掌握了“四诊八纲”等医理医术，而且还以女子的灵心巧手掌握了“金针拨障术”。1945 年抗日战争胜利后，当父亲韦文贵返回杭州，在中山路恢复韦氏“文明眼科医院”的时候，20 岁的韦玉英已经可以同父亲一道把脉诊病了。又经过 4 年的临床实践，到 1949 年，韦玉英已是一位颇有名望的眼科医生了。名师出高徒，家学育后昆，韦氏医术有了第四代传人。

1951 年，韦玉英奉调到杭州市中医进修班研习。第二年 10 月，她被浙江省卫生厅选派赴绍兴地区参加防治和消灭血吸虫病的工作，防病、治病成绩卓著。1954 年初，韦玉英被派往省立杭州医院专修西医眼科。父亲韦文贵对女儿进修西医十分高兴。他认为，中医要发展，中医眼科要进步，必须吸收当今医学成就，必须吸取西医精华。中医自古提倡博采百家之长，在今天，这“百家”之中还应该包括西医这一大家。1955 年 11 月，韦文贵奉调到中医研究院工作。4 个月之后，即 1956 年 3 月，韦玉英也奉调进京，到中医研究院外科研究所（广安门医院），在眼科主任韦文贵的领导下当眼科医生。从此，韦玉英与父亲一道，开始了以医报国、戮力精进的生涯。

韦玉英进京的第二年，即1957年，领导派她赴上海，在著名老中医、眼科专家姚和清门下学习进修。学不厌博，艺不厌精。一年后，韦玉英带着姚和清教授的临床经验和眼科新论回到北京。1958年，在中西医结合理论的指导下，中医研究院与同仁医院、协和医院三家的中西医眼科专家开展了儿童视神经萎缩的临床研究工作。期间，韦玉英以韦氏治疗小儿青盲症的独特诊疗手段和方药，使多位患儿重见光明，解决了令西医困惑的眼病难题。当年，《人民日报》以《中西医专家团结协作，共同搞好科研》为题报道了他们的研究成果，并称这一研究是中国中西医结合开展学术研究的范例。通过这次三院四年的科研实践，韦玉英越发地成熟了。韦玉英常说，她能向名医学习，博采中西医各家之长而有今天，都是国家的培养之功。她要把一切献给祖国的中医药事业。

在此后的几十年里，韦玉英坚守临床一线，在白内障、儿童视神经萎缩和眼科疑难重症的治疗和预防等方面都取得了骄人的成绩。韦玉英是中医眼科著名的临床家，她以拨障翳、治沉疴的高超医术深得广大患者的信赖，而且还多次受政府派遣赴泰国、越南和美国等国家给国际友人治病，为中华医术赢得了世界性赞誉。

韦玉英是学术研究的带头人，是韦文贵眼科理论和医术的传承和研究者。1980年，在其父逝世前夕，她完成了《韦文贵临床经验选》，这是研究韦文贵医学思想和实践经验的重要著作。1985年，由她主持的课题"明目逍遥汤治疗血虚肝郁型儿童视神经萎缩的临床研究"结题。该研究成果荣获卫生部科技成果甲等奖。1990年，韦玉英主持研制的明目逍遥冲剂获中国文化博览会金奖。同年，她在"第26届国际眼科会议第二次中西医眼科会议"上宣读了《外伤性视神经萎缩中医治疗的临床研究》的长篇论文。1993年，韦玉英因故未能出席"第二届国际眼外伤学术研讨会"，由学生代表她宣读了题为《中西医结合治疗儿童外伤性视神经萎缩》的论文。1996年，韦玉英主持的课题“中医治疗外伤性视神经萎缩的临床及实验研究”，通过国家中医药管理局的鉴定，被评为局级中医药科技进步二等奖。韦玉英的研究成果是当代中医眼科的宝贵财富。

韦玉英还是一位知名的中医眼科教育家。20世纪70年代中后期，全国医务界掀起了西医学习中医的热潮。韦玉英受组织委派，为来自全国各地近百名西医眼科医生进行长期和短期培训。她是中医眼科的主讲教师。她曾带队赴甘肃、河北、湖北等地巡回医疗和培训地方眼科医生。她是全国第一届视神经萎缩症研讨班的组织者和主讲教师。她还是硕士研究生导师。1990年被确定为全国老中医药专家学术经验继承工作指导老师，享受国务院政府特殊津贴。1994年，人事部、卫生部和国家中医药管理局共同签发荣誉证书，表彰韦玉英在培养中医药人才工作中作出的突出贡献。

韦玉英是全国中医眼科学会副主任委员，中国民间中医药研究开发协会常务理事，北京中医学会第七届理事会理事和眼科专业委员会顾问。2000年，75岁的韦玉英被聘为北京中医药大学东方医院视神经疾病诊疗中心顾问。

韦玉英是一位工作认真、待人谦和、忠于职守、把救治病人看得高于一切的医生。她门诊把脉几十年，患者挂号不限号，不看完最后一个病人就不下班。退休后，她仍然在中国中医研究院广安门医院出特需门诊。

2004年10月12日，韦玉英像往常一样，在自己的诊室里聚精会神地为患者一一把脉、处方。那一天病人特别多，她一个接一个，一直到下午6点半才看完最后一位。在她起身想去洗手的瞬间，还没有迈步便又跌坐在她坐了几十年、漆皮已脱落的椅子上，顿时大汗淋漓，脸色蜡黄，随即昏了过去。医院上下大惊，全力抢救，但还是没能挽留住她的生命。韦玉英这位忠贞的白衣天使从她的诊室里走了，享年79岁。

功不负人 学术研究多创新

为医一世而诊病无误的医生也许有，但那可能是少数。从失误中吸取教训，以教训为鉴，谨慎一生，不断奋进者，应是多数。韦玉英就是一例。

韦玉英临证初始，一位男性患者前来就诊。自诉两月前突感右眼视物模糊，且变形变小，眼眶酸痛，并神烦口干，腰背酸痛。经查其脉细数，舌红少苔。右眼视力0.5，近视力耶格表为3，眼底黄斑部水肿约一个乳头直径，内有黄白渗出点，中心凹反射未见。韦玉英辨证为肝肾不足、阴虚内热之证。诊断：中心性浆液性视网膜病变，属阴虚火旺型。治以滋阴降火、平补肝肾之法，方用知柏地黄汤加味。

处方：炒知母、炒黄柏各9g，生地20g，怀山药10g，牡丹皮10g，茯苓10g，泽泻10g，山茱萸10g，淡竹叶6g，生石膏15g。水煎服。

3天后，病人忽然前来，诉之服药3剂后，眼症未见好转而增头晕目眩，少腹隐痛，大便溏稀，且一日五六解。韦玉英闻之大惊，于是详询其情，才知患者平素便溏多年，喜热饮食，夜卧畏寒盖被较厚。她恍然大悟，原来是问诊不详导致的辨证失误。患者虽有口干神烦、舌红脉细而数之标象，但平素畏寒便溏，本为命火不足，脾肾阳虚，此真寒假热之证。阳虚正衰，用寒凉克伐势必腹泻隐痛，诸症不效。于是急以温补命门、益气健脾之法，脾肾兼顾，逆流挽舟以图补救。

处方：上肉桂（研末分冲）0.5g，熟附片6g，熟地黄15g，怀山药10g，茯苓10g，牡丹皮6g，泽泻6g，山茱萸6g，党参

10g，黄芪 6g，炒白术 10g。水煎服。

进药 7 剂后上症明显减轻，大便每日一二解，腹痛亦消。仍宗原方并加重温阳健脾药的剂量：肉桂末 1g，熟附子 10g，另加炒薏苡仁 10g。服药 14 剂后视力增进，右眼 0.8，近视力耶格表为 2，眼底黄斑区水肿明显减轻，渗出部分吸收。原方再进 14 剂后右眼视力增至 1.2，近视力耶格表为 1，眼底水肿消失，渗出吸收。因患者时觉眼痛，再予补中益气汤 7 剂，益气升阳，巩固疗效而获痊愈。患者大悦，频频致谢。而留给韦玉英的则是四诊必详、辨证才可无误的教训。

每当向学生讲罢这件憾事的时候，韦玉英常常语重心长地说：医者，意也。医生看病不但要有辨证论治的真功夫，还需有一颗至诚至爱、细致入微的心。胆欲大而心欲细，智欲圆而行欲方，为医者应铭记在心。眼科辨证，更当详审眼部症状及全身情况，综合分析，才能正确认识疾病，予以恰如其分的治疗。切不可仅注重局部而忽略全身这个整体，甚至拘于某一方药治疗某一眼病的生硬格局，丢失中医辨证论治的精髓，以致被假象所迷惑，造成误治。与内科疾病一样，眼病往往也因病人的体质、年龄、生活环境、工作特点及外邪的强弱、性质不同而造成寒热交错、真寒假热、真热假寒等错综复杂、多种多样的病机。所以必须仔细了解病情，注意观察分析每一个细小环节，辨其寒热真假，方能透过现象，抓住本质。如是行之才可少失误，甚至杜绝失误。

几十年来，韦玉英以女性之慈爱情怀，尤其关注婴幼儿童的眼病。她多次以儿童视神经萎缩为题进行系统的临床研究和科学实验，发表了多篇课题研究成果报告和论文，为中医治疗儿童的各种视神经萎缩症作出了创新型的贡献。

儿童视神经萎缩是眼科疑难病之一，属中医“小儿青盲”范畴。韦玉英自 1956 年开始，随其父与协和医院、同仁医院有关专家共同研究本病。通过门诊及住院部对 12 岁以下患儿进行长期系统的临床观察，发现各类脑炎、肺炎、中毒性痢疾、流行性感冒重症等急性温热病后发生本病较多。她又对本病错综复杂的临床现象进行了去伪存真、由表及里的分析、归纳，抓住了病因病机中的主要矛盾和矛盾的主要方面，并密切结合患儿具体证情，大胆化裁前贤方药，灵活取舍，取得了十分满意的疗效，基本掌握了本病的传变和治疗规律。她在视神经疾病的诊断和治疗诸方面都有创新之见，将视神经萎缩症的治疗归纳为九法：

一为疏肝解郁法。症见忧郁烦躁，头晕目眩，口苦胁痛，妇女尚可见月经不调。舌红、苔黄、脉弦。此证属肝郁气滞。根据“郁者达之”之训，可选丹栀逍遥散治之。若兼见气阴两虚者，可在本方基础上加党参和枸杞子，或用柴胡参术汤以治。

二为行气活血法。血行脉中，环行不息。若瘀血阻络，血行失度，脉道不畅，则目暗不明。症见视物模糊，头目刺痛，胸痞满闷，舌质暗红或见瘀斑，脉细涩，则证属气血郁滞，方选桃红四物汤加制香附、陈皮等理气化滞之品。若纯属外伤所致者，则用韦玉英自拟之外伤复明汤（桃仁、红花、川芎、生地黄、丹参、石菖蒲等）治之。

三为清热平肝法。症见双目青盲，瞳孔散大，目多偏视，烦躁不安，兼见项强口噤，双耳失聪，肢体强直或屈伸不利，舌绛或红，苔黄薄腻，脉弦数或数实有力；3岁以下患儿指纹青紫透现风关或气关。证属肝经风热，且多见于小儿。其特点是病程短，病情急，兼症多。治宜清热解毒，平肝息风，芳香开窍。遇此症，韦玉英必投以自创之钩藤息风饮（金银花、连翘、钩藤、白僵蚕、全蝎、薄荷、蝉蜕、生地黄、石菖蒲）。

四为补气活血法。若劳役过度，久病耗损或撞击伤目，瘀血未消，目失血荣，症见视物昏花，头晕耳鸣，少气懒言，舌红或有瘀点，脉细涩，证属气虚血瘀。当施以补气活血之法，使气旺血生，气助血行，祛瘀不伤正。可以用补阳还五汤治之，或选血府逐瘀汤加党参、黄芪等益气之品。

五为疏肝养血法。此法多用于小儿青盲，证属血虚肝郁者。症见双眼青盲，目紧上视，瞳神散大，神烦不安，舌质偏红，苔稍黄或薄白。每逢此症，韦玉英则用自制验方明目逍遥汤（柴胡、茯苓、白芍、当归、白术、甘草、菊花、牡丹皮、焦栀子、薄荷、枸杞子、石菖蒲）治之。

六为养血和营法。症见眩晕眼花，眼珠隐痛，失眠少寐，面白舌淡，脉细无力，证属营血不足。若兼见心悸、健忘等，可用归脾汤或当归养荣汤（白芍、熟地黄、当归、川芎、羌活、防风、白芷）化裁以治。若见两目干涩、手足麻木或筋脉拘急等肝血虚为主时，可用四物补肝汤（熟地黄、香附、川芎、白芍、当归、夏枯草、甘草）加伸筋草、鸡血藤等舒筋活络养血之品。

七为健脾益气法。症见眼睫无力，头眼昏花，面色萎黄，懒言少动，食少便溏，舌淡胖有齿痕，脉细，证属脾虚气弱。宜用补中益气汤、调中益气汤或益气聪明汤加减为治。

八为滋补肝肾法。本法常用于病之后期，久病失治或过服温燥劫阴之药，或房劳不节及年老精亏等耗伤肝肾之阴，精亏血少，目窍失充，神光衰退甚至泯灭。症见双眼干涩，头晕耳鸣，健忘失眠，可投六味地黄汤为基础随证圆通，或用四物五子汤、驻景丸加减。若相火亢盛，阴虚火旺，虚火灼烁目系者，可用知柏地黄汤滋阴降火。

九为温肾健脾法。素体阳虚、年高肾亏、久病中土失健或纵欲无度，易使脾肾阳虚，精血不足，玄腑渐闭，神光遂衰。症见脾虚气弱及形寒肢冷，面色苍白，便溏或五更泻，舌淡苔白，脉沉细无力，尺脉微弱。以附桂八味丸或右归丸加减治之。

韦玉英治疗视神经萎缩症，除以上述九法论治外，还常用针灸之法配合治疗。她主张药与针并用或先针后药。她的针刺特色有四：第一，喜用眼四周经外奇穴和足太阳膀胱经的睛明穴。第二，善以深刺取效，达到一定深度后，再轻度捻转或轻弹针柄加强刺激，但要避免提插，以防出血。第三，常用透穴，如四白透下睛明，攒竹透上睛明，太阳透瞳子髎。第四，借用药物予以穴位注射，多用维生素B1、B12和硝酸士的宁、丹参注射液、葛根素等。

除了视神经疾病，韦玉英还擅长治疗眼底血证。中医认为，凡血不循经而溢于脉外谓之出血，出血不能消散而瘀滞于某一处或血流不畅、运行受阻则称瘀血。出血瘀血，互为因果，同属血证，不可断然分开。但论及眼底，总以出血为先，瘀血在后，病理变化主要与肝、脾、心、肾四脏关系最为密切。因血液生成靠脾肾，正常运行又与心气的推动、脾气的统摄、肝气的贮藏和调节息息相关。一旦脏腑功能失调，阴阳气血偏盛偏衰，即可诱发眼底出血。治疗应审证求因，辨证分型。具体用药则主张早期以清热凉血止血为主，适加活血理气消瘀之品，以防有留瘀之弊。但应避免过早投用活血峻品，否则旧血不消，新血复出，反会欲速不达。

若初期出血量大势猛，应急治其标，塞其流，遏其势，可加强炭类药的应用，取其出血"见黑则止"。并应尽量减少体力活动，静养双目。静则生阴，动则扰阳，阳动则血行不安，止血不易。韦玉英特别指出：炭类药不宜过多，更不宜久服，因炭类药性燥，大量久服易生燥伤阴化火，反会灼伤脉络，引起反复出血。

病至中期，眼底积血未消，瘀血未去，新血不生，血脉不通，可致再度出血，故治疗总以活血化瘀为主。

后期出血已止，若瘀血积久不化，多属日久气亏血虚。气为血帅，血为气母，母病及子可致气虚，气虚帅血无力，又致瘀血不易消散。治疗应扶正祛邪，益气活血，通补并用，做到化瘀不伤正，扶正助瘀消。韦玉英认为，瘀血久留可干着难消，阴血亏损又使脉道失血不润，故适当加用地黄、阿胶、麦冬等滋阴濡润之品有利于化瘀。

韦玉英在血证选药方面亦有自己独到见解。槐花清热凉血止血，又可降低血压及改善毛细血管脆性，常用于老年性高血压动脉硬化患者；白及补肺收敛止血，适合青年人视网膜静脉周围炎及外伤眼底出血，研末冲服收效快。茺蔚子活血化瘀兼能凉肝明目，肝郁化火或肝阳上亢的血热妄行可加用三七活血散瘀，止血不留瘀。近年研究显示，三七还有扶正强身作用，故无论各型各期均可研末冲服。火麻仁润肠通便，泻下之功逊于硝黄，但润肠之效又非硝黄所能及，对于血瘀伴肠燥津枯患者较为适宜，唯脾虚便溏者当慎用。牛膝治血又善引血下行，兼能补肝肾，各期出血均可选用。大黄既是气药，又入血分，唐容川称其“止血而不留瘀，尤为妙药”，取其降气即以降血，通腑导热下行，早期出血后实热之证可用之。但年老体衰、妇女经期、妊娠及脾虚阴亏之体忌用。

总之，无论分型定主方，还是分期立法方药，临床不可囿于一法一方，应法随证变，方随法调，有方有药。此正是中医辨证论治的精华所在。

研创义方　巧治疑难眼疾病

眼病之于婴幼儿童，有先天之疾，有后天发育偏颇之患，更有无知失防造成的种种外伤。韦玉英以仁医奇术和慈母之心之情，精研病证，妙用药物，有时药与针刺并用，使万千患儿康复，家长释忧。韦玉英辨证施治，灵活化裁，博采前人之术，善扬个人之长，在对各类疑难疾患的治疗中取得了成功。

赵某，男，4 岁半，患脑炎之后双眼突然失明。经某医院治疗无效，前来求治。其母代诉：两周之前孩子因患中毒性脑炎，高烧、抽风后致双目失明。经检查，双眼无光感，眼底正常。患儿神烦哭闹，咬手踢足，揉眼不止。脉细数，舌红少苔。韦玉英诊断为双眼小儿青盲（即小儿皮质盲），治以疏肝清热，养血明目。药用丹栀逍遥散去生姜、薄荷，加菊花、石菖蒲各6g，石决明10g（先煎）。每日1剂，服药21剂后复诊。其母云：孩子已能看到地上爬行的蚂蚁，并能捡起头发丝。检查：30cm距离能自取桌上1mm×1.5mm蓝白两色纸片。眼底正常，神烦已消，脉细稍数，苔薄白。原方再服7剂后，其母特来致谢，说孩子已上幼儿园。

韦玉英说，此例属温热病后阴伤血虚肝郁，证属邪留正虚，虚实互见。借用治疗小儿视神经萎缩的逍遥散验方，使肝郁疏解，玄腑通利，余邪清除，气血畅行，脑目得荣而渐复光明。

1959年2月6日，一位眼含热泪的妇女抱着刚刚1岁半的儿子前来求治，哭着说，孩子出生后双眼不追灯光，不会笑。1岁时不能站立，经常腹泻。某医院神经科诊断为大脑发育不全。经几所医院治疗均无效果。后经某院医生推荐，特来求韦大夫治疗。韦玉英立即检查：双眼无光感，虹膜缺乏色素，眼底视乳头苍白，无病理凹陷，视网膜呈白化病状，隐约可透见白色巩膜。眼球水平震颤，脸色苍白，头不能竖，形体枯瘦，下肢痿软。脉沉细，指纹淡，舌质淡红且胖。诊断为双眼小儿青盲，即先天性视神经萎缩。韦玉英辨证说，孩子出生后即双目失明，为先天不足之症；喂养失当，致使腹泻，又属脾虚中气不足。脾虚则五脏皆失所司，不能运精归明于目，并使肢体痿软不能站立。治以益气健脾，兼补肝肾。方用补中益气汤化裁：党参、炒白术、当归、枸杞子、菊花各6g，柴胡、陈皮、夜交藤各3g，升麻2g，石决明6g（先煎）。7剂，每日1剂。水煎去渣，留汁150ml，分3次温服。二诊时，原方去石决明和菊花，加薏苡仁、焦谷芽各10g，鸡内金、茯苓各6g，服7剂。

上方连服14剂后，父母抱孩子一同前来，喜云：服药后，孩子食欲增加，大便时有稍溏，已能自行摸取东西。经检查，孩子已能从30cm远的地方抓取晃动的脉枕和铅笔，但不甚准确。舌脉同前。韦玉英嘱上方再服30剂。1959年5月17日，患儿由其母亲拉着走进诊室，笑着“呀呀”叫阿姨。再查，孩子已能从桌子上拾取小米粒了，唯眼球仍轻度震颤。效不更方，在原方基础上加僵蚕3g，钩藤3g（后下）。20剂，嘱隔日一服，服完为止，不必再诊。一年后，来京复查，孩子身体健实，行动自如，能拣拾地上的红白各色小珠子和头发丝了。

撞击伤目是儿童的常见疾患，对这种突发性眼病不但要救治及时，更要救治得法。在半个多世纪的临床实践中，韦玉英精研细琢，在眼外伤的治疗中无一憾事。张某，男，17岁。在玩耍中被朋友用弹弓误伤右眼，当即失明。急赴某医院急诊，断为眼挫伤后前房出血，眼底看不进，给服止血药后回家。翌日晨，眼胀痛难忍，白睛红赤，便来韦玉英处求治。患者白睛混赤，血灌瞳神，肿胀疼痛，视力尽失。此证属血瘀化热生风，急需凉血止血，适加散瘀止痛之品。处方用生地黄、炒蒲黄、墨旱莲滋阴凉血止血，再加大蓟凉血止血，破血消肿，复加五灵脂行血破瘀止痛。服药5剂后，前房出血基本吸收，眼痛大减。再诊时改投除风益损汤。服14剂后，诸症痊愈，视力恢复至1.5。孩子自来报喜，感谢重塑光明之人。

1986年8月26日，7岁男童李某随父母来到诊室。其父说，40天前，同学们一起玩耍，李某不幸被一石块击伤左眼而致盲。在当地医院查为玻璃体大量积血，建议行玻璃体切割手术。家长因顾虑未允，特来京求治于中医。经查，视力右1.5，左0.04，不能矫正。左眼玻璃体内大量咖啡样尘埃状浓厚混浊，不见眼底。脉象细偏数，舌质正，苔薄白。诊断为弹击暴盲，即外伤性玻璃体积血。外伤损目，瘀血灌睛。治以活血化瘀，兼以凉血止血，平肝明目。处方为桃红四物汤化裁：生地黄、赤芍、当归、茺蔚子、石决明、墨旱莲、鸡内金各10g，丹参、白茅根各15g，桃仁、红花各6g。7剂，水煎服。

服药后再诊，左眼视力如前，药无不适。原方加大蓟、小蓟各10g。服14剂。三诊时，左眼视力为0.3，已有好转。舌质淡红体胖，脉细。原方去桃仁、红花，加茯苓、炒谷芽、炒麦芽各10g，健脾开胃，消食和中，以助药力。四诊时，左眼视力已为0.8。继续服上方。半年后再来复诊，左眼视力恢复至1.2。阖家欢喜。

韦玉英认为，这类单纯的外伤损络后视网膜或玻璃体积血，因眼内组织及血管既往并无炎症或阻塞、渗出、增殖等病理改变，故离经之血的吸收途径比较畅通。所以，只要不是很严重的损伤出血，用药后其吸收一般较快，可以用凉血散瘀或活血理气之法治之。此所谓“凡治血者，必先祛瘀为要”。对于撞击外伤的治疗，韦玉英认为，首先应辨明是否出血、肿胀。若属于热胜生风、风动迫血所致，根据“风胜则动，热胜则肿”之理，应以凉血止血、化瘀止痛治之。凉血则血热减而肿胀消，化瘀则脉道通而血自止。倘若患者主要表现为瞳孔散大，视物变形，视力减退，这是外邪乘虚内侵、水轮受损所致。治当祛风缩瞳，补肾逐瘀。祛风以散内侵之外邪，补肾以收耗散之精气。缩瞳药中磁石配五味子力强；祛风药中，荆芥、细辛合用尤佳。

宅心仁厚　语重心长话保健

韦玉英曾说，他们父女一生行医，所做的事其实只有两件。一是为已病之人治病，让他们早日康复；二是宣传“治未病”的中华古训，让大家掌握健身、护眼、防病的知识和方法。医者，仁术也。怀有仁术的仁医所希望的不是病人多，而是通过医学手段让人们少得病，不得病，享受健康人生。在韦玉英的遗作中有一篇关于眼睛保健的文章，情真意切，语重心长，现摘要在此。

第一,七情调和。韦玉英说，七情悲喜是人人都有的感情，但不可使之过。积郁可以为病，过悲过喜也易伤神损体。心情舒畅，性格开朗，可使气机畅达，气血平和，双目濡养充足，则自然不病或少病。倘若心有不顺便大怒、大恐，则容易伤及内脏，尤其易于伤肝。肝主目，故易使眼目致病。《医宗金鉴·眼科心法要诀》中说:“内障之病皆因七情过伤。过喜伤心，过怒伤肝，过忧伤肺，过思伤脾，过悲伤心，过恐伤肾，过惊伤胆。脏腑内损，精气不上注于目。”当然眼睛就要得病了。“七情之来耶，薄以待之，其去也速，则九窍俱生也。”(《目经大成》)可见，以淡泊之胸怀，坦然面对过激之七情，不仅是养生之道，也是护眼之法。

第二，劳逸适度。活动、运动、劳动可以促进血液流通，使关节疏利，气机调畅，增强机体抗病的能力，这是常识，谁都知道，但难在坚持。不健康的活动和过度的劳作可以损气亏血，伤精耗神，也可以使眼目染病。如暗光下读书、刺绣、雕刻，久则伤血耗精，常会得视近怯远之症。房劳过度，可以耗损肾精，使真元亏损，也可伤及双眼。相反，好逸恶劳，无所事事，则可使人倦怠懒惰，纳谷难消，使气血流通缓滞。久则目失后天所养，自然也会生病。华佗说:“人体欲得劳动，但不当使极耳。动摇则谷气得消，血脉流通，病不能生。辟犹户枢，终不朽也。”千年前古人已知劳动健身之理，今人更当自勉自警，以运动养护健康。

第三，饮食有节。韦玉英常说，当今之世美食盈厨，但不可过纵口福。饮品万千，但切勿贪杯。尤其是烟与酒，伤人尤甚。烟酒为辛热刺激之物，可助火上炎，贻害双目最烈。临床多有因烟酒无度而致盲者，不可不防。饮食调理要由身体状况而定。若有外眼热病或素体阳盛，则应忌食辛辣姜蒜等刺激性食物，更不可妄食参茸大补之品，否则会使旧疾复发或诱发他症。眼睛保健还应注重调理脾胃。小儿脏腑稚嫩，消化力弱;老人真气渐衰，五脏功能不强。故老幼者，除依方用药外，平时饮食一定要顾护脾胃。要提倡饮食多样，荤素适当，食勿过饱，饮不过量，三餐守时，讲究营养，多吃蔬果杂粮之食，少食煎炸烧烤之品。稀粥可以健脾、养胃、益精气，是老幼眼病患者的食疗上品，多食有利于眼病的康复。

第四，谨防外伤。眼睛是灵动娇嫩之物，除上述之滋养护补外，还要谨防外物的伤害。尤其是婴幼儿童，稚嫩无知，遇事不知利害深浅，在游戏玩耍或燃放鞭炮之时常易被外物所伤，轻者疼痛肿胀，恸哭呼号，重则流血伤睛，甚至致盲，造成终生残疾。为家长者，育儿不可不慎，引导不可不详也。

韦玉英及其父韦文贵一生专于眼疾，对儿童眼病尤为关注。宅心仁厚，父女同德，祛病保健，术专情浓，谆谆告诫，语重心长者也。

韦文贵、韦玉英父女，继承祖业，适逢盛世。他们施才智于医术，献爱心于病人，从金针拨障之妙手，到内外眼病之治则，毕平生之力，呕心沥血，鞠躬尽瘁，为中医眼科学术的发展创新作出了历史性的贡献，可敬可贺。他们虽已辞世，但功勋永驻，事业长存。

（撰稿人　韦企平　吴鲁华）

程门雪卷

程门雪（1902—1972）

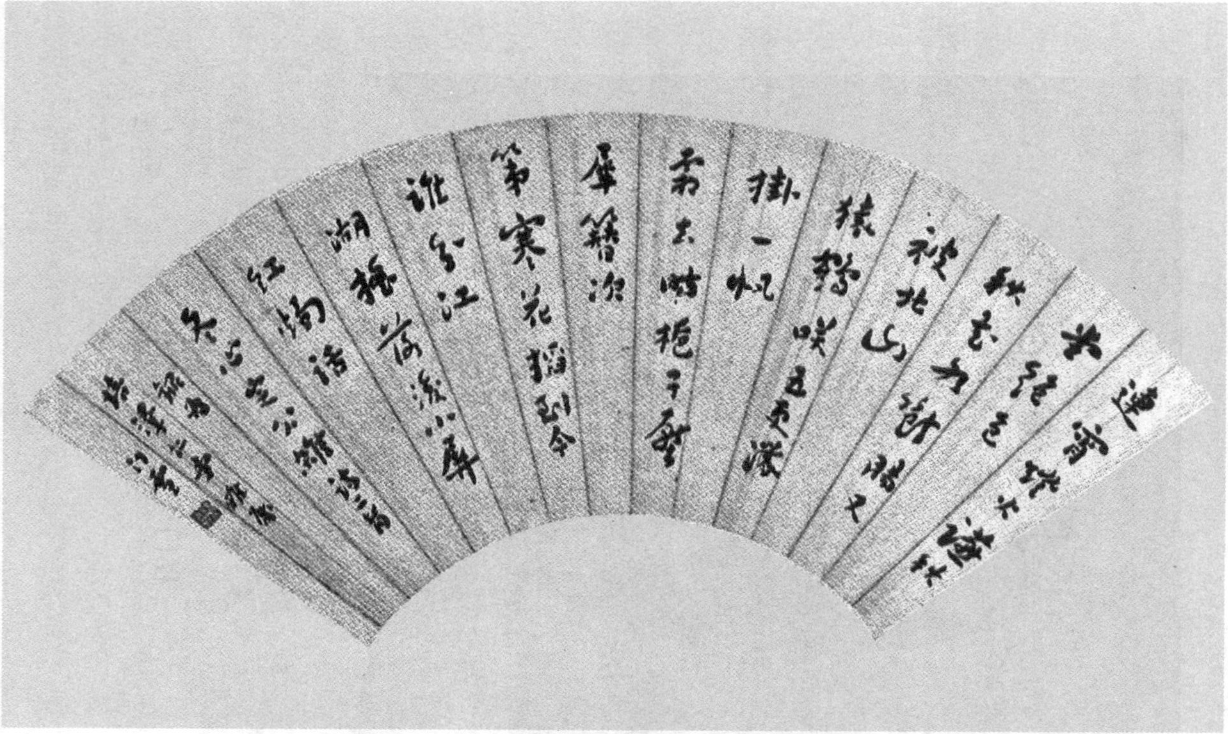

程门雪手迹

博览大书，精读小书。

——程门雪

程门雪（1902—1972），杰出的中医学家、教育家、临床家。幼名荣福，原名振辉，字九如，号壶公，安徽婺源人（今属江西）。1916年起，先后师从安徽歙县名医汪莲石、江苏孟河名医丁甘仁学医。1921年从上海中医专门学校毕业。1922年开始任中医门诊医生。1928年11月任上海中医专门学校教务长，兼任沪南广益中医院医务主任。1935年悬壶于上海西门路（即今自忠路）宝安坊。

1954年任上海市第十一人民医院中医内科主任、上海市卫生局顾问，被评为“医卫”一级专家。1956年上海中医学院（现上海中医药大学）创建时为首任院长，兼任上海市中医学会主任委员，中共中央血吸虫病科学研究委员会副主任委员，中医中药组组长，卫生部科学委员会委员。同时当选为第二、三届全国人民代表大会代表。

1961年至1962年，他组织近代中医学术流派报告会10余次，对当时上海中医界的学术争鸣，起了很大的推动作用。会后，由他主编的《近代中医流派经验选集》，在全国中医界得到广泛传播，影响颇大。

程门雪在中医学术上有深邃的造诣，尤其对张仲景的《伤寒论》及温病学说的研究有很高的水平。他倡导伤寒、温病融合的辨证学说，认为“伤寒是基础，温病在伤寒的基础上有较大的发展，在临证运用时应该取两者之长，不要过于拘泥，不应相互排斥”。在临床上将伤寒、温病理论和方剂融合起来，各取其所长，灵活运用，用以治疗热性病和内科疑难杂症，效果显著。

作为中医教育家，程门雪在参与上海中医学院筹建和创立时，领导设计中医学院的学科、学制和课程体系，于任职早期曾多次亲自为学生开设学术讲座并作辅导报告，为创建上海中医教育理论和教学实践作出了不可磨灭的贡献。

程门雪毕生著作颇多，有《〈伤寒辨要〉笺记》、《杂病汇讲》、《伤寒用下法之研究》、《金匮篇解》、《校注未刻本叶氏医案》、《崩漏篇、带下篇、妊娠篇、胎前篇、胎后篇》、《漫谈咳喘、哮、痰饮的诊治》、《〈伤寒六经析义〉笺记》、《女科摘要歌诀》、《湿温篇》、《妇女经带胎产歌诀》、《伤寒论歌诀》、《藏心方歌诀选粹》、《阴阳五行经络学说在临床上的应用》等。

程门雪的学术传人有顾瑶荪、何时希、席德治、闵漱石、姜宜孙、余小鸿、程焕章等。

名医之乡 桑梓情深

皖南徽州地域，古称新安郡，以徽文化著称。深厚的徽文化积淀，对新安医学产生了深刻影响。新安多名医，据考证，自宋迄清，见于文献记载的新安医家有901人。新安医家特点是，医而好儒，儒而兼医，亦儒亦医，承先启后，名医辈出。其医学论著达800余部之多，影响之大，世所罕见。新安医家、医著对中医学贡献巨大，在中国医学史上留下了光辉的一页。

古意盎然的石桥和廊桥，青山绿水间缥缈朦胧的薄雾，粉墙黛瓦青砖的村落，错落有致，意境悠远。一个山环就有一个水面，一个水面就有一座小桥，一座小桥就有一个山村。青山、绿水、粉墙、黛瓦、小桥、流水、人家，天人合一，相映成趣，构成一幅幅美丽的图画。这“世外桃源”般的婺源，就是我国一代中医大家程门雪的故乡。在婺源的人文环境和徽文化的滋养中，他在此度过了童年和少年。

婺源人自古便有藏书、读书的传统，富于浓郁的人文气息。自宋至清，共出进士552位，文人著书3100多部。由于地理位置处于大山深处，所以婺源人大多靠着读书寻觅出路，走出大山，走向城市，走向世界。

程门雪，1902年11月17日（农历十月十八）生于婺源下溪头村。为婺源程昌凤长子。在溪头当地按族谱“细大有光昌，振绳启执博”排列，他属于振字辈，故取名振辉。幼名荣福。

程门雪的曾祖父和祖父，家境富裕，但到父亲时家道开始中落。程门雪的祖父程蓝田、父亲程昌凤都是宿儒，有学问德行，对乡里贫苦村民均有恩惠，因此在家乡口碑颇佳。程昌凤，字伯仪，幼读经馆，中过秀才，28岁赴省城安庆就读于师范学校，不久到屯溪镇天亭茶叶号任账房先生，后来便自己经营茶叶生意。40岁左右因患吐血症返乡。自患病后他便开始学医自疗，偶尔也为人治病，也曾留下口碑。程门雪后来走上学医的道路，与他父亲的这段经历有关。

1933年，程昌凤56岁时偕夫人江凤宝等离家迁沪定居。1942年，65岁的程昌凤病逝于上海，其夫人江氏于1966年85岁寿终。

程昌凤对长子程荣福的教育非常重视，6岁即让其入下溪头双峰小学（学校设在祠堂里）就读。10岁那年又设家塾聘请饱学之士吴国昌先生为儒学老师。吴国昌字以模，婺源县太白人，在下溪头任教习有40多年历史。程荣福除每天在祠堂接受学业，早晚还在先生教导下专攻儒学，在“不为良相，便为良医”的传统思想影响下，也涉猎医学。他自小聪慧，先生的教育加上父亲的训导，为他从小打下了深厚的传统文化根底，除了熟读四书五经外，诗词歌赋书画，无一不好。

幽美秀丽的自然环境、浓郁厚重的人文背景、良好的家庭教育，使程门雪的成长处在一种宽松、幸福、愉快和向上的氛围中，既有利于他向医学方向发展，又不硬性规定一定要朝医学方面发展。这好像旷原上成长起来的一棵枝丫横逸的幼树，它所吸收的养分、水源是极其充分的。别看密林里的杉树挺拔高耸入云，那只是相互拥挤的结果，到底不如自由生态的娇纵可爱。

三次学医　两度拜师

程门雪的学医道路并非一帆风顺，同样也是逸态横生。他曾三次学医，两度拜师，几辍几续。

三次学医：第一次是从1908年开始，在家塾由父亲和塾师以及汪莲石恩师指导下专修国文和医学。第二次是1919年1月，随族兄第二次离乡到南通，意在南通医校旁听。至8月，南通医校旁听之事未果而再度赴沪，考入上海神州医药专门学校。从1919年8~12月在神州医药专门学校仅就读一个学期，后转入上海中医专门学校。第三次学医是1920年1月至1921年7月，在上海中医专门学校插班学习两年，以优异的学习成绩毕业。与黄文东、丁济万同为该校首届毕业生。

两度拜师：程门雪一辈子难以忘怀的两位恩师，一是汪莲石，一是丁甘仁。1916年，程门雪时年14岁，首拜婺源同乡汪莲石（1848—1928）为师，成为及门弟子。他拜汪氏为师之前，汪氏已有丁甘仁、恽铁樵等入室弟子，故程与丁、恽既有同门之谊，又有大师兄与小师弟的名分。1922年，程门雪再拜丁甘仁为师，也是出于恩师汪莲石的授意，主要是从丁师实习临床。

名重一时的汪莲石是程门雪学医的启蒙老师。出于故土乡谊，程门雪与老人更容易亲近。汪莲石，字严昌，号弃叟。出身于书香门第，家中藏书甚丰，早年修儒，后习岐黄，学识渊博。他先走学医的捷径，自学普及型的入门医书如《脉诀》、《汤头歌诀》、《临证指南医案》、《温病条辨》等书，后在其堂叔指导下，深研《黄帝内经》、《伤寒论》、《金匮要略》、《神农本草经》等中医经典，因此医术大进。

汪氏从未悬壶挂牌（不挂牌行医，说明医生的名气很大，病人均慕名而来。此类医生上海甚多，如上海四牌楼的陈筱宝陈氏妇科等），也不以医术作为谋生之手段，但平时仍热情地为亲朋好友看病，治愈者不下数千。他学术上崇尚舒驰远注解的《伤寒论》，集毕生精力著成《伤寒论汇注精华》。汪莲石行医崇尚经方，以疗效取胜，一面行医，一面著书立说，因此医道大行，在中医界享有很高名望。这一点对门人弟子影响很大，无论丁甘仁还是程门雪，都注重学医从医学源头学起，先学医学经典《黄帝内经》，同时又非常重视学习《伤寒论》。正所谓有其师，必有其徒，又所谓名师出高徒。

程门雪拜汪莲石为师时，汪莲石已68岁。1916年春，汪莲石返乡过完春节，正欲回到沪上，却被乡亲们热情挽留。而程昌凤早已仰慕汪莲石的医名远扬，希望长子程荣福能拜在他的门下，继承他的衣钵，于是盛情邀请他到家里。汪见程荣福文质彬彬，便有几分喜色。及至问了几个国文上的问题，程荣福都对答如流，汪莲石欣然同意收下这个孙子辈的门人。于是在红烛映照下，14岁的程荣福在红毡毯上跪拜如仪，最后叩下三个响头，方才完成了隆重的拜师礼。拜师筵上，汪莲石问程荣福："你可知有关'程'字的典故？"程荣福脱口而出："程门立雪。"汪莲石道："好，说得好！"随后反复沉吟，转而向其父程昌凤说："伯仪兄啊，贤契名字过于大富大贵，莫若将'荣福'改成'门雪'，这样更带书卷气。未知老兄意下如何？"程昌凤听后大加赞赏："好极！借重汪先生高才，谨受教。孩子，快拜谢汪先生赐尔嘉名。"于是，"程门雪”取代了“程荣福”。在以后的日子里，在整个中医界，程门雪这个名字将为越来越多的人所知晓。从1916年拜师至1921年，程门雪断断续续向汪师学习医道，前后共达五年。他的天赋、他的颖悟，使老师深为器重。

1921年，汪老师73岁，年逾古稀，一方面诊务繁忙，一方面传授学生，他开始感到力不从心。出于爱徒之心，不想因为自己的衰老而贻误弟子，希望弟子青出于蓝而胜于蓝，便决定将程门雪托付给丁甘仁。这就有了程门雪的二度拜师。汪师嘱咐丁甘仁：“程门雪天分很高，是个可造就的孩子，前途未可限量，务必要帮助扶植孩子成才。”丁甘仁与程门雪，同时都具有两种身份，都是汪老师的及门弟子，彼此之间是大师兄与小师弟的关系，同时二人之间又是师徒关系。为了维护本门传统，历来有大师兄代师向小师弟传授本门经验、由小师弟传承、发扬本门学派之说。程门雪受教于丁甘仁正是本乎此义。

从1921~1924年三年半时间，程门雪在丁甘仁的人和里的珊家园诊所跟丁师临床实习，成为丁氏门派的传人。珊家园诊所是学生学习的第二课堂，医校学生下临床，一是到沪南广益中医院，一是到丁氏诊所，这也是程门雪结识、交往医校历届学生的途径和场所。

其实程门雪拜师丁甘仁也堪称两度，第一度，1919年入学上海中医专门学校，已意味着程门雪由新安学派转向丁氏门派，但仅为课堂学习，未正式拜师；第二度，从医校毕业后，于1922年在汪莲石授意下正式拜师丁氏，然后在人和里珊家园诊所，从师3年（至1924年底）学习临床实践。

程门雪的第二位恩师丁甘仁（1865—1926），江苏孟河人。孟河多名医，有费、马、巢、丁等诸家，丁甘仁先从马仲清学习岐黄之术，复拜马培之为师，以后又与族兄丁松溪切磋学问。任何名医都有一个医术从低级到高级逐步提升的过程，在这个过程中有时还会付出惨重的代价。许多名医都有过失手的记录，走过弯路才使自己变得成熟起来，丁甘仁也不例外。他学成后首先赴苏州行医，早年（1884~1888）医术并不高明，不仅没有医道大行，相反看病还意外“失手”，这就是医学界所称的“吴门铩羽”。当时县官要抓他，他连夜逃到上海。据说随身之物只有一领草席，一卷铺盖，狼狈至极。人们说人生的失败最是千金不易的宝贵经验，所以丁甘仁到上海首先要找老师从头学习，而他所找到的这位老师就是名医汪莲石。黄文东总结老师丁甘仁的学术经验，认为丁甘仁的宝贵经验首先来自舒驰远注解的《伤寒论》，以及汪氏集毕生精力著成的《伤寒论汇注精华》，这两部著作对丁甘仁及其门徒都产生过重要影响。

程门雪学医，断断续续才完成学业。他学医并完成学业应该是走了既师承又学校教育两者相结合的道路。这一段经历充分表明，程门雪具有插柳成荫和蒲公英的品质。确实，无论环境发生多么大的变化，个人的主观因素总是起主导作用的，顺境是鼓帆的风，逆境是反弹的力。化被动为主动，化不利为有利，是人才总要成才，是金子总要发光。同样是1921年毕业的学历，程门雪的跳跃或跨跃式的经历远比在医校循序渐进的同学要曲折丰富，而丰富的经历正是他一笔最宝贵的人生财富，是别人永远艳羡而无法企及的。

1921年，程门雪奉父母之命在家乡结婚，夫人江爱鸾是同乡婺源晓起村人。由于没有爱情基础，又长期处于两地分居状态，故当他任沪南广益中医院医务主任时，在治病过程中，与病人陈文鸾女士（生于1908年，当年18岁）日久生情。遂于1926年8月缔结婚姻，陈氏成为侧室。翌年女儿程蕙芳出生。1937年抗战爆发，正室夫人江爱鸾携8岁之子程焕章来沪与夫君团聚，不幸两年后因伤寒证（肠伤寒）亡故，撇下10岁的儿子。第二年侧室陈文鸾也一病而亡，撇下12岁的女儿。于是程门雪年迈的母亲帮助儿子承担起料理家务、抚养儿女的责任。两位夫人为人厚道贤惠（侧室人称“新妈”），过早去世，给程门雪留下了永久的伤痛，从此再未娶过妻室。后来程门雪过着“诗画茶烟销永昼”的生活，均与这段不幸的情感生活有密切的关系。他的题画诗之一：“花歌墨舞记当时，老去情怀减不知。残墨无光湘管长，尚余画风一丝丝”乃1939年丧偶后所作。悼内伤怀，借物寄情，萧索欲泪，清减若许，思量之切也，也是自然情怀之流露。

程门雪青年时面容清秀，形体瘦小，至晚年转较丰腴。他颇有名士派头，一袭长衫，气度不凡（据家属回忆，程门雪内人早故，个人生活无人料理，晚年生活不拘小节，新衣服上时见香烟烧的洞）。出诊代步，自备一辆装饰漂亮、擦拭得乌黑铮亮的黄包车，由男佣阿福（大名徐石华）拉车。后弃黄包车改换三轮车，也是由阿福蹬车。家有佣人两名，女佣是邻里吴月娥，人称“三嫂”。程门雪临床水平高超，文学修养尤为深厚，一般人难以入他的法眼，所以有人认为他自视甚高，甚至自命清高。其实他对下人却极好。程门雪一直生活在上海，但他素重友谊和乡情，为人慷慨乐施，对同道、同乡、门生中有经济拮据者，总是给予无偿的资助而不望回报。

程门雪的上海住宅是自忠路上一幢三上三下的老式石库门房子，面积虽大，里面却只有旧家具，没有煤气和卫生间。唯一的享受是冬天在卧室里安装一个火炉取暖。一套豪华红木家具仅摆设在诊所里，装点门面。住宅内有三家住户，1949年前有相当一段时间，他们的房租、水电等费用都是由程门雪代为支付。凡有乡下亲友来沪，他都提供膳宿，给予资助。

程门雪个性沉默寡言，在家里与子女从来不谈论国家大事和工作上的事，与同事相处也不轻易发表意见，却善于听取别人意见。临诊之际，他静聆病家口诉，偶尔提出问题，洞中病情，要言不烦，所谓“夫人不言，言必有中”，属内向性格。然当回答学生质疑问难时，则滔滔不绝，畅达无碍。何时希记述："记得我少年时，常去夜谈求教，他既诲人不倦，我也欲去还留，每到晓光催人，才复归去。他是这样地予人以学识。他有时也很风趣，说几句诙谐话，妙语如珠，能使受者面赤，听者拊掌，不是不可亲近的道貌岸然者。"

程门雪一生不讲究吃穿，不图名利，不追求享受，1949年以前几乎推辞了所有涉及名利的高位和职务。1949年以后多次婉辞入住高级住宅以改善居住环境。但程门雪的业余生活丰富，他的爱好是诗词、书法、绘画、篆刻、京剧及古玩。经常有人登门来向程门雪求墨宝，有的求对联，有的求扇面，有的求书招牌。也有人拿着书画请他共同欣赏品评，一起推敲鉴定。他晚年经常练字，握管在手，荣辱皆忘，一张张大开的毛边纸，一直书写到深更半夜。

寒温统一　卓然大家

程门雪在伤寒和温病研究方面都是中医界公认的大家，他一生倡导伤寒、温病融合的辨证学说。

在温病学说创立以后，伤寒与温病之争持续已久。继后又有寒温一体之论，但在寒温一体论中，又有以伤寒统温病的"伤寒温病学派"和以温病统伤寒的"广温病学派"的不同。程门雪伤寒受师于汪莲石，温病得之丁甘仁的亲炙，两学皆造诣深湛。他以实践为依据，提出伤寒与温病融合，然后根据辨证而用其方的理念。程门雪主张学伤寒的必须联系温病，学温病的必须联系伤寒，要把伤寒和温病对热病证治的理论统一起来。他认为，叶天士的《温热论》是在张仲景《伤寒论》的基础上发展起来的，在温热证治和方药应用上，又是对伤寒六经证治的补充，两者绝不可孤立起来认识。早年他就在《未刻本叶氏医案》评注中指出："天士用方遍采诸家之长，而于仲师圣法用之尤熟。叶氏对于仲师之学极有根柢也。"因此，他决定从叶天士入手，以跻仲景学术之室，融会伤寒、温病证治方药，从而统一伤寒与温病学说，这对现代中医热病学的创立具有较大的影响。

程门雪认为："伤寒本寒而标热，温病本热而标寒，病源不同，治当各异。伤寒是基础，温病在伤寒的基础上有较大的发展。卫气营血辨证，是六经辨证的发展与补充。"他从退热、攻下等方面来讨论这个问题，认为："伤寒用石膏、黄芩、黄连清热，温病也用石膏、黄芩、黄连清热，没有什么不同，但是温病在伤寒的基础上发展了一个轻清气热的方法，如金银花、连翘之类；发展了一个凉营清热的方法，如鲜生地、犀角（现已代用）、丹皮、茅根之类。伤寒用下，温病亦用下，不过有轻重早晚之不同。在神昏谵语方面，温病与伤寒就大不相同了。伤寒谵语多用下法，温病增补了清心开窍法，如紫雪丹、至宝丹、神犀丹（犀角现已代用）一类方药，是非常可贵的。温病偏重于救阴，处处顾其津液；伤寒偏重于回阳，处处顾其阳气，救阴是一个发展。救阴分甘寒生津，重在肺胃；咸寒育阴，重在肝肾，更是一个发展。其实伤寒由经入腑入脏，由表及里，与温病由上而下，并没有很多区别。我主张两者可以合起来，可以用于一个病人身上，而不能把六经和营卫气血分得太死，不要太拘泥。要胸有成竹而心无成见，拘泥是有损无益的。"

程门雪对于伤寒、温病学说，结合自己的经验，多有独到之见。他对李东垣、叶天士学说下过很深的工夫，但并不囿于脾胃润燥之偏，而是撷取其精华，加以实践运用。程门雪不仅对古今医学名著治理甚勤，亦喜在诊余之暇，披览稗官野史，对其中验案单方，亦加欣赏。由于他有惊人的记忆力，故能随时运用于临床之中。其学识之渊博，视野之广阔，取精用宏，于此可见。程门雪在治病过程中，辨证时细心剖析，周密考虑，处方时能采纳各家之长，犹如百川归海，汇集在脑际，随时加以灵活运用。

程门雪治学严谨，学术上不分古今厚薄是他所持的科学态度。他对《伤寒论》、《金匮要略》以及金元诸家、温病学派，均深入研究，临床上尤善于灵活运用仲景方。

程门雪的治学过程有三变：开始杂而不专，从师学医和“医校”读书走的是常规求学之路，虽为行医奠定了基础，却无所特长，即“泛读各科，浅涉各家，莫衷一是”，结果是一无所长。程门雪曾深以“不名一家”而羞愧。继而由于教学而专于《金匮要略》，此为“由杂而专”的一变。

36岁后，程门雪博涉群书，除《千金方》、《外台秘要》、《本草纲目》作常用备查外，其他名著及清代各家，诸如陈修园的《伤寒真方歌括》、徐灵胎《洄溪医案》、喻嘉言的《寓意草》、顾松园的《顾氏医镜》、王旭高的《九峰医案》等诸家先贤医案，无不泛览，每读则加笺批，这是“由专而博”的一变。

42岁后，读书不求多，仅攻读数种经典，并予以加工改造，“缩为五、七言歌诀，以便诵读”，则是“由博返约，由粗入精”的又一变。这一变，程门雪的学术境界达到了炉火纯青、无远勿届、无往勿适的高度。黄梨洲说过：“学问之道，以各人用得着者为真。”张其昀说：“能专而后能博，盖自家有主宰，则多见多闻，互入交参，能使心地开展而善于应用。能博而后能精，当旁观博取之时，须常存趋约之意，则专而不杂，致一而不懈，故得精通。”程门雪治学走的就是这条正确之路。

随着实践活动的深入，学术造诣的提高，程门雪对于某一问题的观点也会随之而变化。有当时以为是而后来以为非的，也有当时以为非而后来以为是的，他都及时予以修正。程门雪这种一丝不苟、实事求是、不文过饰非的严谨学风，数十年如一日。所以他一生无论在学问上还是临床上都能达到很高的造诣，受到人们的敬仰。此事也影响他后来对待古人经验的态度：对于一时不理解的古人学术经验不可轻易加以否定。

在中医界曾广泛流传着一个关于程门雪治学的故事：程门雪对《伤寒论》曾于1940年做了一次评点，隔了5年，又做了一次评点。此时他对原来的评点有了完全不同的看法，于是就实事求是地把自己前后不同的见解和想法如实地写了出来。《伤寒论》原文是："伤寒六七日，大下后，寸脉沉而迟，手足厥逆，下部脉不至，咽喉不利，唾脓血，泻利不止者，为难治，麻黄升麻汤主之。"（厥阴篇）程门雪的前批："麻黄升麻汤之误甚明。""方杂不纯，药不符证，其非真无疑。"后批："前谓此方之误甚明，今觉不然。记于下：此证上热下寒也。因大下之后，而致手足厥逆，泻利不止，下部脉不至，其为下焦虚寒当温之候甚明。所可异者，则在咽喉不利，唾脓血一症耳。夫唾脓血可见非虚火迫血之故，与阴盛格阳者不同，况以方合症，更可知矣。此乃表寒陷营，寒束热郁之故。故以升麻升提之；石膏、知母、黄芩清之；天冬、玉竹润之；一面更以当归、芍药、桂枝、甘草治其手足厥逆、脉不至；干姜、茯苓、白术治其泻利不止；仿当归四逆、理中之意也。不用附子者，防唾脓血之上热。辛凉清润治其上，温通止利治其下，复方亦费苦心。其药似杂乱而实不杂乱，纵非仲师方，亦后贤有得之作，未能一概抹杀也。东垣治吐血有麻黄人参芍药汤一法，即此方上一半之法，可知世固有此等证，然则上实下虚之证，又安能必其无耶？柯氏未之思，遽下断语，不当也。乙酉读此条，得其解，因记其大略于旁，学无止境，勿遽自以为是也，观此可征。"

程门雪用药经验也有三变：第一阶段，以大刀阔斧见称。这是在28岁以前任广益中医院医务主任时期。该医院以施诊给药为贫苦大众服务。因为劳动人民常受饥寒之苦，饱经风霜忧患，即使染病在身，非至万不得已不上医院。对此类病例的治疗，因其栉风沐雨而表实，故重以散表；因其营养不足而里虚，故轻以攻下；因病多久延，势已转重，邪实正虚，故须求速效，用药以坚决敏捷、骠悍迅猛见长，挽救许多危疾。有三则实例，一是阳明病狂热用白虎汤，他用石膏120g，日再服240g；一例风火水肿用越婢汤，麻黄用至48g；一例少阴虚寒证用四逆加白通汤，在较短病程中，附子总用量至500g以上，果然能迅速转危为安。

第二阶段以轻清灵巧为主。此乃30~40岁自设诊所时期。病家多为“膏粱之体”和知识分子，病情以表虚里实为特点，故处方风格为之转变，以经方的精炼配合时方的轻灵，并以丁甘仁的平淡为主，讲究配伍和炮制。此时程门雪正钻研清代叶天士、薛生白的温病学说，颇能入其堂奥而啜其英华，故其用药实有苏州吴医之长。如麻黄0.9~1.5g用蜜炙（用药量少，用蜜炙进而又减轻药性），桂枝0.3~0.9g，煎水炒，白术、苍术用米泔水浸，熟地炒松，用砂仁或蛤蚧粉捣拌，体现了他的用药风格。

第三阶段，复方多法的创造时期。晚年，他经常到工厂、农村、部队去，从中体会到了劳动人民长期积劳致虚、反复感染，以及湿热瘀滞夹杂，导致病情错综复杂，但各有其特异之处，故法随证变，治疗上均有所变化。他糅合经方时方，冶于一炉；温散、疏化、宣导、渗利、扶正达邪、祛邪安正、祛瘀、清化，凡诸治法往往掇于一方，故能表里、上下、虚实、寒热、标本兼顾，遂能取得较快的疗效，并使病人体力得到较快的恢复。

三次治学方向、三次用药特点的转变，体现出程门雪实事求是、从实际出发、对病人极端负责的工作态度和治学精神。

程门雪的治病特点和对病人极端负责的工作态度还表现在知机先兆，反应敏捷，恐其传变，先事堵防，处证果断，不稍迟疑。他说：“医者不但要知常，贵在知变。变化之来，又须临事不慌，指挥若定，才能应变和定变。”而其关键在于平时多读书，了然于胸，“若非烂熟于胸中，安能应变于俄顷！”他在临证时常常对已定处方突然“调转枪头”，改弦易辙。有时两脉已经切过，当落笔处方时，又临时重新再诊，或两手同时按脉，进行对比；有时处方已毕，发现扞格时，竟撕去重写，也有复诊时忽悟病情有变异而改变治疗方向的。这说明程门雪对病人极端负责，务必以治好病人为重，临证处方慎而又慎。程门雪还有一个临床特点，即一般用药往往药价便宜。原因是他能够打破世俗陋习，不滥用参茸补剂以取媚于人，不浪用贵重补药来博取病家的欢心，更考虑为病人减轻经济负担。

他有许多出色的治病案例：有一例下痢高热者，热势鸱张，他投以荆防败毒散，覆杯而愈；有一例久咳不止、咯痰味咸者，他用金水六君煎，数剂而咳止痰消；一位彻夜不寐、久治无效者，经他用平胃散而酣睡通宵。程门雪平素擅用宣明断下丸治久痢，醉香玉屑方治湿痢，转舌膏和地黄饮子治中风不语，冷香饮子治吐泻烦躁，玉真丸治肾厥头痛，等等，皆能审证投药，随证加减，收到覆杯而愈的疗效。他的虚心求道、精研医理医术，都是出于他解救患者疾苦的一片仁心博爱。

一生虚怀　践履笃行

程门雪在医学上达到较深的造诣，因素是多方面的。除了远绍《灵》、《素》、仲景之学的精微，遍阅历代名家著作之外，还在于他治学时能做到“古今学说，一以贯之”。他研究中医理论，强调“要从诸家入，而复从诸家出，取其精华，熔冶一炉”。即使对经典著作，也必须验之临床，绝不盲从而死于句下。章次公表达了大家对程门雪的折服：“谁都知道程门雪先生是当今伤寒温病大家，宗长沙法度，而不泥古方，学天士灵巧，能独抒己见，存仁先生的《伤寒手册》应该具有程门雪先生的风范。”

向同时代学有专长的医生虚心求教，也是程门雪医道高明的重要因素。他早年开业时，有一慢性泄泻病人找他诊治，他用调理脾肾法治疗，久而无效。后这位病人携他的处方另就诊于上海名医王仲奇。病人向王氏详述了病情，王氏诊察甫毕，旋索程门雪的处方，展看一过，凝神片刻，遂昂然提笔在程门雪的方笺上批了一语："此方可用，再加蛇含石四钱。"病人将信将疑，把原方带回再行试服。出乎意料，这张屡试无效的方子，仅仅加上一味药，只服数剂，多年的宿疾居然痊愈了。病人喜出望外，特来相告。程门雪也大为惊异，深深感喟：上海名医行世问道各有专长，王氏果然不凡！程门雪深慕王氏的医术，决意要拜王为师，又恐王氏不肯见纳，特挽王氏好友，请求一言先容，可是仍然遭到婉拒。此事直至程门雪的晚年，犹抱憾不已，深自惋惜。程门雪当时已经不是无名之辈，可当他遇到高手时，却宁可放弃开业，以求深造，他的好学之心，不可谓不诚。这种钻研医术如饥似渴的精神，确实堪与朱丹溪求学于罗知悌，不避风雨而累月、不达目的不回头的精神相媲美，真正做到了"不薄今人爱古人"。他对前辈名医朱少鸿、夏应堂、王仲奇深致服膺；同时对刘民叔的《鲁楼医案》及徐小圃、叶熙春、祝味菊的药方常加研究，认为刘、徐、祝三家善用附子是仲景一脉的后劲。

成功也来自经验和教训的积累。程门雪特别重视对失误教训的积累，并备有"失手录"。何谓"失手录"？就是把自己或别人在临床上的失误和因失误所酿成的严重后果记录在案，用以儆戒自己或他人，避免重犯类似的错误，避免再出现严重的后果。其目的归根结底还是为了病人。前事之失，后事之师。

程门雪说："自非十全，岂能无过！"他每遇未能治好的病，总是不断总结经验教训，分析失败之处和失败的原因。或自认是失手；或找出某一处用药的失时；或承认是识见不到、胆力不够；或曾见于某书，自己没有经验，未敢擅用，以致延误；甚至还说是读书太少，日后读到，方始知之。有些病是经过苦思冥索，已有头绪，定了治疗方案，却被他医接手，未能施用，终致不治，虽是他人之过，自认是当面不识，只能算是“事后诸葛亮”。如是者，每遇一失，他总有几天郁郁寡欢，甚至还唉声叹气。

程门雪晚年曾说：“回忆生平‘失手’之症，约近百数，从今日水平看来，尚多可治之处，或可找出其不治的原因，以供他处借鉴；或则找出当时‘失手’之处，以事警惕。当陆续写成一书，以示后人。”

程门雪如在他处遇见自己失治过的病人，回来总说自觉脸红，深为内怍；若有以后继续请他治疗者，则又得到宽慰，说是病家原谅他了，为之释然以喜。像这样一位名医，能够不文过饰非，而自称“失手”，时时内省，真是难得的医德。

一位身经百战的沙场老将，即使他是常胜将军，能够保证身上无一处伤疤吗？作为名老中医，平生治病，哪有不遭蹉跌之事？只有承认自己的不足，才能知不足而勤学补拙；只有不断发现不足，不断进取，才能成为经验丰富的医中高手。

程门雪深知作为一个好的医师，不仅要学问渊博，更重要的是要有丰富经验。没有实践经验，纵然学问洋洋洒洒，包罗万象，那只是纸上空谈，无裨实用，一旦到临床，“脏腑不能言”，还需自己去摸索。他在兼任广益中医院医务主任时，从门诊到病房，从不放过实践的机会。

程门雪自从1925年在上海天后宫桥堍广益善堂从医以来，一直到1956年供职于上海市第十一人民医院，经过临床治医三变，又有30多年临床实践经验的积累，已经成为医术精湛、医道大行的临床大家。据黄文东后来回忆说：“当时在社会上有名医之称的丁济万遇到疑难重症时，都要向亲密的伙伴程门雪求助，或邀请他一起会诊。”可见程门雪学术地位的悄然崛起。

程门雪的临床学术思想：以伤寒为基础，取伤寒、温病两者之长，运用整体观念、表里虚实同治、同病异治、异病同治、灵活多变、复方多法、因势利导进行临床诊治。

一、稳中求变，敏捷应变。程门雪曾说："为医之道，首须明理（学习理论），临证识病，务求其因（辨证求因），然后立法、选方、配伍、适量（或大或小，剂量适当）；但是病无定形，既当知变（病变必须应变），也要知守（病不变或病深药浅，又当守法续进）。所以知变然后能应变，应变又须抓紧时机，不能坐误。"又说："病情变，病家乱，医生要心定不乱，方能应变。故在临证中遇到险恶多变的危重疾病，能够做到乱中求稳，稳中知变。"故为医者之道，要在心定不乱，稳中求变，敏捷应变。

二、从整体出发，兼顾两头，表里同治，虚实同治，不使内外合邪。兼顾两头，临证中正确处理"虚"与"实"、"本"与"标"的辩证关系，根据虚实的轻重、标本的缓急，确定"虚实同治"、"标本兼顾"的治疗法则。

1948年3月12日，程门雪收治了一名韩姓腰髀酸痛的成年女性。事后据程门雪分析：本例高年衰弱，奇脉虚惫，是本虚；气血痹阻，脉络不和，是标实。与一般风湿入络者不同。所云奇脉，是指"奇经八脉"中之督、任二脉。二者与足少阴肾脉会合，特别是督脉经与肾的关系最为密切，故大都用补肾药来通补奇脉。如方用菟丝子、巴戟天、肉苁蓉、潼沙苑、川断、狗脊、杜仲、鹿角等，即是通补肾经，治其本虚；并配合茴香、甲片活血止痛，理气通络，治其标实。方中鹿角、茴香、甲片为止痛主药。鹿角温经，茴香理气，山甲活血，各自有其性能和特点；而鹿角、山甲味咸，小茴用盐水炒黑，则是"咸能入肾"、"色黑入肾"的引经法；"腰为肾府"，此三味配合同用，既能温通肾经，流通气血，又可到达腰、脊、髀、尻等处，故对督、任和肾经虚寒及气血痹阻所引起的腰痛有很好疗效。叶天士善用此法，而程门雪灵活化裁，更有进一步发展和提高。

1955年2月18日，程门雪接治了一王姓成年男患者。事后程门雪分析此案说：本例用疏解宣化法，一剂而壮热退。对表邪用葛根、柴胡、豆卷、鸡苏散（六一散加薄荷）诸药。患者口干苦，苔腻，如里热不清或里湿不化，则壮热亦不易退，内外合邪，常致迁延。故佐以宣化，又用山栀子、六一散、二陈汤、甘露消毒丹以清化湿热，使透风于热外，渗湿于热下，可以孤立热势，取得速效。

三、对于“轻可去实”，贯微洞密。首先是药量。程门雪说：“对于处方的分量，当如东垣法，宜轻不宜重。药物的作用是导引，是调整，是流通，所谓‘四两能拨千斤’是也。东垣用每味药数分至一二钱而取效，姑且不谈。譬如热病常用的至宝、紫雪、牛黄、玉雪等丹丸，不是仅用数分而效果很显著吗？以此例彼，即知用药过重，完全是浪费的。”同时，程门雪还重视用药轻清灵动，切忌不顾患者运化功能，而恣用黏腻重浊之品。此经验归纳起来就是轻以去实。

用药比例之轻重。程门雪中年时用桂枝汤，仅用桂枝0.3~0.6g，与白芍同炒，是用于“引营出卫”，以达到解肌发汗的目的；或是用于“柔营强卫，入营和卫”，以达到调和营卫的目的。对这种病例，如桂枝剂量大了，芍药不足以制之，则汗出后卫分先虚，营邪不解（前者）；或卫虚则营分更强，何能调和（后者）。程门雪这样使用桂枝汤，所以能对轻寒微热的病例，取得效果。

如1955年他收治一张姓66岁患口糜呃逆的女病人。

6月初诊，临床表现是：口糜满布，呃逆，胃不能纳，神萎气怯，手指蠕动，脉虚弦。高年寒热退后，阴伤湿热不化，胃气渐败，虚风已动，症势险重。姑拟一方，冀其转危为安。吉林参须（另煎冲服）4.5g，炒黄川贝6g，炒香橘白4.5g，米炒麦冬9g，辰茯神9g，炙远志3g，制半夏4.5g，野蔷薇2.4g，姜川连0.9g，煅龙齿（先煎）12g，淮小麦12g，炒香谷芽12g。

程门雪分析此例：本例大虚夹实，而胃不能纳，难进大补。用吉林参须是轻清补气之法，使已败之胃气能够受纳，已馁之正气得以挽回。但化浊醒胃，还是要法，能纳然后有生机。程门雪认为，川贝母能化阴虚之痰热，有生津养胃之功，炒黄后可略制其寒性；橘白炒香、谷芽炒香、麦冬米炒，与野蔷薇相配，清香去浊，足以增强轻灵醒胃的作用。合泻心法以清化湿热，而止呕恶。

"八轻"之说。程门雪对年迈、体虚、病危、病久一类虚中夹实的复杂重症，常用轻补、轻清、轻宣、轻化、轻泄、轻开、轻香、缓下等法，并取得转危为安的效果。这是徐之才"十剂"中的"轻可去实"法，也是李时珍的"轻可去闭"法。

四、复方多法。内伤杂病，往往异病同因，异因同病，寒热交错，虚实夹杂。故程门雪主张根据病证主次标本等具体情况，糅合若干成方，撮其主药，汇集温散、疏化、宣导、渗利、祛瘀、清利诸法，加减变化，攻补兼施，寒热并用，以及先后逆从处治，以多种方法来对付杂病多因，这就是复方多法。晚年以后，他常接治久治不效的疑难杂症，针对患者虚实寒热错杂、病情复杂的情况，制订出一套"复方多法"的治疗方案，从而提高了临床疗效。

1940 年收治一裘姓患淋浊的成年男子。

10 月 29 日初诊，病人表现是：小溲刺痛，夹浊不清，虚热起伏，脉细弦数。阴虚之体，以养肺阴、化湿热法治之。北沙参 12g，鳖血拌银柴胡 2.4g，水炒白薇 6g，小生地 9g，潼木通 3g，川黄柏 4.5g，肥知母 4.5g，淡竹叶 4.5g，粉丹皮 4.5g，炒泽泻 4.5g，生草梢 2.4g，仙遗粮（土茯苓）12g。2 剂。

二诊：小溲夹浊刺痛较前减轻。时形寒，肺气虚也。肺为水之上源，源清则流自洁，再当以此消息之。北沙参 12g，桑白皮 9g，地骨皮 6g，粉丹皮 4.5g，小生地 9g，潼木通 2.4g，淡竹叶 4.5g，炒泽泻 4.5g，生草梢 2.4g，盐水炒川柏 3g，盐水炒知母 4.5g，干菖蒲 1.2g，粉萆薢 4.5g。3 剂。

三诊：清水源以化湿热，泻白、导赤、分清三法出入，尚合病机，溲浊刺痛已减，形寒虚热亦退。再予前方加减。北沙参

12g，大麦冬6g，带心建莲肉9g，鲜竹叶4.5g，小生地9g，潼木通4.5g，生草梢2.4g，粉丹皮4.5g，炒泽泻6g，粉萆薢6g，知柏地黄丸（包煎）9g。3剂。

程门雪分析此例：肺阴亏虚于上，湿热留恋于下，故用泻白散以清水源；导赤散、萆薢分清饮以清湿热；知柏地黄丸以滋补肾阴。合多法于一方，上下同治，虚实兼顾。方中仙遗粮（土茯苓）具有清热化湿作用。

五、驾驭利用环境因素。从扁鹊开始，要求信医不信巫，将医术与巫术对立起来，冰炭不同炉。但是程门雪却以貌似敬神的形式履行了一个医生的职责，用自己的真诚取得信神家属的信任，形成“一致对外”的心态，共同对付疾病，挽救了濒危病人。

陈存仁《我的医务生涯》中曾有一例他与程门雪合作会诊的特殊病例，记载生动：

一次，一个苏州籍病人，在高热中两目凸出，说的话好似山东话，而且屡屡起身，旁边的人用尽力气才把他压住。而他力大如牛，还是拼命挣扎要起来。家人认为必是有鬼缠身，否则怎么会说出山东话，而且力大如牛！从前上海富有之家，遇到家人有患重病，总要请几个医生会诊。程门雪学问好，字写得好，医德也好，向为人所钦佩，请他诊病的人家也多。有一天深夜3时，他在病人家中给我打来一个电话：“我现在碰到一个重症病人，情势严重，危在旦夕，我负不起这个责任，你最好就来，共同拟方。”我向来和他友谊甚笃，却之不宜。我坐在车子里觉得疲倦，眼睛都睁不开。到了那边，见到病人家是个大家庭，天井里正大做法事，道士是由有名的白云观请来的，所用的法器金光灿烂。正燃烧着锡箔元宝，烟雾迷蒙，令人张不开眼。门雪问我：“仁兄，你看如何？”我说：“这个病人希望甚微，向来你先处方，我再加减。这一回我要先处方，再由你加减。”我就用神犀丹（犀角现已代用）、紫雪丹、羚羊粉及龙胆草、黄连、石膏等药。门雪看了说:“你的药无非是龙胆泻肝汤加减,只是怕病人一呷就会吐出来,便前功尽弃。”他用毛笔写方,正在这时,一班道士敲敲打打地搬来一张椅子,叫病人的儿女跪在地下,说是:“叶天士到!要与两位医生会诊。”其实椅子是空的。这不过是道士布局骗钱的把戏而已。门雪却恭恭敬敬起身,好似迎接老前辈一般。我心中暗自好笑,说:“门雪快快把药方写好。”若照我的处方用药,黄连本是一钱,门雪的方子却写成一两。药方拟就,道士又来送走叶天士,接着那两个道士将我们二人称为天医星。次日中午时分,病家电话又来了,说昨夜的药方进服之后,病人热势大减,神志渐清,可不可以请你们两位再来会诊一次。正午一时,门雪先到,接着我也到了,两人同时诊脉,再看病人各种征象,竟然好了一大半。再共拟一张处方,病人服后竟好了。

程门雪没有因为自己是医生,以信医不信巫的态度与现场对立起来,而是参与其中,以迎送长辈之礼对待虚构中的叶天士。这一行动说明程门雪善于驾驭环境,调动一切积极因素来为治疗服务。所谓医病先医心,先取得病家的信赖,共同一致对待疾病,才能取得良好的效果。

程门雪处方用药,以简洁、灵动见长。

简洁,是指他选药精细、处方简洁而言。这是他几十年来研究张仲景、叶天士方药脉案,并积累临床经验逐步形成的特点。如温肾药分为温散(附子、肉桂、胡芦巴)、温补(巴戟天、肉苁蓉、仙茅、锁阳、枸杞子);祛痰药分为化痰(半夏、陈皮)、消痰(海蜇、荸荠、白芥子、莱菔子)、豁痰(枳实、郁金、远志)、滑痰(竹沥、竹茹)、涤痰(皂荚、葶苈子)等。他对诸多药性分门别类,随证选药,组成简洁处方。

灵动,是指他用药配伍精当,不落呆滞的意思。故厚味填补,必佐行气之品,如熟地与砂仁同捣;益气必佐和胃,吉林人参与橘白、谷芽同用;活血药常兼以理气,如山甲片与茴香配伍;

介石重镇药，又佐以辛凉清泄，如石决明、珍珠母、龙齿配合薄荷、桑叶、菊花、蔓荆子等。他用药重视药性，如黄连、枣仁治失眠，苦泄酸敛同用；附子、羚羊角治中风，辛温咸寒同用；肉桂、姜黄治腹痛，活血与温热配伍；鹿角、白薇同用，治妇人虚劳；白芍、淮小麦同用，治低热、心悸、头眩等，都是他临床常用的药对。

程门雪深得叶天士“制方选药因症转移”之理。他常用古昔名方加减出入，熔为一炉。如甘麦大枣汤、炙甘草汤治心悸，百合地黄汤治内伤神志病，近效术附汤治阳虚眩晕，平胃散治失眠，宣明断下丸治久痢，醉香玉屑散治湿泄，瓜果积、转舌膏、地黄饮子治中风失语，肾厥玉真丸治偏头痛，越桃散治腹痛，牛膝膏治血淋，金水六君煎治肾虚痰成，宣郁通经汤治痛经，六神煎治脾虚发热等。如此种种，在《程门雪医案》中每多体现。

才子博艺 不尽胜迹

程门雪博学多才，在艺术方面以诗书画称道，在治学上以广博专精见优。

在治学方面，程门雪“博览大书，精读小书”之论，已经成为中医界广为流传的治学箴言。

程门雪广博的学问和丰富的临床经验，既来自广收博采，更来自博览群书。除了向汪、丁两位业师学习外，他又常请益于夏应堂、谢观、恽铁樵、顾筱岩等前辈同道，也向平辈同道，如陆渊雷、秦伯未、章次公、严苍山、许半龙等学习。程门雪一生最大的爱好是读书，阅读是他晚年唯一的消遣，不仅爱看医书、奇书、冷僻书，甚至爱看武侠小说。

程门雪读书有勤读勤批的习惯。日间医事繁忙，夜间补读，必以深宵，直至天曙。

不少古代寒儒后来能成为著名的学者，大多得力于阅读借来的书。也正因为得书之难，故读起来就特别认真，借书而读的效果也远远超过自己购置书者。程门雪之所以能够成为一位博学医家，同样是因“借阅”而深受其益。

有一次在闲聊时，学生问：“老师您为寒士，家中并无汗牛充栋的丹青，不知何由得此广博的知识？”程门雪莞尔一笑，说：“上海有某公性爱藏书，倾其家资购置了大量医籍，搜罗中医学中的珍本、孤本甚多，有些内容很为宝贵。我所读的许多珍贵秘籍，基本上都是从他处借阅的。因为借他人的书，必须如期归还，故一书到手，总是全神贯注、穷日继夜地锲而不舍，在限期内要认真读完，方可轮番借阅。就这样借而读，读而借，往返流转竟长达十年之久。凡是某公所珍藏的医书，我都一一加以披读，并作了不少研究摩娑、提要钩玄的工夫。”学生为程门雪善善从长而深自谦益的精神所感动，才知道某公藏书满屋而程门雪积学满腹的由来。而程门雪犹自感激这位藏书家的慷慨乐借，说自己做学问平生最得力处就在于一个“借”字，借阅使他在学问上进益颇多。

20世纪50年代，上海流行乙型脑炎，许多人参加了抢救工作，程门雪作为卫生局的医学顾问也参与其中。这时发生了一件因为脑炎交叉感染而引起病人眼睛暴盲的事。程门雪的才华及博闻强记、善于读书、精于读书的功力就在这关键时刻显露出来。病人陈某突然暴盲，而眼科医师检查眼底，找不出致病的原因和病理表现，更找不到救治的方法。正当医生束手之时，程门雪要言不烦，对抢救医生之一的徐蔚霖点拨道：“你看过《医方集解》吗？”徐回答：“看过。”“你再去仔细看看。”徐蔚霖回家，连夜查看《医方集解》，但第一遍仍找不到所要的答案。待第二遍查阅时，他不看正文里的大字，而专看旁注细字。原来答案就藏在注解里。“阳虚见鬼，阴虚暴盲”，这就是答案。徐蔚霖对程门雪蓦然升起由衷的敬意："程门雪才称得上真正的学问家！"做学问不但要学得博，而且要学得深；看书不但要看字里，而且要看行间；不但要看，而且要记。程门雪不但帮助徐蔚霖找到答案，而且让他领悟到一条读书做学问的门径，这就是所谓书山有路啊。

关于读书，程门雪深有感触。43岁时，他在《藏心方歌诀选粹》自序中，回顾过去没有珍惜光阴，读书少，知识匮乏，深自追悔，故将自己虚拟中的书房客厅命名为"补读斋"、"晚学轩"，用以自勉自惕。

1945年春三月，"晚学轩"主程门雪于"补读斋"灯下，记录了自己30岁以前学问没有长进和学不嫌迟要勤奋补学的一种感悟："幼而荒嬉，长入五都之市，目迷于色，耳感于声，同学诸子十九皆好嬉不好学，不得切磋之益而多引诱入邪僻之途，忽忽十年驹光电逝，以医应世亦近廿年矣。盖自廿五以后方稍稍知为学之道，但杂好不专，作辍无恒。兹掌教医校撰讲义以授生徒，不容偷息，其间数载，得益匪浅鲜也。三十以后，家难频兴，担负日重，诊务渐繁，纵有暇时，复耽于书画诗文，所好临诊渐多经验，学问则毫无进长矣。三十六以后，乃复发愤读书，至今数载，颇有小就，所作伤寒歌诀、妇科歌诀、脉诀歌括等等及批点伤寒诸本、医案各种，均三十六以后所作也。但为人者多，为己者少，虽薄有微名，自问实空如无物，缘昔时所学者皆浮薄非实在，仅悦俗目于不知者耳，不值识者一笑也。同侪间负盛名者不乏人，言实学者盖寡，故自去年以来，翻然变计，不慕髦俊之风，却求故旧之学；不希新奇之说，但以熟读旧书为主；不求多，但《内经》、《伤寒论》、《金匮要略》、《本草》数种已是鼎鼎之士，能背诵此书有几人哉，良不足为外人言也。第未老而先衰，读书苦不能熟，昔时所读已如隔尘，而则随读随忘，尤为可叹。不得已，乃节精华之点手抄而日诵之，如童蒙然。至所见各家方治，有好者亦如此缩为五七之言，以便读，不合误亦得之，但图顺口易记而已，不以示人，庸何伤乎，此余晚学之始基，亦即补读之一种也。曾文正公云，日知月无忘。此吾人为学之金针也，吾病善忘，极为痛苦，欲挽此弊，恒有约取勤读，因而学之而已，无他途也。”

1939~1940 年，他曾给两位学生书赠对联。给席姓学生的对联是：“徐灵胎目尽五十卷，叶天士学经十七师。”给方姓学生的赠联是：“思读误书万结立解，别裁伪体一家不名。”

前一联以古人为师，鼓励学生不倦求学，历经多师，不断增长学问。后一联构思精巧，堪称佳作。意思是：读尽正书又读“误”书，只要掌握事物的正反两面，那么任何疑案症结都能迎刃而解。倘能善于识别，剔除淘汰伪劣之说，那么除了你能成名成家，独占鳌头，别人谁都不能超越你。或者说，只要有真才实学，即使不被尊为名家，也不必有怀才不遇之感。这不仅是对学生的厚望，也是一种自勉。

程门雪经常对不被重视的所谓“伪书”持有不同见解。他说医书只应该讲究内容的好坏，而不应该过于纠缠什么作者的真伪。内容果然好，虽“伪”何妨？他举例说，《中藏经》是托名的伪书，而书中的醉仙丹一方，临床应用效果很好，里面还有很多制药法，很有道理，这就不应该因其为“伪书”而被轻视。

程门雪医学出入《内》、《难》，涵泳长沙，自隋以下诸家无不博览。何时希评价程门雪博闻强记的功夫时说：“夫读书多，人或能之，然亦寻常短句、一无名药方，能口授而笔示、强记若吾师者则罕矣。故见之心而应之手，施之于病，俯拾即是，无往而不中也。”这也说明程门雪做学问用心之深，用功之勤。

程门雪不仅博览群书，还动手著书。在深窥《灵枢》、《素问》奥旨，遍阅《伤寒论》、《金匮要略》等诸家评注后，结合自己临床经验，撰写了《伤寒论歌诀》、《妇女经带胎产歌诀》。对叶天士学说研究尤深，曾校注《未刻本叶氏医案》。对陈修园、徐灵胎、喻嘉言、王孟英、顾松园、李东垣、李士材、张顽石等诸先贤医案中某案、某方、某法精华之点，缩五七言，赋以歌诀，图易记忆。短则四句，长者千余字，复加按语，以示其要，集为《藏心方歌诀选粹》。这些歌诀的浓缩和创作，是他在诗歌方面下工夫的又一表现。而使古人的医学经验通俗化、普及化，便于记诵和广泛流传，此是程门雪作为中医教育家的良苦用心。

程门雪虽然精通医道，但总感到自己的不足，常常自叹："虚名误我我误人。"只有这种不满足感，才使他不断攀登一座座医学高峰而成为一代大师。

"诗画茶烟销永昼"，是程门雪壮年时所刻七字白文印，刀法苍劲，本来是对自己丰富业余生活的概括，后何时希根据老师夜生活的特点，将它易一字为"诗画茶烟销永'夜'"，因此更加风韵叠出，妙趣横生。

程门雪的诗书画早为社会所称道。他于诊务之余，喜吟诗作画。程门雪词章之学，社会早有评价。《兼于阁诗话》有曰："中国医学为儒家一门大学问，所传《内经》、《伤寒》、《金匮》等经典之作，旨趣精微，即后来医家著论，亦皆文字深奥，故精于医者多为文学之士。"其中涉及近人程门雪的赞语曰："为海上名医，工书善画，书学钟繇，甚古拙，画兰竹梅菊之属，亦雅健有风致。诗有《晚学轩吟稿》……"

程门雪早年就读上海中医专门学校时向江阴曹颖甫夫子学习词章之学，后与上海诗书画篆刻名家吴昌硕的传人王个簃相契最久。又有浦东书家朱天梵与程门雪所好相同，交谊甚密。程门雪又与况熏风、朱古微入室弟子圣约翰大学教授、诗词名家陈蒙安有所交往，所以在壮年以后，其诗学还在精进。

医家中能诗会画者，不乏其人，但像程门雪那样达到高度造诣者，还不多见。过度的诊务劳累，需要精神调剂，程门雪自称是"荒于嬉"。他的诗，上海国画界耆宿王个簃有"境界高雅，时手罕有其匹”的评语。他还为自己耽于绘事而发出感喟：“当年日耽诗画，真是荒于嬉，几乎误了正业。”

程门雪的书法最大成就是隶书。从《史晨碑》、《张迁碑》、《西狭颂》诸汉碑下手，下觅清代郑谷口、翁覃溪、伊墨卿诸家成名的足迹。据学生席德治回忆说，因为老师喜爱这些碑帖，而席德治的路数较广，故均由他寻觅购得。程门雪的书法不囿于“数黑道白，笔画匀整”的故法而自成面目，其或左疏而右密，或上紧而下松，奇偶相生，欹正相成，取法于篆，以圆济方，有趋让自如、左右顾盼之妙，无堆垛之厌，以臻于自然之境，赏之意味不能尽。他不仅有长篇书论《书种庐论书随笔》，鉴赏书法绘画，也以诗记下他的法眼心迹：《为时希弟题天衣禅师碑》、《题孟法师碑》、《题董思翁墨迹》、《再题米书天衣禅师碑》、《辛巳冬夜阅石涛画口占一绝》等。其论书诗有四组，录其二首：“书家第一尚风神，绝世仙姿不染尘。留得兰亭真本在，好从明月认前身。”“小真唯有洛神赋，大字无过瘗鹤铭。更与行书添一席，合成三绝是兰亭。”

程门雪对弟子何时希一门医家备极崇尚，对其高祖何鸿舫的手书药方《何鸿舫先生手书方笺册》尤为倾倒。《笺册》的扉页和首页的题笺吟咏都是何鸿舫61岁赴京时的手笔。程门雪吟云：“名家羲献后承先，辨证徐何美旧传。今日朔南观妙迹，墨痕浓淡配方笺。”又吟：“每于烂漫见天真，草草方笺手自亲。不独医林仰宗匠，即论书法亦传人。”通过其留跋，不仅透露出他不期而遇意外惊艳般的喜悦，而且表露出他作为一个晚辈对先贤墨宝真迹的仰慕之情：“出席人大会议赴京时得以观赏妙迹，不胜欢忻，倚装留题（壬寅〔1962年〕三月）。”并且以鉴赏家的眼光和师表长者的身份对学生予以谆谆嘱咐：“鸿舫先生乃书田先生令子，《对山医话》（毛对山作）记徐何辨证，即书田先生事也。父子名家，医林佳话。时希仁棣世承家学，宝之勿忘。”

何时希《述程师书法之梗概》，追述程门雪的书法习惯有生动的描绘："师少时力学北碑之深，可于两事证之：其右手食、拇两指凹瘪压缩，至老不复，见其握管用力，有'指实'之功。"又有云：程门雪每读书，或有所得，或有意见，必用毛笔记录在原书，或在书眉或书于字里行间空白处。他注书姿势特别：仰卧，左手持书，右手持笔以书，书在上，笔在下，是一种倒反的"悬腕"法，却字如蝇头，墨透纸背，果是"奇书"！其所批注的医籍，眉上栏下，字里行间，密密麻麻如群蚁之攒聚，但字字清晰，无不深入如漆，能掩出于木刻墨色之上，此诚所谓"力透纸背"也。

深厚的文学艺术修养，使程门雪对医古文的理解、接受、提炼和真伪鉴别等，均取得了令人信服的成就。他跋清代名医何书田的《簳山草堂诗稿》时说："先生精于医，又精于诗文，以医道受知于林文忠少穆，互相倡和，少穆赠联有'簳山编集老诗豪'之句。可知名医必然饱学，断无俭腹名医也。"又跋《何书田年谱》说："不禁忻羡书田先生于医事繁忙之余，犹能以诗文书画，增广其学殖，陶冶其性情，抒发其议论，而开拓其胸襟。"其实程门雪也是以诗词金石书画的丰富知识，来调剂精神的。这就是程门雪所谓的自得其乐的"荒嬉"。

对于书画，程门雪知见极深，眼高而手亦不弱，绝非浅尝者流。所喜者是他于书画之道爱而并不沉溺，中年以后，以其全部精力放在医学方面，为中医事业作出了更大的贡献。他的"医而好文"、医文交相辉映，对他医学成就至少起到三点影响：一是使其参透理解古奥医籍，并具创意。二是写作医论，得心应手，各路体裁，挥洒自如。三是业务忙碌，文艺调节，怡养身心。

医学与传统文化是一种相辅相成、相互促进的关系。程门雪深厚的传统文化功底不仅开启了他的心智，而且使他在医学上触类旁通，游刃有余。

程门雪的诗画才艺在丁氏门人和同时代医人中享有一定声

誉。在丁甘仁门下学医的青年时代，程门雪已有才名，曾与王一仁、秦伯未、许半龙等成立业余社团分题并韵，称为“丁门四才”。后来又有“谢门八才子”、“经社八才子”之说，程门雪为八才子之一。这是对程门雪才艺和学识的肯定和定评。

“谢门八才子”，是指当时围绕在谢观周围的八个与程门雪才学相当的医专学生。20世纪上半叶中医领军人物谢观，字利恒，晚年号澄斋老人，祖籍江苏武进，故居在县北之罗墅湾。谢氏为乡间望族，医学世家。他有超乎常人的学识和才艺，又具有极强的人格魅力，在他周围有一批追随他的信仰者和崇拜者，其中较有名气的便是包括程门雪在内的“谢门八才子”。谢观任上海中医专门学校校长时兼任温病和修身课教师，程门雪最喜欢听谢老师的课，他讲课逻辑性强，富有感染力，常令听者动容。谢氏弟子众多，在研讨学术的同时，又经常聚会欣赏诗画与文物。师生们诗词唱和、丰富活跃的业余文化活动反映出他们的精神风貌和文学才情。

谢观对中医学贡献颇多，尤其1929年“三·一七”反对废止中医的斗争，赴南京请愿时，他为首席代表，经努力抗争，废止中医提案最终被推翻。此事对后世中医的发展产生了深远的影响。受谢观影响，程门雪曾在上海《卫生报》上署名发表小说《医林外史》，声讨“废医论”。针对当时甚嚣尘上的“废医论”，小说用形象化的手法对“废医论”的实质进行了批判，揭示了“废医论”的思想根源，收到很好的社会效果。利用小说批判“废医论”是程门雪的一大发明。

抗战胜利后，经秦伯未和陈存仁提议，组织了一个文酒诗会，每月初一次，如妇女经期之恒定有常，故名之曰“经社”。“经社”会友主要成员是谢氏的门人弟子，如程门雪、严苍山、章次公、虞舜臣、余鸿孙、张赞臣诸人，另有世交后辈的盛心如、丁济华、丁济民、钱今阳及徐小圃、叶熙春、方慎庵等沪上名医。

会期能在规定之日如期举行者为经期正时，提前数日举行称超前，延后数日举行称落后。茗酒兴会，畅谈学术及诗画，一派传统文化气息，这是对紧张诊务生活的一种补充和调剂。

谢观谈兴甚豪，曾为众社友讲说他所理解的《红楼梦》。有一次，徐小圃展示了家藏历代“铁券”八种。“铁券”乃皇帝颁赠功臣享勍免罪杀之铁叶证书，其中有一件是唐代皇帝颁赠给某御医的。常州盛心如是中国医学院院长薛文元的得意门人，师生都曾在中国医学院任教。盛氏善诗豪饮，自称“兰陵酒徒”。

“经社”活动以吟诗作画最多，秦伯未、程门雪、严苍山、盛心如、章次公、张赞臣、余鸿孙、陈存仁八人，人称“经社八才子”。其中程门雪、秦伯未的诗词、书法、绘画最具风韵。程门雪之梅花、严苍山之鱼虾图最为人称道。

“经社”第三期集会，是一次诗酒盛会。那天，程门雪留下一首与会员合作的药名联句诗：“琥珀泛香浓，酡颜月月红。款冬邀旧雨，垂幔为防风。远志开精舍，忘忧老酒盅。琳琅书百部，辛苦粟千钟。蜕化存龙骨（忆半龙），丝抽惜茧虫。砚敲冰片片，梅酿雪溶溶。薏苡车能载，葳蕤草自茸。雌黄原淡寞，青白看从容。醉饱胡麻饭，当归意未慵。”此联句为程门雪手书，根据诗后的注，原来全诗十八句，有十句出自师兄秦伯未所作。秦也是谢门弟子，在医校属于第四届毕业生，才华横溢，有《谦斋诗稿》问世。“经社”活动至1948年止。

1950年，谢观病逝于上海帕克路福里寓所。“经社”诸人，或写传记，或送挽联，或作诗词，均有一番悼念。“经社”虽散，但形散神聚，“经社”诸子的联系和友谊仍在发展和继续。秦伯未填词《蝶恋花》以悼谢观兼怀同门诸子，词曰：“满院杏花谁作主？恼煞东风，依旧红如许！心事白头无可语，兀教俯仰伤今古。散尽当年诸伴侣。贯酒评茶，没个闲情绪。回首清游江上路，春波千叠斜阳暮。”最后两句其实真有所指，记录了一次“经社”师生于黄浦江的斜阳下泛舟遨游，真美！春波千叠，斜阳正暮。

秦伯未、严苍山、丁济万、黄文东，是程门雪平生最要好的同窗好友，直至晚年，一直保持着友情。在他给严苍山的赠画与赠诗中，最能反映出学生时代于灯下切磋绘书之事的友谊。“研书学画总无师，一艺难成恨可知。惘怅兰成渐萧瑟，廿年前事不堪思。绝忆少年同学日，研朱点墨一灯同。栖迟人海垂垂老，唯有前尘入梦中”(《为苍山兄画梅扇》)。1964 年 1 月 10 日程门雪与秦伯未同席，又有感而作，写了四首律句，深深怀念严苍山和许半龙，表达出壮心犹在、白发暗生、岁月催老、空负“故人期”的悲切和“西窗剪烛”的怀旧情感。其中一首为：“中年相见倍相亲，同学于今有几人？淮海风流犹似昔，汝南书剑久生尘。壶中岁月催人老，客里风光照眼新。寄语盖苍山下士，快斟杯酒莫辜春。”

另如：“……低首已无前辈在，论心空负故人期。青衫白褡都成往，梦里前尘最可思。”

“……医难寿世心仍壮，春不留人发暗知。却忆师门少年事，西窗剪烛共谈诗。”最是情真意切！

程门雪与陈存仁友谊深笃，也有诗赠答。前有《庚辰春为陈存仁书屏二幅》(1940 年)：“独向医林张异军，眼中诸子只推陈。灵方别有心源得，占尽江南一角春。”“三分春领二分春，一种刀圭别样神。天与斯人卫吾道，师门得子亦奇珍。”

后有七律一首《贺存仁四十初度》(1948 年)：“平生最爱‘陈惊座’，四十名家尚黑头。早为兰台添著作，不妨酒国擅风流。维摩席上虚前约，姹女筵开数俊游。好是长兴楼上月，红儿宛转雪儿讴。”

陈存仁常语惊四座，博取雅号“陈惊座”，故程门雪诗中嬉谑称之，益见同门彼此亲睦。陈存仁最有心计，勤于收集，将每次“经社”活动后丢弃的诗稿绘画裒集成册三本，在日后编撰

《银元时代生活史》时，他用于插图书中。

如此广泛的交友，如此地展示学识和才艺，使程门雪不仅为同门和中医界所赏识，也得到社会上知音善鉴者以及学生们的称道和崇拜。程门雪在社会上的崇高声望，为他以后成为一代中医大家打下了基础。

诗酒会为谢门诸子提供了展示才艺、学识的平台，通过才艺、学识的展示则树立了自己的形象。人们由崇拜谢观而逐渐转变为欣赏才艺为核心。这也是转变为欣赏具有出众才艺的程门雪、秦伯未等少数人物的过程。谁的诗多、诗好、诗奇，谁就会成为当时的核心，久而久之，一个众望所归的领军人物或核心人物就呼之欲出了。程门雪展示才艺的过程正是他逐渐成长、成熟、成才，成为中医界核心人物的过程。20 世纪 50 年代初，秦伯未、章次公等应召赴任卫生部中医顾问。当时中央拟在北京、上海、广州、成都四大城市成立全国首批中医学院，卫生部首先向中医顾问征询意见："上海中医学院院长，谁堪当此重任？"秦伯未等脱口而出："非程门雪莫属。"

程门雪学问好，又富于情感。20 世纪 60 年代初，程门雪奉命与张镜人、裘沛然、金明弼、钱伯文等一起参加《辞海》的编写。《辞海》的编写是国家级的一大课题，又是每个参编者知识学问的一次大展示。1963 年秋，《辞海》编写行将结束，合作共事凝结的深情厚谊，使他们临别依依。程门雪又一次展示他的才艺，为每一位参编者都留赠诗篇，表述他的深情。如《留赠（钱）伯文》："吾党有健者，钱生今仲阳。辛勤钻古籍，宛转定新方……似闻诸父老，个个颂韩康。"《留赠（金）明弼》："名家有令子，辞海一年间。门户医三世，生涯药一笼。定知书有种，如见日方中；好展鲲鹏翮，扶摇万里风。"还有留赠张镜人和留赠裘沛然的诗作。如果说程门雪对同道张镜人的赏识是在意他熟悉典故、心细如发、寝馈与之"商量典籍心愈发，检点风怀梦亦真"的工作特点，那么对裘沛然的赏识则表现为对其学问才识的推崇备至："千古文章葬罗绮，一时诗句动星辰。华年锦瑟须珍摄，我辈于今要此人。"他不仅对裘沛然"瘦"的形象特点和诗家的"剑风楼"雅号涉笔成趣："犹喜剑风残客在（谓裘子沛然），瘦吟同借一枝新"；而且他对裘沛然崇道清高也颇示欣赏："春爱梅花秋爱菊，先生忧道不忧贫。"《辞海》于1963年12月出版，程门雪等在《辞海》编委会和分科主编栏目里均留下了自己的名字。正似雪泥鸿爪，大雁飞过留下的遥远的回声。

创建学院 著书垂范

1956年5月，距离9月开学只有短短4个月，中央卫生部下达筹备成立中医学院的通知。

8月6日，国务院正式批准在北京、上海、广州、成都分别成立四所中医学院。9月1日下午2时，在上海市河南路桥畔国华大楼礼堂举行了上海中医学院第一届新生开学典礼。上海市领导宣布上海中医学院成立，并任命程门雪为院长。随后，程门雪以新任院长的身份，满脸喜气地在如潮的热烈掌声中登上主席台，面对新生和社会各界来宾发表就职讲话。

成立于1956年6月23日的上海市首届西医离职学习中医班的学员也参加了开学典礼。这批学员是响应毛泽东主席关于西医学习中医的号召而来的，他们也归上海中医学院领导。新任院长的肩上又增添了一份责任。

担任上海中医学院的首任院长是程门雪由中医临床家走上教育家的人生转折。在他人生的最后20年里，他带领师生勇于实践，使新创办的上海中医学院教学逐步走上正轨。

众所周知，一所高等学府创建之初，百事待举，工作纷繁。诸如添置各种设施、教材编写、师资选择等，程门雪均亲自过问。

为了搞好工作，他殚精竭虑，案牍劳形。对于从未涉及的学科领域，纵然是筚路蓝缕，他也将率领师生共同披荆斩棘，所向披靡。

建院之初，由于没有现成的办校模式可资借鉴，一些人对中医院校的发展方向没有把握，曾兴起过一股要在短期内实现中西医合流的思潮，有人甚至乐观地认为只要敢想敢干，马上就能实现中西医合流。针对这种医学“大跃进”的躁动，程门雪忧心忡忡，最终他不避艰险，挺身而出，率直地斥责了这种违背科学发展规律的冒进思想。

程门雪认为，要提高和创新中医学，首先要对中医学的继承和发扬问题有一个清醒的认识。他热切期望中医学有新的提高和创新：“学习中医首先要做好继承，没有在继承上狠下工夫，就谈不上整理发扬。继承是发扬的基础，发扬是继承的目的。”程门雪认为，发扬包括多种含义，用现代科学手段加以整理提高，当然是发扬；在中医自身学术范围内创立新见解，发现新内容，也同样是发扬；中西医结合，彼此取长补短，创立新的理论和方法，也是一种发扬。

中医学是一门由实践出理论，再经实践反复检验的科学。由于其产生年代和地域的关系，它的基本理论已深深植根于东方文化的土壤之中，与植根于西方文化的西方医学有所不同。那么，中医学如何在现代与传统之间、东方文化与西方文化之间走出一条新路呢？

程门雪说：“中医的发展首先还得老老实实地做好继承工作，继承要全面，要系统，要分析，要实践，只有在全面、系统、实践、分析的基础上才具备发扬的条件。”他还指出，中医现代化研究，除应该有中医特色思路外，更应该有中医特色的研究方法。

如果说真正意义上的现代大学是现代文明的航标灯，那么大学校长则应该是现代文明的守灯人。因此，从这个意义上讲，校长对一所高校的影响和作用就不言而喻了。程门雪肩上的重任和负荷也可想而知。

程门雪深知办好一所高校离不开师资力量，离不开课堂教学和临床教学质量的提高，因此，他特别注重在全校范围内营造一种尊师重教、重视教学质量的良好风气。

程门雪以身作则，当为尊师重教的典范。虽然他久负盛名，身居高位，但无论在他的学生面前，还是在文章中，提及先师丁甘仁时，他总流露出无比怀念和敬仰的感情。但凡提到曾经教过他的老师，如汪莲石、谢观、恽铁樵、曹颖甫等诸先生，他都无不敬仰有加。

程门雪与林其英书记一样，都不习惯坐办公室，更不热衷于应酬交际。他们经常到学生中去，或深入寝室，或听课于教室，了解学生的学习和生活情况及专业思想，听取意见，了解和掌握教师的讲课水平、教学进度，掌握和调节授课时间和内容。程门雪每周必多次深入各教研室，与老师讨论教学问题，了解教学内容，在学术上质疑问难，指导和帮助教师提高学术水平。他非常重视学生对中医学基本功的学习与培养，这一主张得到林其英书记的积极支持。他为此花了很大的精力，拟定了“三基”训练的文本。在北戴河会议上提出后，这一文本还得到中央卫生部领导的首肯和全国中医院校负责人的一致赞同。

程门雪过去有名士派头，自从担任院长后，他收敛自己，转变作风，言行朴实，平易近人，没有官架。他与教师接触较多，与学生打成一片。他经常与学生讨论各种问题，经常参加学生的各种活动。他不仅运筹帷幄，还亲自为首届、二届新生、西医离职学习中医班开办多次讲座，亲任主讲，讲题有《关于祖国医学的研究方法和经络学说作用的看法》、《欢呼祖国医学新生十年》、《学习〈伤寒论〉的体会》、《谈谈学习中医的几个问题》、《如何掌握辨证论治及学习〈伤寒〉〈金匮〉的体会》等。其敬业精神，足堪垂范杏林！他的崇高品德与长者风范，使同仁们深铭肺腑，从而深受教师和学生的爱戴。他的讲演稿后来都由校长秘书胡建华保存下来。胡建华对程门雪的呕心沥血、夙夜忧虑知之甚深。他深知这些讲稿都是院长呕之以心、沥出之血的见证，所以直到胡建华晚年担任龙华医院专家委员会主任委员时，他还将这些讲义当做珍贵难忘的岁月记忆珍藏着。

程门雪富于创新思维，对党委书记林其英关于创建实验室的提议表示完全赞同。他认为，虽然中医学院主要任务是培养中医师，而在科学迅猛发展的今天，现代医学会有许多值得我们学习和借鉴之处，所以在首先学好中医学专业知识的同时，学些现代科学知识，取长补短，充实中医内容是必要的。

程门雪在学术上求同存异，主张经方时方兼容。在工作中，他摒弃门户之见，邀请经方派恽铁樵的高足章巨膺出任教务主任。两人私谊甚深，但工作上却各抒己见。程门雪在一次教务会上提出关于开设方剂课一事，但章巨膺不同意，认为开设方剂课为学生提供现成的方剂模式，会束缚学生的创造能力。他主张加强药物配伍的训练，让学生灵活应用，自主配方。程门雪说："同学们初入中医殿堂，学习方剂必须遵循一定规律，掌握规律后，有益于临床发挥。"最后，章巨膺还是同意开设方剂课了。程、章两位并没因为意见分歧而产生隔阂。

上海是全国名医荟萃之地，名家流派纷呈。程门雪作为上海中医学会主任委员，身负提升上海中医界水平的责任。为形成中医学术繁荣的新局面，他于1961~1962年两年间，先后组织举办近代上海名医名家学术流派报告会10余次，引领大家共同学习名医的理论和临床经验，取长补短，消除各派门户之见，形成学术研究和争鸣的氛围，促进了上海市中医学术的进步和繁荣。其重要意义，于上海中医界是摧破万马齐喑局面的难得壮举。会后，程门雪亲自撰序并编成《近代中医流派经验选集》。此书出版以后，发行全国，在中医界产生了很大的影响。

寄情颐养 膏方济人

孔子曰："仁者寿。"程门雪以医为仁术，并以"仁者爱人"的高尚品德待人律己。当年行医之时，有年轻医生遇到疑难病症或遇事故临危之际请他协助，他都有求必应，慨然以赴，析疑解难，得失不计。故当时上海中医界称他为"医之医"。可见他的品性德行感人之深。

程门雪仅寿及古稀，虽然没有达到今天普遍的高年遐龄，但是他与别人一样也有对益寿的追求。他的养生之道、长寿理念，常用诗歌形式表述出来。

《寿山兄母太夫人八秩》首句："期颐影子得天全"，认为长寿有先天和遗传的因素。"黄菊花开祝大年。阿母寿同金母贵，元方才胜季方贤。休将椎髻论当日，且喜斑衣斗眼前。"说的是子孙贤而且慧，娱乐母亲，阿母心情舒畅，也是养生的重要条件。

《张伯熙君六十双寿和原韵》，讲养生的心理因素胜过物质因素，虽是居住条件不好，或天气炎热，但心静自然凉；即使生活条件不佳，饮食粗糙，但若心境淡泊，则可甘之如饴，尽可颐养年寿。

诸如《秦颂尧六十寿》、《席母杨太夫人七秩寿》、《寿仲英学兄六十》、《吴小樵先生六十寿》等诗，有的说到夫妻和睦、福慧双修，是双双同登寿域的重要条件；有的说到家庭的良好文化氛围也会给养生带来直接的好处；有的说到成就感、好心情也对养生有好处；还有的说交游良朋，济贫解困，多做好事，也是养生长寿的重要条件。

冬令进补膏滋药，是传统的虚则补之、偏则纠治的养生之道和进补方法。程门雪也娴熟于此，经常以传统而又个性化的方法为病人疗疾进补。师从程门雪的姜宜孙存有一组五张当年经程门雪亲订的膏方及其调制方法，可以借其管窥全豹。

程门雪于1941年重订的五张医案及滋补膏方如下：

陆先生：连岁所进膏滋调补，据其经过均不及第一次之佳。此有数因在焉。季事所关，一也；辛苦太过，二也；药力不济，三也。三因中第一因乃人生天然，亦泛化无能为力。第二因，则关于人事，当于可能范围内，稍节辛勤，俾苏脑力，否则生之者少，用之者众，难乎必继矣！再从第一方加重以增药效也。此则三因有二，可治其或有济乎？

此例陆先生案是辨证审因在原基础上调整方案以增效。

熊师兄：细阅病情，无非心肾不交，相火妄动。盖精藏于肾，而主于心，神动于中，精驰于下，久则遗之不已，渐渐成滑，渐渐成劳。精气大亏，虚象备露，见诸种种，均未老先衰之状也。补精必安其神，安神必益其气。昔贤明训，不易之论。今从荆公妙香散、茯菟丹、水陆二仙、三才封髓等方综合损益之，复制膏方，以观后效。唯调摄心神，勿萦思虑，须极为注意之，否则徒劳无功耳！

此例熊师兄案是针对虚证滑泄、精气大亏而采用多方综合膏方调补。

郑二兄：大凡掺奇计赢，思虑过度，损伤心脾二脏。而饮食不节，起居失时者，亦病在脾胃居多，此东垣脾胃一论，所以夐绝千古也。尊体素虚，心脾本亏，肝木横逆无制，胃运失常。新患肠胃病后，虚不易复，际此冬令，调补正宜。姑拟一方，即东垣法旨，作未雨绸缪计，或有胜于亡羊补牢者乎！

郑二兄案则针对患者因思虑辛劳太过而损伤心脾，采用李东垣脾胃论方法补益兼治疗。

唐宅老太太：痰饮咳嗽，逢冬则甚，盖形寒饮冷，则伤肺之恶寒也。饮渍于肺气逆不平，痰留肺系，水鸡声作矣。肩胛酸楚，阳明脉络不和，口酸痰酸，木来侮土，可证体丰脉弦滑。兹拟和阳明泄厥阴，而肃肺气以化痰饮为治。膏滋缓图根本。

此例唐宅老太太案针对肺虚痰饮老年哮喘患者进行调补。

谨录刘大兄案，辛巳（1941年）初冬手订：

近恙胃脘痛，泛恶呕酸，得食则减，饥则愈甚，此中虚木横，木来侮土之症。外兼之嗜酒生湿，胃中痰浊不化，运化失常，劳伤，再伤其中。饮食又失其节，则胃病成矣。连续调治，用建中汤、乌梅丸合法，缓中抑木，苦辛泄化，痛胀已舒，饮食起居，亦为常度。犹恐根株未除。际兹冬令，正宜调补之时，再仿东垣法，作膏滋以图补之，仍复入前法以杜根株。唯平时于饮食必须调节之，勿令过饥过饱，又酒少饮为妙。胃病最易犯而又最难痊，不可不杜渐防微也。徙薪之谋，幸毋河汉清。

此例刘大兄案针对胃病患者进行调补，均体现了中医膏方辨证论补的特点。

其滋补膏方调制方法如下：

炙黄芪六两，云茯苓四两，炙乌梅八钱，淮小麦六两，炒潞党参六两，炙远志二两，开口花椒（此去籽及闭目者）八钱，采云曲二两，炙甘草一两，肉豆蔻一两，大白芍四两，桂枝（泡汤炒之）四钱，炒白术三两，煨益智一两，白归身（酒洗）二两，大红枣四两，胡桃肉（去壳去紫衣）四两，制半夏二两，煨木香八钱，炒防风一两，杜狗脊（盐酒炒）二两，法广皮二两，淡吴萸八钱，福泽泻一两五钱，川断肉（盐酒炒）二两，带壳蔻仁一两，金铃子（炒）二两，枳椇子三两。

上药煎三次，但取浓汁，如加吉林参可自三钱至一两，应另煎浓汁缓加入之。加饴糖六两，煨姜十片，熬之去姜，另煎饴糖、白纹冰糖半斤，溶化收膏，以滴水成珠为度。瓷器贮为用。

每日早晚空腹各服1~2匙，相投，可加到3~4匙一次，百沸滚水调下之，不滚水勿用。禁忌蟹腥、异味、秽浊食品，及莱菔克伐物。如有伤风外感、停食胃呆等暂停之。

1972年9月7日，程门雪因副鼻窦癌晚期向肺部转移而终致不治，病逝于上海中医学院。

程门雪的一生，以精诚大医鸣世，以博学卓然倡导伤寒温病融合的辨证学说、以及诗书画之博艺为祖国医学和中国文化留下诸多的传世胜迹。在他谢世10多年以后，他首任院长的上海中医学院，已经发展成为由中医基础学院、中药学院、针推学院、国际教育学院、3个临床医学院等10余个学院，研究生部、成人教育部2个部及多个全国临床医疗协作中心组成的上海中医药大学。莘莘学子，不仅有攻读学士的本科生，还有硕士研究生、博士研究生、博士后流动站及来自各国的留学生。程门雪为中医教育事业所留下的功绩将流传千古。

（撰稿人　楼绍来）

黄文东卷

黄文东（1902—1981）

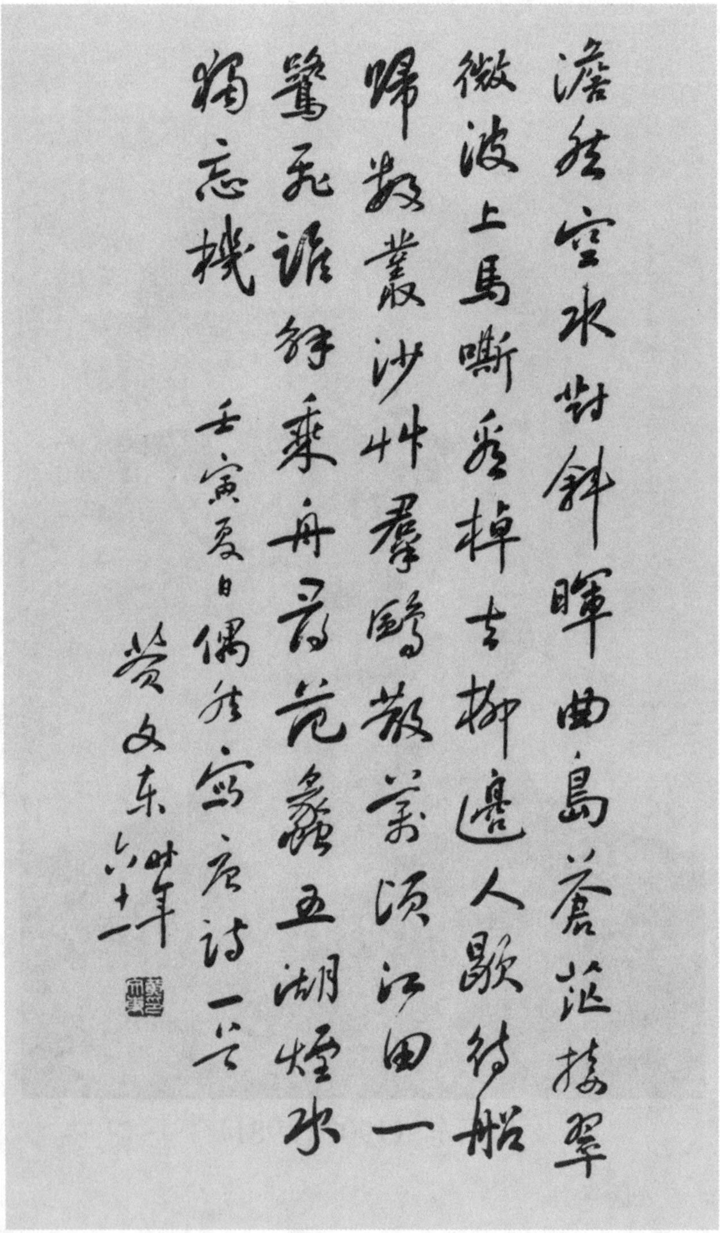
澹然空水對斜暉曲島蒼茫接翠
微波上馬嘶看棹去柳邊人歇待船
歸數叢沙草群鷗散萬頃江田一
鷺飛誰解乘舟尋范蠡五湖煙水
獨忘機
壬寅夏日偶然寫唐詩一首
黄文东

黄文东手迹

我是一个老中医，同中医学结下不解之缘。岐黄古术的隆替盛衰，我目睹耳闻；岐黄生涯的辛酸甘苦，我身经口尝。

作为好医生，应该与病人同呼吸，共命运，休戚与共，将病人的痛痒记挂在心间。

——黄文东

1978 年秋，全国首次科学大会在北京人民大会堂隆重召开。台上的主席团成员中，有一位身形矮小，平顶短发，戴黑框眼镜，面目清癯，精神爽朗，年已 76 岁的老人，他就是当代著名的中医理论家、教育家、临床家黄文东。

黄文东（1902—1981），字蔚春，江苏吴江震泽人。14 岁考入上海中医专门学校，受业于孟河名医丁甘仁，1921 年以首届第一的成绩毕业于该校。毕业后，返回原籍震泽镇悬壶应诊。1931 年应邀返母校执教，1934 年任教务长，先后担任《本草》、《内经》、《难经》、《伤寒论》、《金匮要略》、《中医妇科学》、《名著选辑》等课程的教学凡一十七载。1948 年该校停办后，在新闻路张鹤年国药号应诊，同时设诊所于上海武定路寓所。

黄文东 1952 年进入上海市第四联合诊所工作，并受上海市中医学会的委托，主办上海市中医进修班、中医师资训练班，担任第一届西医学习中医研究班班主任。1956 年起参加公职，就任于上海市第十一人民医院，继而进入上海中医学院（现上海中医药大学），历任上海中医学院中医内科教研室主任、附属龙华医院内科主任、上海中医学院院长、中华医学会上海分会副会长、上海市中医学会理事长、中华全国中医学会副会长，上海市政协常委和第三、四、五届政协委员。1960年加入中国共产党。1978年被授予教授职称。

黄文东对《内经》、《难经》和仲景学说深有研究，对李东垣、叶天士著作钻研尤精。在学术思想上，突出以胃气为本，强调调整脏腑之间升清降浊的功能，以及把握阴阳五行相互制约、相互依存的关系。认为脾胃乃后天之本，为气血生化之源，久病不愈，体质亏虚，故治理外感和内伤各类杂病，均应兼顾脾胃，以治其本。临证善取各家之长，以调理脾胃为先，擅长治疗外感内伤疑难杂症以及慢性胃炎、胃溃疡、慢性肠炎以及支气管哮喘、再生障碍性贫血等病症，屡见显效。其处方用药，不尚矜奇炫异，常挽逆证于轻灵之方，起沉疴于平淡之剂。

黄文东忠诚于中医教育事业，辛勤执教50年，学生遍及海内外。他殚精竭虑精心培育中医人才，教学深入浅出，联系临证，生动易懂，强调重点要突出，难点要攻破，疑点要剖析，故深受学生爱戴。

黄文东一生著述丰厚，20世纪30年代编写《本草》、《内经》、《难经》、《伤寒论》、《金匮要略》、《中医妇科学》、《名著选辑》等教材；1959年后主编《中医内科学》（一至四版）、《实用中医内科学》、《中国现代医学丛书之一·著名中医学家的学术经验》、《近代中医流派经验选集》等著作；发表《丁氏学派的形成和学术上的成就》、《继承整理李东垣学说体会》、《王旭高治肝法探讨》、《五行学说在临床上的应用》、《临床调理脾胃》、《活血化瘀用药配伍及李东垣学说探讨》、《〈难经〉选注》等论文。黄文东的学生为他整理并出版了《黄文东医案》、《内科名家黄文东学术经验集》

等著作。

丝绸世家 立志学医

黄文东的故乡江苏吴江震泽镇，位于江浙两省交界，太湖之滨，地处江南水网地带，东有北麻漾，北有长漾，西有徐家漾，河塘溇港密似蛛网。呈东北——西南走向的頔塘河，原名荻塘，源出浙江天目山之苕溪，贯穿镇区，向南汇入运河，西接湖州，北达苏州，东通上海，南抵嘉兴，尽收航运之利。震泽镇为江苏省历史文化名镇。宋绍兴年间设镇，自清代中叶起丝绸业鼎盛，所产丝绸远销海外。乡民以蚕桑业为主业，历来有“春茧半年粮”之说。镇上不少居民经营丝绸行业，形成产运销一条龙产业链。在清代至民国期间，丝绸产销成为繁荣震泽经济的主要行业。

1902 年 11 月 18 日（农历十月十九），黄文东出生在震泽镇北栅的一个丝绸世家。巧的是，黄文东比他的同窗好友、后来同为中医大师的程门雪的生日仅晚一天。他们有许多相同之处：非世医出身，选择了医学；同窗五年，志趣相投；曾相继担任私立上海中医学院的教务长；中华人民共和国成立后，又先后担任上海中医学院院长之职。然而他们又有着彼此不同的人生。

黄文东的父亲单名昭，字颂音。黄家世代耕商传家，至黄颂音辈已经积累了一份殷实的家业，在镇上设商铺丝坊，乡下置有几亩良田。黄颂音经营丝绸，在同辈中是出类拔萃者，因此黄家人过着较为优裕的生活。黄文东母亲生有二子，长子黄文东，次子黄九扶。黄文东尚年幼时，母亲患病去世，父亲黄颂音续弦王氏为妻。黄文东是在父亲和继母的养育下长大的。

黄文东从小受到良好的家庭教育。父亲是个儒商，能诗善画。他的画很有吴门画派风格，他的书法也清秀遒劲。父亲很早就开始对幼年黄文东进行教育，期望他能够继承和光大家业。黄文东的启蒙教育是在父亲的指导下苦读国文诗赋。据黄文东之子黄宗仁说，父亲小时候练习写字，都是趴在地上，每日要写好几个小时。黄文东满 7 岁时，被父亲送进一所四年制的新式小学——顿塘小学接受正规教育。清末的震泽，私塾和新式小学并存，黄颂音选了这所新式初级小学，可以看出他的开明。黄文东一边接受文明的小学教育，一边攻读古文经典，从小就打下了扎实的国文根基。11 岁那年，黄文东初小毕业，黄颂音希望儿子能继承家业，又将他送到震泽丝业高级小学就读。黄文东遵从父命，但他的志向却不是继承父业，将来做一个丝绸商人。他深受“不为良相，便为良医”古训的影响，暗暗立志长大后要以仁术济世，心中渴望学习中医。

1916 年夏，黄文东高小毕业，面临着求学深造和经商的人生抉择。就在此时，正在筹建的上海中医专门学校在《申报》上连续登出招生广告，招生条件是“年龄 16 岁以上，25 岁以下，国文精通，书法端正，身家清白，身体健全者”。震泽镇距上海不过 90 余公里，上海有什么消息，很快就会传到震泽，当时小镇上已能看到《申报》。报纸上的招生广告，触动了黄文东向往已久的学医之心。于是年仅 14 岁的黄文东毅然跑去报考。看到他如此毅然决然，父亲也就应允了。

黄文东的年龄离招生的条件还差两岁，又非世医家庭出身，但是他凭借良好的古文基础和聪慧朴实的表现博得阅卷老师，特别是丁甘仁、谢利恒等人的赏识，被破格录取。于是，黄文东与丁济万、程门雪等人就成为上海中医专门学校首届 20 名学生中最年少的同窗。

黄文东怀抱着学医济世的美好愿望，只身来到上海，开始了他的岐黄生涯。当他走进坐落于白克路（今凤阳路）仁和里的上海中医专门学校时，他心里想，这哪里是什么学校，分明是弄堂里的一户房屋宽敞的寻常人家嘛！学校刚刚办起，陈设简陋，一切需要从头开始。黄文东为自己能成为首届学生而感到欣慰，所以尽管学校设施不尽如人意，他依然喜欢。

1916年8月23日是上海中医专门学校的开学日。两天后《申报》为此作了专题报道："白克路仁和里中医专门学校于阴历七月廿五（即阳历8月23日）开学。是日之晨，诸生齐集，济济一堂。发起人丁甘仁、夏应堂、费访壶、柯春乔、陆稼轩、何懋甫、金百川、钱庠元、张禾芬诸君均早莅校。诸生行礼毕，丁甘仁首先演说昌明医学、保存国粹之宗旨，继则校长谢利恒君及德医邵骥君，既而诸教员依次演说，均谆谆以专心致志、学贵有恒为勉。是时，来宾之盛，座为之满，皆医界同志也。洵创举也。"

上海中医专门学校的开办，是上海近代中医教育进入一个新的时代的里程碑。

寒窗苦读 仁术济世

上海中医专门学校由海上名医丁甘仁、夏应堂、谢利恒等人历经一年多的筹备，并报北洋政府内务部备案而开办。诸人中以丁甘仁用心最深，出资最丰，贡献最大，故被推为校主（总理）。学校最初的校址是丁甘仁白克路的寓所，两年后搬到南市老城厢石皮弄的新校舍。该处原是长寿庵旧址，经改造后，一部分作为上海中医专门学校校舍，另一部分是广益中医院院舍。

学校初期的教务长是黄汝梅（字体仁），除西医邵骥、陈殿玙（字鲁珍，江苏宝山人，同济大学医工专门学校毕业，任生理教员）外，各科老师都是当时的中医大家，他们有：徐访儒（号嘉树），吴江人，是清代医家徐灵胎的后人；余振元（字继鸿，号渭经），江苏宜兴人，清代名医余听鸿（景和）之子，幼承家学，研习岐黄，并受业于丁甘仁，出师后一直在丁先生诊所襄诊，学校初创时他任医经、伤寒、本草教员；殷步湘（字彤卿，号蛰伏子），苏州东乡维麟里人，习举子业的同时自学医术，对于岐黄医道研究有素；赵逸琴（字缦卿），江苏丹徒人，清末廪生，担任国文教员。此外还有汤潜（逸民）、赵邵承（吉甫）、郑传笈（曾任教务长之职）等。1919 年，曹颖甫来到上海，次年也被聘为中医学校教员，1921 年又接替郑传笈任教务长之职。这些老师的人品、道德和学问，对于中医专门学校的学生们而言当然都有着直接影响，也与黄文东和其他同学后来成长为一代名医大家有着密切的关系。

黄文东天资聪颖，好学博闻。在学校期间，他心无旁骛，唯一的爱好就是读书。每天早起晚睡，苦读不倦，遇到问题就虚心求教，刻苦钻研。即使学校放假，他也不常回家，而是留在学校阅读各类医籍，或者到广益中医院跟丁甘仁先生临床实习。在假期里，他独自或与几个外地同学应邀到同学谢瑚的家中小聚几日。谢瑚是川沙人，祖父是前清举人，家中藏有不少书籍。故此黄文东等或借阅书籍，吟诗作赋，或与同学自由讨论，交流体会。功夫不负有心人。黄文东很快因成绩出众而崭露头角，深得丁甘仁先生的赏识，并得到余振元、谢利恒、郑传笈等中医界名家的亲自指点。丁甘仁先生时常亲自批阅黄文东的习作，给予很高评价，以资鼓励和鞭策。黄文东的学习更加勤奋，毕业时取得优异的成绩。

从上海中医专门学校早期的学生成绩录上可以看到黄文东当时的学习成绩。在 1918 年 7 月（预科第四学期）的首册成绩录，1919 及 1922 年第二册（本科一年级）、第三册（第五年毕业班）成绩录中有黄文东的医论文章 6 篇。第一篇《问猪苓汤用滑石阿胶之义》，郑传笈评语："自难自解，有反有正，将猪苓汤之方义发挥十分清透稳惬，系作者长技。是篇更笔力矫健，少年进步迅速，可喜。"第二篇《妇科最注重者何门？所用方药以何种为适宜？》教师评语："于调经胎前产后三大纲中提出调经最当注重，探骊已觉得珠，至其文笔恣肆，尽纳妇科证治方论，而不见其堆滞，则以中有议论韩子所谓气盛则言之高下长短皆宜也。”第三篇《问疟疾何以秋寒甚、冬反不甚寒之理由》，教师评语为：“前半叙述清真，后半发挥透切，结处引证数语，尤足使反字理由显著纸上。”第四至第六篇医论分别为“身热两候，早轻暮重，有汗不解，腹微痛，拒按，腑行不畅，口干溲赤，舌红脉滑数，有力，服凉解药不效”；“湿温月余，神识模糊，谵语郑声，汗多，撮空，舌干白，脉沉细，七八日未更衣”；“大吐大泻，腿足转筋，脉伏肢冷汗多，烦躁欲坐井之状，口渴，不多饮，形肉陡然消瘦”。这三篇都是丁甘仁先生亲自批阅的。丁氏的评语分别为：“理颇清晰，方亦善”；“细参脉证，用药精纯”；“抉剔真理，药合病情”。从这些评语可以看出，学生时代的黄文东对于中医的理解及他勤于思考的学习方法就很受丁甘仁和其他教师的称赞。

黄文东与王一仁、程门雪等几位同学经常被丁甘仁、夏应堂等先生邀请到家中进行课外辅导。名师的亲炙教诲使黄文东学业更加精进。在少年时代攻读古典经史下过的苦功，使他对医学典籍的理解尤深，解义尤切；他又乐意助人，学业上遇到疑难的同学，总愿意去向他请教。久而久之，黄文东在同学中间赢得了“小先生”的美誉。

黄文东喜欢逛旧书店，每看到好书，总是伫立在书架前，爱不释手，只要口袋里的钱足够，他会痛快地买下来回去仔细阅读。他曾在一个旧书摊上看到一部木刻本的《叶天士医案》残卷，原书10册，但书摊仅存5册，缺少3卷。黄文东觉得这部书的版本较好，虽然残缺不齐，仍有较高的价值，便买了回去。回到学校，黄文东向老师借了《叶天士医案》全本，用毛笔一字一句将残缺的3卷工工整整地抄录补齐。黄文东对叶天士的医理医术十分着迷，以至崇拜。在《叶天士医案》上他写下了许多眉批、注释，反映出他对叶天士学术思想的理解和阐发。这部书黄文东一生珍藏着，直到他逝世后百年诞辰前，才由其子捐赠给上海中医药大学医史博物馆。

黄文东经常跟随丁甘仁先生出诊。一次，他随丁师在沪南广益中医院会诊，患者是一位老年人，症见气喘、汗出、肢冷，脉象沉细欲绝，病情重笃。丁甘仁先生问黄文东："此属何症？如何治疗？"黄文东答曰："此由肾气不纳、肺气不降所致，乃喘脱重症，急宜回阳救脱。拟参附龙牡汤以图挽救。"丁师颔首赞同，遂从其意，处方开药。老者服药后果然得以转危为安。自此丁甘仁对黄文东更是青眼相加，训勉备至。黄文东的临床学业也随之突飞猛进。

五年寒窗，学成有果。学校举行毕业考试，每位学生分别就医理及内、外、妇等科作论文。黄文东在全部4门学科考试中有3篇论文被评为一等，从而以全班第一的成绩名列榜首。今天，在该校成绩录里，还能找到黄文东的毕业论文。他的3篇文章分别为《水冰地坼毋扰乎阳义》、《脑疽发背，见证治法之大略》、《妇人陡然痉厥，不省人事，牙关拘紧，四肢抽搐，脉沉滑而数》。丁甘仁的评语分别为："总冬不藏精，悟出养藏微旨，精纯透辟，以未曾有。""自《内经》有'诸痛疮疡，皆属于心'之说，俗医奉为圭臬，不知变通，寒凉遏抑，邪不外达，吾见其杀人多矣。阴疽一证，赖有阳和汤一方，活人不少，是作持论特精。""论说清畅，处方亦善。"评价如此之高，可见丁甘仁对他的这位弟子的赏识程度。

1921年仲夏，黄文东毕业了。怀揣着上海中医专门学校首届毕业的文凭，以年级排名第一的成绩，19岁的黄文东回到阔别五年的家乡震泽。

尽管震泽是个鱼米之乡，盛产丝绸，比较富庶，但在20世纪二三十年代，这里盗匪猖獗，瘟病肆虐，卫生条件也很落后，乡下百姓的生活仍然十分贫困。在人口稠密的震泽镇及其附近地域广阔的吴江农村，甚至没有一所中医院，几个当地郎中疲于奔命，仍难应付这方圆百余公里的诊务。

黄文东目睹家乡缺医少药的情况，决心留在家乡，用学到的岐黄仁术来救民济世，为乡梓造福。他以黄蔚春的名号在震泽镇混堂弄挂牌行医。蔚春者，蔚然春色也。他立志要以自己的医术妙手回春，驱逐病魔，给乡亲们带来蔚然沛然的春色。他与当地的中医一样，常年不避雨雪风霜，白昼黑夜，随请随到，奔波不辍。凡遇危重病人，他立即起程，从不推托。由于他胆大心细，机法圆活，每能转危为安，治好了许多危重患者。他宅心仁厚，对贫困患者，不但不收诊金，而且还赠送药资。他在震泽行医整整十年，救治了无数患者，践行了他"仁术济人"的誓言。他的医术、医德很快名扬吴江、震泽一带，博得当地百姓的信任和赞誉。1923 年，上海中医学会的影响扩大到吴江震泽，黄文东以他的信誉和才能，出头联合震泽一带的中医同道，发起并组成了上海中医学会震泽分会，他被推选为会长。

黄文东的成名同时给他带来新的忧患。当时乡里时常有盗匪出没，绑架勒索事件越来越多，凡稍有名气或资产者，多有被殃及之虞。黄文东为此常戚然于怀，生恐祸及父母和妻儿。1931 年季春，黄文东应同学李祖卫之邀，赴沪为李祖卫的弟媳会诊。在沪逗留期间，他特意到白克路（今凤阳路）仁和里看望同窗好友丁济万。望着当年曾学习、居住的老屋，看到街市店铺依旧，想到令人敬仰的丁甘仁先生却已经辞世 5 年了，物是人非，他不禁感慨万分。但与老同学丁济万重聚又备感亲近。丁济万是丁甘仁的长孙，名秉臣（彬臣），又名兰荪。他继承了祖父的事业，在为人处世上颇有丁老先生的风范。他办事果断，处事精到，敢作敢为，以诚待人。1926 年丁甘仁病逝后，由号称"南夏北丁"的夏应堂与丁甘仁次子丁仲英和长孙丁济万先后主持校政。1930 年末，丁济万全面主政上海中医专门学校后，大胆进行体制和教学等多方面的改革。1931 年，学校更名为上海中医学院。丁济万正为学校发展缺少人才发愁之时，恰好黄文东前来造访，他禁不住喜出望外，详细询问了黄文东在家乡的情况，坦陈母校当前遇到的困难，诚恳邀请黄文东来母校任教，为他分担一些压力。黄文东有所心动，虽没有立即应承，但答应考虑，回去与家人商量后再作决定。

黄文东在家乡行医10年，目睹农村缺医少药的情况，虽竭尽个人之力，却苦于身单力薄，尤其是一遇瘟疫之灾，每每顾此失彼，救一而丧十，死者枕藉路遗，惨状不忍目睹。由此，他悟出一个道理：要实现仁术济世的夙愿，单凭一人之力是难以实现的，只有培养出大量的中医人才，才能够满足广大人民群众的医疗需要。出于对中医事业的热爱和培养新人的意愿，同时也怀着对盗匪猖獗的虞虑，黄文东决定关闭在家乡的诊所，重返母校，由此开始了他长达半个世纪的中医教学生涯。

清贫志坚　师爱情深

1931年秋，黄文东再次来到上海，到母校上海中医学院任教。那时上海中医学院刚进行了较大程度的革新，从专科学校升格为大学，同时也面临种种新的困难，各科教材需要重新编写，课目设置有所增加，而师资一时还没有全部到位。黄文东到校后立刻参加了《儿科学》、《妇科学》、《古今医著选辑》等教材的编写，以后又相继担起《本草》、《伤寒论》、《金匮要略》、《妇科学》、《儿科学》、《诊断学》和《名著选读》等多门课的课堂教学任务。多门课程的任教和教材编写，使他在教学实践中系统深入地掌握更为丰富的中医理论和实践知识，也为后来他主持编写《中医内科学》第一版至第四版教材打下了良好的基础。

1933年，程门雪辞去教务主任之职，转任广益中医院医务主任。黄文东接替教务主任一职，他的担子更重了。当时国民政府对中医采取压制歧视政策，学校的办学环境和条件很差，校舍简陋破败，设施残缺不全，教员工作十分繁重，生活却清苦不堪。黄文东为了实现育人济世的理想，义无反顾，清贫自守，只盼未来仁术广传，桃李遍布，苍生普济，百姓安康。

黄文东在上海中医学院既是管理者，又是授课者。他讲授的课程门类最多，学校所设课程的分科教学他都能上台讲课。每当某门课程师资缺少时，都是由他主动顶替，由此保证了学校的教学从未出现中断。

黄文东在教育上默默耕耘，无私奉献，有很多值得一提的事。1947 年上海中医学院被政府下令停办时，尚有两届数十位学生没有毕业，学校决定由黄文东、何时希等教师留守，坚持帮助他们完成最后的学业，领到毕业文凭，以便他们今后堂堂正正地行医取得合法凭证。今天尚健在的学生讲起当年这件事，仍念念不忘老师的恩德。

一位医界前辈回忆起当年的情况，依然很激动。1937 年抗日战争爆发以前，黄文东任教务长的月薪为 18 元，另加教书的月薪为一斗米，价值约 1.2 元，此两项收入在物价比较稳定时足以维持他家在沪上的日常生活。但在抗战期间及抗战胜利后的那几年，沪上市面物价飞涨，米珠薪桂，旧的薪酬早已入不敷出。本校的同事们有的一人兼任几所学校教职，有的同时开设诊所，收入尚属富裕。可是黄文东因学校政务和教务都很繁重，毫无闲余时间，而他的薪金多年来始终未予提高。他夙兴夜寐，勤勉工作，而且自身担负的教课任务也最多、最重、最辛苦。据 1938 年度的上海中医学院课程表显示，黄文东一身兼任了儿科、伤寒、妇科、药物、医论、舌苔学等 6 门课的教学任务。可以说他当年支撑了学校课程的半壁江山，但他却没有因为付出越多而收入越高。黄文东上有高堂，下有儿女，一家数口人开销很多，需要一份优厚的收入。然而，碍于知识分子的自尊和同窗好友的情面，他很难向丁济万校长启齿要求增加薪俸。他曾有过另谋他就的念头，但又舍不得惨淡经营但情谊深厚的母校及朝夕相处的学生。正当去留两难之际，程门雪推举年轻教师何时希出面，为黄文东等教职工争取增加薪酬。何时希是程门雪的学生，为人聪明伶俐，唱得一口好皮黄，很得业师丁济万喜欢。程门雪托何时希去向丁济万委婉陈情。何时希将黄文东以及其他教师待遇低、经济处境窘迫的情况向丁济万做了汇报。丁济万听后震惊又后悔，他不知道黄文东及教师们已困窘如此。随即决定给黄文东增加薪酬：教务长月薪60元，教薪1.5元。同时他对何时希说："以后你多提供文东消息，不可亏负了他。"即使是在经济最为窘迫时，黄文东也没有轻言放弃或怠渎教学，他是一位忠于职守、敬业爱教的师者。

黄文东善于因人施教，医理与临诊结合。由此，他得到广大学生的拥戴，也得到沪上中医同道们的赞赏。无怪乎沪上一些名医和名流都愿请黄文东教授他们的子弟学医，而黄文东也愿尽已之所能，培养英才。兹举几例。

程焕章，程门雪之子，早年虽然跟随父亲对中医学有所目染，但在最初的学业上却选择了财会，到而立之年才重立学医之志。当时，程门雪的健康已大不如前，并担任上海中医学院院长之职，亲自教授儿子感到力不从心。为了让程焕章继承家学，光大中医事业，他想到老友黄文东。他信得过这位多年的同窗和同事。程门雪亲自将儿子带到黄文东面前，拜托老友严加管教，悉心相传。黄文东欣然应允。程焕章从此到龙华医院跟随黄文东学习。经过几年的奋发努力，程焕章成长为一名优秀的中医，继承了父业，后来还晋升了高级职称。至今程焕章谈起当年学医之事，对黄文东的感激之情犹溢于言表。

石仰山在回顾自己成才的过程时念念不忘恩师黄文东。他说："父亲石筱山与黄文东是莫逆之交，很敬佩黄师的博学多才。1950年，父亲亲自带我登门求师，恳请黄老将仰山收为弟子。"

黄文东为人淳厚，爱才惜才，他见石筱山如此心诚，自然满口应允。于是，石仰山白天跟父亲学习临床经验，晚上便到黄文东家，随黄老师攻读卷帙浩繁的医学典籍，听他讲解中医理论，回家后还要复习消化，直至夜阑人静；不懂之处，次日再向黄老师请教。在此期间，黄文东在医学理论上不吝相授，他的医德言行，也给石仰山留下难忘的印象。如今讲起这些事，年近耄耋的石仰山仍感慨万千，他说："一个人若能遇到一位好老师，可影响他的一生。"

顾伯华，顾氏外科继承人，1936年从私立上海中医学院毕业后，即挂牌开业。但其父亲顾筱岩认为，一个学术流派能够持续传承，不断提高，需要坚实的中医学理论功底，使中医学术在临证中不断加以升华提炼。因此，他特聘请黄文东担任自家的中医经典导读的家庭教师，每周两次，前来课教子弟，专门讲授中医经典理论和各家医论。前来听课的除了顾伯华、顾伯康等顾氏子侄外，还有不少顾氏门人弟子。这一阶段的学习为后来顾伯华在现代中医外科学上的学术创新和发展打下了非常扎实的基础。

马贵同，1959年考入上海中医学院，毕业后分配在龙华医院内科，正好在黄文东的指导下开展工作。20世纪70年代初，龙华医院成立老青结合小组，成员包括黄文东、胡建华、程焕章、顾惠明、马贵同等。马贵同有幸得到黄文东老师的言传身教，受益匪浅。他在临床中继承了黄文东的脾胃学说，而且有所发展，成为诊疗萎缩性胃炎方面的著名专家。

黄文东晚年指导过3名研究生，最后对研究生的指导工作大部分是在他病榻前完成的。1978年，黄文东已年近80高龄，担任上海中医学院院长，政务、校务、业务均十分繁忙，但是他仍然招收了研究生俞雪如。为了让学生有更多机会跟他学习临诊，他专门为自己增加一个上午的固定门诊。除了重要会议或去北京为中央首长看病之外，他都坚持每周亲自临诊带教。他规定研究生每周要向他汇报学习情况，谈谈自学中医古籍经典的体会。学生向他汇报时，他总是聚精会神地倾听，不时提出问题，进一步启发学生对中医经典的理解与认识。

1980年，黄文东身患重病，病魔折磨着这位坚强的老学者，他却仍然表现出不凡的生活勇气和乐观精神。在学生的眼中，黄文东老师不仅是事业上的强者，更是与疾病抗争的强者。手术之后他稍能坐起，便又在思考研究生的毕业论文选题。时值隆冬腊月，他在家中的病榻旁为研究生讲授课程，讨论研究提纲。他因患白内障，视力只有0.2，平时为了保护视力尽量减少用眼，但是当研究生的毕业论文完成后，他却戴上散光眼镜，又配着放大镜，整整用了三个上午，把3万多字的论文审阅完毕，逐字逐句推敲，用工整小楷修改润色，连标点符号、错别字都一一给予订正。他把修改好的毕业论文交给学生时，谆谆嘱咐道："你要好好保存，做个纪念吧。"谁知此语竟成了他的遗言。

学验并重　躬身言传

黄文东执教半个世纪，教学经验丰富，主要采用启发式教学，受到学生们的欢迎。他对学生从来不疾言厉色，而是循循善诱，鼓励启发学生自主学习，做到既严格要求又毫无保留地传授经验。一位老上海中医学院的学生回忆道，黄文东老师在上"医论"课时，分别给学生布置作业，题为"《内经》五虚证之原由论"，"冬应寒而反温，春应温而反寒，天时不正，酿成疾病，试就近时所见闻而论之"。作业收上来后，黄文东对一位学生的作业做了认真的批改圈点，对前一文章的评语是："举一反三，推陈出新，洵是善读书者。"对后一文章则指出："温病之类别，将于温病讲义中加以论述，作者所见不广，故未能深入浅出也。"作业发还时，黄老师特别把这位学生叫到他的办公室，针对论文中的问题对他进行个别辅导，他理解对的加以肯定，对他所存在的问题则作具体剖析。如今过去了半个多世纪，这位学生已是垂垂老者，成了上海著名老中医、老教授，但他回忆当年的情景仿佛就在眼前。

黄文东非常重视学生的临证实习，他认为临证实习是中医学生成长中非常必要的关键环节，他将自己多年积累的体会和经验无私地传给学生。他在1940年的《上海中医学院院刊》上，写给学生的赠言说：

“余愿以实习时之经验，为诸君告。实习必须有充分之临床准备，事先进行理论准备，事后采取归纳的方法；力戒不加选择地依样葫芦，流于浮泛。当医校同学三年级时，将进入实习阶段。计其时日，日常课程将减少，在此一年之中，即从实习而完成其学业，其为期之短促，过程之迅速，已成为目前之最大问题。就个人的智能言之，就是以有限之脑力，受各科之灌输，其应付之困难，每增有时而穷之！（即时间短暂，计日而穷——编者注。下同）故当实习之时，若不以恳切诚挚之志向，继续努力，势必流于浮泛。习尚通套（学流行时尚，学流行套路，不计实际效果），依样葫芦，不知选择，此风不戢，术斯下矣（医术医道江河日下）。因谈实习之途径，以助同学之精进，亦为一般之借镜。

“此日此时，总汇百川，导流入海，资前者之结束，为后者之准备，着手之处，允推仲景《伤寒论》六经之变化，《金匮要略》所载证治之分类，以及叶、薛、吴诸氏，所述温病之条例与治法，最为切于实用。就平日之所得，为短期之整理，务求简要明辨，清疏不紊，庶几于临证之时，心领神会，若与相应，盖先有充分之准备，而后注意于实习，往往事半而功倍也。

“凡出于名医之门，每日求诊者百余人，呻吟拥挤，不堪久待。为师长者，不得不敏捷应付，愈速愈妙，而学者执笔录方，唯有埋首疾书，但求无误，无检讨余地，若是而言实习，其获益殊觉肤浅。苟以忙碌之余，游散逍遥，事过忘怀，必且并肤浅之益而不可得。是岂实习之真意乎。此其一。不宁唯是，每日门诊之方，其相似者十之六七，习焉既久，大意疏忽，遂成通弊。由是半途自画，不求精进，即使随从出诊，亦不肯以静细之心灵，为深刻之研磨，轻于着笔，草率了事，究其实在，浅薄无源。此其二。关于以上两点，亟应矫正而痛改者。”

中医临证初期多是跟师抄方。但很多学生只知道照抄老师的原方，并不明白怎样从简单的抄方中学习到老师的本领。对此，黄文东指出：

“临事匆忙，必待事后反复考按。在晚上自修时间，就每日录方底簿，为之分门别类，合数人之方，以归纳方法，分工合作。一方中，即一二味药品之出入，其性味功能相等者，不足为异；倘属异性，其辨之易明者，亦不足为奇；唯寻思而不得其解者，必当择要请益，务期明了，触类旁通，其获益不止所问而已。更有进乎此者。诊治一人之病，其缠绵而经久者，其症轻重无定，方药因之而变化，不足为异。倘病无变化，迁延不解，用药由轻而重，以期胜病，果获效验者，亦不足为奇。唯当重剂屡投之后，病情不增不减，又非药不对症，忽然转移目光，以退为进，改投轻灵之剂，其效验竟有出乎意外者，此用药之技巧，实赖医者之心灵手敏，有以致之，是必于沉求默察之中，能意会而不能言传也。”

有的学生热衷于不断更换老师，在不长的时间里从一个诊所换到另一个诊所，黄文东对此现象也提出了善意的批评。他特以叶天士为例说：

“叶天士，为清代名医，其从师最多，足见医术之精，得之于师传者自属多数，唯能博采众长，故有独到之处。然学无根基，即无定识，多师何益！徒增淆惑而已。深愿有志之士，从实习之时，力图精进，以巩固其根基，以增强其定识，而后虚怀采访，各处寻求，撷诸家之精华，期发挥而光大。”

中医内科学是中医学的重要组成部分，既是实践经验的理论总结，又是其他临床学科的医理基础，历来有“大方脉”科之称。20世纪60年代前，我国的中医学院还没有统一的中医内科学教材，学生上课用的教材多由各校组织教师自行编写。1961年7月，由黄文东主持上海中医学院内科教研组编写的第一版全国统编教材《中医内科学》（中医学院试用本）出版了。不久，黄文东感到这本教材由于编写时间仓促，内容尚欠完善，仍存在不少缺点。比如教材内容的覆盖范围比较狭窄，各科间的内容有所重复，与临床实践尚存在脱节，有厚古薄今的倾向，等等。于是他萌生了进行教材改革、续写新版教材的想法。经过缜密思考，他列出应补编的内容，而后组织教研组同事编写，并以辅助讲义形式发给学生。这些讲义日后成为黄文东编写第二版《中医内科学》的底本。第二版《中医内科学》较之第一版内容有了较大改动，增加了不少新内容。全书分总论、各论两大部分。总论阐明中医理论的系统性，各论则按脏腑病症分别阐述病因、病机、诊断、治疗。新版《中医内科学》内容丰富而实用，条理清晰，备受赞誉，为以后的各版《中医内科学》打下较好的基础。

黄文东对中医内科的教学十分重视。他认为中医内科学是一门全面体现中医基础理论与临床实践相结合的重要课程，因此，中医内科学的课堂教学就是理论密切联系实际、联系临床的重要环节。在多年的教学实践中，他创造出一套科学、系统、实用的中医内科学教学法。这一教学法的主要内容就是要抓好“备课、讲课、辅导、见习”四大环节。他说，教师备课应从钻研、熟悉课文内容开始，从了解和分析学生的实际水平出发。教师在讲课时，一是要抓住中心，讲深讲透关键问题和重点内容。二是要找出规律，归类比较。如讲呕吐，举出各种呕吐的特征：外邪犯胃，突然呕吐，来势较急；饮食失调，得食愈甚，吐后略舒；情志不和，泛恶呕吐，嗳气则舒；胃虚不降，嘈杂口干，时作干呕。使学生易于理解和记忆。三是要板书归纳，写出提纲、要领，口头小结。这样系统性强，重点突出，学生易于接受。四是要详细解释疑难字句。如“亵”、“斫”等字的解释、读音、写法都应详加分析。五是课后的辅导，须分个别辅导和集体辅导两种，辅导时要贯彻“因材施教”的原则。黄文东经常深入自修教室和学生宿舍进行辅导，个别地、有针对性地解答学生提出的各种问题，帮助学生做好作业。集体辅导，又有学习辅导和读书辅导两种形式。后者围绕课文内容，选择与课文相关的各家名著进行讲解，使学生加深对课文内容的理解。

黄文东非常重视教学见习，认为见习是贯彻理论联系实际的重要环节，既能够加强基本理论、基本技术的训练，又有助于巩固和消化课堂理论学习内容。因此，他特别强调要在课堂教学的同时，安排好教学见习。教学见习可分为初期、中期、后期三个不同阶段。初期要求教师多讲解、多分析，适当提问以加强基本功训练。中期应结合具体病种，根据教材内容，详细分析，通过提问、拟方，教师逐一分析，指出学生回答的正确与错误。后期则要求学生在教师进行四诊后，记录症状，分析病机，确定治则，拟定处方，最后由教师结合课文内容分析讲解。黄文东认为教学见习只有从临床实际和学生实际出发，循序渐进，由浅入深，举一反三，才能使学生保持浓厚的学习兴趣，为临床实习打下基础。

在教学工作中，黄文东经常组织教研组的教师互相听课，共同备课，取长补短，以提高教学质量；在医、教、研工作中，大家共同临诊，经常开展学术争鸣，讨论病例，并要求虚心吸收中青年医师的长处。他认为作为老一辈中医，既要担当起培养中医后继人才的责任，热情地、无保留地传授经验和知识，又要严格要求学生，正确对待学生，随时倾听学生的意见，吸取他们的长处，调动“教”与“学”两方面的积极性，最后达到教学相长、共同进步的目的。

六二届毕业生陆鸿元曾忆及当年黄文东老师教书育人的故事。

1962年秋，陆鸿元等几位毕业生分配到龙华医院，黄文东和姚培发主任立即向这些青年医生布置任务，要求他们学习《内经》中的病机学说。青年医生们忙着学习，准备考试。当他们看到试题时，出乎意料的是仅要求默写《内经》"病机十九条"。"啊！这么简单。"青年医生们莫不喜形于色。只听得刷刷一阵写字声，不多时大家就都交卷了。黄文东似乎早已窥到这些青年医生的心思，语重心长地说："你们学习努力，很好。记住一些医经著作主要内容是必要的，但更重要的是结合临床、教学、科研去运用和实践。"后来，在漫长的岁月里，他曾多次指导中青年教师和医生如何学习医典著作，反复强调："《金匮要略》、《伤寒论》虽同为医方之书，而其发展和成长则和《内经》分不开。研读《伤寒论》、《金匮要略》之先，必须要熟悉《内经》的理论；研读《伤寒论》、《金匮要略》后，又须研究此后的其他医案方书。当然其他方书也是在仲景著作基础上发展起来的。这叫探其源识其绪而知其流，上下贯通，左右旁及。"

黄文东处处身体力行，言传身教。他主持的龙华医院内科自1962~1967年，始终坚持业务学习制度，每周安排两个晚上进行病例讨论。讨论会除中青年医师必须参加外，科内的其他老中医如陈耀堂、苏万方、徐嵩年、刘仲琪、黄秉良、万适之等也应邀参加。病例讨论所涉及病种包括怔忡（室上性心动过速）、痹证、胃脘痛（溃疡病等）、慢性腹泻、肝病（慢性肝炎、特发性肝病等）、鼓胀（肝硬化等）、水肿（慢性肾炎伴高血压等）、淋证（泌尿系感染、结石等）。每次讨论会上，黄文东都作主题发言，提出思考题，力求理论联系实际，帮助中青年医生温故知新。如讨论"眩晕"病例，则揭示"诸风掉眩，皆属于肝"等含义；对河间主风火、丹溪主痰、景岳主虚的见解，则结合自己的临证经验进行剖析，较之课堂上更加深入浅出。几年下来，在黄文东循循善诱下，青年医生的医术有显著提高。

20世纪70年代初，龙华医院接受了组织医疗队到附近农村防治慢性支气管炎、支气管哮喘的任务，黄文东也积极参加。在医疗队，黄文东经常结合为当地农民诊治的临床实践，给队中青年医师介绍用《金匮要略》仲景方治疗慢性咳喘病的经验，耐心解答青年医生提出的问题。医疗队使用本院自制的具有温肺化痰、止咳平喘功效的中成药“麻干片”，作为治疗哮喘的常备药。该方是黄文东以自己多年的临床经验，根据《金匮要略》射干麻黄汤化裁组成，共六味药：麻黄、射干、紫菀、百部、姜矾生半夏、姜矾生南星，剂量分配比例顺序为，3∶5、5∶3、3∶3。制成片剂，让患者每日2次，每次10片吞服，亦可用温开水冲烊，连渣服。医疗队的临床实验证明，“麻干片”对于慢性支气管炎以及秋冬季节咳嗽不止者有明显的疗效，总有效率达到85%。

黄文东平时谨言慎行，但在临床带教时却总是循循善诱，一丝不苟，言传身教，不厌其烦。一次，某实习学生接诊一位病人，病人头晕恶心，面色㿠白。问其病史，得知曾患过梅尼埃病。该学生没有进一步检查，即以梅尼埃病对待，草草处方——平肝化痰和胃。黄文东见病人精神困惫，语声低怯，面色㿠白，唇淡，脉细弱，而且头部尚能转动，症状不像梅尼埃病。但他没有立刻讲出自己的见解，而是引而不发，要让学生通过临床实践，自己来否定原来的结论。他要求学生为病人测量血压，检查排便情况，结果测得血压70/40mmHg，大便隐血阳性（++++）。于是该学生重新诊断为上消化道出血，当即收入住院。事后黄文东以温和的语气但却语重心长地对学生们说：“医生对病人既要热情关心，又要细心观察，才能作出正确的诊断，不能只听他的主诉，即草率处理。如果把这位误诊病人放回家去，后果真不堪设想啊！”学生们深受感动。

脾胃为本 辨治精微

黄文东深研中医学术凡60余年，学验俱丰。他对《内经》、《难经》及仲景学说研究颇深，同时，对李东垣、王旭高、叶天士等人的著作求索尤勤。他的学术思想是：突出人以胃气为本，重视调理脾胃；强调调整脏腑之间升清降浊的功能，把握阴阳五行相互制约、相互依存的关系。

黄文东调理脾胃的学术思想，渊源于金元时代著名医学家李东垣，而对李氏学说又有发挥。他学术思想的基本立论是“人以胃气为本”和“元气充足，皆由脾胃之气无所伤”。他对调理脾胃法则的运用，并不局限于脾胃本脏疾病，也广泛应用于其他脏腑疾病。他指出：肺病日久，可用健脾养肺之法，水谷精微，上输于肺，使肺气充沛，则足以控制病情的发展，以至痊愈；肾病可用健脾制水的方法，使肾脏的元阳得谷气以充实，达到阳生阴长，气能化水，正气胜而病邪自却；心病可用补脾升血的方法，增强供血来源，使血液充足，循环通畅，而心神得以安宁；肝病可以用疏肝健脾的方法，肝喜条达，又主藏血，有赖于脾胃的健旺而化生气血的滋荣，使肝体得以柔和而气火自平。

基于“内伤脾胃，百病由生”及“人以胃气为本”的理论，黄文东在治疗上十分重视脾胃，用药上重视药物性味的升降润燥有别。他善用甘温补脾药，如人参、黄芪、白术、甘草等，取甘温能补脾胃之阳气；同时也善用升降脾胃阳气之药，如升麻、柴胡、葛根、防风等，取风药胜湿，兼能鼓舞胃气。黄文东认为，李东垣立论制方，着重在补中益气、升阳益胃方面，以增强内在的抗病力量，达到治愈疾病的目的，确有其高明之处，但也存在偏于温燥，使胃气失于和降，耗伤胃阴的弊端。他极为赞同叶天士“脾喜刚燥，胃喜柔润”及“脾宜升则健，胃宜降则和”的理论。他认为，对脾胃之证必须作细致分析，在处方用药时须处处全面观察，区别脾与胃、脏与腑之间的不同情况，而后决定升降润燥的不同治法。他在长期的临床辨证施治过程中融会李东垣、叶天士和王旭高等人的学说，形成了独特的治疗脾胃病的风格与专长。

一、调理脾胃重视轻剂缓图

黄文东在立方选药时比较注重运用升阳补气的药物，处方特点是剂量轻，药力缓，配伍得当，制成粗末，水煎服，适用于调治内伤疾病。他认为，用药之忌，在乎欲速。欲速则寒热温凉、行散补泻未免过当，功未获奏，害已随之。用药无次序，如兵无纪律，虽有勇将，适以勇而偾事；用药又如理丝，缓则可清其绪，急则愈坚其结矣。他治疗内伤疾病，主张循序渐进，缓以图功，反对用药过当，损伤脾胃。他接受李东垣经验，认为凡病程迁延，医者急于求功，病者急于求愈，往往用大剂药量，但并不能解决实际问题。对慢性病尤其需要照顾脾胃，否则治之不效，反觉无计可施。此时宜“重药轻投”，以达到“轻可去实”。在临床上某些慢性久病经治疗后逐步好转，此时他将有效方药以十倍左右剂量，改为药丸，缓缓调治，以竟全功。如果病势危急，又当重剂。根据病情变化，或扶正祛邪，或回阳以固脱，或敛汗以救阴，等等。基于这一学术思想，黄文东以补气健脾、生化气血为主，补肾温阳、助阳生阴为辅，治愈长期依赖激素、输血来维持生命的再生障碍性贫血患者多例。

二、调理脾胃重视兼顾清泻“阴火”

关于李东垣“阴火”的理论，历代医家颇有争论。黄文东将其归纳为三点。一是阴火、相火、包络之火，实际即心肝之邪火，皆因阴虚而妄动。他指出，所谓“火与元气不两立，一胜则一负”，就是心肝之阴火与元气相争，此时或阴火旺而正气愈虚，或正气胜而阴火自却，病情往往由此而转变，故往往能决定病情的安危。因为心肝之火即“阴火”，属病理性的壮火，对人体有害，故称“元气之贼”。二是阴火的形成，主要由于脾胃虚衰，元气不足，阴虚于内，内火独盛所致。应与外感六淫中的“邪火”相鉴别。三是阴火的治法，以补气、清火、滋阴为主，用补中益气汤加黄柏、生地黄，或补中益气汤与朱砂安神丸同用。正因为如此，黄文东在临床中调理脾胃的同时，常注意兼顾清泻阴火，顾护正气。

三、治疗胃脘痛经验

黄文东认为，胃者汇也。引起胃痛的原因很多，但初起以停食、受寒为常见。既病之后，又常因饮食、劳倦、寒温不调、七情所伤而经常反复发作，渐成慢性疾病。就临床所见，胃脘痛的病机可归纳为肝旺、胃实、脾虚三个方面。“肝旺”指肝气偏旺，即肝气犯胃；“胃实”指食积、瘀血、痰湿等实邪停积胃中；“脾虚”指脾气、脾阳、脾胃阴虚诸虚证。脾虚则枢机不运，内湿酿生，又有寒湿、湿热之分。前者属实，后者为虚，实者祛邪以调气为先，虚者扶正宜分阴阳。

在胃脘痛的治疗上，黄文东赞赏叶天士关于“肝为起病之源，胃为传病之所”及“凡醒胃必先制肝”之说。因为肝为刚脏，体阴而用阳，病则侮其所胜，乘土犯胃，可表现为恶心、干呕、脘痛、胸痞、不食、吐酸水涎沫等症。他在临证时，根据症状与病情之不同，将肝旺所致的胃痛分为肝郁和肝气横逆、肝火偏旺、阴虚阳亢等几种类型。肝郁由于情怀不舒，抑郁寡欢，以致木不疏土，症见胸脘痞胀，胁肋隐痛，嗳气频作。若进一步发展可致肝气横逆，胃失和降则胁肋胃脘攻痛，恶心呕吐吞酸。一旦气火内炽，肝火偏旺，则嘈杂烦躁易怒，口干口苦，胃脘有灼热感。若气火耗伤阴津，引起肝阴亏虚，不能制约而肝阳上亢，则症见胃脘胀痛日久、口干、纳少、头晕、便干、舌红或光剥等。

黄文东说："脾胃之间转化关系，虽云初病多属胃实，久则转为脾虚，实者多热，虚者多寒，但就临床所见，往往错综复杂，变化多端，不可执一而论。"肝气之疏泄赖脾胃之升降而畅达。脾胃有病，脾之清气不升为飧泄，胃之浊气上逆为呕吐、嗳腐，或脾不健运为中满腹胀，胃失通降而胸脘痞闷。他常应用调气法治胃痛，所谓"调其气使其平也"。调气法的运用具体有五方面：一是调补气血；二是调和升降；三是调理脾胃；四是调气以疏肝、泻肝；五是调气以化瘀活血，如调气不应，说明病已入络，当予和营治疗，所谓"初病在气，久病入血"。

黄文东根据暴痛多寒、久痛多热，新病多实、久病多虚，初病在经、久痛入络等理论，将辨寒热、辨虚实、辨气血作为胃痛之辨证要点。

辨寒热：偏寒者，症见胃痛剧烈，泛吐清水，形寒喜温，喜热饮，或伴腹痛、腹泻。苔白腻，脉弦或紧。治疗之法应温中调气散寒，可选用附子理中、大建中汤等。止痛可选肉桂、荜茇、荜澄茄、干姜；止呕可选吴茱萸、生姜；止泻可选炮姜、焦楂曲；外感风寒可加紫苏叶、六神曲。偏热者，症见胃痛而有烧灼感，嘈杂，呕吐黄水，烦躁，口苦或口干不欲饮，大便干结或不爽。舌质红、苔黄腻，脉弦或数。治宜清泻肝火，选用左金丸，加黄芩、栀子等，可取良效。若兼见便秘、呕吐，可加少量大黄。

辨虚实：胃痛初起多为气滞，亦可每因受寒、夹食、夹湿引起胃痛，症见纳呆，口淡，体倦，胃中胀甚于痛，苔腻。此属实证。若夹寒湿者，治宜苦温以燥湿，用平胃散加木香、紫苏梗之类；若属夹湿热，则宜辛开苦降，用生姜、半夏、黄芩、黄连之类。均可佐茯苓、薏苡仁等淡渗利湿之品。久病多虚，又因体质差异而有阴阳气血亏虚之不同。如脾胃虚弱，津液不足，可见纳少，口干少津，舌红，脉细，用养胃阴法。取白芍、甘草酸甘化阴，进一步再加沙参、麦冬，甚则酌加乌梅、木瓜以制肝醒胃。若形瘦神疲，便溏者，此属于脾胃虚弱、阴液难复的病例，再加石斛、人参之类，并与陈皮、佛手芳香理气开胃之品同用，以助药力。

辨气血：通调气机是胃脘痛的治疗纲领，调理气机也要辨虚实，分新久，讲升降。凡久痛不愈，见舌质青紫，痛如针刺而有定处，或痛无休止，胃脘处似有物顶住等症，都是气滞瘀阻的指征，当用活血化瘀之品。但活血化瘀药须与调气药同用，因为“人身之生总是以气统血”。活血化瘀亦要分轻重、辨寒热、讲进退。根据刺痛之轻重选用赤芍、丹参或桃仁、红花，疼痛剧烈时则用失笑散、延胡索；偏寒者加温通之品，如桂枝之类；偏热者用制川大黄祛瘀清热；有胃出血者加用三七、海螵蛸、白及粉。痛缓之后可用丹参、莪术以活血，最后用当归、丹参养血生血以收功。

黄文东还指出：由于“胃为之市”（交换之所，诸物混杂），无物不入，故用药首要平和，以减少对胃的直接刺激。过热则胃中灼痛，过凉则腹中雷鸣，偏润则胀满呕吐，偏燥则咽干痛剧。更要注意用药要轻灵流通、平和，以维护胃气之舒展通降。对于一贯煎或益胃汤等方剂，黄文东认为，只有病人嘈杂纳少、口干便难等肝胃阴亏症状明显时，加减应用才会收效。

黄文东曾创制多首治疗胃痛的有效经验方，其中的溃疡一号方用以治疗脾胃虚弱型胃炎、胃溃疡，临床疗效很好。他的研究生通过动物实验，用溃疡一号处方（党参、白术、白芍、炙甘草、木香、香附、煅瓦楞子、丹参）常规煎制浓缩，分别以5倍、10倍剂量喂服胃溃疡造模大白鼠，结果证实该处方有明显的抗溃疡和促进溃疡愈合作用。

兹举病案一则：黄某，女性，45岁。1980年5月24日初诊。患胃痛两年余，近半年来加剧，终日疼痛持续不休，时而抽掣刺痛。痛时厌食拒按，但欲热饮。近两月来，恶心呕吐，除温开水外，无论何种食物，食后10分钟完全吐出。形寒肢冷，胁痛口淡，头晕头胀，失眠心跳。面色暗黑，声音低微。曾有呕血、黑便史。胃镜检查：胃角小弯部溃疡，慢性中度萎缩性胃炎伴糜烂，组织学检查有轻度不典型增生。舌质青紫，苔黄腻，脉弦细。辨证属于肝胃同病，胃气上逆，湿热交阻，宿瘀停留。因之先宜泻肝清热，调气化瘀。处方用赭石、蒲公英、丹参、失笑散（包）、旋覆梗、延胡索、川楝子、蒺藜、姜竹茹、姜半夏、黄连、吴茱萸。服7剂后，呕吐止。守方再服。又一周后，偶有泛恶，胃中烧灼，痛有定处，终日不息。辨证属于胃气已得下降，但湿热宿瘀未化，症情复杂，治用前法加重化瘀之品。药用煅瓦楞子、丹参、蒲公英、瓜蒌皮、失笑散（包）、制香附、广木香、桃仁泥、炒白芍、左金丸（分吞）。上方服7剂后，剧痛已除。守方两周，胃中刺痛及烧灼感基本消失，仅终日隐痛。饮食由初诊时每餐吃粥两匙已增至一碗，舌质青紫也渐转红。再用调气化瘀之法：煅瓦楞子、八月札、蒲公英、炒白芍、紫丹参、瓜蒌皮、南沙参、生薏苡仁、熟薏苡仁、延胡索、川楝子、炙鸡内金、炙甘草（因有不典型上皮增生，方内加入薏苡仁、八月札之类）。以上方为基本方，稍事加减。两月后，胃痛消失，大便正常，每日一次。食量维持每餐吃饭一碗。面色转华，体重增加，语声响亮，自觉体力增强。同年10月胃镜复查：胃角形态正常，未见溃疡。

四、治疗泄泻的经验

泄泻是常见脾胃病证候。黄文东认为：慢性泄泻大多病程久而病情复杂，既有脾虚，又有湿滞，还常夹有肝郁、阴亏等，故治疗应从整体出发，辨证首重虚实。他常用健脾化湿抑肝法，其用药有以下特点：应用补气药，对于久泻阴分不足者，恐利湿而伤阴，较少选用茯苓；如气虚症状较甚者可加黄芪；但如气滞湿阻明显者则不宜。温里药喜用炮姜，有温中健脾、化瘀止泻的作用；脾胃虚寒甚者可加肉桂；久泻伤及肾阳，临床多用附子以温肾助阳，配合理中丸、四神丸等可增加温补脾肾、温中止泻的功效。对于脾胃素弱、肝气犯脾，致脾虚肝旺者，常用理中丸合痛泻要方加减。他认为，本病的肝旺不是肝经实火，故不能用龙胆草、栀子之苦寒泻肝，而宜用白芍之类，通过柔养肝体以达抑制肝用的目的。芍药配甘草能酸甘化阴，或与乌梅同用，抑肝以扶脾，而起止泻的作用。升麻与防风均能升清止泻，但升麻升清之力较防风为强。此外，对脾胃虚弱，肠中湿热较重，有里急后重者，也可用桔梗、生甘草。理气药常用广木香、枳壳、陈皮、制香附等。广木香用于慢性泄泻，既能理气止痛，又能助脾运之力。养阴药多应用于久泻伤阴者，常见舌红苔少，甚则红绛光剥，口干咽燥。在应用温中健脾治疗的同时，应兼顾养阴生津，要权衡运脾及养阴两者的轻重。金石斛较川石斛力量犹胜，如病情较重者，可用铁皮枫斗，因其生津功效更强，且有厚肠之功。生地黄、玄参均有润滑之性，熟地黄易滋腻碍脾，故属不宜。

对于慢性结肠炎，脓血便久治不效者，黄文东指出：治疗久泻与暴泻不同，久泻即使肠有湿热，也存在脾虚的一面，因此当使用白头翁、黄芩、黄连等苦寒药时，应与木香、炮姜等配合应用，使苦寒不致碍脾，清热不致伤阴。

若见大便频数而秽臭，后重不爽，腹胀作痛，此为湿热食积，应以清热化湿药（秦皮、黄芩之属）配以消导食积药（焦山楂、六神曲等）治之。对慢性泄泻因脾胃虚弱致肠道滑脱、大便溏薄、次数较多者，若腹不胀，无里急后重，临床往往加用煨诃子、煨肉果等涩肠止泻之品。其中，煨诃子酸以收之，煨肉果温以涩之，与炮姜、党参、白术等配伍，可相得益彰。若病久及肾，致脾肾阳虚，可用上述药物合熟附子同用。对于以上治疗初见成效者，黄文东常用汤剂处方的10倍剂量，研为细末，水泛为丸，日服12g，分吞。每料丸药服两个月左右。

五、调理脾胃治疗各种杂症

黄文东临床治疗慢性疾病以及各种杂病，多从调理脾胃着手取得良效。他认为，对于任何病，若“久病不愈，与脾胃关系最大”，故临证多采用或辅以调和脾胃、健运脾胃之法。所谓“调和”，是用平和的方药；所谓“健运”，是用行气的方药，不使太过，以免偏伤脾阳与胃阴。他指出，治疗脾胃病，贵在升降润燥之间，权宜而施，燥脾湿不忘护胃阴，养胃阴不致碍脾阳。温脾阳，养胃阴，孰取孰舍，要根据不同的临床表现灵活加以运用，原则上轻灵、流通以调理脾胃。

黄文东在带教研究生时曾说：“脾胃乃后天之本，为气血生化之源。久病体质虚弱，如治疗不当，可积虚成损。不论治疗外感、内伤疾病，都必须时时注意照顾脾胃。具体地说，不能一见热象，就轻易用黄芩、黄连、大黄等大剂苦寒克伐，以免损害脾胃；也不能一见阴血不足，不考虑脾胃的接受能力就随便用熟地黄、阿胶等腻补之品，以免影响脾胃运化功能。久病不愈，与脾胃关系最为密切。常见肝病患者，脾亦受病。《金匮要略》‘肝病传脾’的理论很有临床指导意义。至于‘见肝之病，不解实脾，惟治肝也’，这是缺乏整体观念的表现，因此，不能达到满意的疗效。”他曾治疗一位多年肺结核的病人。患者左全肺切除并行胸廓改形术已10月余，术后体虚不复。因服抗结核西药引起恶心，停服后胃纳仍差，大便溏薄，日行6~7次，腹痛，少腹肛门坠胀，头胀，失眠，心悸，乏力，纳呆，每餐仅食一两半。形体消瘦，体重仅75斤。苔薄腻，脉细。辨证属于气阴两虚，肝脾不和。先予健脾柔肝，药用白芍、炒防风、炒白术、陈皮、山药、炒白扁豆、白蒺藜、丹参、炒谷麦芽。14剂后二诊：大便次数减少，但仍不成形，纳少，心慌，头晕，五心烦热。舌质淡红，苔薄，脉细弱带数。证属肺脏气阴已亏，肝阳偏亢，脾胃运化不健。治以调理肺脾为主，佐以平肝潜阳之法。药用党参、炒白术、制香附、春砂壳、陈皮、生白扁豆、牡蛎、磁石。三诊：大便已成形，胃纳增加，每餐约二两余，阴虚潮热之象渐减，脾胃运化较前健旺，乃属佳象。再予滋阴清热，调理脾胃，药用北沙参、麦冬、生白扁豆、青蒿、白薇、丹参、陈皮、春砂壳。

此例大手术后气阴未复，由于阴虚导致肝旺，由于药物反应以及肝旺克脾，导致脾胃运化不健。黄文东回顾该案时指出：此时虽见阴虚肝旺之证，但大便溏泄，恶心纳差，故不宜过早施用滋阴平肝潜阳之剂，以免更伤脾胃。初诊以痛泻要方加味给予治疗，用白术、陈皮、炒白扁豆、山药、谷麦芽以健脾和胃为主，炒防风升清运脾以止泻，芍药、丹参、白蒺藜养心柔肝以安神。服药后大便次数减少，但仍不成形，纳少，故二诊仍以调理肺脾为主。因患者心慌，五心烦热，加磁石、牡蛎以平肝潜阳。三诊时大便成形，胃纳增加，阴虚潮热，肝阳上亢之症亦减，此时脾胃运化功能已基本恢复。转方以滋阴清热为主，调理脾胃为辅，取得满意疗效。可见肝旺脾弱，气阴两虚，当先实脾，待脾运渐复，然后再以滋阴清热为主，调理脾胃为辅，则脾胃对滋阴药物始有接受能力。否则一见阴虚潮热，不顾脾胃虚弱而先投滋阴之品，则脾胃更弱，气阴亦难恢复。

六、治疗咳嗽、哮喘的经验

黄文东治疗咳喘也有独特风格。他认为，肺在上焦，上焦如羽，非轻不举，轻清灵动之品可以开达上焦。故治疗咳嗽，用药轻灵，不主张药量过大，忌妄投辛散、酸敛或重浊之剂。黄文东还强调祛邪的重要性，认为治疗咳嗽不能留有一分邪气，若邪气未清，即投以大剂养阴润肺或止咳之品，则邪气必然恋肺，滋生他变。

黄文东治疗咳嗽可归纳为宣肺、温肺、清肺、润肺、肃肺五法。宣肺法，不管咳嗽新久，有邪就要宣，即宣通肺中痰滞，发散外邪。常用药如桔梗、甘草等（偏热可用射干），咳嗽喑哑，可加胖大海、木蝴蝶、凤凰衣等。发散药，轻者用荆芥、防风、前胡等（偏热者用蝉蜕、牛蒡子），重者用麻黄、桂枝（表实用麻黄，表虚用桂枝）。温肺法，温肺用治风寒咳嗽，每与宣肺同用。杏苏散为温肺代表方，常用药有金沸草（旋覆梗）、紫菀、陈皮、前胡、款冬花等。如咳嗽气急不平，用麻黄以温肺平喘；如痰多白沫，舌苔白腻者，用细辛、生姜或干姜温肺化饮。清肺法，用于“寒包火”、风热及燥热所致的咳嗽。他认为，“寒包火”之咳嗽，一是风寒束肺，肺热内蕴引起；一是风寒化热，寒热夹杂所致。其主症为阵咳，咳而不爽，咳痰不畅，口干，舌边尖红，苔薄白或微黄。治疗当清肺药与宣肺药同用。清肺的代表方为泻白散，常用药有桑叶、桑白皮、地骨皮、马兜铃、枇杷叶、茅根、芦根、黄芩、生石膏等。润肺法，若肺热不清，可伤津液，常见口干咽燥，咳嗽少痰，不易咯出，舌红等症，还会出现便秘（因肺与大肠相表里）。他常用的润肺药有沙参、麦冬、玉竹、瓜蒌等。但对于“寒包火”之咳嗽，即使出现肺热伤津之症，他也不过早应用麦冬等过于滋腻之品，以免恋邪。肃肺法，肃为肃降之义。一般初期不用，否则使外邪恋肺，咳嗽不易速愈。止嗽散为肃肺之代表方。常用的肃肺药有紫苏子、白前、海蛤壳、海浮石等，其他如紫菀、款冬花也有肃降之功。若呛咳较剧，他药无效，还可加用天竺子、腊梅花、罂粟壳。但罂粟壳仅用于剧咳无痰，中病即止。

对于迁延日久，痰多苔腻，神疲乏力，动则自汗之风寒或风热夹湿者，宜重用化湿药，如平胃散，而且不可过早使用补气药。阵咳较剧，甚则胸胁疼痛，烦躁，加用清肝之品，如黄芩、栀子、黛蛤散之类。咳嗽日久，动则喘甚，治疗当培补肺肾，偏于肺虚者用生脉散，偏于肾虚者用肾气丸。

对于哮喘之证，黄文东赞许曹惕寅先生提出的治哮喘的表、攻、补三法。他以表法疏散风邪，对风寒用小青龙汤；对风热以小青龙汤加生石膏、黄芩，干姜改生姜；咽痛加射干，或用射干麻黄汤去大枣，效果显著。攻法，分痰饮和痰热，痰饮以小青龙汤为主或以苓桂术甘汤为基本方，加入五味子、杏仁、陈皮、半夏、紫菀、当归之类，研成细末，水泛为丸，吞服。痰热内结，以定喘汤清化痰热为主。用其他方不效时，可用导痰汤合三子养亲汤。补法为温补脾肾。阳虚用肾气丸、左归丸等，阴虚用七味都气丸、生脉散等。此外，如紫菀、款冬花、远志、金沸草、鹅管石、蛤壳等顺气化痰降逆之品，在治虚方中亦可选用。

黄文东特别独创性地提出了哮喘病人的临床分期。即分为大发作期、平稳期、培本期，并强调要加强平稳期的治疗。在大发作期，主以治肺，以汤剂为主。对于寒热不同而分用温肺、清肺之法，但麻黄之属中病即止，否则耗散太过。对麻黄和桂枝，黄文东喜用桂枝，以其温通又平稳，麻黄仅在喘甚时用。平稳期要在治脾，因肺为贮痰之器，脾为生痰之源。常以四君子汤合二陈汤化裁，改汤剂为丸剂，缓以图之。培本期以益气补肾为主，因肺为气之主，肾为气之根。常用肾气丸合人参、熟地黄温补，提高身体的抗病能力，减少再发。

一般医书论治哮喘，仅分发作期与培本期。黄文东活用《金匮要略》痰饮篇理论与治疗方法，在两期中间增加了一个平稳期。与现代医学新的病理生理解释——支气管痉挛缓解后，喘虽平稳，但其中的分泌物、支气管纤毛活动及体液免疫等的复常还需要一定时间。两者认识相吻合。证之临床，亦然。

擅用活血 推陈致新

黄文东擅长用活血化瘀法治疗各种疑难杂症。他对叶天士

《临证指南医案》运用活血化瘀通络诸法，王清任《医林改错》通窍活血逐瘀诸方以及唐容川《血证论》“推陈致新”的理论，尤为欣赏。他多年来精心钻研活血化瘀的理论和方药，擅长推陈致新治疗血证诸疾，临床运用活血化瘀法，疗效显著，颇有特色。

对出血病人，一般医者应用活血化瘀常有顾虑。但黄文东不以为然，他指出：“出血病人不仅需要止血药，而且常需用活血化瘀药。盖离经之血不去，新血不能归经，则出血亦不能止住，导致瘀血停滞于脉络，必将引起种种遗患。”他认为，出血病人有时用活血化瘀药甚至比止血药更重要。如单纯用止血药，即使血止，但瘀血往往停滞于脉络，必然会引起种种遗患，如胸闷、咳喘、胁肋胀痛、腹痛、低热等，以致影响疾病的转愈。黄文东善用大黄治疗血证患者。早年曾治一少妇鼻衄呈周期性，却无月经。他辨证认为：此乃营血有热，迫血妄行，月经不能循经而下，故逆而上行，俗称“倒经”。遂用“玉烛散”（即四物汤合调胃承气汤）去芒硝，加牛膝，进行调治。方中制大黄泻热化瘀，牛膝引血下行，四物汤养血活血。经过治疗，鼻衄渐止，月经亦趋正常。另有一名咳血已4个月的74岁老人（胸片排除肺癌和肺结核），每日咳血10余口。黄文东治疗时在清肺平肝的基础上重点抓住化瘀和活血。方药用桑白皮12g，地骨皮12g，北沙参9g，杏仁9g，桃仁4.5g，牡丹皮9g，赤芍9g，制川大黄4.5g，黄芩9g，紫苏子12g，黛蛤散12g（包），连服6剂，咳血即止。他回顾此案时说：“患者胸胁引痛，乃脉络瘀滞之象，咳血长久不止，更属留瘀。离经之血不去，宿瘀不化，脉络不宁，则新血不能归经，专以止血，岂能见效。”故用桃仁、赤芍等以活血化瘀，其中制大黄一味，能化瘀止血，推陈出新。肝火既降，肺气清肃，瘀热下行，因此，本案虽未用止血药，但4个月不止的咳血6天便止住了。

黄文东对瘀血的辨证首重望诊，尤重面部苗窍望诊。他曾说：“病纵难知，瞒不过颜色苗窍；病即难辨，莫忽青红黄白黑。

面上之颜色苗窍，乃脏腑气血所表现，而颜色之所以分明，乃寒热虚实所供献。”即使仅见病人舌质淡青，目眶微晦，面部隐隐灰滞，或这些现象还处在隐约可见时，亦应投以活血化瘀之品，只有这样才能防微杜渐，不致酿成他变。再对病情进行全面分析，结合病程之久暂，痛处之移著，而审察瘀血之所在，随证施治，可收奇效。

黄文东善用活血化瘀治疗各种痛证。他的经验，在胃痛辨证过程中，各症不必悉备，见舌青、痛有定处，或有物顶住胃脘等，但见一症即可以按血瘀论治。对于以持续头痛为主症的病人，在应用清泻肝阳、养血柔肝、平肝潜阳诸法中，配合王清任逐瘀活血之法，选用当归、赤芍、丹参、川芎、红花、桃仁等，每获良效。若头痛剧烈者，不但用一般活血化瘀药，还加用虫类搜剔药，如地龙、全蝎、蜈蚣等。他认为，病久根深，非虫类搜剔络道之品不足以祛除瘀血，对顽固宿疾可取得其他活血化瘀药难以取得的效果。

对于中风后遗症、痹证等疾病，黄文东也常用活血化瘀法治疗。曾治一中风半身不遂，卧床已经两年的患者，他认为，该病人属于风阳夹痰上升，走窜经络，痰瘀阻络，气血循行不畅所致。处方：豨莶草15g，山羊角12g，生槐米15g，当归12g，赤芍12g，桃仁9g，红花4.5g，牛膝9g，木瓜9g，桑寄生15g，指迷茯苓丸12g（包），以平肝化痰，活血通络。其中当归、赤芍、桃仁、红花，配合牛膝、桑寄生以下行肝肾，兼强筋骨；山羊角、豨莶草、生槐米以平肝降压。以后作加减治疗，血压稳定后，加桂枝以通阳活血，加鸡血藤、地龙以舒筋通络。最后，再加黄芪益气，以助血行。全程服药120余剂，血压下降，手指蜷曲逐步松动，继之可以屈伸，下肢逐渐有力，可以下地活动了。

又如，曾治一名57岁女性痹证患者，左膝关节灼热肿痛、酸楚，低热，血沉每小时142mm，抗“O”1250U单位。舌苔黄腻，脉细弦。黄文东认为，此痹不同于风寒湿三气杂而合至所成之寒痹，而属风湿热之邪郁闭于经络，故治以祛风清热、化湿通络之法。方药：桂枝 3g，赤芍 12g，威灵仙 12g，忍冬藤、络石藤、生薏苡仁各 15g，乌梢蛇 9g，泽兰叶 12g，陈皮 4.5g，川牛膝 9g。二诊又加桃仁、红花。14 剂后，痛减热退，再服 14 剂，关节肿胀消失，疼痛止。服药 38 剂时，疼痛未发，复查血沉每小时 39mm，抗“O”6250U。此例方中用威灵仙、忍冬藤、络石藤、生薏苡仁、乌梢蛇等祛风湿清络热，又用桃仁、红花、赤芍活血化瘀，所谓“治风先治血，血行风自灭”。他在方中还用了辛温之桂枝，以清热与温通相配，则清热不致留滞湿邪，温通不致助热伤阴。如若纯用清热，不配温通之品，则湿邪不化而肿不退，络瘀不祛则痛不除，难以收效。

黄文东治疗心血管疾病，根据病情和病人的体质，组方遣药，临诊多以瓜蒌薤白汤合炙甘草汤加茶树根和活血药物治疗，看似平淡而寓意深远，既融通了《金匮要略》胸痹篇与《伤寒论》的学理，又结合王清任治血瘀、薛己补益等各家之精华。如心悸症，多属虚证，气为血之帅，阴血赖阳气以推动。故治疗重点在于补心气，通心阳，配以活血化瘀之品。心阳通，心气复，则脉结代可以消失。合补养心血药以充盈血脉，使阳气有所依附而不致浮越，则心悸亦自止。曾治一位心律不齐患者，1978 年 2 月 6 日初诊。两年来心悸时作时休，胸闷善太息，气短，大便干结。舌质淡红，苔薄，脉小弦结代。心电图提示，频发早搏。证属气血亏耗，心失所养，致心阳不振，气血失于调畅。治以补益心气，调养阴血，兼通心阳，佐以理气活血之法。方用党参、炙甘草、桂枝、赤芍、当归、淮小麦、佛手、郁金、香橼皮、茶树根、红枣。药后症状减轻，结代脉逐步减少。以原方加减服药 30 余剂，三诊时已上班工作，六诊时未见结代脉。方中茶树根有强心及控制心律不齐的作用。因为患者没有明显的阴虚症状，故炙甘草汤中生地黄、阿胶等滋腻药舍之不用，以免影响温通心阳和活血化瘀药力之发挥。

1980年，黄文东诊治一位冠心病人，胸膺痛连左臂肩，由胸闷而心慌心跳，抽筋，尿失禁，疲劳则出现乳糜尿。舌质红带青，脉细。黄文东认为，此乃心阳不振，气血虚弱，血不养筋，甚则肾气不固。治以温通心阳补气血兼理脾胃。处方：桂枝、桂心各15g，丹参12g，当归9g，赤芍、白芍各9g，炙甘草6g，小麦30g，大枣9g，炙黄芪9g，党参9g，炒白术9g，焦山楂、焦六神曲各9g。服后慢慢缓解，确有疗效。黄文东回顾此案说："治疗心血管疾病，外院的专家们多以附子为主，我仍以炙甘草汤为主。因为该方温通和缓，有补有散，温通心阳是治疗冠心病之大法。"

他的研究生俞雪如近年用此法加重补气活血通脉之品，治疗高龄糖尿病合并心血管病人，每收奇效。

德高望重　行为世范

黄文东一生与岐黄古术的荣辱盛衰共命运。60多年来，他为中医事业呕心沥血，鞠躬尽瘁。古语云：学高为师，身正为范。"学高"须学无止境，永不满足；"身正"须品德高尚，洁身自好。黄文东以他高洁的师德和渊博的知识被师生、同仁誉为后学榜样。"问渠何物最堪比？春蚕红烛两相宜。"这是对黄文东的真实写照。说他像春蚕，因为他的一生都在付出，做到了"春蚕到死丝不断，留赠他人御风寒"；说他像红烛，因为他照亮了别人却燃烧了自己，做到了"蜡炬成灰泪始干"。他甘愿做人梯，让后来者踏着他的肩膀去攀缘更高的巅峰。

黄文东把自己大部分的年华奉献给了中医事业。作为著名的中医学家、中医教育家，他不愧德艺双馨，桃李满天下。他以高尚的医德、师德影响了无数的学生。他学富五车，博学求实，为人朴实谦逊，含蓄乐观，幽默温和，外柔内刚。黄文东平素虽话语不多，谨言慎行，但实事求是，待人真诚，推心置腹，常为对方着想，颇具感染力和亲和力。他有一种让人从心底尊重的人格魅力，因而深受中医同道甚至西医同道的敬重，更受学生们的爱戴。贾筠生教授是上海中医药大学病理教研组主任，他在回忆黄文东的往事时说："我们曾经与黄文东老师一起查病房，在遇到某些病中医缺少办法时，他就会坦然承认自己的不足，既不妄自菲薄，也不自尊自大。讲大实话，并不表示知识浅薄，相反给自己留有余地，为自己寻找新的学习方向，寻找突破口。知之为知之，不知为不知，不夸大，不缩小，善莫大焉。黄文东老师这种严谨的精神和作风、实事求是的态度赢得了西医界人士的由衷尊敬。"黄文东的学生马贵同也对黄老师实事求是、尊重科学、提倡中西医结合的往事记忆犹深。他记得 20 世纪 70 年代中期曾接待过一位溃疡性结肠炎患者，经过一段治疗，症状未见好转，黄文东就诚恳地对患者说，这个病现在单用中医手段还不能解决问题，但可以用中西医结合的方法来治疗。后来经过中药汤剂、灌肠和服用激素等联合的方法，治好了该病人的疾病。

黄文东不仅在上海中医学院得到师生们的敬重和拥戴，就是在他居住过的静安区武定街道，至今那些老邻里们提起黄文东，依然赞颂不绝，称他为"道德先生"。1958 年全国开展轰轰烈烈的大跃进，街道开办托儿所，一时找不到合适的用房，黄文东听说后主动将自己武定路太和坊的住房无偿让出，他和夫人却搬到一处既没有独用的卫生间和厨房，也没有煤气的旧式石库门房屋，一住数年。街道要办图书馆，老夫妻从家里捐出图书，还积极动员居民们捐献图书。他的夫人张芝生从 1956 年起就热心于街道工作，为图书室的事情忙里忙外，因此被评为街道工作五好积极分子，获区妇女联合会颁发的奖状。

黄文东经常用他的医学专长为街坊邻居看病。他不论地位，不管贫富，只要是患者都一视同仁，和颜悦色。一位居民回忆说："黄医师治病不但治疗效果好，而且用药简单、便宜。如果来人家庭生活困难，他还要帮助病人取药而不收费。对不少疑难杂病，大医院里看不好，到黄医师这里，吃上一段时间中药，总能减轻许多。”邻居的一位亲戚，从农村来上海看病。病人下肢浮肿，面黄肌瘦，之前曾去过几家医院，无明显疗效。经那位邻居介绍，来请黄文东诊治，数诊后他的病竟完全好了。这位病人如今已是耄耋老者，回忆此事还感激不已。1961 年后，黄文东的家搬到徐汇区零陵路上海中医学院教师宿舍。搬家时武定街道的老邻居依依不舍，直到 70 年代，仍有人去看望他。

黄文东自幼受到中国优秀传统文化的教育，他的言行举止处处表现出谦逊随和、从容恬静的君子风度。他严于律己，宽以待人，不求名利，但以学问为乐。他求学问道，坚毅持恒，凡是认准的事情，绝不轻言放弃，总是不懈努力，直到成功。他晚年身体多病，但仍豁达乐观，从容指导研究生。

黄文东爱好书法和绘画。他的书法著称于医林，他画花卉则以牡丹为胜。他从小练字，终生不辍。早年曾临池学书碑帖，从师多人，后主模右军，兼融各家。他的字严谨与奔放兼备，阴阳刚柔相济，翰墨浓郁，颇显功底。书法家常说，书法犹气功。他写起字来，目注笔端，心无旁骛，运手悬腕，动静徐疾相间，呼吸舒缓，敛气凝神相应。黄文东能够带病延年，坚持书法绘画是一个重要因素。

黄文东的生活非常规律和简朴，一生中没有特别嗜好，唯一的爱好就是读书。他素来注重自己的仪态，保持衣着整洁，头面整齐。晚年，他每周一次到理发店去洗头修面。吃完午饭，他通常在客厅中一面踱步，一面甩手，同时和学生谈话交流。他衣着简朴，每季服装只备一套。饮食没有大鱼大肉，而且食量很小，饭后慢慢踱步。他也喝点酒，但酒量不宏。患病之前，于繁忙的临床教学之余，晚饭时常独酌佳酿黄酒一小盅。饮酒之前先用古朴的瓷钵烫酒，即置酒杯于一特制瓷钵的凹处，周围注入滚开水加热保温，待酒温热后取出徐饮缓酌，时达半个小时，借以舒筋活血，且乐在其中。有时，他在酒饮到酣畅耳热之际，以淳厚乡音，婉婉轻唱吴江小曲，自娱自乐，逍遥自在。

黄文东平易近人，非常珍惜同道同门的情谊。来客他必热情接待，问学求教者，他静静地听，轻声细语地交谈，谆谆指点。当知道同道和学生们取得了成就，他诚心诚意地向他们庆贺，发自内心地为他们高兴。

有一次，外地一位同道来访，提出一个关于“学习老中医经验有无终止期限”问题。他静听后沉思片刻，回答道：“老中医的学问并不是停滞不前的，本身也是在不断学习、完善，不断发展的，只要老中医在工作，他的经验也就在发展之中。所以继承老中医的经验不能用几年就算完成。”接着又说：“既然老中医的经验在不断发展之中，那么向老中医学习经验就没有终止的一天；老中医作为一个具体的人，他的生命是要终止的，但是作为一个群体，它就永远不会终止；一批老中医过世了，年轻的一代又成为老中医，世世代代，永无穷尽。”他的话言简意赅，充满了辩证唯物主义的哲理。

黄文东为中医事业奉献了一生。他对病人关怀备至，竭尽所能；对学生亲如子弟，爱护有加。他乐于提携后学，素为众口赞誉。他对学生恩深义重，学生对他也报以赤诚之心。1980 年，他因患结肠癌在华东医院手术。住院期间，他的学生自发组织起来，每天 24 小时轮流陪护，以表达对老师的感恩之情。

黄文东虽然年事已高，身患重病，体力不济，但他常带着病体热心地参加各种社会公益活动。1980 年冬，学院学生会邀请他参加学生大会。他理解学生的心情——学校领导的参加将为一个普通的学生晚会增光添彩，意义不同寻常。于是，在那个寒冷的晚上，尽管他手术后刚出院，还是坚持在主席台上坐了近两个小时，给师生们带来了很大的鼓舞。

在黄文东逝世前的几个月，学院工会为举办迎春书画展特向他征集作品，他拖着病弱之躯，临池拂纸，挥毫应征。一首唐诗以遒劲的字体从他的毫端流泻而出："波上马嘶看棹去，柳边人歇待船归……"（温庭筠《利州南渡》）犹有王羲之遗韵。也许是兴致正浓，他竟然一口气写了四帧，让组办者挑选，表现出他一贯的认真与严谨。他累得前额渗出了汗水，仍情犹浓而意未尽，乐而忘记自己的病体。

1981年夏，黄文东病情恶化，再次住进医院。他的学生们心里忐忑不安，都想来病房探望。为了不影响学生们的学业，他只允许他的研究生在病房待了一会儿，便催她离去，临别留言："你快走吧，快去完成论文，去写，去写！""要发扬中医学的精华，辨证论治是最要紧的。不讲辨证就不是中医……"这是80岁的一代名医黄文东对后人寄予的深情厚望。

黄文东作为知识和医德的传道授业者，以只愿付出、不求索取的高尚境界，"学高为师，身正为范"，堪称中医界、教育界的楷模。

黄文东为中医事业、为中医教育事业辛勤耕耘、不求索取的献身精神，永远活在人们的心间。

（撰稿人　杨杏林　俞雪如　楼绍来）

赵心波卷

赵心波（1902—1979）

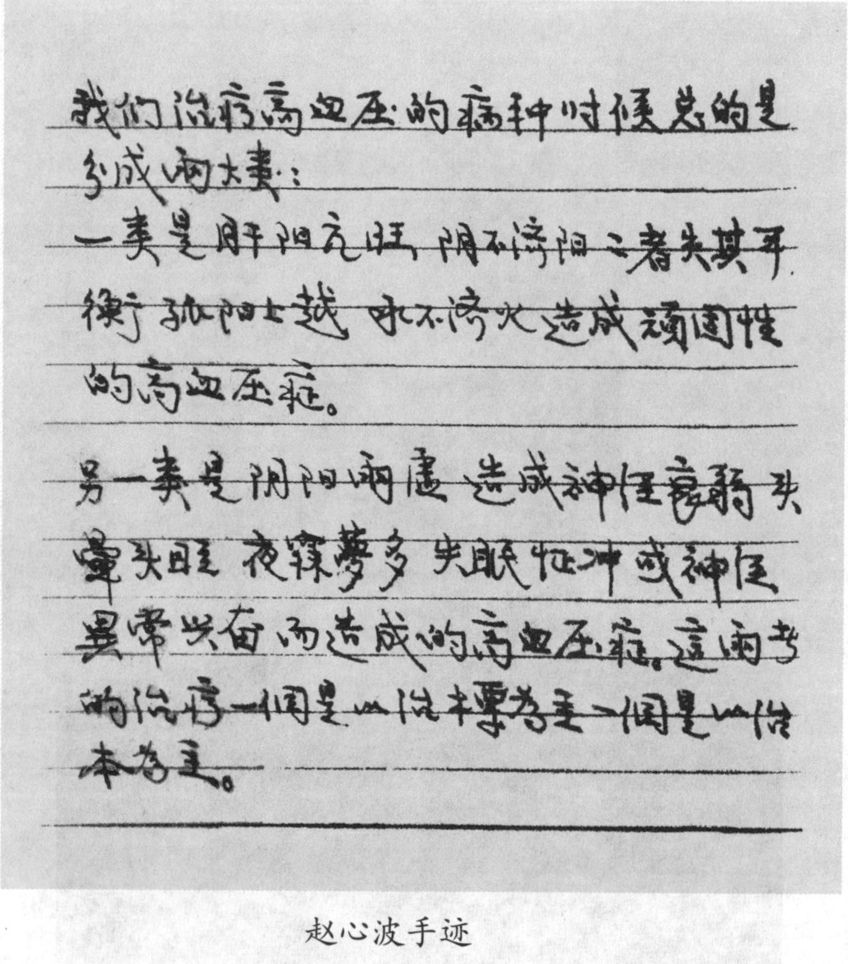
我们治疗高血压的病种时候总的是分成两大类：

一类是肝阳亢旺，阴不济阳，二者失其平衡，孤阳上越，水不济火，造成顽固性的高血压症。

另一类是阴阳两虚，造成神经衰弱，头晕头眩，夜寐梦多，失眠怔忡，或神经异常兴奋而造成的高血压症。這两者的治疗一個是以治标為主，一個是以治本為主。

赵心波手迹

以病人为友，以书为友，以同道为友，以弟子为友。

——赵心波

赵心波（1902—1979），又名钦坡，字宗德，北京人，著名中医临床家，中医儿科专家，兼攻内科疑难杂症。历任华北国医学院儿科实习教授，北京市中医学会委员，福利组长，北京市西城区医务工作者学会副主任委员，中医研究院（现中国中医科学院）西苑医院儿科主任，中华医学会儿科分会理事等职务。曾被派往蒙古人民共和国工作一年。1959年获卫生部嘉奖。

在临证上，他既注意辨证与辨病相结合，又注重摸索疾病的治疗规律，擅于以温病学理论指导治疗小儿传染病与发热性疾病，在治疗神经系统疾病及调治小儿脾胃疾患等方面多有独到之处，效果显著。擅于采用针灸、捏积、刮痧、外治等法综合治疗；研制自创了不少中成药，如清解丹、健脾散、壬金散、痿痹通络丹等，并将秘方全部献给国家，沿用至今。

主要论文有《麻疹肺炎辨证论治总结》、《二十四例小儿肺炎死亡病例分析》、《婴儿消化不良的中医辨证治疗》、《脑外伤后遗症一例治验》、《儿科中风痿症治验》、《中医药治疗四十例癫痫初步分析》等。专著有《中国百年百名中医临床家丛书·赵心波卷》、《中医儿科概论》、《赵心波医案》、《常见神经系统疾病验案选》、《赵心波儿科临床经验选编》，遗著《现代医幼汇编》等。

成就卓著的行医历程

赵心波祖上是清顺治年间进入北京的汉军旗人，康熙年间曾官至都统。后来家道中落，赵心波的父亲为了谋生，开了一个卖中成药的小药店，由此使幼年的赵心波接触到中医药，并在心中播下了立志岐黄的种子。1916年，赵心波考入北京四中，初中没有毕业就辍学到北京安定门余庆堂药店做学徒，开始熟悉药性。他在一家又一家中药铺的不断转换和更迭中度过了年少的学徒生涯。在不断更换主人和师傅的过程中，通过潜心学习，仔细观察，赵心波体会到了中药炮制的艰难繁复，也坚定了他在医药事业上不断前行的决心。这一过程也使他得以掌握不同风格和不同技巧的中药炮制方法、规范和操作技巧，为他终身从事中医诊疗打下了坚实的中药知识基础。

1918年，赵心波考入京兆医学讲习所，受教于张愚如大夫学习中医。1920年毕业，又拜北京著名中医、惯用石膏作为清气分热之证多见奇效的王旭初为师，学徒四年，并在北京针灸名医刘睿瞻处研习针灸。1925年，赵心波开始在北京西城区挂牌行医。初期诊治内科、妇科、儿科等各科病证，效果均佳，后专攻儿科，誉满京城。1942~1947年间，进入华北国医学院担任儿科实习教授，与名医赵炳南、赵树屏等友善，互相切磋医术，治疗经验日渐丰富，治疗效果逐渐彰显。

1949年中华人民共和国成立后，赵心波响应号召参加了北京中医进修学校组织的进修，并以优异成绩毕业留在校门诊部工作。之后，又应北京大学校长陆平之约任特聘校医。1953年参加华北流行性乙型脑炎的防治工作，颇得好评。1956年赴浙江嘉兴、杭州等地参加血吸虫病防治工作，已年过半百的赵心波不辞劳苦，不畏艰险，获得了当地医疗主管部门和中医研究院的嘉奖。

1954年6月，毛泽东主席作出指示："即时成立中医研究机构，罗致好的中医进行研究，派好的西医学习中医，共同参加研究工作。"1955年12月19日中医研究院正式成立。当赵心波从蒙古人民共和国回国后，受命担任中医研究院西苑医院儿科主任，与蒲辅周、冉雪峰、钱伯煊、葛云彬、岳美中、韦文贵、赵锡武、赵燏黄等名中医云集于中医研究院，通过对某些难治疾病的治疗研究，引导全国中医临床的发展，在党的领导和人民的期望中开始了新的医学征程。

在赵心波的努力下，中医研究院西苑医院儿科取得了很大成绩，并对全国中医儿科的医疗和研究提供了经验。20世纪五六十年代对小儿麻痹症的研究、1961~1964年对麻疹肺炎的研究，以及70年代对腺病毒性肺炎的研究都倾注了他的心血。此外，赵心波对脑炎、癫痫、小儿麻痹症、脑病后遗症、大脑发育不全等疑难病的治疗也取得了不同程度的效果。在小儿麻痹瘫痪初期，他重用清热透邪、祛风活络法治疗，选用局方至宝丹等，很多患儿经他治疗后短则一周，长则不过40天即可恢复运动功能。

赵心波对小儿麻痹症的治疗和研究精益求精，疗效显著，将死亡率、致残率降低到8%~9%，比全国平均数低15%左右。赵心波自创的治疗小儿麻痹症的方子——痿痹通络丹，主要功效是活血化瘀通络，对小儿麻痹后遗症疗效极佳。

赵心波主攻腺病毒性肺炎，治疗效果也很理想，处于当时全国领先地位。1974年病死率下降到3.8%，1977年创造了收治病患零死亡的出色成绩。20世纪70年代初他创制的清肺注射液为中西医结合的剂型，远远早于当今流行的中药注射液。

赵心波身为中医，尊重西医，主张中西结合，取长补短，赞同中医辨证与西医辨病相结合的形式。在辨病的基础上进行辨证论治，不仅着眼于消除症状，还从根本上把病治好。在赵心波的倡议与指导下，西苑医院于1971年后开始进行剂型改革，先后制成清肺注射液、肺炎Ⅰ号注射液等。赵心波还与赵锡武共创加味金丸治疗痹证，与郭士魁共研中药降压Ⅰ号丸治疗高血压及诸风证均获佳效。除此之外，他在神经系统疾病、传染性疾病，以及内科、妇科等疾病的治疗方面均作出了突出贡献。

1958年，赵心波奉派至蒙古人民共和国参加医疗队工作一年。在高寒多风沙的蒙古高原，他把中医学的效力和中医师的医风医德在蒙古人民心中布散开来。1966年，为落实毛泽东主席关于医疗重点向农村倾斜的“6·26指示”，缺医少药的山西稷山成立了农村疾病研究所，由于赵心波业务出众，院里派他前往山西稷山医院协助工作。那里的气候和生活工作条件极其艰苦，年近古稀的赵心波肾病发作，在疾病折磨下赵心波依然坚持工作，一面为广大患者看病，一面为自己治疗，直到1971年才回到北京。

1976年，唐山大地震波及北京，医院所有人员都住在了自建的防震棚里。本来赵心波的肾病就已经很重了，由于生活条件恶劣和地震后紧张气氛的弥漫，使赵心波的治疗受到了影响，病情进一步恶化，尿血日益严重。为了少给别人添麻烦，他始终忍着，一直吃自己开的中药。待情况正常时，他才去接受正规治疗。结果被确诊为膀胱癌，并做了肿瘤切除术。直到生命的最后一息，赵心波仍在挂念他毕生从事的中医药事业，挂念着需要他救治的患者，挂念着接过他的薪火、继承救死扶伤崇高事业的学生。但由于疾病迁延过久，终于不治，赵心波于1979年9月12日逝世，享年77岁。

博大精深的学术思想

赵心波在儿科疾病治疗上积累了丰富的经验，是一位闻名遐迩的新生命守护者。他儿科诊疗用药的特点可用清、泻、润、血、奇几个字来概括，就是重视清热毒、泻积滞、润脏腑、调血脉、用药奇。他诊病严谨缜密，辨证论治精准无误。他的医药学术思想核心内容如下：

一、望诊当先，筋纹体态

赵心波认为，治疗小儿病证的关键在于深入了解小儿体态发育之状况，细审发病之原因，掌握季节多发病、常见病之规律。比如，冬春之际小儿常发麻疹、猩红热、白喉、腮腺炎等；夏秋之际常发吐泻、痢疾、脑炎、小儿麻痹症等。病之初起症状多相似，作为医生应审度病状来势，掌握病证关键。他烂熟于心的医学典籍——清代夏禹铸的《幼科铁镜》中有“望形色，审苗窍，六字为大主脑”的精辟论述。其中，望是观察面色，审是审度、衡量、揣摩小儿从表到里病情的基本状况，对其了然于胸。

小儿诊断至宋代开始有手指筋纹之说。如看一岁以内小儿食指三节，分别主风、气、命三关。筋纹亦有仔细论述，如来蛇形主湿热成疳；去蛇形主伤食吐泻；乙字形主内热痰盛，惊风抽搐；水纹形主感冒咳嗽等。这些说法在明清两代一些医家中，如夏禹铸《幼科铁镜》、陈飞霞《幼幼集成》等书都持反对态度。对此，赵心波融会贯通，根据自己多年经验提出：按通常程序一岁以内应视患儿食指三节筋纹，一岁以上则以切脉为主，所谓“一指定三关”，指医生应用右手中指切患儿两手腕后寸、关、尺三关。对于古书所载小儿纹赤主热、纹紫主惊、纹紫黑不治，以及纹在风关病浅、纹在气关病重、纹在命关病危之说等等，赵心波持冷静理性分析而不贸然否定亦不轻易肯定之态度。赵心波认为，小儿手指筋纹不像书上说的那样明显，有时不能以此断定病情之轻危。看患儿手指筋纹主要是因为一岁以内小儿气脉不匀，脉象不显，因而须通过观察其手指筋纹、了解小儿手之凉热、手脚有无紧握或强直情况，以准确判断病情。至于两手指筋纹的色泽只能作为参考。如手心温和表示病情初起轻浅；手心很热表示身烧壮热，病情较重；手脚冰凉多表示热深厥深；手脚强直或紧握则表示将有抽搐或已发生抽搐。因此，诊察细看小儿手部手指是一个很重要的诊断步骤。

赵心波还认为，观察小儿形色也很重要，但也并非书上所记述的那样简单易行。如有的母亲抱小儿来看病时，将患儿包裹得很严，使本来发热的患儿捂出汗来，揭开被子、衣物，身上反而转凉。还有的小儿病情较重，面色苍白，用衣被一捂，患儿更显气息不匀。因此，这些患儿的表面症状都可能包含假象，医生临床诊治绝不可大意，需要认真详看患儿神志、色泽、目珠、鼻窝、口角、唇齿、涕泪、涎水、皮肤、毛发、舌苔等。因为通过望诊不仅能看出小儿当时的病情，而且可以判断出疾病的发展趋向。尤其是急重病，如急性高热患儿，若诊见无汗、身热、昏睡、两眼猩红、双手紧握、无大便、不思食、饮水较多、呼吸气粗、脖颈及前胸后背有疹点或无疹点，多为发病之初，来势甚猛，病情危重，且多具传染性，如传染病之猩红热。这类病如果病程很短，疹点未显，口唇周围未见异常，仅见高热、气粗、昏睡就很难与肺炎初起相鉴别。此时医生应该严密观察病情的发展，如了解小儿病史，本次发病的时间，饮食次数，大小便次数，大便干稀程度、有无发绿、有沫或夹有奶瓣、或奇臭发黄黏滞、或拉黑屎球、或多日无大便，小便是否清长、短赤、色白等，有汗无汗，夜睡安静与否，有无惊乍现象等，对此做到心中有数，才能进一步作出正确的判断。

二、参通古医，融会贯通

赵心波熟读历代医书，对各家各派之义理了然于胸。对于各家之说，他认为一般情况下各家理论都有相对合理的一面，但又不能绝对坚持一端，主要看病之深浅、病属何经何证而随证施治。

第一，关于儿科诊治的难易程度，古人说法不一。如宋代钱乙《小儿药证直诀·阎季忠序》讲儿科有五难，即小儿疾病，虽黄帝犹难之，一难也；脉微难见，又多惊啼，不得其审，二难也；骨气未成，形声不正，喜笑非常，三难也；小儿多未能言，言亦未足取信，四难也；脏腑柔弱，易虚易实，易寒易热，五难也。《景岳全书》则云治疗小儿最易，认为小儿之病无非外感风寒，或内伤饮食，以至惊风吐泻及寒热疮病之类不过数种，且其脏腑清灵，随拨随应，不像成人积病损伤难治。赵心波结合其思想精髓，融会贯通，认为小儿如春天之小草，易生易折，保护适宜则生机旺盛；如果保护失宜则又易摧折，所以治疗小儿疾病一定要掌握季节多发病的规律，细察发病原因。如冬春之间的麻疹、猩红热、白喉、腮腺炎，夏秋的吐泻、痢疾、脑炎、小儿麻痹症等都要细察发病原因，审度疾病来势，掌握病证关键，斟酌用药。

第二，关于先健脾还是先补肾的古之争论，赵心波以为不可偏废，应根据病情而决定。他认为，脾胃为主乃多数情况下的首选，但仍不可忽视肾气的滋养。如宋代许叔微指出“补脾不如补肾”。元代李东垣专主脾胃，认为“土为万物之母”，“脾胃为后天资始之源”。之后明代医生复有脾肾两重之说。对专主脾胃之说，赵心波认为，儿科治疗当然应重在脾胃，临诊一定要问饮食如何，吃母乳者应问一日几次，病后较平日吃多吃少，是否吐奶，对大点的孩子还要问添加辅食的情况，如粥、饼干、鸡蛋、牛奶、肉松，甚至鱼肝油、钙片都应问到，以便弄清楚饮食异常的程度。如果患儿发热二三日，饮食如常，说明胃气未伤，病未太深；相反，饮食减少，大便干或无大便，说明病情日重，但尚未出现危象，法当清热以外，注意养阴生津，培补脾胃。若发热三四日，饮食不进，或虽已不烧，但四肢冰冷，面色苍白，精神萎靡，不时下泻，说明病情深重，胃气已败，治应回阳救逆兼养胃气，此时附子、生姜应适当使用。

对于肾气的滋养，赵心波亦有独到见解。例如，对小儿“解颅”一病，赵心波一般认为属于“命门火衰”，先天禀赋太差，治疗原则为“益火之源，以消阴翳”，即在六味地黄丸的基础上进行加减，如去泽泻，加肉苁蓉、枸杞、破故纸、杜仲，或偶用鹿角胶等，以补肾气。又如肾炎一病中医称为“肿满”，症见面部和四肢浮肿，脸色青而无神，眼胞肿胀，小便细长，食纳不香，治疗除用四君子汤、五苓散、五皮饮之类，尚可用当归养血，白芍敛阴，萆薢、泽泻、金钱草入肾化湿利尿，必要时应配用枸杞子、龙眼肉、肉苁蓉滋养肾气。

三、重视火热，散火清气

赵心波汲取宋代钱乙《小儿药证直诀》之思想精髓，提出“儿科症难在辨因，只要病因明确，治易也。”他认为，儿科疾病火热居多，一因外感温（瘟）毒机会多；二因内伤饮食机会多，导致积滞生热。在治法上他推崇朱丹溪的滋阴降火和李东垣的升阳散火法。对于温（瘟）毒，他按“卫气营血”和“三焦”进行辨证论治。他不同意卫、气、营、血或上、中、下三焦僵化式的传变规律，认为儿科温病重在热毒，往往是表里俱热，上下同病，神昏或惊厥或出血皆热盛所致。

他治疗小儿温病重清气分之热，首选白虎汤合清瘟败毒饮，即使症见神昏、抽搐也不离清气之法。对于神经系统感染性疾病、颅脑外伤，以及产伤引起的后遗症，如抽搐、震颤、麻痹、失语、痴呆等，他认为均乃热毒深陷脑络所致，非重用清热解毒、透邪达表不可。如在小儿麻痹瘫痪初期，他采用清热透邪、祛风活络之法，选用局方至宝丹、紫雪丹、安宫牛黄丸等，很多患儿经他治疗，短则一周，长则不过40天即可恢复运动功能。20世纪60年代，他曾对40例小儿麻痹患儿进行了观察记录，仅3例无效。这个结果曾引起儿科界的高度重视，可见其医术造诣之一斑。此外，他在脑炎、小儿麻痹症、脑病后遗症、大脑发育不全等疑难病的治疗上也颇有造诣。

流传后世的心血结晶

赵心波在紧张的诊疗之余，时刻不忘记录下自己诊疗的心得体会和经验教训，并写出了十几篇医学笔记，结集取名《诊余漫笔》。这是极其宝贵的医学心得和弥足珍贵的医学遗产。《诊余漫笔》从诊疗实践出发印证历代名医论述，有带有规律性的东西，有综合归纳，去伪存真，使其医学思想更加精深，并丰富了中医诊疗经验。兹选录其中3篇，从基本理论、诊断医术和精辨真伪方面加以论证，以展示一代名医的医疗风格。

一、浅谈营卫气血

温病学说的“营卫气血”虽源于《黄帝内经》，但实际运用范畴并不局限于《黄帝内经》。正如“六经”虽也源于《黄帝内经》，而张仲景将它运用于《伤寒论》，创立了六经证治是同一意义。其基本精神都是用以归纳证候群，作为辨证论治的一种逻辑工具。

“营卫气血”在温病学的价值和“六经”传变在《伤寒论》中作为辨证论治的准绳是同一意义。“营卫气血”的创立补充了六经辨证的不足，包括多种急性热性传染病，因为这些病发展迅速，可很快出现神经系统症状。叶天士把这种现象称之为“逆传心包”，这类疾病的初期多有上呼吸道病变，叶天士认为是“温邪上受，首先犯肺”的传变途径。在治疗上创造性地采用辛凉解表、芳香逐秽的用药原则，丰富了温热病的理论与治疗方法。

这是赵心波医学思想的核心，是对“营卫气血”学说的清晰阐释，是对中医辨证论治由《黄帝内经》到张仲景《伤寒论》的“六经辨证”，到刘河间、王安道的“温病学说”，再到叶天士“营卫气血”四个阶段发展轨迹的确切描述。赵心波对这些医学经典烂熟于心，对人体机能和生命整体运转过程的认识透彻，对其各自的特点和阶段性实质体悟深刻。

二、谈舌诊

中医学很早便知舌的望诊对疾病的诊断和疾病的转机具有启示性的意义。如名医唐容川说：“舌为心之苗，居口中，脏腑之气发现于口者，多着于舌，故即舌苔可以知脏腑诸病。”

（一）舌的分界

舌的前部名舌尖，舌的中间名舌心，舌的后部名舌根，两侧名舌缘。中医为其分界以观察疾病的病机，舌尖属上焦，舌心属中焦，舌根属下焦；舌尖属心，舌中属胃，舌根属肾，舌缘属肝胆，四畔属脾。这些归纳出来的概念可作为临床舌诊的参考。

观察舌的荣、枯、嫩、老和润、燥、爽、腻，为不同体质在舌诊中的区分。周学海说：“其脾胃湿热素重者，往往经年有白厚苔，或舌中灰黄，至有病时，脾胃津液为邪所郁；或因痢疾，脾胃气陷，舌反无苔；或比平时较薄，其胃、肾津液不足者，舌多赤而无苔，或舌中有红路一条，或舌尖舌边多红点。”

舌质红大多是血分病。陈修园说：“舌鲜红者为火。”凡属血热证，舌多殷红；若舌色淡红乃心脾气血不足，面色不荣乃胃中津气两伤；舌质鲜红，在温病为热甚，在虚劳属阴虚；舌尖独赤乃心火上炎；舌边发赤属肝热；舌心干红属阴伤；如果舌面光红柔嫩无津，称为“镜面舌”，乃津液耗伤之故；舌红而出血如衄乃热伤心包；舌红而中心见紫点乃发斑的前兆。

（二）舌苔主病

白苔一般属寒，但审病时须与其他症状综合考虑。凡薄白带润乃外感风寒；白滑黏腻，内有痰湿；白苔绛底，湿遏热伏；白苔边红，风温入肺；尖白根黄，表证未罢；白中带黄，邪深入里；

厚白不滑，无津且燥，属实热；舌白嫩滑，刮之明净，属里虚寒；白苔如积粉，瘟疫秽浊之表现。

黄苔一般属里属热，若微黄而不甚燥，为邪初传里，深黄而显滑腻，为湿热内蕴；苔黄兼干，邪虽外解而火已内积；舌苔黄垢属阴阳实热可下之证候；如黄燥而生黑刺或中有裂纹，显示热结已深；苔色如姜黄或松花黄色都属阳衰土败的危笃重候。

黑苔都属里证，一般而言，舌苔焦燥而黑属热，润滑而黑属寒；如白苔中心渐黑乃伤寒邪热传里之证候；红舌中心渐黑为湿热瘟疫转变坏证的征兆；黑而滑润乃阳虚阴寒证，黑而燥裂属热炽津枯证；舌根苔黑而燥乃实热结于下焦宜急下之；舌根无苔，唯尖黑燥属心火自焚之象。

（三）舌质

舌质绛色，舌质深红，多属阳证，心火炽盛；绛而兼黄白苔乃气分之邪未全入里，宜两清营卫；绛舌有黄点，乃邪已入营扰及心包，宜清心营；舌质暗紫乃素有瘀血，邪热相搏，宜加活血之品；绛而不泽乃肾阴涸也，宜滋肾胃阴而兼固敛之品；舌色淡白为虚；舌绛而黏腻似苔非苔乃胃中有秽浊之气；舌尖独赤为心火上炎；绛而润为虚热；绛而干为实热。

（四）舌苔

白苔：润而薄称为滑白，病邪犹在气分。润而厚称为腻白，为湿滞痰盛。燥而白称为干白，为肺胃津伤。白如积粉称为粉白，为温毒入居膜原。

黄苔：苔黄而薄称为薄黄，为食滞初结。苔黄而厚称为厚黄，为停滞积蓄。苔黄色深称为老黄，为积食肠燥。苔黄而色灰称为灰黄，为体弱有滞。黄而燥称为燥黄，为热耗伤阴津之象。黄而润称为润黄，热未伤津犹可解表。黄白相兼为气分之邪未全入里，宜表里兼治。

黑苔：舌黑而燥称为燥黑，有或无芒刺者皆为胃燥而津枯。苔中心黑且干，为胃燥，宜甘寒养胃。舌根黑苔且燥，为热在下焦，可下之。苔黑而滑乃阴寒证，为水盛制火，应予回阳。

这是赵心波对中医诊断绝技之一的舌诊的最详尽、最细致、最周密的论述，其分类之精细、描述之确切与全身疾患关联之紧密令人赞叹。赵心波将人放在一个整体进行认识，从一个局部观察全局。他旁征博引，对历代中医名家的舌诊观念和细微区分都做了评价和继承。

三、辨病之真假

脉有真假，病亦有真假。或大实反似虚，或大虚反似实；或真寒而假热，或真热而假寒。

大实反似虚者，如积滞为病，脉滑实有力，此其真也；胸满腹胀，症之真也；然气机阻滞反见沉迟脉，倦怠症之假象。

大虚反似实者，如脾困为病，脉搏沉且迟，此其真也；久泻不愈，症之真也；然土弱木强反见弦硬、胀急之假象。

阳极似阴每多脉伏厥冷，颇似阳虚。但看其脉则沉数有力，症见面青、唇红、爪甲紫深则知其真热假寒。

阴盛格阳每多脉洪面赤，躁扰身热，颇似阳盛，但看其脉虚洪不实，症见足冷，虽身热而反欲近衣，即知真寒假热。

总之，真假疑似之间，差之毫厘，谬之千里。假者显而易见，真者掩伏而难求，稍有疏忽，生死反掌。所以有舍脉从症、舍症从脉之论。这似乎是脉症不能两凭者，殊不知，脉有素禀，病有轻重，“从”、“舍”二字要会通而善用之。在儿科尤为重要，如消化不良腹泻之重症，或中毒性痢疾都有假象出现，故应在多变的病情中详辨真假。

医药并重的诊疗理念

中医和中药是密不可分的一个整体，不但同源而且同根同性。中药采之于天地间，它的质量和特性决定了医师治病的手段、风格。无论多高明的医师，只有通过合理遣药，才能给体内的邪气以打击，给正气以支持，达到保卫机体、祛除邪气、恢复健康的目的。

由于赵心波的医药启蒙来自中药铺学徒，所以医药同源、同气连枝的理念和原则早在少年时期就深入他的心里。在药铺当学徒的时候，他亲眼看到中药炮制的艰难繁复。从中药材的采购到制成优质的饮片和成药，这个过程要求之严格、工作量之繁重、炮制手续之繁缛甚至琐碎都给他留下了极深的印象。他逐渐了解到，同样的药方用不同地区出产、不同时间采撷、不同方法炮制出来的中药，治疗效果有天壤之别。由此他下定决心，抓好中药炮制和采购选材等环节，并逐渐有了组建自己制药作坊和药房，将整个诊治流程都纳入自己控制之中的理念。

日后，赵心波在诊治儿科疾患的时候，不但重视中药药材的产地、成色、采撷时间、炮制方法，而且依据温病学治疗原理，特别重视鲜药的运用。如鲜生地、鲜石斛、鲜芦根、鲜茅根、鲜藿香、鲜竹叶、鲜竹茹、鲜薄荷、鲜荷叶、鲜荷梗等，与一般加工晒干的药材疗效和作用不同。如生地一药，《温病条辨》卷三“加减复脉汤方注”说：“鲜地黄未晒干者也，可入药煮用，可取汁用。其性甘凉，上中焦用以退热生津；干地黄者乃生地晒干，已为丙火炼过，去其寒凉之性，本草称其甘平；熟地制以酒和砂仁，九蒸九晒而成，其性甘温。”由此可见，鲜药自有特点，明清医家积累的经验赵心波极为重视。

一、研制儿科常用中成药

赵心波在医治小儿疾病的过程中，看到年幼无知的小儿因畏苦厌恶中药，吃药如同上刑，哭闹不止。家长亦心忧如焚，因而决心把某些药方的饮片改为中成药。赵心波在多年临床的基础上研制出几种儿科常用药。如壬金散、清解丹、痿痹通络丹、健脾散、化痫止抽Ⅰ至Ⅲ号方。

（一）壬金散

主治：小儿高热抽风，谵语昏迷，咳嗽痰壅，鼻煽气促，斑疹不透等。

功能：清热解毒，息风镇惊，化痰止搐。

药物组成：天竺黄、广橘红、金银花、麻黄、桃仁、栀子、川黄连、浙贝母、全蝎、羌活、独活、大黄、赭石、朱砂、牛黄、犀牛角（现已代用）等。

（二）清解丹，又名保童丸

主治：小儿感冒发烧，饮食不振，便秘，恶心，头疼咳嗽，惊搐烦急，风疹，水痘等。

功能：解表清热，止咳清肺化滞。

药物组成：金银花、蔓荆子、薄荷、法半夏、生石膏、橘红、浮萍、生地、天竺黄、杏仁、大黄、杭菊花等。

（三）痿痹通络丹

主治：小儿风湿，四肢痿痹，偏废不用，筋络拘挛，项背强直等，体质偏实者皆可用之。

功能：舒筋活血，疏风通络，通利关节，促进瘫痪恢复。

药物组成：宣木瓜、川牛膝、嫩桑枝、南红花、伸筋草、桃仁、生侧柏、蜈蚣、全蝎、地龙、麝香、羌活、独活、天麻、当归、川芎、海风藤、麻黄、杜仲炭、丹皮、生地、广木香。

（四）健脾散

主治：小儿营养不良，面黄肌瘦，腹胀腹泻，食欲无常等。

功能：消积驱虫，健脾开胃。

药物组成：茯苓、神曲、胡黄连、橘皮、莪术、桃仁、三棱、芦荟、使君子、大黄、木香。

（五）化痫止抽Ⅰ至Ⅲ号方：该方分别从风、痰、瘀论治癫痫。

主治：脑鸣眩晕，少寐多梦，气短乏力，心悸健忘，纳呆食少，或便溏浮肿，舌质淡、苔薄白、脉象濡细。

化痫止抽Ⅰ号方：

症状：发作时抽搐、震颤，头摇目呆或项背僵硬，双目上视，牙关紧闭，口眼相引，烦急面青，舌红、脉弦。

主治：肝风偏盛型（对小发作、精神运动型发作，婴儿痉挛等适宜，对大发作亦有疗效）。

功能：清热息风止痉为主。

Ⅰ号方组成：天南星、僵蚕、白矾、白附子、红花、法半夏、全蝎、天竺黄、桃仁、川黄连、天麻、蜈蚣500条。粉碎后制成片剂，每片重0.3g，1岁以下每次服2~3片；1~3岁每次服4片；4~7岁每次服6片；8~14岁每次服8片，14岁以上每次服10片，均日服3次，白开水送下，适用于风痫。

化痫止抽Ⅱ号方：

症状：昏不知人，痰声辘辘，四肢强直，牙关紧闭，口吐涎沫，风痰聚散无常，发作时发时止，苔腻脉滑。

主治：痰火偏盛型（对大发作较适宜，亦可用于精神运动型，肌阵挛、婴儿痉挛等）。

功能：清火祛痰，息风止痉，化滞通腑。

Ⅱ号方组成：青礞石、地龙、天麻、钩藤、桃仁、红花、清半夏、全蝎、胆南星、二丑、白矾、沉香、生大黄、人工牛黄。粉碎后制成药剂，日服1剂，连服2~3个月。曾用该方治疗76

例癫痫大发作病儿，显效35例，好转32例，无效9例。

化痫止抽Ⅲ号方：

症状：发作性头痛、肢痛。对产伤、外伤所致癫痫较为适宜。舌质紫暗，脉细涩。

主治：血瘀阻络型。

功能：活血化瘀，止抽定痛。

Ⅲ号方组成：当归、丹参、没药、乳香、三七、全蝎，研末。青阳参熬膏，再加入上药末。烘干后压片，每片重0.3g。

二、创制哮喘经验方

哮喘经验方组成：桑白皮12g，麻黄3g，法半夏5g，炒杏仁6g，黄芩10g，银杏10g，生石膏30g，瓜蒌12g，阿胶（烊化）10g，麦冬10g，生甘草3g，苏子5g。

该经验方适用于病因复杂的哮喘。方中麻黄、苏子、桑白皮、生石膏既解表，又兼清肺降逆；法半夏、瓜蒌、杏仁、银杏专化浊痰，宁嗽定喘；黄芩、生甘草、麦冬、阿胶清肺窍浊热，兼益气生津，急慢性哮喘均可用。

临床上赵心波还根据小儿哮喘的特点分为四型进行论治。

（一）风寒型：大多发热不明显，头痛，多涕，无汗，喉中哮鸣，痰多呈泡沫状，舌苔薄白。

处方：麻黄3g，桂枝5g，细辛2.4g，干姜3g，五味子5g，白芍6g，射干6g，法半夏3g，甘草3g。

风寒型哮喘多用温性药物，佐以射干清热，以防药性燥烈为中医常用之法。

（二）风热型：呼吸气促，喉中痰鸣，阵咳、痰黄稠不畅，胸闷面赤，或有发热，小便黄，大便干，舌苔黄。

处方：麻黄5g，炒杏仁6g，生石膏18g，生甘草5g，桑叶10g，黄芩10g，海浮石12g，瓜蒌12g，海蛤壳10g。

(三)火郁型：喘息气粗，吐痰黏稠，面赤唇干，津少，小便短少，大便干结。

处方：生石膏30g，知母6g，炙桑皮10g，玄参10g，粳米12g，炒杏仁6g，紫菀10g，款冬花10g。

(四)肺阴虚：呼长吸短，动则喘促加剧，面色苍白，小溲清长，大便多溏。

处方：太子参9g，黄芪12g，茯苓10g，炙甘草3g，附子10g，白芍6g，五味子3g，麦冬10g，天冬10g，乌梅1枚，生姜3片。

三、将药以“八法”进行区别

赵心波通过长期医疗实践和对中药的深入研究，对中药药性和作用及配伍等方面有了更深刻的认识，他在医疗笔记《诊余漫笔》“论药”一节中对其有更详尽的论述，具有很高的学术价值。

在“论药”中赵心波写道：凡物可以治病者皆谓之药。古人以草、木、虫、石、谷为五药。至于菜、介、禽、兽、人之入药者其类较少，但仍需以八法来区别

何谓八法，即药体、药色、药气、药味与药形、药性、药能、药力。前四者天然之质，后四者由实践而得。凡动物、植物、矿物等各物能具此八者方足为药。验其体，观其色，嗅其味，而后推其形，察其性，原其能，定其力，则厚、薄、清、浊、缓、急、躁、静、平和、酷、锐之性，及走经、主治之义乃可全面。

(一)药体：体质不同，功用便异。如苗主升，根主降；头身主补，茎主通利，枝达四肢，叶多主散；花属阴，子主降又能生；仁主补又能润利；蒂主宣，皮主表散；肉主补，汁主润利；中空者主宣兼通利，内实者主攻里走下；大者性缓，小者性猛且锐；通者兼能行气，湿者润燥，滑利者滑下利窍。

(二)药色：青色入肝胆，赤色入心与小肠，黄色入脾胃，白色入肺与大肠，黑色入膀胱。

（三）药气：药有体气和性气之别。体气：膻气入肝；臊气入心；香气入脾，香能疏散，且醒脾胃；腥气入肺；臭气入肾。性气：如厚、薄、缓、急、躁、静、猛、烈、酷、锐等。

（四）药味：药有酸、苦、甘、辛、咸、淡之分。酸味入肝走筋脉，主收敛；苦味入心走血脉，主通泻，能燥湿，能直降，能解毒；甘味入脾走肌肉，能和缓，能补润；辛味入肺走皮毛，能疏散，能祛风，利窍燥湿；咸味入肾走骨髓，能软坚，能凝结，能下沉；淡味入胃，主下渗。

甘、辛属阳。甘、淡之中有寒性者属阴，出下窍，走五脏，行六腑。而一味药之中又有升、降、沉、浮、定、守、走、破之特性。

（五）药形：辨其形状、实质，如枸杞子、抽葫芦、连翘等，取其象形。

（六）药性：药有寒、热、温、凉、清、浊、湿、燥之分。

寒主沉，热主浮，温主补，凉主清，湿主润，燥主化湿。

清浊又有以下之分：清中清品可清肺气，有助天真，如沙参、石斛、甘菊、贝母；清中浊品可健脾阴，荣华肤腠，如人参、黄芪、白术、甘草；浊中浊品可滋肝肾，强筋骨，如熟地黄、何首乌、山茱萸、枸杞子；浊中清品可补心血，宁神养志，如丹参、枣仁、柏仁、麦冬。辛、甘可发散，酸、苦可涌泄，清可渗湿，咸可沉下，生者多升，熟者多降。

（七）药能：药之升、降、浮、沉、补、走、破之类，皆属药能。

（八）药力：即补可去弱，泻可去闭，宣可去壅，通可去滞，轻可去实，重可去怯，滑可去腻，涩可去脱，燥可去湿，寒可去热，热可去寒，雄可走散，锐可下行，和可安中，缓可制急，平可主养，静可制动，皆药力之作用也。

这篇关于中药的论述是赵心波医药并重中医理念的证明，从中也可看出，医药并重是赵心波出色医疗成果的根源之一。

不负众望的骄人成绩

1959 年，赵心波受命担任中医研究院西苑医院儿科主任，期间对几种影响较大的儿科疑难病症进行了深入研究，并以此带动了中医儿科事业的发展。他于 20 世纪五六十年代对小儿麻痹症、麻疹肺炎进行了成功攻关，70 年代在腺病毒性肺炎的防治上取得了骄人成绩，这里选摘了他的部分医案。

一、小儿麻痹症

小儿麻痹症又名脊髓灰质炎，是由病毒引起的严重传染病。赵心波认为，其内因为元气虚弱，外感时疫病毒，阻塞气血，凝滞经络，肌体失养，痿痹不用，防治本病需根据温病学理论辨证施治。主要思路是清经络，利关节，强筋以养血，主要药物则选用局方至宝丹、紫雪丹、安宫牛黄丸等。

分期治则：

（一）急性发病阶段：症见躁扰不安，精神疲倦，体温增高，可按温病学卫分病、气分病的治疗原则清宣解表、解毒透热进行治疗，常用方药为蠲痹汤或独活寄生汤加减。

（二）瘫痪形成阶段：病儿上肢或下肢肌肉松软无力，多呈现弛缓型。四肢瘫痪不对称，下肢瘫痪多于上肢，近端肌弛缓甚于远端肌，伴腱反射消失，但感觉存在。此期治疗，应按毒邪已深入营血，治以清心化浊，开窍通络，用清营汤合钩藤饮加减。甚或病毒逆转心包，可用犀角地黄汤（犀角现已代用）合钩藤饮加减。

（三）麻痹后遗症阶段：小儿麻痹症经中西医治疗，正常情况下应逐步好转。若治不得法或病情严重，迁延超过半年，患儿肌肉会由松弛慢慢趋向萎缩，并伴有畸形。此期治疗应重用通络利关节之剂。

处方：乌梢蛇3g，南红花3g，宣木瓜10g，生侧柏10g，桃仁3g，川续断6g，川牛膝10g，威灵仙6g，天麻6g，松节6g，桂枝3g，并可配合或单独使用痿痹通络丹。

病案举例：裴女，2岁。10日前高烧，连续3日，热退后卧床不起，左腿瘫痪不能活动。曾住某传染病院4日，确诊为小儿麻痹症，转诊来院。

辨证：面赤唇红，舌赤有刺，无垢苔，两脉微数，乃温热内潜，灼伤经络。

治法：清热解毒，通经活络。

处方：银花藤10g，连翘10g，薄荷3g，甘草5g，生石膏18g，黄芩6g，钩藤10g，防风5g，桑枝6g，南红花5g，地龙3g，僵蚕6g，桃仁3g。

加服局方至宝丹半丸，日服两次。

服药两剂，左腿肌力增加，可独自站立，并能扶行数步，舌绛唇红已减，脉象沉数，继予息风活络、通利关节之剂。

处方：金银花10g，连翘6g，钩藤3g，嫩桑枝10g，独活5g，当归6g，生石膏15g，僵蚕6g，南红花3g，桃仁5g，川牛膝6g，橘络5g。

加服局方至宝丹半丸，日服两次。

就诊第8日已能独自行走，再宗原义化裁调治。

处方：桑寄生10g，独活3g，僵蚕6g，桃仁3g，干地黄10g，川牛膝10g，南红花3g，地龙5g，橘络6g，金银藤10g，炒杏仁3g，焦军3g。

调治半月已可玩要自如，1月后下肢完全恢复而痊愈。

此例是小儿麻痹症的典型病例，赵心波以温病理论为指导，辨证属温热内蕴的伤经络之证，故一诊即重用清热解毒、通经活络之剂，并加用至宝丹以醒神开窍，逐秽解毒；在以后的治疗中，掺入息风、通利关节之品以化裁进退。处方邪正兼顾，药中肯綮，故而获效。

二、麻疹肺炎

麻疹肺炎主要的见症是高烧，喘憋，咳嗽有痰，甚者鼻翼煽动，张口抬肩，昏迷抽风。赵心波认为，普通麻疹转成麻疹肺炎的原因有三：一是麻疹初出未透，表实郁伏，毒气不得宣泄而内攻。二是麻疹正出，复感风寒，而致回靥过紧，疹毒因之内陷。三是麻疹出齐，身犹壮热，因麻疹热度未能外透内清，加之非时之气袭表与内火相搏，火热刑金，肺失清肃，故而得病。

治疗麻疹肺炎应透疹和控制肺炎两者兼顾，肺炎好转，疹自外达。若壮热不解者，重用清热解毒之剂；神昏唇焦者，重用清心滋液之品；二便不通者，佐以导滞清肠；若疹出未透，仍需透疹解毒兼顾，并根据具体病情灵活掌握。

病案举例：周某，女，3岁。7日来高热，涕泪皆流，4日来双手、颜面出现疹点少许，色淡稀疏，同时伴有咳嗽喘憋，声音嘶哑。一日来面色发青，昏沉嗜睡，饮食难进，口干思饮；大便两日未行，小便短黄。体温40.3℃，呼吸60次/分钟。心音钝弱，两肺啰音，腹稍胀，两脉数急，舌绛苔黄厚，口唇紫绀，疹隐不透。肝肋下4cm，剑突下4.5cm，脾肋下1cm；胸片两肺中下肺炎性改变；白细胞32.8×10^9/L；咽培养为金黄色葡萄球菌。

诊断：麻疹；支气管肺炎；急性喉炎（轻度）。此邪毒闭肺，喘促不安，毒热攻喉，声嘶如犬吠，恐有热极动风之势。

立法：宣透止喘，清热解毒。

处方：蝉蜕5g，粉葛根6g，荆芥5g，连翘10g，麦冬1.5g，炒杏仁6g，芦根12g，焦军3g，炙麻黄1.5g，焦三仙各10g，生甘草1.5g。另加壬金散0.4g，日服3次。

入院后抽风一次，继而进入昏迷状态。因病情重，先后配合氯霉素、金霉素、强的松等综合治疗，积极抢救。服上药一剂，次晨热减，心音有力，皮疹增多，肝脾回缩，喘促稍减，口唇仍焦乌。再予清热解毒、生津肃肺之剂。

处方：金银花10g，连翘10g，蝉蜕6g，生地10g，浙贝母10g，花粉10g，桃仁、杏仁各5g，生石膏10g，黄芩6g，甘草3g。加用壬金散0.4g，日服2次。

继服2剂，于入院36小时热退净，呼吸匀，神清寐安，涕泪减少，咳嗽痰浊尚多，两肺啰音减少，肝肋下2.5cm，舌微红，脉滑数。唇干、口内溃疡乃胃火上蒸、余热未清之象，予清阳明胃热、化疹后余毒之剂。

处方：肥知母5g，连翘10g，生石膏18g，浙贝母10g，桃仁、杏仁各5g，麦冬10g，黄芩6g，川黄连1.5g，木通5g，生甘草5g。加用壬金散0.3g，日服3次。药服2剂，诸症均减，提前出院，门诊继续调治。

本例合并肺炎、喉炎正值出疹期，所以治疗首重宣透止喘，清热解毒，用葛根、蝉蜕、荆芥之类。宣透有两个目的，一是托毒外出以防内陷；二是宣通肺气以开肺闭。这是赵心波治疗疹前期、出疹期合并肺炎常用之法，疹出透后重用清热解毒、生津肃肺之品，勿再宣透，以防伤津耗液。

三、腺病毒性肺炎

腺病毒性肺炎多见于6个月至2岁小婴儿，病情危重，病死率高。不仅呼吸道症状严重，还常伴有严重的全身症状，如：心血管系统、神经系统等症状，危及生命。重症病例虽有抢救成功，但有严重后遗症，如：支气管扩张、慢性肺炎等。

病案举例：张某，女，2岁。4日来高烧40℃以上，鸱张不解，身热无汗，咳嗽多涕，痰稠黄，咳声不畅，曾用青霉素、金霉素、合霉素、红霉素、链霉素等多种抗生素治疗无效。一日来病情加剧，昏沉嗜睡，喘急面青，两目红肿，厌食呕吐，体温持续在40℃以上，3日未解大便。托儿所同班有腺病毒性肺炎患儿。

入院时体温39.6℃，昏睡状，呼吸困难，面色㿠白无泽，鼻翼煽动，咳声不畅，两肺可闻及啰音，心腹未见异常，胸片有肺炎改变，咽培养阴性，白细胞 8.3×10^9/L，中性粒细胞63%，淋巴细胞36%，单核细胞1%，舌苔薄白，指纹隐伏，两脉沉数。诊断：肺炎（腺病毒性肺炎）。证属风寒袭表，有入里化热之势。立法：解表宣肺，佐以导滞。

处方：苏叶10g，芥穗5g，淡豆豉10g，葱白6cm，山栀6g，金银花12g，连翘10g，焦军6g，生甘草3g，杏仁5g。另服紫雪丹1.2g，日服3次（并配以四环素治疗1周，出院前2天停服）。

第二天体温降至38℃，大便3次，多黏滞，舌苔中心黄薄，指纹紫长过气关，脉数有力。此乃表邪未罢、里热灼肺之象，予以表里双解。

处方：金银花10g，连翘10g，大青叶6g，芥穗5g，薄荷2.4g，花粉10g，生石膏18g，鲜生地12g，黄芩6g，知母5g，鲜芦根10g，生甘草3g。另服紫雪丹1g及壬金散0.4g，日服3次。

服药1剂，体温降至正常，精神食欲好，轻咳有泪，肺内啰音减少，舌无苔垢，脉缓，指纹淡紫，余热未净，继以清除余邪、肃肺止嗽之剂治之。

处方：金银花10g，连翘10g，鲜生地12g，麦冬10g，川贝母5g，焦麦芽6g，枇杷叶6g，炒杏仁5g，黄芩5g，生甘草3g。另服壬金散0.3g，日服3次。

表里双解是儿科常用方法，赵心波在诊治小儿热病时非常注意表里阴阳盛衰，且经常少佐甘寒润肺之品，乃因热病易耗阴津，肺为娇脏之由。

治疗本病初以解表宣肺，佐以导滞泻下，一剂而效，便通热减，说明治疗重症患儿当机立断实属重要。继用表里双解，化余邪而滋润阴津。似此重症患儿，治疗8天即可痊愈出院。中药发表攻里虽为千古不易之大法，但不汗强汗，可伤阴津；应汗不汗，窍闭闷绝；不下强下，洞泻难禁；当下不下，胀闷腹实。

总之，小儿肺炎辨证施治既要掌握温热病规律，又要结合脏腑辨证特点，不可拘泥一格。热毒和气阴是肺炎正邪交争的两个方面，治疗要紧紧把握热毒变化和气阴存亡进行辨证施治，在热盛气阴不衰的情况下，治疗应清热解毒；在热盛气阴已受损的情况下，治疗重用清热解毒与益气养阴并用；在热盛气阴将竭的情况下，需补气，回阳救逆，待病情稳定后，还须清热解毒，有一分热邪就要清解一分，不留后患；如果热退正虚，则以扶正养阴为主。

领域广泛的累累硕果

赵心波当时是国内儿科治疗与研究的领军人物，除了攻关小儿肺炎、小儿麻痹症所取得的成功，他的造诣领域广泛，涉及小儿科、神经科、传染病科、内科、妇科，在这些领域均作出了不俗贡献。一个个高烧、昏迷、惊厥、抽搐、口眼不闭、失语谵语、二便失禁的患者，奇迹般在他妙手治疗下回春痊愈。

一、脑外伤后遗症

柴某，女，21岁。两年半前因跌仆头部受伤，当时昏迷约有10分钟，苏醒后头痛剧烈，呕吐伴有发热，曾在某医院治疗不效。又转至另一医院住院治疗。诊为脑震荡，脑挫伤。经治疗两月余，病情较稳定而出院。出院时右侧肢体肌力差，活动欠灵，仍有头痛，恶心，呕吐。10天后体温又突增高达38℃～39℃，用抗生素无效，停药后自行退烧。一月后再次发热高达39℃，继而出现精神症状，哭笑无常，打人毁物，幻听幻视，二便不能自理，伴有抽风，两个月后主动出院。当时检查脑电图为低中幅慢波及快波，过度换气时尤甚，中额部出现较多中高幅阵发慢波。全血象减低（血红蛋白 8.5g/L，白细胞 3.2×10^9/L，血小板 60×10^{12}/L）谷丙转氨酶 210 单位。

后经多个大医院神经科诊治，用过多种镇静药、抗癫痫药、神经营养药、抗生素、激素、中药等均无明显效果。1972 年 7 月 26 日复查脑电图，额、颞、枕部均有慢波，左侧较显，且左侧有阵发性棘波。

各院诊断基本一致，为脑外伤后遗症，脑萎缩，外伤性癫痫，右侧不全偏瘫，中枢性发热，继发性全血降低。

1973 年来医院就诊，当时患者神志昏沉，痴呆不语，生活不能自理，右侧不全偏瘫，抽搐频发，发烧不退，证属伤及脑络而致肝阳横逆，扰乱清窍，热毒深入营血。

立法：潜阳息风，解毒透热，醒脑安神。

处方：煅牡蛎 12g，玳瑁 10g，钩藤 6g，全蝎 3g，蝉蜕 5g，连翘 12g，紫花地丁 10g，熊胆 3g，莲子心 6g，南红花 3g，党参 10g，大麦冬 12g。

服药 3 剂后，抽风停止，热度降低，进食增加，面色渐红；服药 20 剂后，停服一切西药，神志仍不清，二便不能自理。再拟前法加减。

处方：菖蒲 6g，钩藤 10g，南红花 5g，蒲公英 10g，蝉蜕 5g，僵蚕 10g，玳瑁 6g，金银花 10g，麦冬 10g，天竺黄 10g，党参 10g，竹叶 6g，熊胆 1.5g。

上方进 24 剂后，神识渐清，扶能站立，二便稍有知觉；再进 20 剂后，肢体活动大有好转，右手能持物，肌力恢复近正常，已能言语，但不清楚，二便能自理。继拟前法加减。

处方：蝉蜕 5g，菖蒲 6g，地龙 6g，橘络 6g，莲子心 5g，生石膏24g，党参10g，当归6g，川牛膝10g，玳瑁10g，天麻5g，黄芩6g。另外，熊胆0.6g，日进2次。

服上方12剂，脑电图接近正常，颜面红润，神识清楚，身已无热，能走百余米，脉象细缓，舌见黄苔，面部有轻度浮肿。再拟补气固肾，清热和肝，佐以宁心，善后调理。

处方：党参10g，黄芩10g，云苓10g，薏苡仁10g，熟地12g，泽泻10g，生侧柏10g，竹叶6g，地龙6g，煅牡蛎12g，玳瑁6g，莲子心3g。

此后继以健脑、清心之剂调治，病情继续好转，1973年11月复查脑电图，轻度不正常。

1975年6月22日随访患者：发育营养良好，精神饱满，言语行动与常人无异，二便、月经均正常，舌苔净，脉象小滑。自诉有时头皮麻木，头痛，性情急躁，尿频，但发热及抽搐始终未再发作，血象正常，各项化验均正常。

本例患者各医院诊断一致，病情危重，严重的脑挫伤已经使中枢神经发生器质性病变，临床表现与脑电图改变一致。经各种治疗，病情未被控制，反而日益发展。开始表现为颅内压增高症状，中枢性发热，右侧轻瘫，继而出现精神失常、癫痫发作等症状，脑电图亦由慢波发展为棘波。自1973年来西苑医院中医治疗后，病情显著好转，调治2年，身体已基本恢复正常，远期疗效较好。后据闻，1979年参加高考被录取。

赵心波认为，本病主要在心、肝二经，虽由外伤引起，但来诊时已有一年余，病情复杂，邪热陷于心包，肝风内动，发为高烧，抽风，昏迷，神识昏乱，故投以大剂量清热息风之品，如钩藤、全蝎、玳瑁、莲子心、紫花地丁、熊胆等（如无熊胆也可改用人造牛黄或牛苦胆汁）。跌仆之症必有瘀血，故佐以活血化瘀之红花，亦取“血行风自灭”之意。药后热减抽止，转危为安。病情迁延日久，痰热羁留，正气已伤，故以原法化裁续进。重用菖蒲、天竺黄等开窍豁痰，神志由昧而明，复以党参、当归双补气血，扶正以祛邪。以地龙、橘络之属舒筋活络，气血得充，营卫通畅，精神恢复，行动自如，二便如常，使患者恢复了健康。

二、流行性乙型脑炎

陈某，男，8 岁。1958 年 3 月 18 日入院。患儿 3 天来持续高烧 40℃以上，伴有头痛，呕吐一日十数次。昨日神昏谵语，今日昏迷不醒，颈项强直，数日未解大便，小溲短赤，舌苔白稍腻，脉濡数。查体：颈有抵抗，巴彬征、戈登征、奥尔本罕姆征均为阳性，心、肺、腹未见异常。脑脊液检查：蛋白（+），糖 2~5（+），细胞数 168/mm^3。补体结合试验：C_1 为 1 ：8；C_2 为 1 ：32。诊断：流行性乙型脑炎（极重型）。辨证：热入营血，内陷厥阴。治则：清营开窍，凉血平肝。

处方：清营汤合犀角地黄汤（犀角现已代用）加减。芍药 6g，玉竹 9g，连翘 3g，竹叶卷心 6g，菊花 6g，犀角（现已代用）3g，丹皮 3g，地龙 3g。局方至宝丹 1 丸，分两次服。

此极重型患者，由赵心波、蒲辅周、岳美中三位老大夫会诊处理。当天下午患儿高烧 40℃以上，头剧痛，吐舌弄舌，烦躁如狂。判断为暑邪深陷手足厥阴，服上方的同时，用活蚯蚓一团，皂矾 2g，共捣泥糊状，用胶布贴囟门处。2 小时后渐安定，但仍高烧不退，神昏谵语，加服下方 2 剂。

处方：犀角（现已代用）3g，丹皮 3g，连翘 3g，赤芍 4.5g，郁金 3g，鲜菖蒲 6g，龙胆草 3g。先用鲜芦根 30g，鲜荷叶一张，灯心草 1.2g，竹叶卷心 3g。煎汤代水，煎上诸药；并服安宫牛黄丸 1 丸。

第二日体温降至 39℃左右，但神识仍不清，困倦欲寐，脉沉滑数，舌苔薄黄腻。此暑邪湿热郁伏，改用辛开苦降法分消湿热，通利三焦。

处方选黄芩滑石汤加减：黄芩 3g，黄连 3g，滑石 12g，杏仁 6g，通草 3g，竹叶 6g，芦根 5g，扁豆衣 9g，川郁金 6g，连翘 6g，金银花 9g。

连进 2 剂，体温降至 38℃左右，脉较和缓，仍神识不清，躁扰不安，狂呼乱叫，舌苔黄。重用清心平肝安神之剂。

处方：犀角（现已代用）4.5g，玄参心 3g，竹叶卷心 9g，连翘 6g，寸冬 3g，金银花 3g，鲜菖蒲 6g，鲜荷叶 1 张。并用局方至宝丹 1 丸，羚羊角粉 0.9g，分 2 次服。

住院第四日神识完全清楚，第五日体温正常，又用养阴润燥之剂善后。住院半个月痊愈出院，经过随访，未留任何后遗症。

此案病情危重，由三位老大夫会诊处理。他们根据高烧神昏，烦躁如狂，吐舌弄舌，颈项强直，辨证为暑热深入营血，内陷手足厥阴。用至宝丹、清营汤开窍清营，犀角地黄汤（犀角现已代用）凉血解毒；兼用活蚯蚓、皂矾外治，以增强息风镇惊之力；妙在加用鲜茅根、鲜荷叶、灯心草、竹叶卷心煎汤代水，既入心清热，又分利暑湿。这些辨证施治的方法继承、发扬了叶天士、吴鞠通等温病学的理论。

叶天士《外感温热篇》云："营分受热，则血液受劫，心神不安，夜甚无寐，或斑点隐隐，即撤去气药……如从湿热陷入者，犀角（现已代用）、花露之品，掺入凉血清热方中。"鲜茅根、鲜荷叶就是花露之品的运用和发挥。

吴鞠通在《温病条辨》中强调"暑兼湿热"，并提出了证治原则。治疗的第三天，患者高烧渐退，精神安定，但仍神识不清，困倦欲寐，脉沉滑数，舌苔薄黄腻，一派暑湿之象。三位老大夫遵照吴氏的理论，马上改用辛开苦降法，用黄芩滑石汤分消湿热，通利三焦，使病情好转，获得了较好的效果。

三、小儿痫证

赵心波在顽固之疾小儿痫症（癫痫）的治疗上亦有造诣。他认为，“癫痫的产生是气上逆。气上逆的原因很多，主要是机体气血不和。”“其中反复发作、久治不愈者，往往由气血不和转化为气血双亏。”因此，他将癫痫分为肝风偏盛、痰火偏盛、正气偏虚三证，分别用治痫Ⅱ号方（生石决明、天麻、蜈蚣、龙胆草、磁石、郁金、红花、石菖蒲、全蝎、神曲、朱砂），治痫Ⅰ号方（礞石、生石决明、天麻、天竺黄、胆南星、钩藤、全蝎、僵蚕、代赭石、红花、桃仁、法半夏），九转黄精丹等治疗。

中医研究院西苑医院儿科曾经总结了赵心波自 1955 年以来连续应用中医药治疗的 40 例癫痫病例，总有效率为 92.5%。1979 年 4 月 ~1980 年 8 月，该院儿科又用上方治疗各类癫痫病 90 例，有效率达 83.4%。

病案举例：王某，男，11 岁。患儿 8 年前患癫痫至今未愈。每年发作 1~3 次，多在晚间发作，发作时口吐痰涎，牙关紧闭，不省人事。近日发作频繁，抽搐时间较长，服苯妥英钠或注射镇静药后方解。发作后感到头痛，睡眠不安，时有烦急。曾在多家医院治疗不效，故来门诊。辨证：痰痫。痰热内伏，复受惊恐，扰及厥阴所致。治法：清热化痰，镇惊定搐，活血息风。

处方：生侧柏 10g，天竺黄 6g，胆草 6g，地龙 6g，青礞石 10g，橘红 6g，磁石 10g，红花 3g，桃仁 5g，钩藤 5g，全蝎 3g，焦山楂 10g。化风锭 1 丸，每日 2 次。

上方加减共进 36 剂，症状平稳，唯痰多，纳差，舌无苔，脉弦缓，再拟前法化裁。

处方：钩藤 5g，青礞石 12g，法半夏 5g，桃仁 5g，红花 6g，磁石 10g，全蝎 3g，地龙 10g，化橘红 6g，胆草 6g，神曲 10g，炒麦芽 10g，化风锭 1 丸，每日 2 次。

上方又进16剂，合化风锭20丸后三周来诊，诉服药后再未发作抽搐。继续治疗4个月后，用礞石滚痰丸和医痫无双丸交替服用，巩固疗效。

1年后门诊诉，抽搐基本痊愈。

四、小儿消化不良

病案举例：周某，男，三个半月。高烧两天，热退后出现腹泻，日七八次，泻多稀水伴有奶块，有时兼有黏液，便时哭闹，夜睡不安，舌质微红，无苔，指纹紫。诊为消化不良，乃胃肠素有积食，复感表邪化热，邪热移于大肠所致。立法：清其积热，兼渗湿利水，佐以健脾和中。

处方：藿香6g，炒麦芽10g，麦冬10g，云苓6g，炒白术5g，神曲12g，黄芩6g，猪苓5g，分心木2.4g，炮姜3g。

服药3剂，腹泻大减，哭闹已安，但大便仍有黏滞，指纹淡，舌无苔，再拟前法加减。

处方：神曲12g，炒白术6g，炒麦芽10g，车前草10g，麦冬10g，黄芩6g，云苓10g，怀山药6g，大腹皮5g，甘草3g。

上方服后腹泻痊愈。

小儿消化不良为儿童常见病，多发病，《难经》谓“湿多成五泻”，盖因胃中水湿不利，并入于大肠；宿乳内蓄，久而伤脾，兼感时气之邪，湿滞内阻，清浊混淆水道不利而致。其迁延不愈者即为疳积。

本例患儿舌质微红、无苔，夜卧不安，泻下有奶块，诊为胃肠素有积食，复感表邪化热，热移至大肠而作泻。治以清其积热而兼渗湿利水，佐以健脾和中。三剂后腹泻大减，哭闹已安，继进数剂而痊愈。

五、其他杂病

1956年赵心波到南方参加血吸虫病防治工作，进驻浙江嘉兴血防第一医院。得知副院长2岁多的孩子发热月余不退，咳嗽、流鼻涕、夜间哭闹，经多方诊断治疗，考虑是结核感染，已服抗结核西药异烟肼，病情仍不见好转，哭闹致四邻不安，家长无法上班。

赵心波见过患儿，其症状为咳嗽声重浊，痰涕黄黏，舌红苔黄，脉细数。考虑为肺火灼阴，热扰神明，急予清燥救肺汤加减一剂，加服安宫牛黄散。药后患儿当天夜间即安眠入睡，热度大减，咳嗽流涕亦见减轻，共服药5剂而告痊愈。

赵心波医嘱称病有千变万化，方药难有一定之规。清燥救肺汤并非退热之剂，但应用得当仍能奏效。患儿的霍然治愈，使副院长及院内人员对中医有了进一步的认识，对赵心波医疗队一行开展中医工作给予了全力帮助。

赵心波于1970年诊治的一个病例也极为复杂。

患者徐某，男，38岁。3个月前突然下肢剧烈烧灼样疼痛，皮肤发热发红，血管脉动增强，加剧了阵发性疼痛，剧痛可持续3小时以上，继而出现局部麻木，动则疼痛加剧，致使卧床不起，当地医院诊断为红斑性肢痛症。多方、多处中西医治疗无效，甚至采用了交感神经节封闭术，症状仍未缓解。赵心波接诊时，见患者面色皖白无神，呻吟不止，舌苔白厚腻，两脉沉紧。考虑为风寒湿邪流注下肢，阻碍气血，遂予逐风、祛湿、温经之法，方用制附片、苍术、桂枝、五加皮、石楠藤、茯苓、松节、独活、炙甘草、生姜、葱子，水煎服。

5剂后疼痛减轻，双膝感到沉胀。于二、三、四诊时，随症状加减用药，痛感消失，两膝沉胀感减轻，可散步行走两里路，精神、饮食、面色均有明显好转。

五诊时予制附片、白术、肉桂、松节、黄芪、砂仁、益智仁、茯苓、淫羊藿、炙甘草、筠姜，共研细面，每服二钱，日服3次，姜汤送服善后。赵心波辨证、立法、用药之精准，疗效之确切，使折磨患者达3月之久的沉疴得以痊愈。

桃李满枝的长辈良师

赵心波是西苑医院儿科奠基人之一，为了使他的医术得以传承，医院给他配备了助手，并特别关注他带徒弟之事，他也极想把自己的医术都传给后人。在之后的日子里，他收徒10余名，言传身教，诲人不倦，现其生徒多已成为中医医疗战线的骨干，其中较有影响的有朱文忠、杨平、吴瑞芬、李连达、靖雨珍、阎孝诚、景斌荣、葛安霞等。无论临床医疗还是医学著述，他们都是硕果累累。其中李连达现在已是中国工程院院士。如今他们提起赵心波都满怀深情，回忆起在他身边受教、学习的幸福岁月，感谢他的指点、照顾和勉励。

赵心波平日不苟言辞，他培育徒弟的主要方式是尽量带他们多参加具体的医疗实践，跟踪每一个病例治疗全过程的各个阶段，从初诊、确诊、用药、增减调整药方到治愈出院后的随访，不但让弟子们更细致入微地体会到他的医疗理念、治疗原则、临床经验，而且随时和弟子们交流，鼓励他们发表对诊断和治疗的意见，将弟子们的理论知识和具体病例结合起来，极大地发挥了弟子们的积极性和主动精神。最感人的一件事是赵心波晚年向生徒传授医疗笔记的故事。

他一生积累了大量验方、病案和心得体会笔记，却很少发表。到了晚年，他的病情愈发严重时，他想应该把自己毕生的医疗经验和医疗思想保留下来，流传下去，为世间的广大病患服务。但是留给他的时间不多了，他便把自己四本珍贵的医疗记录、病例、医疗心得体会笔记交给了阎孝诚、景斌荣、葛安霞三位弟子。他们在赵心波的病榻前听取恩师的教诲，在赵心波的指导下，交流切磋，字斟句酌，探幽析微，经过3个月写出了一本包括医案、病证治疗的20余万字的学术专著。

赵心波炉火纯青的医术、崇高的医德、博大宽厚的襟怀、诲人不倦的精神和亲切慈爱的风采使学生们至今记忆犹新。他们说：是赵心波老师让他们学会了行医，学会了尊重和爱护病人。赵心波面对每一种疾病时的那份安详镇定和从容、胸有成竹的自信、一丝不苟的护理指导，使他们深受教育，为他们在从医道路上迅速成长打下了基础。在毫无保留、默默无言的治疗中，在他认真的望闻问切中，弟子们学会了他的医术，掌握了他的医学思想和临床经验，领会了他行医做人的真谛。

阎孝诚是继承了赵心波医术医德的得力弟子之一，赵心波辞世后，他继承赵心波遗志，决心把恩师的学术和临床经验保持、发扬下去。他是专攻神经系统疾病的专家，曾担任中国中医研究院副院长、广安门医院院长，是赵心波医术的传人之一。他对赵心波的验方、病案、著作进行了深入钻研和细致研究，在赵心波留下的众多病例中悉心寻觅，挑选出250份资料记载比较完整、有观察结果的常见神经系统疾病病例，整理出包括流行性乙型脑炎、病毒性脑炎、脑炎后遗症、小儿麻痹症、多发性神经根炎、大脑发育不全、脑挫裂伤、脑外伤后遗症、坐骨神经干伤、癫痫等10种神经系统疾患的《赵心波神经系统疾病验方选》一书，总结出赵心波的经验和最有效的验方，将赵心波的医学成就彰显于世，使之永久流传。他又开辟了新领域，创立了新的业绩。几十年来，阎孝诚致力于各类型疑难脑病及儿科疾病的研究和治疗工作，对癫痫病、小儿多动症、智力障碍、小儿脑积水、脑瘫等各种疑难脑病及儿科疾病有独到见解，并取得了创新性的成果，尤其在治疗小儿癫痫与小儿抽动症和多动症方面的贡献，更是显著。

他还将多年的临床实践与现代科技相结合，研创出一整套“益脑安神”治疗体系，通过系统调理身体机能，从而全面铲除病根，彻底治好癫痫，防止复发。阎孝诚又主编及参与主编了《小儿癫痫证治》、《脾气虚证的研究》、《实用中医脑病学》等中医学专业著作 20 部，被广大患者盛誉为“癫痫妙手”。

景斌荣也是继承赵心波医术医德的得力弟子之一，儿科专家，曾接替赵心波继任西苑医院儿科副主任，后又任儿科主任医师。她继承了赵心波的医学精髓，救死扶伤，钻研业务，一直在守护新生命的前沿阵地抛洒心血。1960 年北京医学院毕业后，被分配到西苑医院儿科工作，并系统学习了中医。1974 年正式成为赵心波的徒弟和学术传承人。赵心波对她像对待自己的女儿那样亲切慈爱，就连赵心波的夫人也把她当成自己的小女儿。在赵心波的指导下，景斌荣认真钻研，努力践行，刻苦自励，致力于中西医结合研究，曾担任全国儿科中西医结合会儿科学术委员（第二、三届)，《中华儿科杂志》编委（第四、五届），在治疗哮喘、难治性肾病等方面有较深的造诣，在国内外有一定的影响，经她治愈的哮喘患儿不计其数。许多经她医治的难治性肾病患儿，已娶妻生子。她敢于攻关疑难杂症，使乙状结肠冗长患儿避免了手术，甚至使一位西班牙的“猫叫综合征”患者改善了症状，成为深受病患爱戴的医生。在赵心波辞世 40 多年之后的今天，她已成名成家，但树高千尺不忘根，她依然深情地崇敬、怀念着亲爱的老师，更以赵心波为榜样，为人谦和低调，对患者全心全意，殚精竭虑，严于律己，不慕荣华，淡泊名利。

赵心波最年轻的弟子、儿科医生葛安霞副主任医师是赵心波晚年的弟子之一。葛安霞在治疗小儿重症消化不良、营养不良方面成绩突出。她曾根据赵心波的验方治愈了相当数量的患儿，许多患儿家长给报社投书表扬，慕名就医者络绎不绝。葛安霞比赵心波小将近 50 岁，是弟子中年龄最小的，但赵心波对她仍然像对其他人一样地尊重。领导派她每天接送赵心波上班，赵心波总是一再说：“谢谢，谢谢，您辛苦了！”葛安霞离开赵心波家时，赵心波总是垂首鞠躬致谢。一位杰出的中医大家，一个比自己年长近半个世纪的老专家，西苑医院“五老”之一，这样平易近人地对待这个初出茅庐的年轻人，让她永生难忘，更以此自勉。

赵心波谦恭有礼，谨慎虚心，宽以待人，对同事、徒弟、患者都极为尊重，甚至对癫痫病患者打骂人的行为也都能给予理解和宽容，并劝告其他工作人员也给予理解。有一个因疾病折磨而性情十分急躁、动辄打骂人的十几岁的少年，谁都劝说不了，唯独对赵心波不急不躁，谦恭有礼，从中可以看出道德风范的强大力量。这些事都让弟子们终生难忘。

赵心波对徒弟无论技艺高低、年龄大小都极其尊重，对刚刚教出的徒弟都是以某某大夫相称。作为中医大夫的赵心波不但虚怀若谷地向西医学习，还在确定治疗方案和药方时虚心征求弟子们的意见，显示出真诚的尊重和信任；赵心波把他的宝贵医疗经验、多年来收集的验方甚至是祖传秘方都毫无保留地奉献出来。中医大夫一般不夸奖其他专家的医术，也不大邀请其他专家进行会诊，但赵心波却不同，他多次主动邀请蒲辅周、赵锡武等著名专家进行会诊，一切都是为了病人，使弟子们看到了一位杰出医家的襟怀和风范。

淡泊高雅的名医风采

赵心波是一位低调、朴素、宁静、淡泊的人，不求名利，不慕荣华，不攀高结贵，不张扬作态，不自我吹嘘，从来都是以一个笑口常开、慈眉善目、儒雅而朴素的老人形象出现在人们面前。

赵心波作为一名中医，自幼受到华夏中医文化的熏陶濡染，对中国医圣张仲景、孙思邈的崇高典范和教诲体会极其深刻，将他们的教诲牢记在心，并作为他行医的准绳。张仲景一贯倡导辨证论治，劝勉从医者“勤求古训，博采众方”，提出“上以疗君亲之疾，下以救贫贱之厄，中以保身长全，以养其生”的思想。孙思邈则在《千金翼方》的自序里说：人命至重，贵于千金，一方济之，德逾于此，所以取名“千金”。“凡大医治病，必当安神定志，无欲无求”。“若有疾厄来求救者，不得问其贵贱贫富，长幼妍媸，怨亲善友，华夷愚智，普同一等，皆如至亲之想”。他们的高尚医德和救济苍生的胸怀都深深影响着赵心波。赵心波崇高的职业精神和救死扶伤的人道主义、真正的救世情怀、炽热的献身热忱，都是对张仲景、孙思邈教诲的出色践行，处处闪耀着千古医道的光辉。此外，赵心波的心胸宽广更无私，他不但将自己治病救人的医术毫无保留地传授给弟子，还把自己研制的秘方奉献出来，绝不保守，据为己有。

赵心波医德高尚，慈悲为怀，华佗身手，对待患者一心一意，不敢有丝毫片刻的放松，每一位患者就医，赵心波都全身心地投入，悉心加以诊治；对住院病儿坚持查房，仔细观察患者的神志、面色、目光、肢体、舌头、毛发，细心听患者的呼吸、咳嗽、呃逆之声，从不懈怠。另外对贫困百姓患者常常减免医药费，甚至无偿赠送中药，充满了仁爱精神。

赵心波从医开始就追求最佳的医疗境界。由于坐堂中医无法随时查看患者的服药、护理情况，也难以处理患者临时发生的紧急症状，为此赵心波深为遗憾。他曾为一个患儿诊治，无论是诊断还是处方都极其精心，但是效果却不佳，后经仔细查问，方知孩子特别抗拒服药，每次服药都浪费大半。赵心波由此得到两点启发，一是研究中药针剂，以便于给药；二是建立一所集诊断、药房、护理、制药于一体的中医院，以达到最佳的医治效果。

早年有一次，他看到协和医院的医疗护理设施十分先进，并且医生、护士的业务水平也很高，连护士都可以用英语和医生交流。他非常羡慕，希望中医也能达到那样的水平。至抗日战争胜利后，由于赵心波医术高超、医德出众，患者络绎不绝，与此同时，收入也有所增加，但他省吃俭用，并经多方筹款，几多周折，终于买下了一座十分宽敞的房子，共33间，打算建立现代化的中医医院。为此，他精心设计，巧妙盘算，哪里是诊疗室，哪里是护士的处置室，哪里是药局，哪里是制药厂，哪里是病房。正在这个计划有条不紊地进行的时候，北京解放了，万象更新，这个计划就缓行了。后来为了支援国家建设，他把那33间房子无偿地献给了国家。他认为，能投身中医事业的最前沿，作出自己的贡献，同样可以实现自己的梦想。

赵心波到西苑医院任儿科主任后，深感这个医院医疗技术水平高，设备齐全，科室完备，有诊疗室、处置室、病房、化验室、护士室、制药厂，可算当时水平较高的中医院，也是最早建立中医儿科病房的医院。他如鱼得水，施展自己的才能，发挥自己的医术和爱心，做自己最爱做的事情：在救死扶伤的同时，钻研中医理论，用医疗实践来印证理论的正确性，以详细的病历为基础总结出规律性的经验，用以丰富中医学的理论。之后的岁月里，在西苑医院，赵心波真正实现了将诊察、护理、药房、制药一体化的梦想，化私为公，将自己的成就和贡献最大化。在西苑医院的日子是赵心波最辉煌、最快乐、最幸福的日子，是充满了奉献和创造激情的、成就最大的日子。

赵心波医术高超，医德高尚，为人谦和，结交了不少高官巨富，名流大腕，但是他从来不以此为荣，更不以此来吹嘘借以抬高自己。他从来也不想做当医生以外的事情，俗话说，“人到无求品自高”。先贤林则徐曾题词道：“壁立千仞，无欲则刚。”赵心波无求于任何人，没有分外的奢望，没有享受方面的不良嗜好，更没有对金钱名誉的贪欲。他唯一惦记的就是他的病人。他受到广泛的尊重，他没有敌人，他唯一的敌人就是侵害人们健康肌体的邪毒和病魔。著名京剧艺术家、“四大名旦”之一的程砚秋是赵心波的好朋友，过从甚密。抗日战争期间，两人肝胆相照，共诉爱国衷肠，以保持崇高的民族气节相砥砺，成为真正的刎颈之交。

赵心波为人谦和，彬彬有礼。他对社会上一些普通百姓也充满了友情和关怀。对身份高的既不故作清高，也不巴结攀缘，对身份低的普通人更不摆架子。他每天去医院上班或去公园遛弯儿，走在大街小巷，遇见的人数不胜数，无论地位高低，都频频和他打招呼问好。他也一直高高兴兴地与大家问候还礼，与大家相处得亲近和睦，其乐融融。他与药铺、医院里最基层的服务人员、制药师傅都保持着友谊，对他们十分尊重理解，工人师傅对他也十分友好尊敬，凡去药房取药时，都是倾力相助，他的处方往往有比较名贵的品种，诸如麝香、牛黄、熊胆之类，对赵心波特别友好的师傅就专门保存一点，以备他的不时之需。在赵心波住院治疗的最后日子里，制药工人们对他们素所敬重的赵心波一直是贴心贴肺地惦记着，在珍贵细药特别缺乏的情况下，师傅们都想方设法地为赵心波急需的药品奔走，一旦急需，都是一路绿灯，仅此一点，就可以看出赵心波人格的巨大感召力。赵心波有一位医院职工灶的厨师朋友，一直保持着深厚友谊。到了赵心波辗转病榻、深受肾盂癌、输尿管癌折磨的晚期，这位厨师还经常到赵心波住院的病房看望。每次厨师老朋友来时，赵心波都特别高兴，精神分外焕发，病情也显得有所缓解。其实，赵心波的病情还是非常严重的，一直在发展着，完全是顽强与病魔斗争的精神力量支撑着他。有一次，厨师朋友满怀忧虑来探望他的病情，赵心波还幽默地模仿戏剧腔调唤道：“店家，两个油条一碗豆浆——端来！”惹得老朋友一番笑声，给了老朋友莫大的安慰。

赵心波虽然家境不错，但并不追求奢侈浮华，什么请客开宴、置备房产之类的事情他都没有兴趣。有一次他借用了当时一位著名文人的几句话表达了自己的操守，让大家至今牢记在心。

他说，你要想一个礼拜不安宁就请一次客，你要想一个月不安宁就搬一次家，你要想一年不安宁就盖一座房子，你要想一辈子不安宁就娶一个小老婆。这段话的重点实际上是最后一句话，反映了赵心波端方严肃、淡泊自守的处世理念。堪称为人处世楷模的赵心波，夫妻恩深情浓，举案齐眉，琴瑟和谐，他借这句话道出了自己的道德准绳和对家庭婚姻的郑重承诺，也给了我们一个医术高超的医家和一个医德高尚、品格白璧无瑕的君子形象。

说起赵心波的爱情，早年他和夫人相识婚恋还有一个温馨的小故事。有一天哥哥领姑娘来相亲，赵心波正坐在那里匆忙地吃着炸酱面。当时他已是京城小有名气的医生，但却朴素淡泊，气定神闲。他的器宇轩昂、一表人才打动了姑娘的心，于是姑娘斩钉截铁地轻声说："就是他了！"这几个字的承诺真是千金难买，从此，她和赵心波风雨同舟，不弃不离，携手并肩走过了半个多世纪的人生旅途。

在中医界有一种说法，就是"医不自治"，指有些医生自己或自家人生病不愿自行诊治。赵心波则不然，不但给自己至亲之人治病，也给自己治病，而且效果还特别好。

1961 年，赵心波寄养在别人家的小孙子、仅一岁半的赵复生从高处摔了下来，头颅严重受伤，被送到某大医院抢救。此时患儿鼻子往外流白浆，并呈昏迷惊厥状。三四日后，赵心波才得知，立即赶往医院。见医院因孩子太小，只是留院观察，尚未采取有力措施，遂立即将孩子接回，转到自己所在的西苑医院，由自己治疗。赵心波诊断，孩子当时流出的白浆就是脑脊液，病情十分危重，立即从退烧镇静的良药"三宝"——安宫牛黄丸、局方至宝丹、紫雪丹中，根据病情需要选择最合适的给孩子使用。在赵心波的精心治疗之下，赵复生很快痊愈，没有留下任何后遗症，长大了还娶妻生子，一切正常。

赵心波的妻子从 50 年代起就是一位子宫癌患者，经过了当时非常昂贵的镭辐射治疗和化疗，控制住了病情，但是副作用极其严重，不但脱发，而且皮肤特别干燥，如同鱼鳞一般。赵心波就用中药羚羊角水进行辅助性抗辐射治疗，取得一定疗效。随后几十年间一直进行中西医结合治疗，使老伴活到了80多岁。

赵心波本人是一位肾盂癌患者，抗战前夕他就已经有泌尿不正常之象，到了20世纪50年代就开始有血尿症状了。赵心波在病情日益加重的情况下坚持给人治病，坚持教育传道。他依靠顽强不屈的精神，也依靠他过硬的中医素养，开放的中西医结合的观念，与凶恶的病魔斗争，经历了几十年治己治人的岁月后，不断击退死神的进攻，享寿77岁。这是一项展示中医水平的纪录，也是一个中西医结合医疗的奇迹。

桃李不言，下自成蹊。赵心波以其高超的医术、博大精深的医学思想、山高水远的人品医德，受到医学界和患者的敬仰，被后辈深深铭记。他的贡献永远载入中医学的史册，长河汤汤，文以怀德。

（撰稿人　苏昭穆）

董廷瑶卷

董廷瑶（1903—2002）

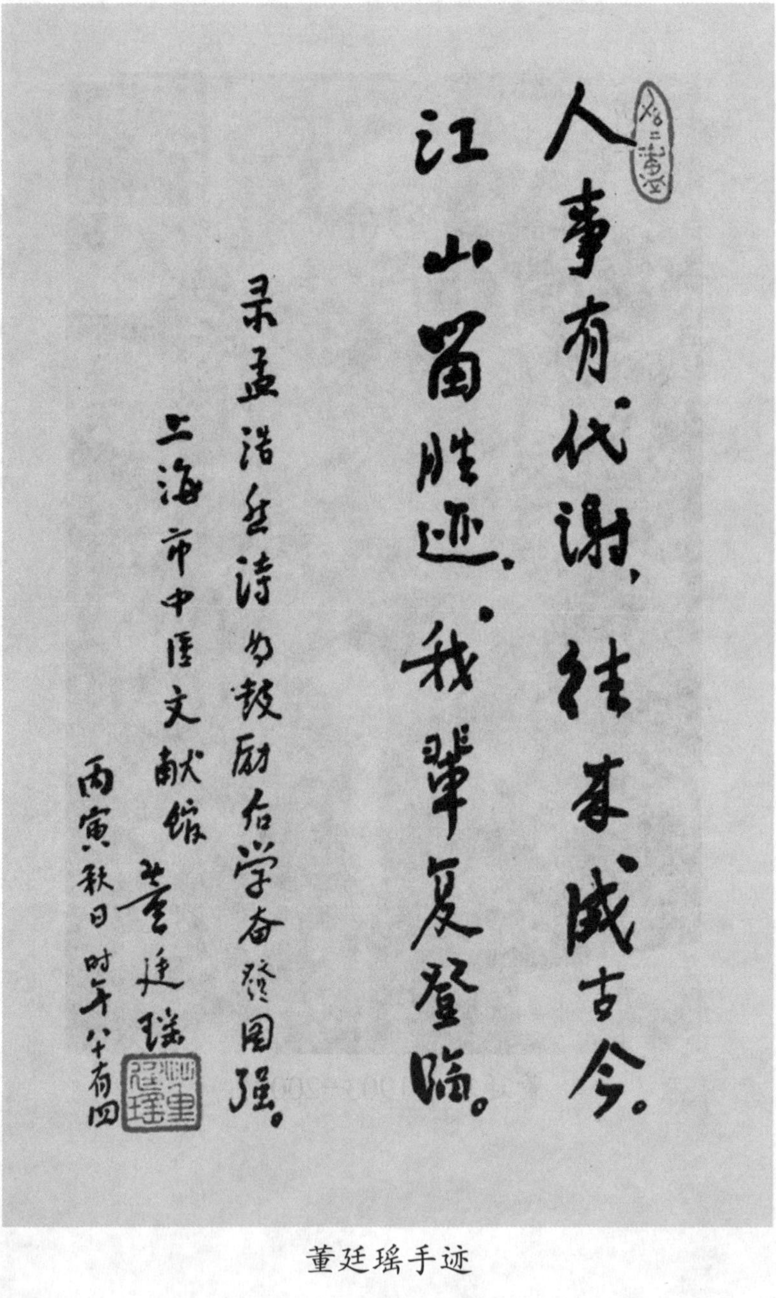
人事有代谢，往来成古今。
江山留胜迹，我辈复登临。
录孟浩然诗勉励后学奋发图强。
上海市中医文献馆
董廷瑶
丙寅秋日 时年八十有四

董廷瑶手迹

自思平生学医，继承家学一丝不苟，精益求精，更崇医德，不计较私利，不图虚名，常能推己及人，幼吾幼以及人之幼，就以幼幼庐作为堂名。

我平生最可慰的是，儿童对我的亲热，家长对我有好感，都希望我长寿，这是我的收获。我也幸运地自感清朗，思路不衰，尽我的微薄知识，终生贡献于中医事业，全心全意为小病人服务。

——董廷瑶

董廷瑶（1903—2002），字德斌，号幼幼庐主。著名中医临床家、儿科学家。1903年6月10日出生于今浙江省宁波市鄞州区姜山镇董家跳村一中医世家。少年时随父学医，刻苦研读《黄帝内经》、《伤寒论》等经典，领悟颇深，常能引经据典临床发挥。熟谙《小儿药证直诀》、《幼幼集成》等儿科名著，取其精华，灵活运用。既精于儿科，又能旁及内科、妇科，在长期实践中不断探索总结，最终形成一套较为完整的学术理论和治疗法则，成为“董氏儿科”奠基人。

董廷瑶一生行医80多年，诊疗上百万人次，精心诊治疑难危症，活人无数。他以精湛医术、高尚医德，为广大儿童的健康呕心沥血，贡献毕生，在中医界享有崇高声誉，与北京刘弼臣有“南董北刘”之称。

董廷瑶不但精于临床，而且善于总结提炼，撰写了近百篇医学论文，撰著和编著了 4 本儿科专著——《幼科刍言》、《董廷瑶幼科撷要》、《中国百年百名中医临床家丛书 · 董廷瑶》、《董廷瑶医案》，这些著作至今仍指导着儿科医生的中医理论学习与诊疗实践，为后学留下了宝贵财富。

董廷瑶的学术思想，主要是临床“证治九诀”（明理、识病、辨证、求因、立法、选方、配伍、适量、知变）、“推理论病”及“推理论治”的观点。在诊断上，特别重视强调儿科之望诊，其中尤以面色、舌苔、形态等为主要内容，并四诊合参，而辨别疾病之阴阳、表里、寒热、虚实，为治疗提供了第一手资料和依据。在调治儿科疾病、临床处方用药上，更是体现其仁术慈心。他所提出的“轻、巧、简、活、廉、效”六字要诀，是指导后辈之原则。

师古不泥、推陈出新，是他学医从业的特点之一。他还借鉴前人经验，提出了许多儿科疾病新的治疗法则，如对治疗外感热病的“开门逐盗”法、治疗小儿麻疹的“活血透疹”法、治疗小儿复发性肠套叠的“活血理气”法，创制“熊麝散”治疗腺病毒肺炎、“暖脐散”治疗小儿肠麻痹、“董氏定惊丸”治疗发热惊厥、“董氏镇痫汤”治疗小儿癫痫，等等，这些疗法对儿科疑难重症十分有效。

董廷瑶不但博学多才，医术精湛，而且医德高尚。早在董家跳村行医时，他经常翻山越岭，走村串户，深入群众，治病救人；看到乡邻有贫困患者，深怀悲悯，免费为其治疗，还经常出钱买药帮助病家；又积极投身公益事业，虽收入不丰，家无余资，获悉家乡宁波遭受台风灾害，迅即尽力筹资捐款，救助难民；在 90 高龄时，将自己 10 余年的积蓄 10 万元贡献给农工民主党，设立“董廷瑶中医药奖励基金”，专门奖励为中医科研事业作出贡献的中青年医生。他将毕生的精力和心血都投入到中医药事业中，全心全意为病人诊治；更无私地将自己数十年研究心得、宝贵经验悉心传授给学生。他的学生遍布国内外，可谓桃李满天下。他为中医事业鞠躬尽瘁，为众多的病人治病祛痛，弘扬了中医学精粹，是位广受人们敬仰的中医名家。

“弱冠继祖业，穷研内难，名噪浙北（东），亲赴上海，抗争废止中医案，名留青史；而立承师传，熟谙伤寒，蜚声沪上，奔走全国，奋力振兴岐黄业，功载千秋。”全国中医儿科学会原会长张奇文教授撰联如此缅怀董廷瑶，此联是对董廷瑶一生最好的写照。

勤承祖训 弱冠业医

浙东水乡钟灵毓秀，自古名人辈出。位于宁波市鄞州区最南端的姜山镇董家跳村，南枕四明山余脉，北接阡陌纵横的田地，一条奉化江支流蜿蜒穿村而过，环境优美，处处透露出一派江南水乡的灵秀之气。

说起这董家跳村，历史非常悠久。在2008年第三次全国文物普查野外调查中，考古工作者成功发现了董家跳遗址，采集到史前稻类、木炭、石斧、陶片等遗物，经鉴定，距今大约5000年。董家跳村原先不用此名。传说过去村里范家的女儿招了个董家的男子作女婿，后来范家家族逐渐衰落，而董家家族不断壮大，董家人认为董家发达的原因是“跳”进了范家，因而名其村为“董家跳”，一直沿用至今。

据《鄞县通志》记载，董氏先祖名董黯，字叔达，东汉人，奉母至孝，人称“董孝子”。董母爱喝溪水，孝子董黯为母筑室溪旁，以便母亲随时汲饮。现在宁波的慈溪市市名即由此而来。东汉延光三年（公元124年），董黯被敕封“孝子”，立祠以祀，并在宁波城南建董孝子庙。此庙至今保存完好。慈溪董氏自宋代迁鄞（今宁波城区），至清代时，鄞南董家跳村董氏一族人丁兴旺。

董廷瑶的祖父董丙辉是名中医，擅长儿科，在当地颇有名气。董廷瑶的父亲董水樵，字干增，号质仙，也是中医，其堂名“四物轩”，室名“隆盛房”。董水樵除随父习医外，还曾拜学于同邑儿科前辈石霖汝先生之门，以其勤学苦研，尽得石氏之心传，以痧、痘、惊、疳四大要症为擅长，对其他杂病亦颇有心得。中年以后，董水樵医名渐噪，求诊者近悦远来，舟楫相接，络绎不绝。

董廷瑶上有6位胞姐，长兄早逝，成为家里唯一的男孩儿。他自幼聪颖过人，因此父母对他钟爱有加。但父亲督教甚严，7岁时即延请秀才老师给予启蒙教学，后习经史子集，他对其中的一些典籍，能精读背诵。由于他天资聪敏，又用心攻读，领悟较深，故早年即能文。15岁起学习《素问》、《灵枢》、《伤寒论》、《温病条辨》及汉唐方书。16岁起随父学医并侍诊。经父亲三年悉心授教培植，自身勤学苦练，董廷瑶学业猛进，根基渐深。

其父的治学思想和证治心得，对董廷瑶的临床有着深刻的影响和帮助。如对小儿急惊之病，认为其病机之初，多属于伤寒化温、化热的三阳症。因为小儿体脆神怯，不耐高热，极易导致惊搐。其时如果不先祛邪，遽投金石重镇，或脑麝开窍之药，是舍本逐末，引盗入室，危害匪浅。指出治惊之法，不必拘于惊之名目，当求其致病之因。而火有虚实，实火宜泻，以钱氏泻青丸、葛根芩连汤、承气汤、白虎汤及紫雪丹等为常用之剂。风邪束表，桂枝汤主之，呕吐甚则加玉枢丹，发热汗出而渴者加花粉，或佐以葛根。风热夹痰之惊，则用抗瀣丹、金粟丹或抱龙丸等。他临床秉承父传，灵活化裁应用诸法，每多应手获效，热降惊平。

然而，在他18岁时，父亲董水樵患温病不治而病故。悲痛之下，董廷瑶勉承慈父遗志，在弱冠之年独自应诊。他自感年少学浅，医疗经验尚不足，一边四处虚心求教中医前辈，以求深造；一边则临诊细心观察，力求辨证正确，取得疗效。诊余又兢兢业业，博览群书，上溯灵素，下逮近贤，旁及宋元诸家，理论与经验相应不断提高。夜间静坐，常回忆疑难病案，索卷重温典籍，解惑求证，悉心钻研，常能洞彻病机，辨证以治，药到病愈，而获佳效。因此诊务日增，十分繁忙，渐能立足于医林之中。小儿疾患及各种疑难杂症，经他诊治，常获痊愈，故董廷瑶的名字不胫而走，享誉四乡。

董廷瑶21岁时，农历四月初九晚6时半饭后，正在家与族人商量改组当地崇德小学事宜，谈兴正浓。突然，有人问："廷瑶先生在吗？"他以为是熟人，即点头相迎。仰面一看，乃两个素未谋面的陌生人。来者操绍兴嵊县一带口音，还未等他反应过来，来者已面露狰狞，掏出手枪，将他迅速绑起来，藏匿于奉化四明深山，并向家属勒索巨款。在被绑架的10天时间里，他一边与绑匪机智周旋，想尽办法脱险，一边给绑匪讲《西游记》、《三国演义》的故事，绑匪听得津津有味，分散了注意力，所以没有为难他。后终于以8500块银元被赎回脱险。

事后，他的母亲深感乡居不宁，遂移居宁波城内东大路东马巷27号（今中山东路中农信大厦一带）。他依旧悬壶行医，并撰写《匪窟十日记》一文，连载发表于宁波《时事公报》。其惊险曲折的经历轰动乡城。董廷瑶更以精湛医术、高尚医德而渐名扬甬城，求医者日众，可谓门庭若市。当时，在政界有个重量级人物名叫董显光，也出生于董家跳村，比董廷瑶大10多岁，虽"位居庙堂之高"，但对同族小弟董廷瑶的医术却备加赞赏，曾专门制作一匾"中医名家、代代相传"旌表，勉励后学。经董显光等人推荐，连奉化溪口的蒋氏亲戚族人也慕名前来求诊。

董廷瑶夙存幼幼之心，故以"幼幼庐"作为堂名。后任宁波中医学研究会职员兼医报编辑、浙江省鄞县中医公会执行委员兼常务委员，仍自感不足，发奋图强，白天门诊、出诊应接不暇，夜间挑灯攻读医籍手不释卷，久而心身交瘁，肺痨缠身，形瘠咯血。当时无特效抗痨之药，其生命可忧。他在查询医书之后，试服野山参，每日一钱炖服。一月以后，胃口形气渐复，脾健胃和，土能生金，肺气得以保养，痨疾自愈。此后于每年春季生发之时，分十天连服野山参一两，十年后肺结核钙化而愈。此后每于冬至自配膏方调理，直至高年仍精神矍铄，思路清晰，颐享天年。

同仇敌忾　捍卫国医

中医学源远流长，历史悠久，为中华民族的繁衍壮大作出了重大贡献。自鸦片战争后，西学东渐，使中国医学发展上形成中西并行的局面。但由于有的人崇洋媚外，在学习西医过程中直接或间接接受了全盘西化的思想，因此对祖国丰富的医药遗产抱着民族虚无主义态度，逐步形成了中西医对峙的局面。

当时有个曾在日本学过西医的宁波镇海籍人余云岫，在他所著《医学革命》一书中，大放厥词，说“尤其是国医，真是莫名其妙，大部分不能脱离野蛮民族的气味”。他提呈了《废止旧医以扫除医事卫生之障碍案》，声称“旧医一日不除，民族思想一日不变，新医事业一日不能向上，卫生行政一日不能进展”，并提出了废除中医的具体措施(即所谓处置旧医六项方法)。1929年3月，国民政府卫生部中央卫生委员会通过了余云岫的提案，妄图逐步废除中医。一时舆论哗然，全国中医药界坚决反对。中医药界同仁及社会明智之士，纷纷登上论坛，慷慨陈述利害，与之抗衡。宁波中医协会在舆论中呼声颇高者有董廷瑶、王宇高等中医师。他们据理力争，指出：“中医药一旦任其废止，则全国四万万同胞之生命健康，更堪深忧，此事关系中华国家之盛衰，与中华国民之健康，既大且巨。”又说：“如以中医中药为古旧也，则中医中药，自神农黄帝创始以来，精进于汉，博大于唐，变化于宋元，妥善于明清，代有发明，代有进步……整理固有，采取未有，更属日新月异，大有进步，何旧之有？”用事实予以有力驳斥，雄辩地阐述了中医中药不但历史悠久，且具有其自身的系统性、科学性，实践证明疗效显著，不但有存在必要，而且也应和西医西药一视同仁，予以发扬光大。

国民政府卫生部中央卫生委员会悍然通过废止中医药案决议后，全国中医药团体代表大会遂于1929年3月17日在上海总商会召开。出席会议的宁波代表共3人，即董廷瑶、王宇高、吴涵秋。董廷瑶虽然专心业医，但时时关注着时政，忧国忧民，对当局废止中医更是忧心如焚。他代表宁波中医协会草拟的议案，成为反对废止中医抗争运动中有力的精神武器，为捍卫中医事业起到了积极作用。会议开了3天，董廷瑶等全国各地代表纷纷发表演说，严词谴责当局消灭中医的狂妄举动，呈提各种议案，将其重要者付诸表决。大会并发表宣言，列举大会宗旨，反对废止中医案，争取社会各界支持和声援。会议期间成立的“全国医药团体总联合会”还发表宣言，组织赴南京请愿团。会议胜利闭幕后，请愿团旋即乘夜车抵达南京，要求国民政府取消废止中医的议案。在广大中医药界从业人员的坚决抵制和抗议下，在社会公众舆论压力下，国民政府不得不中止提案的执行，同意成立“国医馆”。直到中华人民共和国成立后，共产党提倡中西医结合，互相学习，取长补短，弃其糟粕，汲其精华，中医中药才真正获得了新生。为捍卫中医事业的生存与发展，董廷瑶亦可谓鞠躬尽瘁矣！

沪上悬壶　名扬杏林

1937年，抗日战争爆发。宁波城区迭遭日军轰炸，看情势必将沦陷。不得已，董廷瑶于1938年携家眷逃难赴上海，希望战争结束后重回宁波。根据当时的形势，他判断战争短期内难望平息，只得暂时安身租界，再度开业行医以谋生。由于旅沪的宁波人及逃难来沪同乡众多，所以诊务得以顺利开展。因董廷瑶医术精湛，疗效显著，病人获得痊愈后欣喜不已，又辗转介绍，甚至上海本地人也慕名前来求诊。他的诊务日渐繁忙，声誉日上，终成上海名医，自此定居上海。

中华人民共和国成立后，党和政府大力振兴医药卫生事业，十分重视中医药事业的发展。在政府的号召下，1951 年，董廷瑶约集了 20 余位中西医同道，共同集资创办了上海市新成区（今静安区）第二联合诊所，从此走上了医务合作的道路。

1956 年，董廷瑶由于工作极其认真负责，精心诊治，全心全意为病人服务，被选为上海市新成区第三届人大代表，并于翌年参加万人检查团，全面检查全区大小卫生单位，深入基层，与基层群众同吃、同住、同劳动，热心为群众服务。他在大公医院抢救麻疹病人时，表现很突出，日夕不离医院，放弃了私人诊所门诊业务。当时有人说他是“戆大”。但能千方百计地救治病人，他很高兴，感到无比光荣。1959 年，在上海市卫生局的重视下，董廷瑶被调入静安区中心医院中医科，任科主任。他工作十分认真负责，使中医儿科专业获得良好发展，门诊诊疗、病房巡查、院外会诊，医务工作十分繁忙。董廷瑶每能急病人所急，痛病人所痛，诊疗效果甚佳，得到了患儿家长的称誉。中医儿科的诊务蒸蒸日上，在上海众多医院中屈指可数。患儿家长慕名，近悦远来。

1967 年 6 月，董廷瑶主动参加下乡医疗队，去南汇县坦直公社为农民群众服务，门诊出诊，天天忙碌。有一次他乘一叶小舟，到五里外去出诊，因船小江阔水急，稍坐不稳，舟翻落水，幸被救起，饱受惊吓，而他仍穿着湿衣为患儿治病，令家长十分感动。其良好品行和认真负责的态度为群众所尊重，因而连续被推选为静安区第三、四、五、六、七届人大代表，直到他调离静安区，被任命为上海中医文献馆馆长为止。

1977年，董廷瑶当选为上海市政协委员，连任至1986年，并任上海市农工民主党市委委员。1977~1978年两次被评为静安区先进工作者。在此期间，他通过大量临床实践，总结疗效显著的治病经验，发表了《新生儿口腔疾病的论治经验》、《小儿暑证》等多篇学术论文，学术水平迅速提高，且德艺双馨。

1979年起，董廷瑶被聘为上海市高级科技职称评定委员会委员，同时被上海中医学院专家委员会聘为专家委员。

精研医典 明理识病

一、明理识病，证治九诀

董廷瑶家学渊源深厚，年少精研医籍，深悟《内经》、《伤寒论》、《温病条辨》等医典的意义，加上70余年临床反复实践，不断总结，再度升华，其理论更臻于完善。他教导学生："中医学乃实践科学，贵能愈疾；方药乃治病工具，欲遣药以愈疾，全赖理论指导。"他将在中医临床取得佳效的宝贵经验，总结为"证治九诀"：第一是"明理"，医者首先要明古圣治病之理，必须精读《内经》、《伤寒论》等医典，通晓藏象学说、阴阳五行等，包括病理、脉理、方理、药理等整套理论。第二要"识病"，各种疾病都有其本质和发病机理，医者必须不断深化对疾病本质的认识。第三要进行"辨证"，中医治病运用四诊，望形察色、观舌看苔、切脉、闻声，结合主诉全面收集证候，然后按五脏所主、八纲分型作出诊断。第四再"求因"，任何疾病都有发病原因，病因不明，治多不当，所以说治病必求于本。第五为"立法"，法是古人已验之成规，在辨证求因的基础上作出正确诊断，才能制订基本疗法。古有七方十剂，作为后辈医生，应当触类旁通，斟酌而运用之。第六再“选方”，并不是执一方就可治一病，世上没有一把钥匙可打开所有的锁，治病也是同理，并没有包治百病的灵丹妙方；必须明理、识病、辨证、求得病因，才能正确立法选方，同时尚须因人、因时、因地灵活应用，进一步在自己临床中反复使用前人的验方，观察疗效，加以识别，才能积累医师自身的经验，正所谓“千方易得，一效难求”。第七要精心“配伍”，古方配伍严谨，药仅数味，分君臣佐使，通过配伍发挥药物综合作用，有加强或抑制作用，亦可抑制个别药物之弊性，故组方不能芜杂，配伍不当反令掣肘，所以不是药味越多越好。第八要“适量”用药，若药轻病重，则药力不及延误病情；病轻药重，则药过病所诛伐无辜；又同一药因其用量多少不等，而呈不同作用。第九是“知变”，在诊治全过程中尚须“知变”，患儿的病情时时有变化，则治法亦当随之相应改变，作为医师应严密观察，灵活应变，选方用药配伍适量，才能丝丝入扣，巧思妙用，方能中的。上述九点是董廷瑶数十年临床积累的经验，十分可贵。

他说：“父母育儿诚难，医师治小儿病尤难。因为小儿啼哭无常，疾病痛痒不能自诉，且脏腑柔弱，饥饱冷暖不知自护，易感外邪或内伤饮食，病则易寒易热，用药一或不当，变化突起多端。故张景岳叹曰：‘宁治十男妇，莫治一小儿。’于此可见业儿科医者之不易也。然而天下为父母者，谁不爱其子女，偶有小疾，立即求医索药，可知医师的职责是多么重呀！凡为医者应该以幼吾幼之心，推而及于他人之幼，将病儿当作自己孩子般爱护。看病时要专心一意，全神贯注，不能有丝毫懈怠。尤其小儿脏气清灵，药效敏捷，随拨随转，一有药误，祸患无穷也，所以峻烈之剂不可轻投。”为此他特别撰写了中医《儿科用药六字诀》告诫学生，并要求儿科医师都要勤记采用：

一曰“轻”。首先是处方应轻，如外感风寒，表实用麻黄汤，表虚投桂枝汤，一以散寒，一以和营，则邪祛表和，其热自解。

若是感受风温风热，则投桑菊、薄荷、荆防、银翘之类辛凉解肌，疏化即可退热。此即轻可去实之轻也。其次是用量宜轻，小儿胃肠娇嫩，生长发育全赖脾胃生化之源，况百病以胃气为本。若药量过重易犯胃气，胃气一耗，能使胃不受药，于病不利又伤儿体正气。

二曰“巧”。古人治病每多巧思，往往于前医所用方中加药一味，即可获效。如徐灵胎治一呕吐患者，前医曾用二妙散不效，徐加茶子四两煮汤服之遂愈。此因其病为“茶积”，故用茶子煮汤为引经药也。董廷瑶教导学生说：“人参可以救人，也可以害人。”在宁波行医时，曾治一富商之7个月婴儿，因泻剧而虚脱，已弃置于地。董廷瑶适路过其门，家长强请他进视，以决其死否。按腹尚温，诊脉不得，启口观舌则有啼声，知其虽脱未绝，即嘱购野山参一钱，家属购归急炖服。次日来报，儿已活矣。再经治疗得以回生，致谢不已。此人参活人之一事也。但服之不合其证，或不得其法，补药亦能害人。曾有一富孀子，年18岁，因出门创业，慈母意欲儿体健壮，因不谙服法，将家藏一两野山参一次炖服。自此胸闷烦扰不已，三昼夜不食不寐。其母焦急万分，急送医院救治，知是服人参致病，除补液以外别无他法。归家又求治于董廷瑶。董廷瑶嘱其急购生莱菔二斤，捣汁予服，连食两天，下大量宿粪。此因莱菔能解人参之补益作用，泻下之后病恙得以解化，困顿即袪，调理而安。此乃审因论治，巧思妙用又一事例也。

三曰“简”。医之治病用药切忌芜杂，芜杂则药力分散，反会影响疗效。有医者以为病之不愈，乃因药量不足，进而倍之，或以为药味不敷，也每增之，这是舍本逐末，犹如拔苗助长，适得其反也。董廷瑶强调，前辈名哲处方用药，每多三、五、七味，对证发药，虽危重之候，获效亦迅速。应之临床实验，确是如此。

四曰“活”。中医治病首重灵活。同一病也，既有一般又有特殊。如果见症治症，不分主次，不知变化，笼统胶着，甚或按图索骥，对号入座，慢性病或可应付，急性病则必误时机。幼儿弱质，病症变化更快，朝虽轻而暮可转重。医者当见微知著，病变方药亦变，则可减少误差，而操必胜之券也。

五曰“廉”。董廷瑶平生用药从不滥施昂贵之品，亦不以珍珠、人参、鹿茸来取宠于达官贵人或有钱富室，并且处处为劳动人民着想。由于处方价廉，往往令病家初多疑之，终则奇之。事实上医师治病，以草木之偏性，来纠正人身之偏盛，但求疗疾，毋论贵贱。只有力求价廉效高及时愈病，才能更好地服务于广大病家。

六曰“效”。病人对医生的要求，主要是望其病速愈。医师为病人治疾，最重要的是要有高度的责任感，要处处有推己及人的想法，所谓急病人之所急，痛病人之所痛。轻病人则驾轻就熟较易见效；重病人则因其变化多端而需思索周到，尽情关切，力求治愈。这也是医师应树立的崇高宗旨。然“效”之一字，不是唾手可得的，必须谙之于医理，娴之于实践，更须有仁者之心，灵变之术，方可无负于人民赋予的崇高职责。

董廷瑶在数十年临床中，素以疗效神速著称。当学生叩问原由时，他坦然告之，除勤学苦研经典外，还要多在临床磨炼，强调治病必求于本，探寻发病的原因，有内因、外因、不内外因。《内经》曰“从内之外者，调其内；从外之内者，治其外；从内之外而盛于外者，先调其内而后治其外；从外之内而盛于内者，先治其外而后调其内；中外不相及则治主病”，对临床确有重要启示作用。

第一条：“从内之外者，调其内”。由于内部病因影响到外部发生病症，则内是本外是标，只要针对内因治疗，则外部因受内因影响所发生的病症自能痊愈。曾治杨姓少女，19岁，面目轻度黄染，胸闷纳呆呕吐，精神疲乏，由于病情增剧急诊入院。发热 38.8℃，神志昏迷，狂躁不安，皮肤明显黄染，两侧瞳孔放大，对光反射消失，有肝臭味。血液化验检查：麝香草酚浊度试验8U，锌浊度试验 6U，脑磷脂胆固醇试验阳性，胆红质 4mg，黄疸指数 45U，谷草转氨酶大于 200，谷丙转氨酶大于 400，尿三胆试验均阳性，非蛋白氮 28.5g。诊断为传染性黄疸型肝炎、急性肝坏死、肝性昏迷。经西医用麸氨酸钠、激素、抗生素等抢救两天，效果不显，病情继续发展，昏迷不醒。第三天请董廷瑶会诊，辨证此系湿热蕴盛发为黄疸，且已化火蕴毒病变速剧，4 天来邪热已传里，热结阳明，灵窍被蒙，神志昏迷，狂躁肢搐，肤目均黄，睛不了了，腹满便秘已有 5 天，小溲短赤，脉象数实，舌苔黄腻，舌质红绛，显系阳明腑实证。症情危急，非釜底抽薪，急下存津，难以挽救。急选大剂白虎合大承气汤直折泻火，再加紫雪丹辟瘟解毒。两剂药后，泻下深褐色宿粪大半盂，热势即退，神志顿清，面目黄疸渐退，目睛明了，且饥而索食，续进清利之剂而愈。董廷瑶解释："这一病儿湿热火毒壅盛于内，已呈阳明腑实，火毒是本；神昏狂躁，黄疸是标，用泻实清里以去内热，热祛神清黄退而病愈。"

第二条："从外之内者，治其外"。外因影响内部发生病变，则外因是病本，内部变化是病标。只需治疗外因，内部的病变豁然自愈。曾治两岁女孩翁某，咳嗽 10 天，发热 6 天，体温持续在39℃～40℃之间，收入病房。听诊：两肺有湿啰音。诊断：支气管肺炎。用抗生素后发现口腔溃烂及厌食，故停西药，转求中医治疗。患儿高热，舌红苔黄，口腔糜烂，汗出不彻，咳呛不畅气急，便闭，小溲短赤，脉数带浮。此乃风热犯肺，法当辛凉解肌，宗叶氏辛凉轻剂。药用淡豆豉、银花、连翘、黑山栀、黄芩、大力子、瓜蒌仁、杏仁、薄荷、芦根。两剂后得汗热清，咳嗽亦爽，舌红苔薄，便秘得通，小溲通长。肺热渐解，仍须清肺。药用桑叶、枇杷叶、连翘、大力子、杏仁、竹茹、芦根、橘皮、前胡、甘草。两剂后热平咳减，口糜亦瘥。再以清肺化痰和胃 3 剂而安。董廷瑶教曰："这一病儿由于风热犯肺，邪从外入，外邪不解，肺热难清。故予辛凉解肌，汗出热清，咳瘥口和。"正符合第二条的内容。

第三条："从内之外而盛于外者，先调其内而后治其外"。病由内起发展至外部，恰遇外邪入侵，成为内外合邪的局面。在症状上似乎外病较重，但仍需从内因治本着手，然后再治外因的标病。徐姓女孩，14 个月，因高热咳嗽而入院，诊断为支气管炎、佝偻病，曾用青霉素、链霉素、红霉素等，治疗一周，高热虽降，低热不清，请中医会诊。患儿疳积已久，形销骨立，毛发焦枯，舌苔厚腻，便泄酸臭，腹部膨满，继因外感而发热咳嗽，迁延不愈。病因疳积在先，复感外邪而发热，法须以消疳健脾、扶元培本为主。选党参、焦白术、茯苓、甘草、陈皮、姜半夏、五谷虫、青皮、神曲、佛手。服药三剂，热退腹软，胃纳亦馨，咳爽神安。因形体仍瘦，便下溏薄，再拟扶脾以固其本，续服三剂，诸恙均和。董廷瑶认为病儿的发热咳嗽，虽由外邪引发，但疳积已久，则脾虚肺弱，抗御无力。表象上似乎外症较重，实际上内因是病本，外症是病标。西医用抗生素后高热虽降，低热不清，故仍需治疗内因本病，方能解决外因标病，扶正逐邪，也即符合第三条的内容。

第四条："从外之内而盛于内者，先治其外而后调其内"。即有外因影响内部的，先除外因再调治其内。乔某，女，3 个月大，出生后持续泄泻，最多日泻 20 余次，大便如蛋花汤，有时色绿夹奶块，无脱水症，小溲亦通，舌苔薄润，形神较软，药治无效。因此考虑到泻在儿身，根在母乳，于是检查乳母的蹲踞、踝膝反射等，试验为阳性，知乳母有隐性脚气病存在，故儿患"脚气性泄泻"。遂令停乳，暂饮米汤，待泻愈后人工喂养。但久泻伤脾，先予温扶中土。药用炮姜、焦山楂、炒麦芽、煨木香、陈皮、焦白术、党参、清甘草，3剂后大便即成条。此病例外因致泻是病之本，内症泄泻是病之标。分析此类泄泻，婴儿病因不明，故诸药无效。婴儿消瘦，家长忧心如焚，到处求医。董廷瑶经过长期细察，最后悟出病根在母身，母乳导致婴儿泄泻，方获治法而愈。所以为医者不仅要学识渊博，更要有巧思灵感，触类旁通而有创新。

第五条："中外不相及，则治主病"。是说患者症状单纯，只有里证或表证，且发病后表证未影响到内部，或里证未影响到外部，只需针对目前主症进行治疗即可。

二、外感热病，开门逐盗

董廷瑶对伤寒、温病素有深刻研究，颇有见解，擅治小儿热病急症，曾救治无数麻疹、乙脑、疫痢、肺炎、高热、惊厥等危重患儿，认为祛邪安正为首要治则。他屡屡教示学生："治外感热病，一是为病邪找出路，一是给患儿存津液。"病邪初入时，当汗时则汗之；邪热传里时，当下时而下之；湿热阻滞时，当渗利时则渗利之。这些都是给邪以出路的法则，使邪毒得及时排除，表里得和，津液自保而病自愈。外感高热患儿，大都邪自外入，治当祛邪，方能安正，然祛邪之途，当就近选择。譬如盗至家宅，近大门则驱从大门出，近后门则驱从后门出，遵守经旨"其在皮者汗而发之"，"其下者引而竭之"，"开鬼门，洁净府"，给病邪以出路。诸如高热惊厥、麻疹、乙脑等不同热病，多以发汗、攻下、利尿、涌吐或透疹解毒等不同方法，皆是给邪毒以出路。又如小儿口腔溃疡用导赤散，泻心与小肠之火，自小便出；兼大便实者，酌加大黄，此为上病下治之泄热法。伤寒热病若已邪传三阴，似贼已逼近寝室之势，尚可不失时机施治，使由阴转阳回归阳明，则仍可驱邪从后门出，所以说三阴亦有可下之证也。热病的"开门逐盗"是不令病邪深入也，若祛贼不给出路，闭门与之斗，即使贼败，亦必伤及病儿本体，必致两败俱伤，不可取也。

董廷瑶一再强调“治热病不可关门杀贼也”，正是他在多年临床实践中得到的真知灼见。

朱某，女，18岁，发热稍恶寒6天，微咳伴咽痛，体温上升至40℃，因症状加重而住院。拟诊：发热待查（检查血常规正常，胸透阴性），未用西药，由中医处理。董廷瑶查房，观察到患者发热而微恶寒，并有寒热往来的现象，汗出不彻，咽干口苦，胸胁胀满，舌质红、苔薄白，脉弦数，大便偏干，小溲短赤。根据证情，明显属少阳证，由于仍有恶寒，则太阳表证未罢，因此即予柴胡桂枝汤。两剂以后汗出较多，寒热不作，表里均和，再予清理而愈。董廷瑶说虽高热达40℃，但仍见表证及表里不和证，知邪尚近表，则可用柴桂剂使邪从少阳转从太阳而表出也，此即驱贼从大门出。

三、脾肺同病，培土生金

小儿素体脾常不足，肺常虚，患病则多见脾肺同病，尤其感邪发热后，往往咳嗽久久不愈，或痰浊阻肺，肺炎病灶不能及时吸收，此时抗生素已不宜用，西医缺乏有效疗法，就转向中医求治。董廷瑶临床经验丰富，熟谙经义，认为此是幼儿脏腑功能薄弱，“成而未全”，易感外邪而病。治疗后症情虽有改善，但常于疾病后期见有脾虚肺虚、咳嗽不断、食欲不振、大便溏泄等脾不能散精上布于肺的病证。可根据五行学说中“土能生金”的理论，用培土生金法治疗。培土生金法是中医学在临床上常用的一种治疗法则。临床上常遇到这类病案，如小儿肺炎后期，炎症不能吸收，肺部啰音始终存在；或患肺痈空洞，久久不能愈合者，辨证应用培土生金法，效果很好。董廷瑶总结了治疗小儿肺炎的经验，写出了《培土生金法在临床应用的体会》、《小儿肺炎的辨证论治》等论文，为后学之辈临床研究与运用指出了方向，打下了基础；同时他还创制了“熊麝散”救治腺病毒性肺炎危重儿，并获得理想的疗效。

男孩陈某，15个月大，发热咳嗽气急两天，腹泻1天（共4次，为不消化物）入院，体检：身热38.5℃，毛发稀疏，有明显方形头，形体消瘦，营养不良；X线片示右下支气管肺炎；白细胞15.1×10^9/L，中性40%，红细胞3.75×10^{12}/L，血色素10.5g/L。诊断为支气管肺炎、佝偻病。经用多种抗生素后热退，但肺中湿啰音仍未消，X线片示右下肺炎尚未吸收，遂停用抗生素，转请中医会诊。董廷瑶说患儿疳积已久，脾虚消化不良，形色枯萎，毛发稀疏，感邪以后发热咳嗽，痰多不化，舌苔厚腻，针四缝穴黏液多。肺炎不愈，其病根在脾，法当消疳健脾。处方：党参、炒青皮、佛手、炒白术、清甘草、陈皮、姜半夏、醋炒五谷虫、寒食曲。服药3剂后，形色转润，舌苔已薄，咳少有痰，胃和脾调，疳积已化，腹软，针四缝穴黏液带血。再拟原法，上方去青皮、佛手，加怀山药、炒扁豆。再服3剂后，大便已调，面色转润，唯舌心尚腻，脾运尚未健强，再拟培补脾胃。处方：党参、炒白术、炒青皮、炮姜、陈皮、煨木香、焦甘草、煨肉果、怀山药、神曲。服药4剂后胸透肺炎已消失，痊愈出院。董廷瑶说："患儿因风邪犯肺发热咳嗽，治疗后身热虽和但咳嗽痰多，肺部啰音未消失。观其形瘦腹胀，便泄不化，毛发稀疏，痰多不化，又针四缝穴黏液甚多，这是疳证在先，肺脾两虚，兼感外邪，标本俱病。标症虽减，脾气未复，以致脾虚不能散精上布于肺而咳不愈。故从消疳健脾补土着手，使疳消脾健土能生金，而肺气一足，其痰自消。故10剂之后，咳嗽自愈。此补脾即所谓杜其生痰之源，亦是前人'见痰休治痰'、治病求本之旨也。"

又有沈姓男孩，4岁，发热咳嗽气急2天，住院。身热39℃，面色苍黄，贫血，形体消瘦，X线片示右上肺内侧浸润及液平（1~2前肋间隙，直径约2cm圆形透明区）。血检：红细胞2.4×10^{12}/L，血色素5g，白细胞6.5×10^9/L，中性50%，淋巴

48%。诊断：肺脓疡，继发性贫血。经抗生素治疗后，热度已退；续用抗生素及体位引流等，效果不佳，右上肺空洞依然存在。患儿体弱不宜外科手术，故转请董廷瑶诊治。董廷瑶见患儿面色苍黄，舌苔浮腻，口气臭浊，脉象滑数，胃纳颇好，精神欠佳，先拟千金苇茎汤合甘桔汤加减。处方：芦根、冬瓜子、生薏苡仁、桃仁、桔梗、杏仁、浙贝母、鱼腥草、陈皮、生甘草。服药7剂后，诸恙依然，腹部膨满，毛发枯焦，拔之易起，针四缝穴有黏液，脉软滑，苔浮腻。观此证候是素有疳积，脾虚已久，土不生金。改为肺脾同治。处方：陈皮、寒食曲、醋炒五谷虫、姜半夏、冬瓜子、杏仁、生薏苡仁、鱼腥草、炒青皮、川贝、象贝。服药4剂后，腹满渐软，面色较润，舌苔已化，口臭亦减，针四缝穴黏液量多。再以扶土，脾胃和则肺气亦复。处方：太子参、焦白术、茯苓、醋炒五谷虫、寒食曲、姜半夏、怀山药、清甘草、陈皮、鱼腥草。再服药5剂，脾运已健，形色转润，腹软便调，舌洁脉和，针四缝穴黏液已少。再以补土生金法，上方白术易于术，去五谷虫、寒食曲、鱼腥草，加炒谷麦芽、苡仁。服药9剂后，胸透示肺脓疡空洞消失，周围无明显炎症，患儿面色红润，形神活泼，再连服上方数剂后痊愈出院。

董廷瑶说："肺痈，其初起为'风伤皮毛，热伤血脉'，致蓄结痈脓。虽迭经西医治疗，然其空洞依然不消。会诊时见其形瘦面黄，毛发稀枯，以为肺痈病程久长所致，故按常法处治，投千金苇茎汤加味，效果不佳。特别是加针四缝穴只有黏液，显系疳积，且病根已深，推知当是疳积在前，肺痈在后，补脾消疳，培土生金，得到了预期疗效。"

以上二例，虽病症不同，而其病因则一，用同样方法，达到同样效果，体现了中医学"异病同治"在临床实践上的指导意义。

四、桂枝名方，内外变用

桂枝汤为《伤寒论》之首方，董廷瑶于临床灵变应用极广，不限中风，亦治伤寒。他认为小儿稚阳之体，腠疏汗多，肌肤柔弱，易感外邪，多见中风表虚之证，所以桂枝汤为首选之方。诚如柯韵伯所谓："但见一症即是，不必悉具，唯以脉弱自汗为主耳。"而且麻黄、葛根、青龙等发汗诸剂，方内都有桂枝，可见桂枝汤对有汗无汗之营卫不和致发热病人用之都有功效，凡是面色淡白少华，体质薄弱多汗，发热不高，起伏不退的证候都适用。董廷瑶还随证变法，于温病高热虽降，低热缠绵，汗出肢凉，取桂枝汤调和营卫，加青蒿、白薇领邪外出，每投数剂即收效。他指出，桂枝汤之合青蒿等药，又是适于温病恢复期退热有特效的方药。

董廷瑶不但对外感热病推崇用桂枝方，即于内伤杂病，亦常选用桂枝类方。如小儿厌食，汗多苔润，腹软无积，在屡用消导理气、健脾运中治疗而难以奏效时，察其腠疏易汗容易感冒，是因营卫不和影响脾胃气机，创用桂枝汤加味调和营卫，促醒脾胃，而获意想不到之效。他认为脾胃主一身之营卫，营卫主一身之气血。本病消既不宜，补又不合，病情迁延，常影响孩子营养吸收。而桂枝汤能调和营卫，促醒胃气，使之思食，是谓"倒治法"。遂自拟制剂"厌食灵"，即桂枝汤加消运养胃诸品，疗效显著。如此运用桂枝汤是他匠心独运的创举。周某，4岁男孩，厌食3年。经常感冒，发热咳嗽，形体羸瘦，腹满，便艰或秘，舌苔薄润，脉浮细缓，针四缝穴三指液多。此病机为脾失健运，表虚易感。先拟调和营卫，扶脾化痰。桂枝汤出入：桂枝、白芍、炙甘草、生姜、红枣、陈皮、半夏、杏仁、炒莱菔子、连翘，7剂药后咳瘥纳增，寝汗淋多。上方加浮小麦、糯稻根，续服1个月，疳化腹软，汗敛便调。药后胃纳健旺，盗汗亦和。两年后随访，面润体胖，身长、体重已合标准。

董廷瑶对桂枝汤加味应用更另有一种思路，就是在其配伍中，以加味药解决主要病症，桂枝汤只是起温阳通脉、开启枢机的作用，此乃董廷瑶多年临床实践探索获得的经验。如小儿痿证，下肢失用，不能站立行走，辨证为阳虚不能温养经脉，选用川椒、附片、鸡血藤、牛膝等养筋以通利血脉，配桂枝汤是引川椒入营血，增其补肾益火通经络、振痿强筋利关节之力，临床常用于痿证、偏瘫，不少病儿获效，确实为一有效验方。又小儿寒疝，则以桂枝汤温经通脉，助肉桂、小茴香、胡芦巴、橘核等品，温肾入肝而逐阴邪，常可止痛治疝，避免手术之苦。小儿神志病症中，如学龄儿童智钝少言，手抖足软，或伴动辄多汗，大便偏干，夜间遗尿，舌淡苔润，两脉濡细，乃其阳气久虚，心神受损，以附子温肾强筋，菖蒲豁痰通络，首乌、麻仁、麻黄根润肠敛汗，配桂枝以调摄阴阳，通启神机，是多年应用有效之经验方。有小儿情感性交叉两腿摩擦症，病发则满面通红，头汗如淋，而舌淡苔润脉弱，每可兼见尿频、夜遗，乃阴阳失和，阳气外浮。以桂枝汤加龙牡、桑螵蛸、莲须、芡实、金樱子等协调阴阳，摄阳入阴获效。在小儿心脏疾患中，常见心悸怔忡，自汗盗汗，夜眠不宁，舌淡苔润，脉疾促或结代，是因心阳不振，卫弱营耗，心神浮越。他擅用桂枝龙牡汤酌加附子、丹参、生地、赤芍、人参、黄芪、五味子之类，配桂枝是取其能导真阳而通血脉，梳理不足之阳，率领众类药达潜阳敛阴、卫固营守之效，心得滋养，脉行以常，辄能获效。

董廷瑶反复强调：古人之方，即古人之法寓焉。立一方，必有一方之精意存于其中，不求精意而执其方，是执方而昧法矣。盖桂枝汤之立法固在调和营卫脏腑，协理气血阴阳，然其精意尤在通启阳气，拨动神机。况小儿体禀阴阳两稚，易见阳气不振，阴阳不协。当此之时，舍桂枝而无适当之方，是故加味桂枝汤之于儿科临床更有特殊意义。

五、疑难杂症，气血论治

董廷瑶勤于思考，精于辨证，素以擅治疑难重病著称，治则以八纲辨证，又常从气血探讨，认为初病在气，久病入血。顽病苛疾，常以血涩瘀滞为患，每于方中加三棱、莪术、桃仁、红花、当归、川芎诸品活血化瘀，气行血活取得佳效，形成了董氏儿科又一特色。

（一）活血透痧，毒解体复。1958年冬，全国性麻疹大流行，在上海地区更是十分猖獗。患者病势危重，并发肺炎、脑炎者众多，上海统计死亡率高达10%，为历年罕见。市卫生局组织各方面力量，专设病房进行抢救。当上海市卫生局调董廷瑶去大公医院，同西医协作共同抢救患儿时，他毅然停歇私人门诊，放弃可观收入，日夜不离医院，全身心投入诊治。他认为麻疹病机在于“内蕴胎毒，外感天行”，故首应透发，掌握“疹性喜透”和“自内达外”的规律，顺其证情而因势利导，采取治疗措施，得“疹出毒解”，其病可安。他采用常规的初期辛凉透表，中期清凉解毒，末期清降泻火的治则。怎料该年严冬凛寒，连日大雪，疹毒深陷遏伏，难以透发，其病重，逆证、危证比比皆是，常有并发肺炎或脑炎者。看到不断有患儿病重死亡，他痛在心中，昼夜静心观察，苦苦思索：小儿麻疹外透为顺，疹隐为逆，逆者变化多端，常见两颧苍白，疹不齐透，一见即没或紫暗不明，体温陡高，旋见咳嗽鼻煽，甚则昏迷嗜睡，此乃毒向内陷，迅即并发肺炎，或转为脑炎，壮热昏厥而夭折。董廷瑶终于悟明：左颊属肝，右颊属肺，肺主气，肝藏血，今疹隐不透而颧白，乃脏腑失和，气滞血涩，毒不得外透而内陷，故险象丛生，应从气血着手论治。遂创用王清任解毒活血汤加减（当归、生地、柴胡、葛根、赤芍、桃仁、连翘、枳壳、甘草，酌加银花、川芎），服一二剂后，即面红疹透，毒解热和，转危为安。立即在麻疹病房应用上方，大量煎服，使危重患儿获痧透毒解之神效，挽救了许多麻疹兼并发症危重儿的生命，死亡率大幅度降低，由初期的10%降至0，为全市最低，疗效在全市首屈一指，获市卫生局表彰。董廷瑶“疹宜发表透为先，形出毒解即无忧”之论点得到肯定，名扬沪上。1959年，他被推举出席了首届全国传染病大会，在会上宣读论文，介绍创用解毒活血法治疗麻疹逆证的心得，获得了与会中西医专家的重视与赞同，从而名扬全国中西医学界。其后经多年实践，麻疹凡疹淡不明或疹色紫暗，或兼患先天性心脏病患儿，常因血运失常里有瘀阻，每以活血透痧解毒，得转逆为顺而获效。因他医术高超，学术上不断探索创新，卓有贡献，1959年即晋升为首批中医主任医师。

（二）温经行瘀、徐缓肠套。小儿肠套叠，症发则腹中剧痛阵作，舌红而暗，脉带弦涩。西医学阐述其病理，是肠套叠的套入部分血液循环障碍，局部水肿充血，肠壁血瘀而作痛，日久则坏死。西医治疗虽经空气灌肠整复，但气血瘀凝未得恢复，常易反复发作，有反复发作多达十余次的。不得已则施行手术，给患儿和家长带来巨大痛苦。董廷瑶认为局部血瘀气滞，乃因水寒血瘀凝于肠之络脉，气血运行不畅，不通则痛。痛久在络，络主血，胸腹之痛、痞积之痛、肢体之痛均在络，皆宜治血。然血之与气，如影随形，治血必须顾气，利气活血，通则不痛。故立法以王清任少腹逐瘀汤加减，温经活血、行瘀止痛，药用当归、赤芍、川芎、玄胡、没药利气散瘀；蒲黄生用重在活血祛瘀；灵脂酒炒止痛而不损胃气；小茴香、干姜、官桂温经散寒，通达下焦；亦可酌加桃仁、乌药、川楝子，使肠内血活气行。通而不痛，肠套叠自能缓解，无需手术，经随访证明常能根治而不复发。临床治疗25例肠套叠患儿，均有反复发作史，都用活血利气行瘀通络法，从疗效分析都能达到腹痛解除而不再复发，可免手术之苦。董廷瑶据此撰写了《小儿复发性肠套叠的治验》，此论文被转载于日本的杂志上。

（三）理气活血、妙治黄疸。新生儿黄疸有因溶血、肝炎或巨细胞包涵体引起的，以肤目发黄为特征。古论多以胎孕湿热脾失转输，或寒湿阻滞郁久发黄，区分“阳黄”、“阴黄”辨治。若失治或治疗不合度，则病程迁延，常现癥块（肝脾肿大），腹部膨满，青筋暴露，成为难治之症。董廷瑶谓此因湿郁气滞，病久气滞则血瘀胶结成癥，治则首要是理气破结，活血化瘀，开壅除满，酌加清热化湿或温阳运湿之品，待气行血活，癥消湿化，则黄自退。他自拟验方，药选当归、赤芍、三棱、莪术、青陈皮、川楝子、枳壳、大腹皮、蟾皮等，结合患儿具体证候，辨阴阳寒热，分别加入茵陈蒿汤或四逆汤，临诊施治，常获痊安。张女，两月龄，1990 年 3 月 16 日初诊。生后皮肤巩膜黄染，肝脾肿大质中，胆红素 15 μ mol/L，GPT100U（赖氏），AKP80U（金氏），尿检证实为巨细胞包涵体病。住院治疗 1 个月，肤黄不退，晦暗不泽，粪如陶土，腹满胀气，小溲短赤，哭声低哑，舌淡苔腻，两脉濡细。董廷瑶辨证为寒湿壅阻、气滞血瘀之“阴黄”，急投董氏治黄疸之验方（见上）理气活血，配入四逆汤小制其剂，温阳行瘀，佐以薏苡仁、泽泻、茯苓、茵陈淡渗利湿。经治 1 个月，阴霾得阳煦而散，肤黄因瘀化渐消，肝脾肿减。继以人参鳖甲煎丸改汤剂化裁，佐入健脾化湿之品，服药半年，苔化薄净，诸恙均和，黄疸消净，肝功能及尿检均已转阴。正是从利气活血佐入温化寒湿之品，论胎黄之验证。

（四）温阳活血、蠲痹振痿。先天性肌营养不良症（假性肥大型为多见），是一种遗传性家族性疾病，先见肌肉假性肥大，活动受限，继之发展为进行性肌萎缩。中医归属于痿证，历来多以补益脾肾、健筋壮骨入手。董廷瑶却不囿此说，他认为先天不足，气血痹阻，筋脉肌肉失养，而致痿弱不行，当先拟温阳活血以蠲痹疗痿。谭某，男，4岁，1991年11月7日初诊。半年来两小腿肥大，肌肉坚实，步行登楼困难，只能爬行，经华山医院神经科检查，做肌电图等，确诊为先天性肌营养不良症（假性肥大型），治疗1个月未果，求治于董廷瑶。他细察详问，知悉患儿幼有“立迟”、“行迟”病史，纳便均调，视其舌淡苔薄，按之两脉小涩，小腿虽粗按之不痛，辨证乃为先天胎赋不足，气虚血凝，运行不畅，“血痹”是也，而肢体麻木不仁，腿粗步艰，已呈“五软”（指头项、口、手、足和肌肉五个部位所发生的软弱症状）危象。初起尚属本虚标实，先拟黄芪桂枝五物汤加桃仁、薏苡仁、木瓜、牛膝、鸡血藤等，温阳行气活血通络。服药3个月，小腿肌肉转软，行走平稳，舌净而脉细，阳运痹蠲。但气血尚亏，肝失濡养，筋脉不舒，再拟四物汤加参芪，佐以乌梅、木瓜、牛膝、鸡血藤等，益气养血柔肝舒筋。前方加减调治两个月，竟步行如常，已能手扶梯杆提腿登楼，血酶化验恢复正常。终以圣愈汤酌加二冬、黄精、鸡血藤等调补善后。

（五）涤痰化瘀、脑瘫治痿。小儿脑瘫是因脑功能障碍引起肢体瘫痪，大多患儿于出生后数月或1年内出现症状，严重病例除瘫痪外还有智力不足及视听或言语功能异常，是为疑难重症，此类病儿为数不少。董廷瑶谓此属“五软”范畴，常以痰瘀阻络肝风内扰论治。患儿朱某，男，6岁，1991年2月21日初诊。生后手足痿软不能握物，步履不稳经常抽搐，时时摇头，尚能自觉预知，语言正常，舌红苔薄而腻，脉细带滑，头部CT检查示左顶叶脑血管畸形。董廷瑶称此为先天疾患，“五软”之症，血运失常，瘀阻脑窍，兼夹痰浊，筋纵不收，先拟活血行瘀，涤痰通络，息风安脑。方选桃红四物汤去熟地，加半夏、陈皮、天浆壳、天麻、全蝎、钩藤。加减化裁，服用1个月，摇头肢搐均停，神志已清，尚诉头昏，右手握力较振，足软步行稍稳，苔化薄净，口渴喜饮。瘀痰渐化，肾精本亏，虚风内动，次用六味丸加杜仲、川断、天麻、杭菊，滋水涵木，补肾强脊。最后以三甲复脉汤，滋养阴血，通脉填髓补脑，调治10个月，症情全面向愈，手足活动自如，唯常觉软弱少力。先天痿软，脑病顽症，获此显效，实乃巧思灵变，自出机枢。

四诊重望 推理论治

董廷瑶认为儿科为哑科，患儿有病不能自诉，故望、问、闻、切四诊中，以望诊为要。一望形神动态，以获整体印象；二望面色舌苔，兼视涕、痰、二便，以辨阴阳、寒热、虚实。《内经》对面部以五脏分部，以额配心，鼻配脾，颐配肾，左颊属肝，右颊属肺。《灵枢·五色》云："青为肝，赤为心，黄为脾，白为肺，黑为肾。"董廷瑶说这是五脏所主之常色，五色太过即是病色，故有"黄赤为风，青黑为痛，白为寒"。董廷瑶在此基础上，又精研钱乙的小儿面诊五脏分证，及历代医家之论说，经60余年临床大量实践识辨，融会贯通，更有进一步发挥，概括为山根为脾肺，印堂属心，太阳穴处属肝胆，上下睑及唇四白皆隶属于脾胃，下颏属肾。又以五色配五脏，面部淡黄或萎黄，是脾虚之证候；鼻准色黄则是湿痰停滞脾胃。印堂面颊红赤，心肺病热为多，颧红常见于痰热阻肺之咳喘、发热，治拟清解泻肺；颧赤甚或紫暗则常现于先天性心脏病或风湿性心脏病，辨证为心血瘀滞，投血府逐瘀汤合清养之剂，每能缓解。而麻疹逆证常见两颧青白，内合脏腑为左肝右肺，肝主血，肺主气，即是气血郁滞，疹透不畅，邪毒不解，迅即转发肺炎、脑炎危症，急用解毒活血汤抢救获效。如3岁男孩孙某，呛嗽阵发，痰黏不爽两个月。低热多汗，纳呆便涩，舌苔薄腻。看面诊：鼻准、眉间及两颊黄色明润。诊为痰浊蕴结不化，肺脾同病，治当燥湿化痰。予二陈汤加竹茹、紫菀、象贝、杏仁、百部、白术、神曲之类。1周后咳松热净，色黄亦退。

颜面部之青白或暗黑，比较常见的部位尚有前额、上下眼胞及唇周。前额为肺心所主的部位，如《素问·风论》："肺风……诊在眉上，其色白"。有男孩严某，1岁，时发昏厥，前1周曾日作3次，但脑电图正常。厥时眼翻痰鸣，平常气促声嘶，低热，便干量多，唇紫，舌苔薄白。家长抱来求治。面诊观左侧额上青蓝成片，其下青筋隐布。董廷瑶谓：此乃痰厥，风痰蒙窍，扰动肝风，治拟豁痰息风。方用钩藤、天麻、陈皮、竹沥、半夏、天竺黄、天浆壳、胆星、白附子、菖蒲、丝瓜络。服7剂药后其厥不发，服4周后复诊，见额上青蓝色已淡。

人中即《内经》记载的"面王以下者，膀胱子处也"。人中青暗多见于囟填患婴，是阳虚水逆上泛。杨姓男婴，7个月大，8月上旬起泄泻尿少，腹胀足肿。以后又引发小便癃闭不通，囟门高突而软，泛恶呕吐。现纳呆作恶，面萎神淡，两目少神，大便较干，舌苔淡白。面诊色晦，人中部尤见青暗。董廷瑶谓：此乃下元阳虚，水饮上逆。治以温化渗利，投五苓散加附子、通草、谷芽。服五剂药后，呕恶止，泄泻和，小便通利，囟门渐平。续治两周而安，视其色，面润神活，人中青暗亦退。

婴幼儿山根色诊更有特征，平时山根青筋隐隐或连及鼻梁、眉心者，都为肺虚脾弱，易罹疾患。董廷瑶常谓："山根青黑，体弱多病。"当患病时青筋横行或成团，亦有见于外眉梢、太阳穴、上眼睑等处。山根青筋从部位辨证为脾胃受邪或不足，又青为肝色，脾虚木乘侮土，多因乳食过度或胃气抑郁，邪客中焦，常见于厌食、疳积、腹痛、泄泻等病症。常采用保和丸、胃苓汤以及董氏消疳类方药主治，消积化滞，抑木扶土；属脾胃虚寒的，治用理中汤、益黄散之类温运中阳，辄获良效。小儿肠套叠复发时山根青筋深蓝，辨为肝气郁滞，气滞血瘀，肠道瘀阻。董廷瑶选用少腹逐瘀汤化裁，活血利气而能振复肠套。

以上都是辨证施治，四诊合参，望诊为重，而能药中病所，症情向愈，则异色自隐，临诊屡试屡验。例一，傅某，男，两岁，厌食消瘦，面色萎黄，汗多淋漓，大便干燥，舌苔花剥。眉间山根青筋明显，左目外眦亦见。肺胃阴液亏少，治须滋阴清养。处方：珠儿参、麦冬、五味子、川石斛、制首乌、白芍、生地、谷芽、浮小麦、糯稻根。7剂后青筋转淡，知饥索食。例二，夏某，女，1岁，新感发热昨起，鼻塞汗少，呕吐纳呆，大便稀溏，小溲深黄，舌苔薄腻。面诊山根及左眉梢青筋显露，两颊亦见黄赤。风邪已化热，治拟疏化凉解。处方：连翘、银花、豆豉、黑栀、荆芥、苏梗、芦根、竹茹、葛根、鸡苏散。服3剂。复诊时热已退，筋淡面和。

董廷瑶临诊时，每每询问患儿睡中是否露睛，他说素体脾虚之小儿，必有此症。“上胞属脾，肿则脾伤也；下胞属胃，青色胃有寒也；肿而露睛者，脾胃虚极也。”指出眼皮属脾，脾虚故眼睑肿不能合。睡时露睛乃脾胃虚弱之明症，其脾胃中气暗伤，是为信号，于儿科临床很有诊断参考价值，常可予益气健脾之剂投治取效。又常兼见自汗盗汗，面淡脉弱等症，是因为脾胃先虚，营卫失和，故汗多腠疏，容易感冒，选用桂枝汤加防风、黄芪、谷芽而能健脾苏胃，益气敛汗，预防感冒。是为调整脾胃虚弱、反复感冒患儿之良方。

董廷瑶指出，望舌辨苔又为望诊中重要内容之一。所谓有诸内者必形诸外。小儿3岁以内脉气未充，不足为凭，故望舌更显重要。病之本元虚实，须视舌质；邪之重轻，当辨舌苔，其病浅深，又须按胸腹，问饮食二便，综合分析。

白苔，外邪初袭必先卫分，舌现白苔，苔白为寒，白浮润薄，寒邪在表，拟辛温散寒。全舌白苔浮浊腻微厚，刮而不脱者，此寒邪欲化热也；初起苔白薄呈燥刺者，此温病伏邪感寒而发，肺津已伤。白润而黏腻，伤食积滞，病在气分。故同一白苔，一主寒邪在表，一主肺津受伤，一主伤食积滞，此辨外感初起之大要。故卫分之病，现于舌苔；营分之病，现于舌质。又有新生儿满口生白花则为鹅口疮，有因过用抗生素而滋生霉苔，湿热重可用导赤散合六一散泻心利湿。

黄苔，苔黄为热，黄深热亦甚。黄而滑者，湿热熏蒸也；黄而干燥，邪热伤津也。浮薄黄色浅者其热在肺；苔厚黄深则邪热入胃；苔薄黄舌色赤者邪热渐入营分也；苔黄白相兼而舌绛红，此气分遏郁之热烁灼津液，非血分病也，仍宜用辛润达邪、轻清泻热之法，最忌苦寒阴柔之剂。邪热内陷，舌质纯绛鲜泽，神昏者乃邪传包络，宜清营解热，通窍开闭。又苔黄垢腻口气臭秽，常因伤食积滞，湿郁化热，阻于肠胃，应清降里热，中合化浊、导滞兼泻腑热。

黑苔有寒热、虚实之异。黑而滑者内有寒痰，身无大热大渴者，须用辛温通阳化浊；黑苔薄润或灰色，舌质淡白，此为阳虚寒凝，亟须姜附温阳、桂苓化饮为法。苔黑而燥或起芒刺，舌质红赤，乃邪实热甚，若腹满痛而拒按，为腑实热结，急须三承气汤攻泻实热；舌质淡苔黑润为虚寒，则宜附子泻心汤温之；若苔黑干燥，腹不胀满，里无实结，是津液耗竭，又宜大剂凉润滋阴。董廷瑶强调，寒热、虚实必须明辨，毋犯虚虚实实之弊。又有食酸而色黑，称“染苔”，与病无关，不可混淆。

小儿舌质淡白者，为心脾虚寒，气血不足，正虚为本，至其变化，必当参合脉证。舌质淡白，脉神尚可，虽有邪热病证，宜轻清邪热，忌用苦寒削伐以伤气血。幼儿体弱，每见热盛伤阴，或阴损及阳，常见舌红倏忽转淡，此时急须扶阳。而吐泻烦渴，舌淡白者，非用温补不可也。曾治杨姓女孩，10岁，患亚急性败血症住院3次，病程两年。经各种药物治疗，已用激素“倍他米松”，每天用量达8片，若减少半片，病情就反弹。加用中药清热解毒，病情只重不轻。1991年11月来院求治。董廷瑶通过望诊，见其满月脸、两颧红赤，自诉灼烫难忍，然视其舌质淡胖而嫩，苔白厚腻，形神不振；问诊，低热不清，胸闷气促，膝关节酸痛，大便时泻，小溲清长；闻诊，语音低弱，萎靡无力；切诊，脉沉细微，按腹满软。因服激素，食欲颇佳。按四诊所得分析，判断其为风寒湿三邪合致所困，必须大剂温振阳气，散寒化湿，以驱阴霾。药用川草乌、桂枝、附块、干姜、苍术、川朴、牛膝、生姜、茯苓、木香等。服用1周，药后平稳。二诊续加仙茅、仙灵脾增其温肾通阳之力，病情逐步缓解，激素递减。前后服药3个月，厚苔化尽，寒湿渐蠲，各项化验基本正常，激素剂量减大半，获准出院。阳气渐复，阴寒尽化，已出现阳复阴耗现象，上方去川草乌、苍术、干姜，增入护阴养血之品，使阴阳平衡，速其康复，终至停服激素，诸症向愈，上学复课。董廷瑶分析：本案亚急性败血症，以发热持久、关节酸痛为主症，中医无此病名。视其激素面容，红赤灼烫难以忍受，低热不楚，似为热痹；然从舌质淡胖，苔白厚腻，神萎音低，脉微沉细，便泻溲清，显然是里寒湿盛，是真寒假热之象也。病已两年，是阳气衰微为本。抓住病本，分清寒热真假，热因热用，立法选方丝丝入扣，药随证变而能救治重危难症。西医诊断的病名和理化测试数据，理应作参考，但切不可被框限，激素只能治标，不能治本。

董廷瑶一贯强调明理，认为要做一名好中医，就必须掌握生理、病理、脉理、舌理、方理、药理等这些规律，才能为中医诊治疑难病症提供思路。他阐明推理论病、推理论治，才是符合中医临床的思路。他对麻疹重证、逆证运用解毒活血法的创意，就是凭借这样的思路而产生的。同时他还对多种病证的立法选方问题提出新的观点，譬如对小儿复发性肠套叠，认为是肠道络瘀，创用活血利气法，以王清任氏少腹逐瘀汤为主，加减化裁，临床施治20余例均有特效，避免了手术之创伤。而对成人非特异性慢性结肠炎，他认为属于寒热虚实夹杂之久痢，病位在少腹，故应从《伤寒论》六经辨证中的厥阴论治，采用乌梅丸为主，随症加减改为汤剂，连服月余，治愈率很高。又如，对婴幼儿久泻之逆症，而见肠麻痹者，辨析其为脾惫窒滞，腑气不通，应予辛香温通之剂，但胃不受药，口服汤药必呕，只能另觅给药途径，改为外用，遂创制温脐散敷脐，能在敷后两小时内肠鸣矢气频转，得大便下而吐止。有陈姓男孩，13月龄，因发热3天，泄泻两天，已在他院经补液、服抗生素及中药葛根芩连汤、紫雪丹等治疗，热度不退，吐泻更剧，转入本院。大便水样有黏冻，每日6~7次。粪检：红细胞每高倍视野0~2，白细胞每高倍视野10~20。精神萎顿，有脱水征。西医诊断：菌痢；中毒性消化不良。第三天，体温上升（39.5℃），大便次数频多，腹部胀气，有肠麻痹趋势，病情严重。当晚9时，邀董廷瑶会诊时，泄泻已6天，高热、腹痛，舌红苔薄口燥，作恶呕吐，哭则无泪，大便稀黏次多量少，小溲尚长，腹部膨胀，扣之中空。董廷瑶辨证指出，这是因为发热腹泻严重，脾气已虚惫（肠麻痹），证势危险，速需救急。先予外敷自己创制的温脐散（丁香、肉桂、木香、麝香），希其能转矢气，以察变化。两小时后更换一次。因时间太晚，未处汤剂。次晨再诊，知已略转矢气，肠鸣腹软，热度渐退，但泄泻仍剧，每日7~8次，小溲通长。仔细观察，其形神更软，舌质由红转淡，舌苔薄腻，睡时露睛，脾阳更虚矣，即予附子理中汤加炒白芍、木香。连服两剂，泄泻减至每日3次，热平胃动，形神较振，哭已有泪，腹已转软，大便仍溏黏。续用原方去白芍加炒石榴皮、炒扁豆，连服5剂，痊愈出院。

董廷瑶在强调中医从业者应明理，即必须掌握生理、病理、脉理、舌理、方理、药理等规律的同时，提出运用“推理论病，推理论治”的中医临床方法，如选用什么方剂，如何化裁，或者另辟蹊径，或创制新法等。而要做到这些，均有赖于平时苦研博闻和多临床多实践。有一名4岁男孩顾某，家长代诉，每于外感发热后，夜眠即感鼻塞气憋，吸气困难，发作时张口呼吸，咳逆喘促不能平卧，必须高枕斜倚，屡屡急诊，反复发病已有两年。上海瑞金医院诊断为“增殖体肥大”，予以手术切除后，上症停发4个月余。继因送入托儿所，哭吵引发气憋吸难唇紫，急送上海市第一人民医院，诊断同前，在全麻下再次进行手术切除。此后不久，感冒发热，静滴抗生素后，高热虽退，旧疾引发气憋难受，高枕倚坐不得卧，患儿痛苦不堪，家长抱来苦苦求治。董廷瑶审视患儿面色苍白，形体瘦弱，鼻塞张口呼吸短促，唇微紫绀，舌苔薄腻，两脉细弦小促。辨证属冲气上逆，痰浊阻络，肺窍不利。治拟镇冲降逆，泻肺涤痰。方宗旋覆代赭汤之意，药用沉香粉、代赭石、桑白皮、甜葶苈、杏仁、川贝、陈皮、紫菀、川石斛、炒谷芽。服5剂药后气促顿减，夜卧仍觉鼻塞气憋吸难，嗳气尚有，寐则寝汗，苔化薄润。董廷瑶凝神沉思，此儿病已两年，中气虚耗，气机升降逆调，当辅补气之品以升清降逆。处方：沉香、代赭石、苏梗、陈皮、炙黄芪、太子参、焦白术、茯苓、防风、炒白芍、炙甘草，再6剂。自服补气降逆方药以来，呼吸明显改善，夜能平卧，入睡尚有轻度鼾声。病虽向和，但未断根，体质虚耗，再拟调元以善后。处方：炙黄芪、太子参、炙甘草、焦白术、沉香、赭石、炒白芍、天花粉。上方调治半月，患儿呼吸恢复正常，虽有哭闹，也未引发气憋。次年又因他疾前来就诊，其母告知，一年来曾有数次外感发热，而气逆喘憋未作，全家欣慰。董廷瑶分析，本病西医学称为“增殖体肥大”，患儿精神萎靡，面色淡黄贫血，曾经两次手术仍未根治。中医辨证不可受前医诊断增殖体病名所框限。病系外感发热后气机逆乱，冲气上逆，挟痰迫肺，肺窍失宣而胸满气憋。病理既明，应从整体出发，当效法仲圣治伤寒汗吐下后，心下痞硬，嗳气不除，旋覆代赭汤之意。赭石质重善于镇冲降逆，沉香味辛体重能升能降，两味相合为君，益增其降逆平喘之力，再配以桑皮、葶苈、杏、贝泻肺化痰。药下痰浊虽化，但喘逆嗳气未平。再细思患儿病久，中气必已虚损，冲气乘虚上干，填塞胸膺，排挤胸中大气，使之下陷，应从“虚”字着眼。故于次诊加入参、术、芪以补下陷之元气，佐以沉、赭调气升清以降逆，上宣肺窍，下平冲逆，病理药理契合，气机调畅，则喘促气憋终获痊愈。

有周姓男孩，15岁，咳喘反复发作12年。近感新邪，咳呛阵作，痰阻气促而喘，两眼白睛赤脉纵横，上有胬肉高起红赤，已达黑睛边缘，舌红苔薄腻，两脉细滑带数，纳和便调。西医眼科专家诊断为“翼状胬肉”，胬肉翳遮，会影响视力，建议手术。家长不忍，求诊于中医。董廷瑶辨证为肺经有热，风邪外袭，痰火上壅，咳剧损及肺络而致血溢。治拟泻肺涤痰为要，选泻白散加味，予桑白皮、地骨皮、清甘草、粳米、甜葶苈、侧柏叶、陈皮、姜半夏、竹茹、白茅根。服药7剂，两目胬肉渐消，咳减喘和，苔化薄白。前法初效，续予上方去甜葶苈、侧柏叶、陈皮、姜半夏、竹茹，加桑叶、枇杷叶、冬瓜子、紫菀。7剂服完，胬肉消退，结膜转清，咳瘥苔净，两脉细软，病去七八。再拟清润肺气以泄余热，上方去紫菀，加黄芩、北沙参。4剂药后家长携儿前来道谢，连称神医也。学生叩问其机，董廷瑶徐徐道来：两目白睛红丝满布，胬肉翳遮，此病名为“胬肉攀睛”。经云：“五脏六腑之精气，皆上注于目而为之精”；又云：“白眼赤脉，法于阳也。”病发于阳，推知肺经有火。故见两目红赤，胬肉攀睛。推理而论，按五脏五轮的病理，白睛称风轮，内合于肺，眼白红赤，病乃肺经火热，痰浊上壅为祟，迫血妄行，是属阳证、热证。当急泻肺泄火涤痰为要。法宗钱氏泻白散合肃肺涤痰止嗽之品，痰火并泄，标本同治，二诊即获肺宁血止，胬肉退净，咳逆旋平。见效迅捷，贵在理明病识，推理论病施治，切合病机，一举中的。

师古不泥 推陈出新

一、热病急症，治发机先

董廷瑶熟谙伤寒、温病学说，擅治热病，尤其对于小儿高热惊厥，强调指出：不可一见神昏抽搐，即遽投金石重镇，冰麝开窍，此乃舍本逐末，必须分清在经在腑，袭卫入气，热盛在经，选白虎汤以泄热；里实腑结，用承气汤以泻火；风温初感，宜银翘以透解，此为常法。急重疫病犹须据证应变。如乙型脑炎，疫毒暴戾，传变瞬间，壮热化火，旋犯心包，急须治发机先。常用羚羊合白虎汤，或凉膈散与承气汤同用，大剂泻火通腑，攻逐疫毒，先发制病，而杀其猖獗之势。又小儿患腺病毒性肺炎，咳逆气促，壮热谵语，狂乱躁渴，遍用抗生素无效，即如牛黄、至宝、神犀（犀角现已代用）等亦常不应。董廷瑶殚精静思之，此乃温毒犯肺，邪壅心膈，当泻胸膈郁火，泄膻中痰热，更需药专力宏之品以济急，遂创制熊麝散（熊胆 0.9~1.5g，麝香 0.03~0.05g 为散化服）。以熊胆泻火开郁，清心凉血能入膻中；麝香开结解毒，平惊苏神，有“开关夺路”之功，两品相合直入病所，专治小儿急惊热盛神昏之重症，参入辨证选用之汤药，辄能热退咳和而获奇效。

二、董氏验方，师古创新

董廷瑶擅治小儿发热性惊厥，强调必须与痫症等作鉴别诊断。该病病机是小儿体脆神怯，夙有风痰蕴伏，外感发热时，经脉不耐邪热而拘急，生风生惊，风痰走窜而致惊厥。其惊厥是在发热中发作，惊厥过后并无贻害，故不同于痫病的无热抽搐。他经多年研究，创制“董氏定惊丸”。药用天麻、全蝎、赭石、胆星、僵蚕、白附子、麝香、乳香、冰片、钩藤、龙齿等，以朱砂为衣，水泛为丸，如绿豆大，每日两次，每次6g吞服，连服一月为一疗程，重则连服两月，具有息风豁痰、通窍镇惊之功。除了在患儿惊厥时治疗外，还可预防高热时引发惊厥。60余年来已治数千例，3/4惊厥患儿获愈；用于预防，尤其有显著疗效，虽发高热而惊厥未作。但对脑炎、脑膜炎等惊厥，则不适用。

小儿痫病有实有虚，实证每多痰火作祟。董廷瑶临床探索，自制验方“董氏镇痫汤”，药用菖蒲、竺黄、胆星、白附子、川贝母，以豁痰开窍，加竹沥油、保赤散或礞石滚痰丸泻下顽痰，佐钩藤、天麻、龙齿等，平肝息风镇痫。痫症稳定后转为虚痫，再以古方化裁，研制出“董氏定痫散”，培元益气巩固疗效。药用移山参、茯神、紫河车、琥珀、甘草、朱砂、胆星、珍珠粉，专治久病本虚而痰火初退、形神不足之癫痫患儿。方中移山参、紫河车大补气血，为治痫要药，配化痰镇惊诸药，可杜痰治本，历年施治，常能获效，颇有心得。

董廷瑶治小儿疳积既承家传心法，又有总结提高。他说：前贤辨疳名目繁多，然不离乎喂养不当，或病后失调，因营养过剩或不足，使脾胃受到损害而造成。譬如种花，施肥不足不能生发，施肥太过反而枯萎，其理相同，为本虚而标实证。同时还要看患儿体质的强弱，病情之深浅。对病久体质虚弱者，用先补后消法。此外，还有三补七消、半补半消或九补一消等，在临床上获得加速疗效的功用。他研制出董氏治疳甲、乙、丙验方三类。初病体实者，用先消后补法，先予甲、乙二方加减合治之，再以丙方调扶善后；久病体虚者，宜七补三消法，以乙、丙方出入调治之。三方组成为，甲方：煨三棱、煨莪术、炙干蟾腹、炒青皮、陈皮、广木香、醋炒五谷虫、胡连、佛手柑、焦山楂、炒莱菔子，适用于疳积已成，腹部膨硬，而形体尚实者，以消为主；乙方：米炒党参、土炒白术、茯苓、甘草、陈皮、炒青皮、醋炒五谷虫、炒神曲、煨三棱、煨莪术，适用于疳证体虚，或服消疳药后其疳渐化，而脾胃气机未复，形神尚软患儿，以半补半消为妥；丙方：米炒党参、土炒白术、茯苓、甘草、陈皮、怀山药、炒扁豆、五谷虫、炒神曲，适应疳证渐趋恢复，以调补为主，稍佐消导之品。服药同时还配合针刺四缝穴，以振奋中气，促动化机。针刺法既能判断疳证轻重，又有助诊断，并能加速疗效。乡邻有一男孩，16个月龄，面色苍黄，形消肉瘦，发稀，拔之即起，大便溏泄，时常发热，舌淡苔薄，抱来求治。董廷瑶针其四缝穴黏液多，诊断该儿已是疳久脾虚，故初方即用温扶脾土之剂。二诊时元气略振，遂以消扶兼治。三诊时疳积渐化，治当使用补消二法，终获疳化胃开。

三、独特手法，根治顽吐

董廷瑶临诊常见有新生儿于诞生后即频频呕吐乳汁，量多常从口鼻而出，如喷射状，一日数次，吐后神情如常，仍能喂乳，无他所苦。在排除器质性病变及发热感染等因素后，显系功能性呕吐。西医学有称“贲门松弛症”或“胃食道返流”，应用阿托品、胃复安等解痉剂，疗效不显。历代医家多按寒热虚实辨证，选用汤药进治，但药入亦吐，难以奏效。往往至一二岁后仍时时呕吐饭食，病程有长达7年以上者，为顽固性呕吐。由于营养不敷，导致生长发育迟缓，甚而并发支气管炎、贫血或佝偻病，严重影响儿童健康发育。患儿痛苦，家长焦虑，到处求医。董廷瑶勇于探索，对此独有见解，认为呕吐之由，乃“火丁”（又称“蒂丁”，指悬雍垂对面的会厌软骨处）受浊邪火热熏蒸突起；亦有胃中秽浊之气循经而上，均可生成“火丁”，导致呕吐频繁，汤药难进。面对顽固性吐乳症，他急家长之所急，日夜苦思，最后决定另辟蹊径，创用手法按压，隔日1次，3次即能吐止症愈。手法操作：患儿空腹两小时后，医者将右手食指清洗消毒后，掌面蘸以少量冰硼散，快速按压在患儿舌根部的“火丁”上，迅速退出，压后1小时方能进乳。隔天施术1次，3次为1疗程。临床大量病例治疗，多次统计，疗效均达95%左右，随访结果远期疗效巩固，长期顽吐经手法按压后不再复发者达90%以上。该法简便安全，确有奇效。经科研设计，动物实验阐明了手法止吐之机理，该手法已通过专家鉴定，获得国家中医药管理局科研成果奖。著名老中医独特外治经验得以发掘，推广应用，使患儿获及时止吐，得健康成长。是乃董廷瑶创用之独特疗法，造福于广大儿童也。

教书育人 振兴中医

董廷瑶毕生热爱中医事业，他以精湛的医术，高尚的医德，无私奉献于人类健康，解除了无数病儿的病痛，挽救了许多病儿的生命。他不但身体力行，同时还十分注重培育中医的接班人。1959年，他在静安区中心医院工作期间，创办了四届中医带徒班，自任班主任兼教研组长，讲授医古文，并聘请各院名老中医任课教学。他以身作则，治学严谨。教学采用上海中医学院的教材，学员半天上课，半天随老师临床应诊，5年为一届。由于理论能及时应用于临床实践，学员进步很快，结业后在区内各医院当中医师，10年后都成为中医骨干或科主任，使静安区各医院的中医科医术水平不断提高。1980年，他担任上海市中医文献馆馆长，又被聘为上海市中医院顾问、《上海中医药杂志》编委会顾问，并在文献馆创办了《杏苑》中医杂志。此时年过八旬的他在完成文献馆内外公务的同时，始终不忘另一重要任务，就是振兴中医队伍。经请示卫生局领导，举办了上海市卫生局中医研究班，他亲自兼任班主任，聘请上海中医药大学著名老教授及市内名医讲解《内经》、《金匮要略》等中医经典和特色流派经验。学员都是各医院的中高级中医师，其中包括市区各医院的科主任。他们既有一定的理论基础，又有十年以上的临床实践经历，来研究班脱产学习1年。学员们在这里重温经典，又学到了上海市众多名中医的临床独特经验，明显地提高了中医学术理论水平。董廷瑶一共举办了5届研究班，约200余人参加，为各医院培养医、教、研方面高层次的中医人才作出了贡献。1983年，他被聘为上海市中医研究院专家委员会名誉委员，并被评为上海市卫生先进工作者。1984年，国家卫生部拍摄《杏林春色》录像资料，他被列为“上海市十大名医”之一。1985年，他从上海中医文献馆退居二线，任名誉馆长。但他仍坚持在医教研一线，继续带教学生应诊，为众多患儿治病解痛，开展中医科研，获得了上海市“五十多年为祖国医学作出贡献”的嘉奖。1988年，他被聘为上海中医药大学客座教授。

董廷瑶成名以后即收徒传教，培养了数十名学徒，其中相当一部分成为沪、甬两地中医儿科新一代专家。他治学严谨，敬业爱才，对儿孙与学生一视同仁，不分亲疏，严格带教，周详讲解，毫无保留地将自己数十年历练而得的宝贵经验和心得传授给他们，并督促他们总结撰文提高理论水平，进行临床研究，最终成为董氏儿科学术带头人。他们应用董廷瑶的学术思路和医疗经验，为患儿治病，获得了十分显著的疗效，备受家长赞誉、病儿欢迎。因为董廷瑶在中医临床和教育事业上作出了杰出贡献，1990年起，他享受国务院政府特殊津贴，并被确定为首批五百名全国老中医药专家学术经验继承工作指导老师之一，同时确定其学术经验继承人为王霞芳。他虽已届耄耋之年，仍不辞辛劳，再次收徒，悉心授教三年，使学生能获真传。他这种老当益壮、锲而不舍的精、气、神，对医学和教育的执著与追求，使学生感动不已，暗下决心，立志继承他崇高的医德医风。在他的教导下，他的学生王霞芳在中医药事业中也作出了重大贡献，获得了国务院政府特殊津贴及上海市三八红旗手的荣誉，并被评为第三、四批全国老中医药专家学术经验继承人的指导老师。1994年，由王霞芳承担的“董廷瑶老中医诊治婴儿吐乳（火丁按压法）症的临床研究及机理探讨”课题，荣获国家中医药管理局科技进步三等奖，并获上海科委科技进步三等奖，上海市卫生局中西医科技进步三等奖。

为使董氏儿科传承光大，董廷瑶长子董维和年轻时即跟随父亲，临证抄方，攻读医书，并于中学毕业后去宁波名医王宇高门下拜师为徒，学习各家之长。3年后又回到董廷瑶身边，专攻儿科。1939年随父迁居上海，1941年又考入上海中国医学院求学，进一步研读中医理论，1943年毕业。为报效服务乡里，同年8月，董廷瑶促其回宁波东马弄开设儿科诊所。中华人民共和国成立后，董维和先后任宁波市鼓楼医院、孝闻卫生院业务副院长，宁波市第四、五、六届人大代表，第四届政协委员。由于他深得父亲之真传，又赴中医学院深造，加之临床多年，因此学术造诣颇高，诊所经常门庭若市。更由于他承父仁术医德，医疗效果佳，甬地百姓崇敬有加，曾被评为浙江省名中医。可叹壮年之时，年仅五十有三，不幸病逝，仅留下遗稿《小儿麻疹防治》一书和十几篇论文。当时，董廷瑶不但为痛失爱子而悲戚，更为医林中失去一位深得董氏儿科真传而又学验俱富的好接班人而痛不欲生。沪、甬两地卫生局也十分重视董氏儿科接班人的问题，经协商决定，于1973年底将其孙（董维和之子）董幼祺专程送到上海，随祖父学医深造。经董廷瑶数年的精心培育，严格督教，加之董幼祺天资敏慧，勤奋好学，其学业猛进。如今董幼祺已深得董氏儿科之真谛，并在继承的基础上不断予以发扬光大，现已被评为全国第四批老中医药专家学术经验继承工作指导老师，浙江省名中医，宁波市名中医，浙江中医药大学、江西中医学院兼职教授，硕士研究生导师，宁波市中医院副院长，董氏中医儿科学科带头人。而且其子董继业（董廷瑶的曾孙）亦从中医大学毕业，在宁波中医院随父从事中医儿科的医疗科研工作。董氏第六代传人及无数得其真传之爱徒，共同奋斗在他老人家为之热爱和献身的中医事业上。

利泽苍生 寿人寿己

董廷瑶经常告诫身边的医生，要“先学做人，后学行医”。他认为，良好的医德比医术更为重要。要发扬中国历代医圣行医的优良传统，医生必须具有高尚的医德。他说，一个高尚的医生，一定要以解救病人的痛苦为职责，不贪名声，不图金钱，对病人应该有高度的同情心和责任感，治疗工作要仔细认真，有始有终。病人来看病，不能计较他们的穷和富、美和丑，应该一视同仁，都给予尽心治疗。遇到危险的病症，不要先想到自己的利害得失，瞻前顾后。如果遇到传染病人，医生虽然要保持清洁，讲究卫生，却不能有所顾忌，害怕接近他们。需要出诊的时候，不管路途怎样险阻，天气怎样冷热，或者是在夜晚，自己尚未吃饭，都要立刻出发。要以治病救人为要。

董廷瑶对病人爱护备至。他应诊时，虽有限额，但对远道而来的病人，都尽量满足其要求，宁愿自己辛苦一点，也给病人加号诊治。来信问病者，亦多给予答复或寄去药方，因而得到患者的尊敬和爱戴。

他认为，一个好的医生还应该有优良的医学修养。学医之道，要治学严谨，主张由博返约，由通而专。作为一名中医，除研读医著之外，也应涉猎文、史、哲、数、理、化、天文、地理及其他有关的边缘学科，俾能获得广博的知识。任何一门学问都不是孤立的，而是可以互相渗透、互相启发，甚或互相嫁接移植的。基础宽广而扎实，学问的造诣才能更高。他说，有的人只读了几年医学书，就骄傲地说天下没有他治不了的病。但是等他做了几年医生之后，才明白自己的知识实在太浅了。以为自己天下第一，骄傲得不得了，这是医生致命的弱点。

他认为，医生不仅要治病，而且要劝人防病。他告诫人们，讲究卫生，起居有律，可以预防疾病。要关心病人，同情病人，这是医务人员的道德规范要求。到医院求医的病人，精神上、肉体上都正遭受着疾病的折磨，尤其希望得到医生的关心和爱护。医生对病人说一句温暖的话语，做一件关心的小事，送一个善意的微笑，都会使病人得到莫大的安慰。“良言一句三冬暖，恶语伤人六月寒。”为医者还要注意语言亲切得体，这也是良好医德品质的重要表现。要让病人感觉到，医生像自己的亲人一样。对病人提出的合理要求，要根据实际情况，尽量给予满足和解决。医生不能因病人文化水平、社会地位高低而另眼相看；不能因与病人的关系亲疏而有所差别；也不能训斥、嘲笑、捉弄病人；更不能欺骗病人，推卸责任。而且为医者，要医行端庄，热情周到，在病人心中建立起信任感，给病人创造一个良好的心理环境。另外，医生在医疗活动中，还须抑制自己的心理情绪，既不能因自己情绪不安而影响医疗操作，又不能把自己的情绪传染给病人，影响病人的疗病康复。董廷瑶是这样说的，也是这样做的。他是广大医务工作者的楷模。

董廷瑶一生业医，诊治病人百万人次，使无数患者恢复健康。或许由于这个原因，老天给了他最好的回报，使他也获得了长寿，活了整整 99 年。对董廷瑶的长寿养生之道，外界颇为津津乐道。在他 90 岁高龄时，上海市卫生局及中医界同仁为他举办的祝寿会上，大家看到他精神矍铄，腰背尚挺，眼不花，耳不背，神不倦，而且思路敏捷，言谈爽朗，得知他每周还能坚持坐堂门诊 3 次，有时一天看病达 100 人次时，感到很惊奇。有人问他：“如此高龄，何必坐堂？”他笑着回答：“淡泊名利，寿人寿己。”

首先，董廷瑶禀性耿直，心胸坦荡，豁达大度，生活顺乎自然。即使偶有情绪波动，也能很快平复。他说：淡泊名利，随遇而安，我平日考虑业务多，计较物质条件少。对烦闷、忧愁、悲哀、愤怒、喜悦等激烈情感，均予以节制。即使在20世纪六七十年代遭到迫害时，因自己一生治病救人多，为人做事问心无愧，精神上仍能保持稳定、镇静。这些在客观上都符合中医精神调摄养生的要求，故获健康和长寿。

其次，对饮食的调理，重点在清淡、适量。食谱宜广，不可挑食。在于“节食养脾，戒除偏嗜”；“五谷为养，五果为助，五畜为益，五菜为充，气味合而服之，以补精益气”；老年人尤其要注意“已饥方食，未饱先止”，不嗜“膏粱厚味”，即不多吃高脂肪、高蛋白的东西。董廷瑶不饮酒，已戒烟，饮食较少，定时定量，选易于消化之物。他饮食有法：早餐吃好，午餐吃饱，晚餐吃少。吃食讲“五勿”：要缓吃，勿急吃；要暖吃，勿冷吃；要软吃，勿硬吃；要吃清淡，勿吃咸腻；要吃新鲜，勿吃陈烂。对冰饮之类非盛夏不入口，曾经言：形寒饮冷则伤肺，实亦伤脾。节饮食以保胃气，是益寿延年不可或缺的一个环节。

再次，他认为起居有常，动静合宜，葆养精气，有赖于起居、生活习惯的调摄，生活要有规律。养生在动，养心在静，饮食有节，起居有时。同时节欲也很重要，入房过度则伤肾，养生以不伤肾为本。肾为先天之本，精为生命之基，若精气亏虚，肾元大伤，势必导致早衰、夭亡。适当的运动，对摄生延年也很重要。董廷瑶长期保持步行的习惯，借以作为一项运动，锻炼体力；在劳累时采取静坐，排除杂念，作为精神的休息，不那么强调姿势、呼吸，不失为简便易行的方法。

最后，要“未病早防，药饵抗老”，重视中医“不治已病治未病”的预防思想。他说老年人气血虚衰，患病之后，易见病邪深入而变症蜂起，因此应重视预防。已病之后，更应及早治疗，这是养老所不可轻忽的。用药饵培本固元，调节脏器和气血，对抗衰老有一定的作用。但药物究属补偏救弊，不能无的放矢、乱服久服。董廷瑶的养生经验也是留给后世的一笔宝贵的精神财富。

2002年2月28日，一代中医儿科名医董廷瑶在上海谢世，享年99岁。

（撰稿人　董幼祺　王霞芳　封玉琳　丁惠玲　董继业）

吴考槃卷

吴考槃（1903—1993）

吴考槃手迹

学术纯真，知之为知之，不知为不知。

——吴考槃

吴考槃（1903—1993），名隐亭，号保神，江苏海门人。著名中医理论家、文献学家、临床家、教育家，南京中医药大学教授。1922年毕业于海门中兴医药专门学校。1924年任上海浦东中国医药专门学校讲师。1925年开业行医，1933年创办吴氏保神医学校，亲任校长兼教员。1956年江苏省卫生厅特邀至江苏省中医进修学校（南京中医学院前身，现为南京中医药大学）执教，为该院（校）的创始人之一。吴考槃先后担任过金匮教研室顾问，医经教研室组长。1978年被评定为中国第一批中医教授。1979年被聘任为金匮要略、伤寒论专业硕士研究生导师。曾任海门县政协委员，《江海日报》医学检讨编辑，南京市第三、四、五、六、八届人大代表，江苏省中医学会第一、二、三届理事，光明中医函授大学顾问，张仲景国医大学名誉教授。多次被评为学校先进工作者。享受国务院政府特殊津贴。

吴考槃在70余年的中医教学、科研、临床工作中都取得了巨大的成功，从1933年创办学校并开始执教以来，他先后讲授过古文、医史、内经、伤寒、金匮、温病、内科、外科、妇科、儿科、伤科、喉科、本草、诊断、方剂、各家学说等课程，是中医界难得的一位一专多能的中医教育家。作为中医文献学科的奠基人，中医药文献重点学科的带头人，数十年中，吴考槃为学科的建设默默奉献。他主审了1~4版全国中医本科统编教材，并参与了《中药大辞典》、《诸病源候论校释》、《诸病源候论校注》、《难经校释》、《甲乙经校释》、《灵枢经校释》、《素问校释》等著作的主审工作。个人专著有《伤寒论百家注》、《金匮要略五十家注》、《本经集义》、《难经集义》、《麻黄汤六十五方释义》、《黄帝素问集成》、《黄帝素灵类选校勘》、《医学求真》、《江苏医著》等20多部。为发展中医文献学科，弘扬中医学作出了重大的贡献。

吴考槃一生博览群书，精攻典籍，对《黄帝内经》、《难经》、《伤寒论》、《金匮要略》、《本草纲目》等都有深入的研究和创新的见解。发表了具有指导意义和学术价值的论文60多篇，解决了中医学界的许多重大理论问题。被赞誉为著名经典医籍注释大家、研究大师、中医界的"活字典"和中医药文献研究的一代名家。

吴考槃非常重视临床实践。他常说，教学和科研不仅是为了发展中医科学，更是为了济世活人，指导临床实践。他诊病细致，辨证严谨，用药精当。他善取各家之长，尤擅长经方的运用。在中医内、外、妇、儿、伤、喉各科都有着独到的理论和丰富的经验。吴考槃医德高尚，医术精湛，医风朴实，是享誉大江南北的临床大家。

三十而立　蜚声医界

吴考槃1903年出生于江苏省海门县三星乡八字桥附近的一个农民家庭。父亲早年替人扛活，后来在一家小作坊里半天干活半天在八字桥口晒茶卖茶，以支撑家计，并为南来北往的过路人无偿提供茶水。数十年如一日，在方圆数十里传为"结德老翁"。吴考槃自幼丧母，从小养成脾气古怪、孤僻少语的性格，但酷爱读书，聪明颖悟。7岁入私塾。为了减轻家中负担，他半天上课，半天挑担去八字桥卖豆腐赚钱，以补贴家用。8年私塾，吴考槃都是在这样半天上学、半天卖豆腐中走过来的，但并没有耽误学习，每次先生课堂提问或测验，他总是满分通过，所以很受先生的宠爱。有时候他还代替先生检查批改同学们的作业。他平时很少和同学闲聊玩耍，每天总是第一个到校，静静地坐在教室第一排的边角，专心听讲。他上课时间虽少，但功课却学得比其他同学优秀，被班上的同学戏称为“怪秀才”。8 年私塾，他读完了十三经、《古文观止》、《楚辞》、《史记》、《文选》等书籍；又利用晨昏自学《老子》、《庄子》、《墨子》、《荀子》、《韩非子》等典籍，并浏览了《三国演义》、《水浒传》、《聊斋志异》、《儒林外史》、《西厢记》、《红楼梦》、《镜花缘》等古典文学作品，从此奠定了坚实的古汉语基础，为他后来从事中医教育和文献研究工作打下了扎实的根底。

1919 年，吴考槃以优异成绩考入海门中兴医药专门学校。他铭记魏征在《谏太宗十思疏》中“求木之长者，必固其根本，欲流之远者，必浚其泉源”的思想，下决心“固根本”，“浚泉源”，打好当医生的基础。于是在老师的指导下，进行了从源到流的系统学习，精读了《素问》、《难经》、《神农本草经》、《伤寒论》、《金匮要略》；又学习了《备急千金要方》、《外台秘要》和金元四大家、明清各家著作及叶天士、薛生白、吴鞠通、王孟英等温病学家著作，力求做到精读熟记，独立思考，全面分析，鉴别对比，综合归纳，以求融会贯通。就是对字词的音义都要细抠明白，从不顺口溜过，不了了之。1922 年，吴考槃以优异的成绩毕业。于 1923 年参加了海门考试院举办的晋级考试，获得医师资格证书。1924 年，吴考槃由老师介绍去上海浦东中国医药专门学校任教，担任伤寒论和方剂学课程的教学工作，他认真备课，言传身教，深受学生好评。

1925 年，因上海战乱，时局不稳，吴考槃回到故乡，正式悬壶行医。他对病人不分贫富，一视同仁。他诊病细致，辨证严谨，用药精准，在内、外、妇、儿、伤、喉各科，深得病家信赖。有一次出诊，路过一家农舍，忽闻啼哭号啕。原来是一位老妇人久病卧床，四方求医，均称不治，现家人正准备后事。吴考槃上前诊察，果然脉微欲绝，奄奄一息，但仍有获救的希望。吴考槃说明身份，立即用药，片刻之后，病人苏醒。用药几日，患者康复如前。消息传开，吴考槃以起死回生之名誉满乡里。此后，求医者门庭若市。

吴考槃在读书、任教与临床期间坚持博览群书，精攻典籍，常常把一些重要论述、命题、定理、警语、事例、引文、例证、数字，以及新材料、新观点等随时记录，再集中归类整理，综合成一个专题，并写上自己的体会、见解。尤其对《伤寒论》、《金匮要略》的诸家注释更是深入研究，全面地积累资料。吴考槃认为，《伤寒论》、《金匮要略》是医家圣书，其文字深奥，读者多有望洋之叹。虽然注家云集，探赜索隐，并有潜符理要者，但以辞害意，依样葫芦者，亦复不少。这就更加大了读者理解原文的困难。为使圣教不灭，大道再兴，1924年，刚20出头的吴考槃撰写了《百大名家合注伤寒论》。他博采百家注释之精要者，集于原文之后。譬如《伤寒论·太阳病篇》首曰："太阳之为病，脉浮，头项强痛而恶寒"，其后就收录了成无己、方中行、张隐庵、张路玉、程郊倩、吴人驹、吴谦、柯韵伯、徐灵胎、陈修园、唐容川等10余家的注释，几乎将《伤寒论》注家中注释该条之重要观点概括无遗。这样既便于读者理解原文，又利于参考诸家之观点，为深入学习和研究《伤寒论》者提供了极大的方便。

1931~1936年，年仅30多岁的吴考槃又相继编著了《金匮要略五十家注》、《本经集义》、《难经集义》、《素灵辑粹》等4部医书，这些著作的问世，深受国内外中医学家的重视，得到读者的普遍好评。著名中医学家秦伯未在《百大名家合注伤寒论》序中曰："曲者辟之，直者彰之，破千古之歧说而归于一。"这几部医书成了当时国内外有关中医四大经典注释的名著，为当时学习中医学之津梁，直至今日仍是人们在研究《伤寒论》、《金匮要略》、《神农本草经》等医籍时的重要参考文献。

潜心办学 培育英才

1933年，吴考槃以厚实的医学功底与临床经验，面对社会缺医少药的状况，毅然在海门茅家镇南市哨创办“吴氏保神医学校”。学校附近是“洋油站”、“广慈医院”、“天主教堂”和“锡类中学”。这些地方都是外国人出入之所，且南来北往的人川流不息，人气很旺。吴考槃亲任校长兼教员，半天上课，半天门诊兼带教。初办之时学校规模较小，只有一间$20m^2$的教室和一间$20m^2$大小的宿舍，中间有个小天井，是学生课间活动的地方。当时从教材的编撰与授课计划的编制，到学生的日常生活起居都由校长亲自安排。学校的校规校纪很严，学生如有违规行为，一经查实，当即通知家长退学。对家境贫困的学生，吴考槃就减免学杂费，并免费提供食宿。学制3年，升级考试非常严格，考试不及格者，则不能升级。因此同年入校的学生，不一定能同年毕业。这种治学治校方法，深受学生和家长的赞扬。那些年既当校长又当教师的吴考槃，名噪南通地区，来上学的人越来越多。在20多年中，培养了近百名优秀中医人才。南通当地的名医中，十有八九是该校毕业的学生。为改变南通地区农村医疗卫生的落后状况，吴考槃和他的学校作出了重要的贡献。后来吴考槃的不少学生都成了南京、上海等地中医院校的主任医师和教授。吴考槃在海门办学期间，教学有方，诊病有术，医德高尚，医风朴实，深受各级领导和四方群众的好评。他先后担任了海门地区医师公会常务理事、医师初审检定委员会委员，并兼任《江海日报》医学检讨编辑、医学巡回讲座医师、抗美援朝联合义诊医师、人民医院特约医师等职务。

1955年，江苏省中医进修学校（现南京中医药大学）成立，省卫生厅邀集八方名医前来任教。1956年6月，吴考槃受江苏省卫生厅之邀，放弃了自己亲手创办的中医学校，来到江苏省中医进修学校执教，成为该院(校)的(八老)创始人之一。20世纪50年代，中医药事业迅速发展，但中医现代教育体系却处于初创阶段。当时该校一无固定的教学基地，二无足够的师资，三无教材，条件非常艰苦。鉴于以上困难，吴考槃将自己办学的成功经验无私地贡献出来，还提出了许多建议。他与教师一起备课、听试讲，指导课堂教学，制订考核办法，培养了诸如沈凤阁、李飞等一批优秀教师。面对教材的不足，他就将自己办学时编写的教材拿出来，结合新的教学大纲和教学计划，进行调整加工，以解教学之需。吴考槃还主编与主审了许多新的教材。1957~1958年，受卫生部邀请，吴考槃首次参加了全国高等医药院校中医药系列教材《中医学概论》、《中药学概论》和中级卫生学校《中医学概要》、《中药学概要》的主审工作。其中《中医学概论》构建了现代中医学理论体系的基本框架，成为中医基础理论和临床各科教材的雏形。由于吴考槃在中医教育界享有较高的声望，他曾多次受卫生部邀请，参加了1~4版全国中医本科统编教材编审会议，并任全国中医本科统编教材编审委员会特邀顾问及主审。每次与会他都悉心审阅，解难释疑，认真修改。如对于《素问·阴阳应象大论》“因其衰而彰之”一语，原多从《类经》正气衰解之，而吴考槃直言不讳地指出：“此为邪气衰，而非正气衰。原文说‘因其轻而扬之，因其重而减之，因其衰而彰之’。这三个‘因其’是说明病邪微、甚、衰的三个阶段。”吴考槃此解，令与会者茅塞顿开并赞叹不已。在校勘古籍、编撰和审阅教材的过程中，吴考槃释疑难，补脱文，纠错简，正讹误，移倒义，做了大量富有创见卓识的工作。再举几例如下：

《素问·脉要精微论》说：“粗大者，阴不足，阳有余，为热中也。”按：此下依上文“上竞上，下竞下”，下文“来疾去徐”，“来徐去疾”，都是相对而言例之，应有“细小者，阴有余，阳不足，为寒中也”十三字，此是脱文之显而易见者。吴考槃补之。

《素问·标本病传论》说：“人有客气，有固气。小大不利，治其标；小大利，治其本。”按：小大不利，治其标，小大利，治其本，是上文治标治本先后的综合治则，不是客气固气的总括治则。客气、固气，是下文病发而有余不足及间甚的开头文，不是小大不利，治其标，小大利，治其本的开头文，所以后文复有先小大不利而后生病者，治其本的综合治则。此是文字之先后双排法。人有客气，有固气二句，当在小大利，治其本下。如此之误者，吴考槃纠之使正。

《素问·金匮真言论》有：“合夜至鸡鸣”，“鸡鸣至平旦”之语。《素问·标本病传论》又说：“冬鸡鸣，夏下晡。”《针灸甲乙经·营卫三焦》则曰：“夜半为阴陇，夜半后为阴衰，平旦阴尽而阳受气矣。日中为阳陇，日西而阳衰，日入阳尽而阴受气矣。”吴考槃认为，阴阳是相对而言的。他在《〈素问〉刊定》一文中指出：“合夜至鸡鸣”，“鸡鸣至平旦”与上文“平旦至日中”、“日中至黄昏”对不起来。依上文之例，“合夜”当是黄昏之误，“鸡鸣”当是夜半之误。

《素问·脏气法时论》说：“尻阴股膝髀腨胻足皆痛”。按：阴股膝在髀部下，髀字当在阴股膝三字上，此是传写颠倒之误。又尻阴股膝髀腨胻足，是足太阳、少阴脉之所过，不是肺手太阴脉之所过。尻阴股膝髀腨胻足皆痛，与肺病无关。考《灵枢·经脉》“膀胱足太阳之脉……是主筋所生病者……项背腰尻腘脚皆痛”，《灵枢·经筋》“足少阴之筋……所过而结者皆痛”所言，则此“尻髀阴股膝腨胻足皆痛”十字，当是《素问·脏气法时论》该段落下肾病条“寝汗出憎风”下之文误植于此的。吴考槃在《〈素问〉厘定》一文中做如此订正。

吴考槃是中医理论家，他校勘古籍字字求真；作为中医教育家，他办学育人更是一丝不苟。

20世纪50年代，江苏省中医进修学校创建初期，吴考槃被任命为医经教研室组长。在著名中医教育家由昆校长的领导下，他组织全组教师一起完成了《黄帝内经》、《伤寒论释义》、《金匮释义》、《金匮要略译释》等教材的编撰工作。还先后主讲了金匮要略、各家学说、伤寒论、方剂学等课程，吴考槃为江苏省中医进修学校在学校筹建、师资培养、教材编撰、学术发展等方面都发挥了重要作用。这一时期，吴考槃满怀赤子之心，深入探求中医药学术真谛，并将自己的学术思想与临床经验撰写成《医学随录》、《黄帝素灵类选校勘》等著作。

1979年起，吴考槃被聘为金匮要略、伤寒论专业硕士研究生导师。其渊博的学识、实事求是的教学方法，不仅使本校本学科的研究生深受教益，也吸引了国内其他中医院校的研究生前来求教。他还常被外校邀请作学术报告。1979年，中医研究院（现中国中医科学院）研究生部特邀吴考槃作《伤寒论》的专题讲座。因为看过吴考槃著作的人颇多，但认识他的人却很少，因此有的人是为听他的学术报告而来，有的人则是想来认识他的。宽敞的报告大厅，连走道上都坐满了听课的人。带有浓重江海口音的吴考槃，一眼望去是个干巴巴的瘦老头。虽已年近八旬，但腰杆笔直，举止洒脱。他讲话不看讲稿，那诙谐幽默的开场白和充满意趣及智慧的语言，使全场不时爆发出阵阵笑声和掌声。他那讲课的风采，那抖擞的精神，那敏锐的思维、广博的学识，以及实事求是的风范，感染着每一位前来听课的研究生和医界朋友。吴考槃除了外出演讲，平时在家还经常接待许多从成都、广州、湖南、山东等地专程前来请教的学生。无论是医界名流，还是晚生后辈，凡是因学术问题来求教，孤僻少语的吴考槃就会活跃起来，总是滔滔不绝，循循善诱，引经据典，化难为易，令来访者心悦诚服。

20世纪80年代中期，当时在中医研究院任研究生部副主任的王琦请吴考槃为其所撰之《伤寒论讲解》一书作序。吴考槃毫无保留地将他对《伤寒论》制方思想的深刻理解在序中作了严谨表述："即以方治而言，有谓桂枝汤是专治中风的，有谓柴胡汤是治少阳主方的，大承气汤是治阳明的，四逆汤是治三阴的……而三阳既有表实热，也有里虚寒；三阴既有里虚寒，也有表实热。桂枝汤是三阴三阳的通治方，不是太阳病专治方；柴胡汤不是少阳病专用方，而是三阴三阳通用方；四逆汤三阴可用，三阳亦可用；大承气汤阳明可用，少阴亦可用……桂枝柴胡、承气四逆，三阳也好，三阴也好，对证就好。"吴考槃的论述令王琦教授敬佩不已，认为先生此言说尽原文未言之奥，揭橥仲景不宣之秘，对伤寒之学洞若观火。1981年，吴考槃在接待湖北中医学院七九级研究生时，针对学生所提的问题，实事求是地谈了对《伤寒论》中许多学术问题的见解。他认为，《伤寒论》是一部价值很高的古典医籍，是中医院校的必修课，全书内容是相互连贯的，所以要全面学习。现在用的《伤寒论选读》教本，虽然也好，但却不能反映《伤寒论》的全貌。吴考槃说："现在谁能断言被删去的条文完全没有用呢？既然不能下这个结论，就不能随便删节。"吴考槃主张，读书当读原著全书，删节本慎之，尤其是医药经典。

关于《伤寒论》编次问题，吴考槃认为，《伤寒论》的版本很不统一，后世注家认为所传《伤寒论》已非仲景原貌。因此，如《伤寒论条辨》、《伤寒来苏集》、《伤寒贯珠集》等，编者都是根据自己的意志，重新进行了编次。当然出发点都是好的，但《伤寒论》的编次就难以统一了。吴考槃列举了许多版本及其引用的条文，指出有些版本《伤寒论》编次的错乱。他认为，《伤寒论》原来的编次，无论是张仲景手定的也好，王叔和撰次的也好，或者是后人重编的也好，他们一定是经过深思熟虑、反复推敲的，绝不是无的放矢地随便摆摆。因此要移动或删除别人的东西，自己首先要走好三步棋，即要准备人家问你三个问题：一是要了解原作者编次的依据，二是错在哪里，三是你移动、删除的根据。没有这三条，是不好随便动手的。吴考槃如此直言，不仅给学生阐述了自己的学术思想，也传授了自己的治学理念，让人有所思考，有所咀嚼，更有所收益。这些都体现了吴考槃的学识和睿智。当时南京中医学院的顾武军教授和前来求教的学生都感慨万分，敬佩有加。此后不久，他们便将吴考槃的谈话整理成文，于1982年发表在《湖北中医》杂志上。

在几十年的教学工作中，吴考槃先后讲授过医古文、医史、内经、伤寒、金匮、温病、内科、外科、妇科、儿科、伤科、喉科、本草、诊断、方剂、各家学说及医案等课程。他费尽心血，勤奋探索，诲人不倦，为人师表。在培养高质量的中医人才方面，探索出了一套行之有效的教学思路、方法并编写了中医学各科的现代教材。吴考槃是中医界难得的一专多能的教育家。

学科建设　成绩卓著

南京中医药大学的中医药文献研究工作始于20世纪50年代。早期以整理传统文献、编写现代教材为重点。当时还专门成立了一个编写组，负责文献整理和教材编写工作。至1979年将原编写组改建为中医药文献研究室。吴考槃作为中医药文献学科的奠基人、带头人，数十年如一日，争分夺秒，忘我工作，连节假日都在研究室度过。他在浩瀚的书海中寻求新知，为学科的建设默默奉献。每当有人拿着不解或难于查找的文字来找吴考槃，他总是热心相助，引经据典，把出于何书何章，甚至何页何行，何人注释，指点得清清楚楚，令人心悦诚服。大家都称他为“活字典”。数十年来，他不仅主审了许多教材，还主审了中华人民共和国第一部大型中药学专业工具书《中药大辞典》。《中药大辞典》共有6种不同语言的版本，药学界对此书给予了极高的评价。该书荣获了1978年全国科学大会奖和1996年首届中国辞书类一等奖。

20世纪80年代，吴考槃又以惊人的毅力主审了《诸病源候论校释》、《诸病源候论校注》两书。吴考槃对版本的源流系统作了认真考证，做了大量的勘误校正和文字梳理工作，使文字表达更臻晓畅。诸如此类，吴考槃不仅付出了大量的心血，无私地奉献了聪明才智和真知灼见，而且把好了全书内容的质量关。当时作为《诸病源候论校释》、《诸病源候论校注》的主编丁光迪教授常对吴考槃说："只要是你审阅过的书稿，我就放一百个心。"两本书历经5年，数易其稿，问世后反响热烈，被誉为传世鸿篇，并分别荣获了国家中医药管理局科技进步三等奖和一等奖。

20世纪70年代末80年代初，吴考槃又先后完成了卫生部交给的全国中医古籍整理——《难经校释》、《甲乙经校释》、《灵枢经校释》、《素问校释》等著作的主审工作。这些著作出版后，被称为中医古籍整理出版的典范之作。在这期间，吴考槃还参加了《中医大辞典·基础分册》及《中医大辞典·中药分册》的审稿工作，以及由卫生部医教司组织的《汉英法德日阿医学词汇》的编委工作。吴考槃还利用业余时间先后独自撰写了《难经集义》、《黄帝素问集成》、《黄帝素灵类选校勘》、《麻黄汤六十五方释义》、《医学求真》、《江苏医著》等著作，并在全国重要医学杂志发表了具有指导意义和学术价值的论文60多篇。

由于吴考槃对中医经典著作的研究造诣精深，名声颇著，与北方的任应秋并驾齐驱，故被中医界誉为"北有任应秋，南有吴考槃"，在国内外享有较高的声誉。吴考槃是经典医籍研究大家、是中医药文献研究的一代名师。他为中医文献学科建设，发掘古医籍，弘扬中医事业作出了重大的贡献，获得了医界同仁的敬仰与爱戴，更为南京中医药大学赢得了声誉。40多年来，经过吴考槃等人的不懈努力，南京中医药大学中医药文献研究工作，由最初的研究组发展到研究室，1986年又扩建为中医药文献研究所。吴考槃等人一手组建的这个研究所，已经成为我国中医药教材编审、大型中医药工具书编纂、中医药文献信息整理挖掘与研究开发以及高级中医药专门人才培养的主要基地。1994年，该文献学科被评为江苏省重点学科，1998年合并重组为中医医史文献学科。2001年，中医医史文献学科成为国家中医药管理局重点学科建设单位。2002年被评为中华人民共和国教育部国家级重点学科。

博览精研 发皇古义

吴考槃博览群书，精攻典籍，孜孜以穷理，矻矻以求真，故能深谙经典之真谛，又能通晓百家之注疏。对于《黄帝内经》、《难经》、《伤寒论》、《金匮要略》、《本草纲目》等典籍，著文解析，发皇古义，探求真知，为中医学术的发展和进步作出了卓越的贡献。

早在20世纪30年代，吴考槃即以深厚的功底独自撰写出版了《素灵辑粹》、《本经集义》。嗣后，又相继编著了《难经集义》、《黄帝素问集成》、《黄帝素灵类选校勘》等专著。吴考槃认为，《素问》、《灵枢》、《难经》都是中华医学的元典巨著，内容丰富，指归明确，是中医学的理论基础，为医家之必修。但是这些医典，年代久远，词理秘奥，辗转传写，衍脱错讹、颠倒杂沓者甚多。怎样才能把其中的理论精髓透彻理解并全面而完整地揭示出来？吴考槃认为，只有通过挖掘、归类、校勘、训诂、注解、今译和分析、阐发等方法来解决。大半个世纪以来，吴考槃几乎都沉浸于对岐黄之术的不懈求索之中，吃饭想问题，可以忘记夹菜；睡觉时揣摩学问，常常彻夜不眠。吴考槃是一位全心做学问的人。他的论著《素问衍文》、《素问错简》、《素问厘定》、《素问正定》、《伤寒论之讨论》、《伤寒论辨证简析》、《金匮要略探讨》、《桂枝去桂加茯苓白术汤之研讨》、《营卫探讨》、《经络探讨》、《三焦探讨》、《方药探讨》、《五行与医学》、《运气择言》、《汉唐以前医学成就简介》、《医理衡正评议》等，均有很高学术价值。

吴考槃在他的论著中，以他的学识和睿智对历代的医药典籍作了深入而全面的研究。他考证、勘误、注解、释义，为中华医学留下了一笔宝贵的财富。

在《〈黄帝内经〉与〈素问〉、〈灵枢〉之考证》一文中，吴考槃认为，《黄帝内经》、《素问》、《灵枢》为我国医学古典名著，对于这几部具有历史意义的作品，更需弄得一清二楚，才可以祖述宪章，古为今用。吴考槃倾平生所学，对原文作了大量的校勘与注释，对历代有争议的许多学术问题与难点，进行了深入探讨与考证。诸如《黄帝内经》之名称，《黄帝内经》与《素问》、《灵枢》之名称，《素问》与《黄帝内经》、《素问》之作者、《素问》之篇次、《素问》之衍误、《素问》之学说、《灵枢》之名称等，吴考槃经过多年细致研究，找到了有力的证据，阐发了自己的学术观点。他明确指出，《黄帝内经》汉季已亡佚，不是《素问》、《灵枢》，而《黄帝内经》学说，可以说是《素问》、《灵枢》的祖述蓝本。《素问》、《灵枢》不是《黄帝内经》的异名，而是《黄帝内经》的继体著作。并尖锐地指出，皇甫谧、王冰炫耀其编注《针灸甲乙经》、《素问》，并以《素问》、《灵枢》为《黄帝内经》，这是以杭作汴，不符事实的。吴考槃这种严谨求实的治学态度与学术风范让后人赞叹不已。

对《素问》之篇次问题，吴考槃也有新论。他认为，《素问》这部著作，内容丰富多彩，为古人积累学验的结晶，是中医学伟大宝库中之瑰宝。经《伤寒论》撰用后，历代研究并校注者不乏其人：晋代皇甫谧纂为《针灸甲乙经》，唐代杨上善集为《黄帝内经太素》，王冰撰为《次注素问》，明代张介宾辑为《类经》，清代黄元御论为《素问悬解》等等。吴考槃认为，而今要继承这部宝贵遗产，各本都有参考价值。但若用作蓝本，似都不合要求，较之原本的编排原意，尚有差距。如果认识不足，先入为主，对今人的学习会有大的影响。吴考槃为了让后人弄清原本编排意图，他查阅了南京地区所有的相关古籍图书，通过多方考证后提出，《素问》原来的编次，是以《素问·平人气象论》、《素问·决死生论》为开端，继以《素问·脏气法时论》、《素问·宣明五气篇》次之。这是古人寓次于篇的未言之秘。吴考槃认为，学习方法应由其原次循序渐进，首先是脉法，次以辨证，而后治法，当是最为符合学习的门径。不言而喻，如反其源而逐其流，皆非计之得、法之善者也。吴考槃明确指出，学习中医要有门径，要循序渐进，先诊法，后辨证，再治疗，不能反其道而行之。

历代医家对于《素问》、《灵枢》、《难经》的研究，大都详于分类，随文作注，而对于校正舛错，则略而欠详。吴考槃说："岂知一字之讹，判若天渊之别；毫厘之差，必致千里之谬。对于继承发扬、整理提高来说，必须加以相当厘定。"因此吴考槃在古医籍的校勘、训诂、注解等方面做了大量的工作。如删衍文，补脱漏，纠错简，正讹误，移颠倒等，先后发表了许多重要的文章以飨读者，并于1986年由人民卫生出版社出版了《黄帝素灵类选校勘》一书。该书是吴考槃研究古医籍经典的代表作，是集校勘、训诂、注解、今译和归类、分析、阐发为一体的著作。该书破《素问》、《灵枢》二书各篇内容之先后，采用齐梁人全元起注《黄帝素问》之篇名，选择《素问》、《灵枢》之精华，删去黄帝、岐伯问对之浮泛之辞，按类编纂，除其重复，正其亥豕，始于脏腑，终于治则。其每一类之序，则先原文，次校注，后按语；原文则为先《素问》，后《灵枢》；先一般，后具体，条分缕析，字字勘比。凡属脱讹倒衍，均循据作注，使读者有所遵循。在每一类之后，又均有按语，要言不繁，语多中肯，申明奥理，揭经旨之真谛。全书共列脏腑、经络、九窍、形态、气血、营卫、津液、色脉、四时、阴阳、五邪、七情、治则等20门。该书堪称医经之精髓，是后人学习黄帝素灵经典医籍的重要参考书。

对《伤寒杂病论》编次的研考：《伤寒论》传至宋代，有治平本和成无已注解两种版本，但都记载为仲景述，王叔和撰次。自明清以来，注家林立。吴考槃将其归纳，约有两种：一为依次顺序，暂定为原本；一为分类重次，暂定为“移本”。对于原本，《伤寒论浅注》凡例说：“辨太阳病脉证并治至劳复止，其章节起止照应。”于此可知原本章节次序是有一定的所谓条理系统，并不是散漫无准则的。如桂枝加葛根汤，预为下文葛根汤作了引笔；桂枝麻黄各半汤预为下文麻黄汤的伏线；《辨太阳病脉证并治》中“伤寒脉浮，发热无汗，其表不解者，不可与白虎汤”条，隐示“时时恶风”和“背微恶寒”条不是表证等。这样有深意的相互对照的条文在《伤寒论》中很多。可见原本对于编次方面的安排确是经过一番细致而周详考虑的，是比较合理的。对于移本的编次，吴考槃以小柴胡汤为例进行了分析。如柴胡汤证与少阳证：柴胡汤证如果等于少阳证，为何原文所列少阳的症状，不论提纲也好，中风、伤寒也好，和柴胡汤证所列症状大不相同，而提纲证所列三症，两症都与《辨阳明病脉证并治》中“阳明中风，口苦咽干”一样，和柴胡汤证与少阳证不可等同，则移本的和而倡之也好，同然一词也好，对于继承和发扬来说都是无大说服力的。余如《辨太阳病脉证并治》中桂枝汤、麻黄汤的各立门户，《辨阳明病脉证并治》中四逆汤移入少阴篇，似阳明但有实热而无虚寒，这些移列使原文但有正面而无反面，但有其常，无有其变，将活泼的文字变成呆板的东西。吴考槃鲜明易了地指出，《伤寒杂病论》的编次原本强于移本，其医理与文理均符合情理。这对指导后人选择学习《伤寒杂病论》的版本具有重要的作用。

对《金匮要略》篇目的研考：仲景《伤寒杂病论》原16卷，除去伤寒10卷，应还有6卷方合。吴考槃考宋本《金匮要略》篇目，自《脏腑经络先后病脉证篇》起，至《果实菜谷禁忌》止，计有25篇。吴考槃认为，《金匮要略》似为承接《伤寒论》而论述杂病的方书，是由伤寒而联想到杂病，有承上启下的作用。故《金匮要略》首以脏腑经络先后病、痉湿暍、百合狐惑、阴阳毒和疟病、中风历节诸病为次，因与伤寒近似或类似，或为伤寒余邪所致。其每篇的衔接，亦都有不可分割的层次。为取分段讲解的便利，吴考槃以痉湿暍至中风历节为第一章，血痹至奔豚气为第二章，胸痹至积聚为第三章，痰饮至黄疸为第四章，惊悸至蛔虫为第五章，妇病禁忌为第六章。这样合理的分章，对后人学习领会《金匮要略》的内容具有重要的指导意义。

对《金匮要略》之理论基础的阐发：吴考槃认为，一种学说的成立，须有充分的论据，不磨定则，方可小叩小鸣，大叩大鸣，金匮之书实具备此项条件。如疟病篇之疟脉自弦；中风之半身不遂；积聚篇之脉出左，积在左，脉出右，积在右；酒疸虽黑微黄等。由于辨证凭脉论治，此类皆具有一定的指征。正如林亿校订所云："施之于人，其效若神。"徐灵胎也说："其论病皆本于《内经》……用药悉本于《神农本草经》……其治病无不精切周到，无一毫游移参错之处。实能洞见本源，审察毫末，故所投必效，如桴鼓之相应。"这是符合事实的。吴考槃赞美仲景之作说："其继往开来，承先启后之功，可与《素问》媲美。而突出地方，甚或有过之而无不及。谓其推陈出新，本书实为当之无愧的。"

他对《伤寒杂病论》方药研究更是细致入微。吴考槃认为，《伤寒论》中113方，是仲景承先启后的一部方书。其方有众方、加减方、创作方、单方之别。众方为古来传统效方，如桂枝汤、麻黄汤等；加减方为病证同中求异，必须加减其某些佐药，使之更适合病情的方剂，如桂枝加葛根汤、桂枝去芍药汤等；创作方是在临床过程中发展起来的药方，如甘草干姜汤、厚朴生姜半夏甘草人参汤等全部以药名冠方的方剂；单方即《神农本草经》所谓单行，来自民间的验方，如蜜煎导、甘草汤等。药有专长、兼长的不同，故有用至几十次的，如桂枝、甘草等是；有只用一二次的，如桔梗、贝母等是。其方药关系，有一味出入，治即不同的，如麻黄汤与麻杏石甘汤，是桂枝与石膏的不同，治就不同。而桂枝与石膏同用的大青龙汤，治又不同。还有药品同而分量不同，治又不同。针对这些同异药方，看上去好像五花八门，错综复杂，实则是异曲同工的学验结晶。吴考槃鼓励后学，只要神而明之，融会而通之，此道真传，是不难攀登的。

吴考槃对小柴胡汤也有他独到的见解。他认为小柴胡汤为解外之方。《伤寒论》曰："先宜服小柴胡汤以解外。"太阳病、阳明病等都有应用小柴胡汤之例。自汪昂《医方集解》把小柴胡汤列入和解剂，并在《汤头歌诀》中云："小柴胡汤和解功……少阳百病此方宗。"从而把小柴胡汤视为少阳病专方。正确的认识，当遵陈修园《伤寒论浅注》之言："小柴胡汤是太阳病的转枢方，阳明及阴经当借枢转而出者亦用之，少阳主枢，谓为少阳之方无有不可，若谓为少阳之专方则断断乎其不可也。"

一个人博览群书并不很难，难的是对博览之书能穷其理，探其幽，勘误知微。不但能发皇古义，而且还能有所新见，言前人所未言，示后学以圭臬。吴考槃做到了，而且做得很好。

医理方药 多有新论

人类对世界的认识是渐进的，一步而达终点的研究几乎是没有的。中医药学的进步也不例外，它是在历代医家的继承和求索中逐步发展的。吴考槃从现代科学的角度，精求古训，探索求新，在中医药理论及其方药配伍各方面也取得了许多新知新论。

一、独辟蹊径，阐发《黄帝内经》正气为本的发病学思想

“冬伤于寒，春必病温”与“藏于精者，春不病温”分别出自《素问·生气通天论》及《素问·金匮真言论》。王叔和在《伤寒例》中对“冬伤于寒，春必病温”解释说：“中而即病者，名曰伤寒；不即病者，寒毒藏于肌肤，至春变为温病。”张景岳则说：“冬伤寒邪，则病毒藏于阴分，至春夏阴气上升，新邪外应，乃变为温病。”这两种解释，引发了历史上关于“伏气温病”的长期争论，给众多初涉中医经典之人带来无穷疑惑。吴考槃凭借其笃实精深的学识及对《黄帝内经》研究的深厚功底，独辟蹊径，认为“冬伤于寒，春必病温”与“藏于精者，春不病温”是《黄帝内经》正气为本的发病学基本精神的重要体现。

中医发病学很重视人体的正气，认为一般情况下，发病的决定性因素是正气不足或失调。若内脏功能正常，正气旺盛，气血充盈，卫外固密，病邪难于侵入，疾病则无从发生。只有在人体正气相对虚弱，卫外不固，抗邪无力的情况下，邪气方能乘虚而入，使人体阴阳失调，脏腑经络功能紊乱，才会发生疾病。《素问·评热病论》说：“邪之所凑，其气必虚”。所以《素问遗篇·刺法论》云：“正气存内，邪不可干。”这就成为后人论述中医发病学原理的原创性经典。吴考槃指出：“伤于寒与藏于精者，一以邪气言，一以正气言，立言虽异，其旨相通。”“不伤寒则不病温，不藏精则必病温。伤于寒，是由于不藏精，藏于精，则寒就无由伤。”认为伤于寒与藏于精“二者一而二，二而一，不是伤于寒是一回事，藏于精又一回事之谓”。寥寥数言拨云散雾，使后学豁然开朗。从吴考槃的论述中我们可以体会到这两句经文虽出自《黄帝内经》两个不同篇章，但其精神实质均是强调正气与邪气在人体发病中的各自地位。“伤于寒”实则可理解为一切引

起人体疾病的邪气；而“藏于精”实则可理解为人体的正气。明了此意，则对“冬伤于寒，春必病温”与“藏于精者，春不病温”中蕴涵的中医发病原理的基本精神了然若揭。其与《素问遗篇·刺法论》“正气存内，邪不可干”及《素问·评热病论》“邪之所凑，其气必虚”实则一意，也就不难理解了。吴考槃简洁明晰的语言和唯物辩证法的思想与“内因是根据，外因是条件”，“外因只有通过内因才能起作用”的哲学理论完全吻合，可见《黄帝内经》经典的深邃和魅力。

二、客观求实，理性认识五行学说的作用与价值

五行学说是古代医家研究中医的哲学观和基础，也是中医理论的重要组成部分。在《黄帝内经》中是被充分肯定和强调的。《灵枢·阴阳二十五人》就指出：“天地之间，六合之内，不离于五，人亦应之。”吴考槃一生致力于《黄帝内经》、《难经》的研究，倡导后学科学认识五行的作用与价值。他认为，五行学说与其他古代学说一样，有其历史的局限性，但其运用到医学上来，作为说理工具，是有其一定意义的。《黄帝内经》中许多阐述五脏生理、病理及治疗的章节，如果不从五行角度来认识，就会显得晦涩难懂，只有掌握五行学说的基本内容，才能更好地理解《黄帝内经》中有关五脏生理、病理及治疗法则的论述。

吴考槃指出，五行的相生相克是以“四时的春生夏长，秋收冬藏，类比于五脏相互间的关系，说明人体的生理功能的内在联系”。例如：木类春生发陈，犹如水之生木，冬去春来，人身肝脏性喜条畅象之。故《素问·六节藏象论》说：“肝者，罢极之本，魂之居也，其华在爪，其充在筋……为阴中之少阳，通于春气。”《素问·金匮真言论》说：“东方青色，入通于肝，开窍于目，藏精于肝……其类草木。”反之，条畅太过，则肝气松弛，清劲之气，可以制之，犹如金之克木。所以《素问·五脏生成篇》说：

“肝之合筋也，其荣爪也，其主肺也。”人体复杂的生理功能经此一解便易于理解了。再如，《素问·标本病传论》中说：“夫病传者，心病先心痛，一日而咳，三日胁支满，五日闭塞不通，身痛体重。”吴考槃在分析这段疾病传变的经文时指出：“心痛为什么传而咳，咳又为什么传而为胁支满，胁支满为什么传而为闭塞不通，身痛体重？这一病理传变，运用五行传克来说明，就浅显易懂。”因为心属火，肺属金，肝属木，脾属土，咳为肺病，胁支满为肝病，闭塞不通，身痛体重为脾病。心痛当然是心病，心病不解，传而为咳，是谓心火克传肺金的表现，传之于其所胜。所以心病不解，一日就要肺病而咳了。三日胁支满者，又是肺病传肝的见证。五日闭塞不通，身痛体重，这是肝木乘脾象征。由此可见，所谓乘克，不但一脏受病，且能影响他脏相继而病。

吴考槃认为，五行学说之所以能指导治疗，是因为该学说“言之有理，行之有效”。他在《五行与医学》一文中写道：《素问·脏气法时论》提出“肝欲散，急食辛以散之”，“肺欲收，急食酸以收之”，“心欲软，急食咸以软之”，“肾欲坠，急食苦以坚之”。《素问·脏气法时论》的原则提示很难理解，辛为金味而散肝，酸为木味而收肺，咸为水味而软心，苦为火味而坚肾，如果不用五行学说来认识，是很不容易理解的，但若运用五行学说来解释则令人豁然开朗。因此，用五行这一整套取类比象的理论学说来说明人体生理方面的运行变化，病理方面的转归顺逆，并指导诊断与治疗，“确有微于理而不爽，计于事而有效”的实际意义。吴考槃强调“掌握五行学说，对培土生金、佐金平木、取坎填离、滋水涵木等等法则，便可迎刃而解”。可见，学好五行学说是理解中医其他理论的重要基础。

三、追本溯源，全面解析《黄帝内经》营卫理论

营与卫，是指营气与卫气，二者是构成人体的基本物质，都以水谷精微为其主要的生成来源。后世多遵《灵枢·营卫生会》“营行脉中，卫行脉外”之旨。认为营主内守而属阴，卫主外卫而属阳，卫气是运行于脉外之气，营气是与血共行于脉中之气。据此，中医界对营卫的分布、循行、作用及所生病证等都有较为明确的区别。

吴考槃对《黄帝内经》中所论述的营卫理论进行了细致入微的分析总结。他认为，营卫二字，在《黄帝内经》、《难经》中有单提的，有并举的，看似头绪多端，难以系统，实则先后一贯，相互阐发。他在《营卫探讨》一文中写道：营卫二字，分言之，营有营养经营的含义，卫有卫固捍卫的意思，有时也用以区别其表里和营养、捍卫的界限。《素问·气穴论》有“孙络三百六十五穴会……以通营卫，以行营卫，以会大气”之论。《灵枢·胀论》也有“营卫留止”之说，类皆合而言之，而不强为分别。因此对营卫的特点及其分布、循行和作用等不应机械看待。吴考槃进一步指出：《灵枢·营卫生会》所言“营行脉中，卫行脉外”，好像将营卫分得很清楚、很具体，其实原文只说“营行脉中”，未曾说到不行脉外；只说卫行脉外，同样未曾说到不行脉中。所以营行脉中，不能理解为脉外无营；卫行脉外，不能理解为脉内无卫。如果把营卫二字机械地分开来理解，不但不全面，而且在营卫二字的意义上也讲不通。《灵枢·痈疽》篇“营卫稽留于经脉之中”便是明证。《黄帝内经》中对营卫的阐述实是古人行文的简省章法，互文见义，当灵活看待。营卫既同出一名，则其病证也相互关联，营所病的，卫亦无一不可病；卫所病的，同样营也都能病。对营卫病证的治疗法则，当然也是彼此相互关联，而不是两不相干的。吴考槃引用了《伤寒论》桂枝汤证来证明营卫一气的理论

是来自实践的。桂枝汤是调和营卫的著名方剂，但事实上，营卫不和者，固宜桂枝汤以调之和之，营和、卫不和，卫和、营不和者也同样可用桂枝汤以调之和之。这便是《伤寒论》“营卫和则愈，宜桂枝汤”，“卫气不和也，宜桂枝汤”的未言之意。据此吴考槃认为,《灵枢·营卫生会》所说的“营行脉中，卫行脉外”可以理解为：以其行于脉中而言，则曰营；以其行于脉外而言，则曰卫。自其内而言之，则曰营，自其外而言之，则曰卫。吴考槃对《黄帝内经》营卫理论精辟的阐发，让后学者顿感中医经典的别有洞天，领悟到了《黄帝内经》所蕴含的深邃医理。

四、知常达变，反对按图索骥，呆执五运六气

五运六气简称为“运气”，源出于《素问》，是把天文气象运动规律引进医学研究的学说，是中医基础理论的重要组成部分。自唐代王冰在《次注黄帝素问》序中提出并兴盛以来，历代研究运气学说者甚众。由于运气学说玄奥的医学、气象学理论，加之历史上对运气学说的纷争与歧见，使众多初学中医理论者很难理解其精神实质，甚至曲解为不过是把星相家的故弄玄虚运用到中医学理论之中而已，从而影响了人们对运气学说的科学性乃至对中医理论科学性的认识。吴考槃在《运气择言》一文中明确提出：五运六气诸篇不是《素问》第七卷原有内容，是唐代王冰《次注黄帝素问》时补入的。吴考槃认为，将运气篇作为《素问》原文，“不够严肃”。这就让后学者明确了运气诸篇较《素问》其他篇章难以理解的原因所在，也使我们得以正确认识运气学说与《黄帝内经》的关系。

五运六气的总思想是天气决定地气，天地合气又决定人的健康和疾病的特征。运气学说是运用古代的术数确定历法和纪年干支的，按干支配合推算五运、六气及其关系，并根据运和气的特点预测疾病，确定疾病的防治原则。吴考槃认为，运气学说是

在阴阳五行的基础上，以干支为代表符号，演述病理变化过程的一门学说。它的理论体系是一种取象说理的方法，而不是以五运六气的循环来机械地看待一切病变。运与气虽有太过不及、乘侮胜复、司天在泉、主客逆从以及天符岁会、上临下加等区别，但“时有常位而气无必也”（《素问·六元正纪大论》）。《素问·至真要大论》中所谓“至而和则平，至而反则病”，也不是固定不变的。吴考槃对后人不察其旨，对本来容易懂的说理工具，牵合硬套星相家所谓化五行之说变而为头绪迷离的星相玄学持批判态度。

运气学说强调疾病的发生发展与气宜，即气候的关系是有其科学性的，其实质正是中医学“天人相应”思想的具体体现。气候变化对人体的免疫、基础代谢、激素分泌、致病因子等都会产生一定影响，从而影响着疾病的发生。这已为现代科学所证实。据此吴考槃认为：“欲知其病的来龙去脉，必先审其气之是否适宜。”医者如能明气宜，则其病机即可豁然贯通。这也是《素问·六元正纪大论》“知其要者，一言而终，不知其要，流散无穷”的未言之意。

运气学说在指导疾病的治疗中蕴涵着中医学“三因制宜”的重要思想。吴考槃指出：运气治法看似强调运气规律，其实不但因时，而且又因人、因地以及因病之寒热虚实而异。寒热补泻，随宜而治，并不是一成不变的。故《素问·六元正纪大论》曰：“同者多之，异者少之，用寒远寒，用凉远凉，用温远温，用热远热，有假者反常。”吴考槃强调，医者必须通常达变，以所利而行之，不可呆执某年某病而按图索骥。他认为，“能明及此，不论病之太过不及的何种变化，都可以迎刃而解的”，若“但知其常，不知其变”，则遗人夭殃。

五、矫枉求真，正确认识“命门”与“三焦”

“命门”一词，始见于《黄帝内经》，经过《难经》的发挥和后世医家的不断探讨、研究，至宋明时期日臻成熟，从而形成了重要的命门学说。但历代医家从不同的理论角度和学术思想出发，对命门认识不尽相同，尤其是对命门位置则更是各执己见。对于命门的位置历代主要有眼命门说、肾命门说、生殖器命门说、腧穴命门说等不同认识。命门位置的争论体现了医家对命门的不同认知角度及其思想渊源，对于理解、阐发命门的功用、实质具有一定的意义。

吴考槃详考《针灸甲乙经》、《素问》、《灵枢》、《难经》等诸家之说，给出了自己对命门的认识。他认为，所谓命门者，本是督脉之经穴名称，肾间动气之源。督脉贯脊属肾，与太阳起于目内眦睛明，乃太阳、足阳明、督、任、跻脉之会，命门动气，上近于目，目为五脏六腑精气上至之所，为太阳经气之标，是命门之上通者，故有命门别称。肾为藏精之脏，命门动气，下达于肾，肾有作强生育之能，故亦有命门其号。然则《针灸甲乙经》谓十四椎节下，言其本也；《素问》称结于命门，《灵枢》谓目也，皆言其标也；《难经》称藏精，系胞，言其用也，实则一也。而所谓“肾有两枚，左者为肾，右者为命门”者无非凑合六脏之说有意形成，非别有所谓命门其脏也。吴考槃画龙点睛之语道出了《黄帝内经》命门之名的真意。

三焦之名，在现存古代文献中始见于《黄帝内经》。自《难经·二十五难》提出“心主与三焦为表里，俱有名而无形”的论点之后，历代医家对三焦的认识不一，争论较多。“循名责实”是三焦争论的根本问题。

吴考槃认为，所谓三者，明指上、中、下三个部分而言；所谓焦者，以其发源于所谓下焦肾间动气，而中而上，犹如热气从下向上蒸发者然。无非言其中上之气，如无下焦肾间动气主持其下，则必不能达到其生理上的一切正常作用。即是说，必须由下焦热气由下上蒸以为之根，而后可以成其温煦的功能职责。所以《难经》有“所谓生气之原者……谓肾间动气也，此五脏六腑之本，十二经脉之根，呼吸之门，三焦之原”之说。能明及此，则不特三焦“孤腑”、“外腑”的名称和其他诸腑的不同可以清楚，其部位以及功用也可全都明了。

吴考槃在《三焦探讨》一文中写道：《灵枢》、《难经》所述的三焦部位分野，虽文字略有出入，但其含义并无多大分歧，无非告诉我们三焦和其他诸腑不能等量齐观。其他诸腑，都是位于一处，而三焦则有上中下三处。至于三焦之脉，吴考槃认为是古人为了凑合手足三阴三阳之数而以虚充实补充上的，实则有名无形。这从《灵枢·本输》中“三焦者，足少阳太阳之所将，太阳之别也”的记载中就可以很明显地看出。所谓三焦手少阳之脉，其实是太阳经脉之别脉行于手的部分，不与其他经脉一样。如不识及古人为了凑合手足三阴三阳之数而以虚充实，认为既有经脉之名，必有其内属脏腑之地；有其脏腑之名，必有其内在脏腑之实，则必为古人所愚。

吴考槃引用《难经·六十六难》所载“肾间动气者，人之生命也，十二经之根本也，故名曰原。三焦者，原气之别使也，主通行三气，经历于五脏六腑。原者，三焦之尊号也”来说明：古人所以在五脏六腑之外又加一个所谓三焦其腑者，无非作为整个脏腑的综合，以起到相当的联系作用而已。由此可以理解三焦的病证也实为其所在部位脏腑经络的病证，临床上其实是难以找出三焦的独特病证来的。

吴考槃的真知灼见，对我们正确认识“命门”及“三焦”的名称、部位及功用和病证都有着重要的指导作用。

六、为医之道，当通晓经络学说

吴考槃不仅是中医理论家，还是一位将中医理论完美地运用于临床实践的临床大家。他倡导为医之道，当通晓经络学说。他认为，经络是存在于人体脏腑以外，但又与脏腑密切联系着的一个结构系统，并与脏腑共同完成人体生命活动的全过程。人身外而躯体，内而脏腑，都需要气血津液营养灌溉、和调洒陈，而后可以维持其吐故纳新、生长发育过程，以维持生命的一切活动。经络贯注人体上下内外的各个部分，其联系全身渗灌气血的作用是广泛的，其对于疾病产生的影响也是普遍的。吴考槃据其长期的临证经验，认为疾病的表现虽多种多样，但总体上都可以用经络学说来归纳理解。他认为，《灵枢·经脉》所言“经脉者，所以能决死生，处百病，调虚实，不可不通”，其意义非比寻常。

经络学说不仅对我们认识人体的生理功能、病理变化有重要意义，更是临床诊断疾病的重要依据之一。吴考槃在《经络串讨》一文中指出，要想学会分步而又细致的诊断方法，必须了解经络的循行路线和经络行气血、利关节的道理。他举《素问·病能论》所载“有病怒狂者，生于阳也。阳明者常动，巨阳少阳不动，不动而动大疾，此其候也”的病理变化，说明如果不明白经络的分布关系，是无法诊断和分析其病理原由的。而《素问·脏气法时论》所述“肝病者，两胁下痛引少腹，心病者，胸中痛，胁支满”的病理变化也要通过经络学说才可以得出理论和实践相结合的诊断道理。同时，也只有领会了经络是辨析病理的主要方法，才可以得出全面的正确诊断。

在长期的临床实践中，吴考槃体会到，运用经络学说治疗疾病，不但在针灸导引方面有一定效果，在汤液和其他方面也同样有良好效果。但吴考槃又提示我们：经络学说自有其经络学说的体系，不能把方药的全部效用统括到经络系统中。同样，方药效用也有其许多长处，不可能以经络学说局限其效用。吴考槃认为，“治病之法，无论治寒治热，治气治血，须使邪有出路，为唯一要法”。出路何在？唯有经络。《素问·脏气法时论》中的肝病取其经厥阴与少阳，心病取其经少阴与太阳等，都是以其经的表里腧穴治其经的疾病，也是通过经络的互相贯通而取效的。一病非一法可治，有的需要采取多种治法才可以达到病愈的目的。如《素问·奇病论》曰："积为导引服药。"《素问·阴阳应象大论》有"从阴引阳，从阳引阴，以右治左，以左治右，阳病治阴，阴病治阳"之论。《灵枢·经始》更言："病在上者、下取之；病在下者、高取之。"这些无非是因经络有上下左右、如环无端的特点才可以有疗效。所以任何疾病，即使不是固守一方一法解决的，也不会有超越经络学说理论之处。经络之学，医家之学也，不可不通。

七、病证辨析，重在证症

何为病证，吴考槃认为，病是证的总称，证是病的表现。故病包括证的大部表现在内，证则总是在病的范围内出现。但病有广义和狭义之分。如同一太阳病，而有中风、伤寒、温病、热病、湿病的名称。《伤寒论》说："太阳中风，啬啬恶寒，淅淅恶风，翕翕发热。""或已发热，或未发热，必恶寒……名曰伤寒。""发热而渴，不恶寒者，为温病。"《金匮要略·痉湿暍病脉证治篇》说："太阳中风者，暍是也，汗出恶寒，身热而渴。""湿家之为病，一身尽痛，发热，身色如熏黄也。"可见，所谓中风、伤寒、温病、热病、湿病，都有发热现象。这就要从其同异之间区别了。如恶寒，中风、伤寒可见，热病也可见，湿家可能也见，唯温病则不恶寒。但中风的恶寒发热，则伴有汗出；伤寒的恶寒发热，则无汗而喘；热病的恶寒发热，是汗出口渴；湿病的恶寒发热，是一身尽痛，或身色如熏黄。温病、热病都渴，但热病是伴有身寒，温病是身不寒，也是可以区分的。

又寒热虚实诸病，有但寒不热、但热不寒的；有表寒里热、表热里寒的；有上寒下热、上热下寒的；有先寒后热、先热后寒的；有寒多热少、热多寒少的；有寒轻热重、热轻寒重的；有热寒往来、作止无常的；也有真寒假热、真热假寒的。诸如此类，都要做出适当分析。虚实也是这样，有形似虚而实实，形似实而实虚，所谓“大实如羸状，至虚有盛候”。即以真寒假热例之，脉洪大是热，假热也有脉洪大；口渴是热，假热也有口渴。要在洪大中辨其有力是真，无力是假；无力中有时有力是真，有力中有时无力是假。口渴辨其饮多喜冷是真，饮多恶冷是假；喜热不多是假，喜冷不多也是假。

咳为肺病，一般病不及肺，是不会咳嗽的。故《素问·宣明五气篇》说：“肺为咳。”如咳而无其他症状的，当然就是肺所为病；假如咳而胁痛，胁为肝位，即为肺病及肝；咳而腰痛，腰为肾府，即为肺病及肾。反之，先胁痛而后咳的，为肝病传肺；先腰痛而后咳的，为肾病传肺。又肺病咳喘，肾病亦有喘咳。但先咳后喘，为肺病及肾；先喘后咳，为肾病及肺。

吐血与唾血有别。唾血是唾中伴血属肺肾。吐血势如潮涌，胸满、脉实的为热积肺胃；血色紫而面青、脉弦的为郁怒伤肝；血鲜而浓，喘咳烦热的为阴虚热扰；血鲜而淡，或如血丝，心烦难寐的为劳神伤心；血浊倦怠的为劳倦伤脾；血紫伴块，胸胁刺痛的为积瘀伤络；血淡无光，脉弱无力的为气虚失摄。

不寐病候，有所谓心肾不交的，一般伴有烦躁不安感。但烦不躁的，是心不下交于肾；但躁不烦的，是肾不上交于心。无烦躁感的，不属于心肾不交。

黄疸病候，大都是目黄、肤黄、尿黄、爪甲黄同时或先后出现。单独目黄或肤黄及尿黄，不一定是黄疸；爪甲黄，是黄疸的独特症状。

胀满水肿，有先后轻重之别。胀比满为重，满比胀较轻；满是胀的初起，胀是满的加重；肿是胀的发展，胀满是肿的先河。

鼓胀非但与腹胀有别，即与其他胀病也不一样。故如但胀不满，或但满不胀，即是胀病、满病，不是鼓胀；既胀且满，亦是胀满病，不是鼓胀；胀满且腹筋起的乃是鼓胀病。

八、药取神效，须圆机活法

中药治疗疾病，早在数千年前已经普遍应用，且有广泛的疗效。但如何继承前人的经验，以应现代之需，则还应在古人的基础上推陈出新。不但要对方药有正确的认识，还必须圆机活法，正确使用方药。吴考槃认为，方是药的多味组合名称，药是方的某味部分。方有君臣佐使、汤丸膏散之异，药有寒热温凉、辛甘酸苦咸之别，方有大小缓急奇偶复之分，药有草木谷石果菜虫鱼鸟兽之殊。故方之与药，有其相同的一面，也有其不同的一面，是要认识清楚的。如麻黄，汗药也，而方则麻黄汤、葛根汤用之，可能发汗；若射干麻黄汤、厚朴麻黄汤等用之则不一定有汗。再如大黄，大黄黄连泻心汤用以治心下痞，其脉关上浮；泻心汤用治吐血衄血；大黄甘草汤用治食已即吐；陷胸汤丸用治结胸。故方药之判，方是包括其全部或大部组合者而言，药则是专指其性味的本能而说，此方与药不同之所由分，医者应仔细对待。

关于方药的轻重，吴考槃强调，方药轻重，和病情一样千差万别，故《伤寒论》、《金匮要略》都有很大距离。方的方面：如炙甘草汤、大柴胡汤、桂枝芍药知母汤、泽漆汤等，全方分两，统约三四十两有余；桔梗汤、白通汤、干姜附子汤、半夏散及汤等，都不足三至四两，但二者都很适宜。药的方面：如大青龙汤、越婢汤(麻黄六两，分为三服)，与桂枝二麻黄一汤(麻黄十六铢)，桂枝二越婢一汤(麻黄十八铢，各分二服)，以及桂枝甘草汤(桂枝四两顿服)，附子汤(白术四两三服)，和麻黄升麻汤(桂枝、白术各六铢三服)，其麻黄、桂枝、白术的用量均相去10倍左右。又白虎汤用石膏1斤，和茯苓桂枝甘草大枣汤用茯苓半斤，小建中汤用芍药六两，橘皮竹茹汤用甘草五两，与麻黄升麻汤用石膏、茯苓、芍药、甘草各六铢较之，则又相去20~60倍以上，然轻重咸宜。再丸药方面：己椒苈黄丸服1丸稍增，肾气丸服 15 丸加至 25 丸，也有 20 倍上下，各自有效。医能探索方药的轻重，寒热补泻合剂之所以然，对于治病的精当，是有其相当作用的。

关于经方时方的认识，吴考槃指出，经方时方，同样是方，同样治病，本无鸿沟界限。即以经方而言，如理中汤、苓桂术甘汤，通是所谓经方；而理中汤去姜加苓，或苓桂术甘汤去桂加参，便同为时方的四君子汤了。又肾气丸是经方，如去桂或去附，或去桂附，便又为时方的肉桂七味丸及附子七味丸，或地黄丸了。且经方也同样不是原方照抄，有时也需加减其药品分两。如桂枝加芍药汤、桂枝去芍药汤、桂枝去芍药加附子汤及桂枝麻黄各半汤，又从何处得出其不同呢？所以经方时方，主要不在于经方时方本身，而是在于病证的是否宜于经方或时方。因为病有宜于经方的，也有宜于时方的。方的问题，在于能否治好病证为准则，不在经方与时方的区别。病而宜于经方，时方当然不能替代；病而宜于时方，经方同样不能解决。故经方时方，既不可故步自封，脱离现实，跟不上形势发展要求，也不可割断历史，倒果为因，而自流于庸俗肤浅。

吴考槃如此精辟的论述，足证其于中医典籍何等精熟，临床辨治圆机活法又何等灵活。吴考槃非同凡响的见解，更体现他的深邃睿智，让人有所寻思，深受启迪。

内外百科　治有义方

吴考槃在探究中医学术理论方面，于古于今多有创见；在临床实践中更是悉心求真，广有建树。他精研内科，兼通外、妇、幼、喉各科。数十年来，无论是早年间担任茅家镇夏令施诊轮流医师和在锡类中学担任校医，还是后来在海门人民医院中医科担任特约医师，在南京中医学院附属医院门诊任特诊医师，吴考槃始终保持着诊病细致，辨证严谨，用药精准和平易真诚、一视同仁的医风医德。他治疑难、克沉疴，使无数患者再获新生。吴考槃是一位尽仁心，施仁术，享誉遐迩的仁医。

1941 年，某妇人患妊娠腹痛，四处求医。初投当归芍药散，痛不解；继以小建中汤，痛如故。后求诊于吴考槃，治以胶艾汤，则药到而愈。或问何故？吴考槃说，妇人妊娠，腹中绞痛，或一般性的腹中痛，则宜用当归芍药散或小建中汤治之，非胶艾汤可得而愈；如若妇人妊娠腹中痛，为胞阻的，则宜胶艾汤主之，亦非当归芍药散或小建中汤所可得而愈的。古人成方，自有其传统累验，临床运用必须彻透古人组方之意，方能药证相合，药到病除。

吴考槃对外感病的治疗注重祛邪。他认为，祛邪即是扶正，邪留正伤，邪去正复，病即自愈。患者女，冬温重候，多方医治均谓不治，病家已为患者准备后事。吴考槃诊脉论证，认为病虽危笃，邪毒盛重，但生机未绝，予大剂清热泄邪，最终化险为夷。

又，患者男，55 岁。咳嗽痰沫，甚或气喘，喉有痰声。冬天易作，已有多年，近年入春未解，有时腹痛，不易排便，舌苔微腻，脉息弦滑。吴考槃认为，按此脉弦为有饮，滑为有痰。肺位胸中，痰饮阻之，肺失通调，饮气相激为病。《金匮要略》云："咳而上气，喉中水鸡声，射干麻黄汤主之。"拟仿之。处方：净麻黄 9g，射干 6g，洗半夏 12g，细辛 10g，五味子 9g，炙冬花 9g，紫菀 9g，厚朴 6g，全瓜蒌 9g，鲜生姜 6g。3 剂后，喘咳都减，腹痛因大便易解而停。原方去厚朴，再进 3 剂。吴考槃认为，哮喘之病，不易除根，一由于病邪顽固，一由于病重药轻，去疾不尽。如麻、辛、五味，均为治哮常用之药，用量过轻，邪气不伏。射干麻黄汤，为治哮效方，古人云"辛不过钱"，吴考槃却用三倍量，用如其量，药病相当，所以效亦随之。再加厚朴、瓜蒌者，欲通其便也。再诊去厚朴者，以其便已易解也。以上两病案，可见吴考槃祛邪之胆非属一般。

张某，男，52岁。头痛鼻塞，恶寒发热，咳嗽痰沫，神倦纳减，舌苔白腻，脉息浮弦。病属太阳伤寒，治宜麻黄汤加味。处方：麻黄9g，桂枝6g，杏仁9g，独活6g，紫苏5g，紫菀9g，炙甘草3g，葱头3个。1剂汗出而愈。

按语：外感寒邪，麻黄汤是对证之方，故一剂即愈。于此知南方无伤寒麻黄汤证之说，是完全站不住脚的。

朱某，男，36岁。外出开会卧地铺一星期，回家即感身疼骨楚，神倦纳呆，小便时清时黄；舌苔微腻，脉息不扬。感受寒湿，清阳失宣，治宜疏解。处方：麻黄9g，桂枝6g，杏仁9g，薏苡仁9g，生茅术9g，防己9g，陈皮6g，紫苏梗9g，藿梗9g，茯苓9g，炙甘草5g。1剂未见多大变化。再剂，麻黄加至15g，桂枝加至9g，服后微汗，诸症都解，调理而痊。

按语：《金匮要略·痉湿暍病脉证治》曰："湿家身烦疼，可与麻黄加术汤发其汗为宜。"卧于地铺，感受寒湿。湿性迟缓，故当时不觉，回家即感身疼。方以麻黄加术汤加味，服后未解，从桂枝汤"不汗更服"之例，加重麻、桂药量，始得微汗而解。可知麻黄汤不是可一不可二的。

何某，男，36岁，海门县人。头疼发热，口燥舌干，脉形洪大。有汗不解，阳明温病，治宜清疏。处方：生石膏30g（绢包），知母12g，鲜沙参9g，生甘草5g，菊花6g，桑叶5g，连翘6g，金银花9g，竹叶20片，鲜芦根一尺去节。1剂即愈。

按语：《素问·热论》曰："热病者，皆伤寒之类也。"《素问·生气通天论》曰："冬伤于寒，春必病温。"《素问·金匮真言论》曰："藏于精者，春不病温。"温者热之渐，热者温之极。温热伤寒，同为感邪之一，故曰"伤寒之类"。伤与藏，是言异而旨通，故一曰伤于寒，必病温；一曰藏于精，不病温。换言之，不伤寒，则不病温；不藏精，则必病温。不是伤于寒是一回事，藏于精又是一回事。治温宜清，故以白虎等清热，一剂而解。

赵某，女，33岁。全身浮肿已4年，头昏身重，腰背作痛，转侧不利。体重由原来140斤，增至165斤。脉弱舌淡。吴考槃认为脾主湿，肾主水，病属肾虚水泛，脾虚湿困，水湿互阻，浸淫肌肤，发为水肿。治宜通阳发表，健脾行水。处方：麻黄9g，附子9g，细辛6g，防风6g，紫苏叶5g，紫苏梗9g，党参9g，生茅术6g，泽兰6g，茯苓9g，泽泻9g，炙甘草3g。5剂。上方服15剂后，体重已减至142斤，诸恙悉解。效不更方，继服原方，以竟全功。

按语：《金匮要略·水气病脉证治》说："诸有水者，腰以下肿，当利小便；腰以上肿，当发汗乃愈。"本病为水湿互阻，全身浮肿，故方以麻、附、细辛，通阳发表，配以防风、紫苏助之，四君、泽泻健脾利水，更以泽兰"治身面四肢浮肿，骨节间水"(《神农本草经》)引之。药与病合，病随药解，则是很自然的。

吴考槃治内伤疾病重在调气、和营、安正，认为只要气机调畅，诸病皆可霍然。他在临床实践中悉心究思，逐步形成了自己的临床风格和特色，深获病家信赖。

窦某，女，33岁。心悸寐梦，神倦乏力，脉小间歇，舌淡少华。此气营两虚，失于洒陈，宜调气养营。处方：炙甘草12g，桂枝9g，生地黄20g，党参6g，麦冬9g，阿胶9g（烊化），黑芝麻9g，远志6g，红花3g，鲜生姜6g，红枣12枚，清酒62g。5剂，即愈。

吴考槃按语：《伤寒论·辨太阳病脉证治》云："心动悸，脉结代，炙甘草汤主之。"故于原方加远志、红花，加强心营运行之力。

薛某，男，42岁。头晕时胀，甚或右额按之感疼。目眩耳鸣，腰酸作痛，难寐多梦；舌苔淡腻，脉息软弱。吴考槃认为此系劳神过度，气营失洒，是以上部失洒而头目晕眩，耳为之鸣。《灵枢·口问》所谓“上气不足，耳为之苦鸣，头为之苦倾，目为之眩”是也。中虚失洒而寐难神浮多梦。《素问·脉要精微论》所谓“五脏者，中之守也”。心藏神，肝藏魂，神魂失藏则难寐多梦也。腰者肾之府，肾脉贯腰，下元失洒，是以腰脊酸楚。《素问·病能论》所谓“肾为腰痛之病也”。拟仿《金匮要略》酸枣仁汤合肾气丸法试治。

处方：炒酸枣仁9g，川芎5g，知母9g，朱茯苓9g，炙甘草5g，菊花6g，桑寄生9g，磁朱丸9g（包）。3剂。另配肾气丸30g，每日3次，3日服完。诸候都缓，苔腻亦化，药已有效，不必更张，原方再服3剂，病痊愈。

吴考槃按语：酸枣仁、川芎、知母、茯苓、甘草，即《金匮要略》用治不得眠的酸枣仁汤方药。肾气丸为治虚劳腰痛成方，俱为古来传统的效方。桑寄生，《神农本草经》载其治腰痛。菊花，《玉楸药解》载其治头痛眩晕。磁朱丸《备急千金要方》载其主明目耳鸣。诸药合而服之，养心健脾益肾，上下通利调畅，是以有效。

赵某，女，38岁。咽中如有物阻，吞之不下，吐之不出，颈粗转侧不利，胸闷气窒，脉息不扬。此即《金匮要略》半夏厚朴汤证也。处方：洗半夏9g，厚朴9g，紫苏叶6g，茯苓12g，鲜生姜6g，葛根9g，黄药子9g，凤凰衣3g。3剂。

再诊诸恙悉平，嘱怡情悦志，以免复发。原方加绿萼梅5g。3剂而愈。

按语：半夏厚朴汤，治梅核气良方。加葛根、黄药子、凤凰衣、绿萼梅，增强其宣络解郁之力。

李某，女，27岁。胸痹作痛，脘闷欠适，头昏目糊，纳减作胀，舌白脉弱。此劳役过度，治节失宣，中运失顺，肺胃两病，清阳失布。宜宣肺调中，振奋清阳。处方：杭菊花6g，紫苏梗6g，藿梗6g，石菖蒲6g，瓜蒌9g，香橼皮6g，广陈皮6g，枳壳

实各 5g，厚朴花 3g，白蔻壳 3g，竹茹 3g，炙甘草 3g。3 剂。(患者言，此药服完即愈)

按语：此由劳役过度，清阳一时受阻，故以大队通宣利气之品，更以菊花清其头目，竹茹止其烦乱即愈。

罗某，男，65 岁。寝汗多年，有时尿后感冷，舌淡少华，脉虚大而迟。《素问·生气通天论》曰："阴者藏精而起亟也，阳者卫外而为固也。"《素问·阴阳应象大论》说："阴在内，阳之守也；阳在外，阴之使也。"卫为阳，营为阴。卫虚失固，则阳虚外寒，是以尿后感冷。营虚失守，则阴液失藏，故寐则汗出。舌为心苗，脉为血府，心主血脉，心营虚而失洒，所以舌淡少华，脉虚大而迟。此《金匮要略》所谓"大则为芤，芤则为虚"，《伤寒论》所谓"迟以营气不足，血少故也"。拟扶阳固卫，敛阴戢汗，使阴平阳秘，精神乃治。处方：附子 9g，生白术 9g，五味子 6g，炒枣仁 9g，合欢皮 9g，龙骨 15g，生牡蛎 15g，料豆衣 9g，浮小麦 9g，炙甘草 3g，3 剂。

再诊，药完汗止脉平，余无他苦。原方去附子，加黄芪 9g，3 剂服讫即愈。

按语：寝汗阴虚者多，此则是阳虚为主，故以附、术扶阳止汗，而以龙、牡、五味固摄为佐，枣、麦、甘草等宁神敛津为使。再诊去附子加黄芪者，避辛窜而重补虚力也。

薛某，女，45 岁。脐腹阵痛，时止时作，已有两年。痛时疙瘩凸起，甚或肢冷汗出，脉细沉弦，舌苔薄白。寒伤厥阴，络阻气聚失宣，宜通阳散寒。处方：当归 6g，桂枝 6g，细辛 5g，淡吴茱萸 3g，青皮 6g，乌药 6g，制香附 9g，八月札 9g，桃仁 9g，炙甘草 3g。3 剂。

再诊，药后两月未发，近因劳累又作。原方加广木香 5g，再进 3 剂而愈。

按语：脐腹为厥阴经行之地，故方以当归四逆温通厥阴，乌、附、桃仁等利气疏瘀佐之。再诊加木香者，《本草正义》载其专治气滞诸痛也。

王某，男，73岁。腰背酸痛，脘闷吐痰，舌淡白，脉微迟。此肾阳不足，感邪阻络为病，宜散邪振阳，通络调中。处方：独活9g，狗脊9g，鹿角9g，淫羊藿9g，川续断9g，菟丝子9g，细辛3g，炒桑枝9g，陈皮6g，天仙藤9g，丝瓜络9g，鲜生姜3g。3剂。

再诊，脘闷吐痰都停，腰痛亦减。此感邪已散，肾元未复。治宜原方加减。处方：独活9g，狗脊9g，桑寄生9g，淫羊藿9g，川续断9g，菟丝子9g，天仙藤9g，丝瓜络6g，炙甘草3g。再3剂。

按语：高年肾虚，散邪必须注意扶元。故方以独活、细辛散邪，桑枝、天仙藤、丝瓜络通络，鹿角、狗脊、淫羊藿等扶元。佐以陈皮、生姜者，以其脘闷吐痰也。再诊感邪已散，故去鹿角、细辛等辛热之品，易桑枝为桑寄生，加甘草以调理之。

翁某，男，67岁。高年，右半身不遂，喉中痰声辘辘，咳吐难出，神志迷糊，语声不扬，舌苔黄腻，燥而微黑，脉息弦而带数。气火沸溢，冲激元神，非轻浅易治之候。拟化痰泄热，顺气宣窍。处方：陈胆星3g，天竺黄9g，桑白皮9g，马兜铃4.5g，鲜石菖蒲4.5g，莱菔子4.5g，玄精石9g，川贝母3g，焦栀子6g，瓜蒌仁9g，竹茹9g。另：紫雪丹1.5g，用青蒿露125ml，分成5次送服。2剂。

再诊，《金匮要略·中风历节病脉证治》曰："夫风之为病，当半身不遂。""邪入于脏，舌即难言。"风为阳邪，性善上升，前以清化泄热药，服后痰稀易出，语言顺利，但舌腻依然，大便不行。此乃上焦之邪已减，中下之滞未清，宜原意进退之。

类中偏风，前后加减八诊，连投泄热化痰、清神通络剂后，诸恙都解。4月以来，右半身手之举动，足之步履，虽无痛苦，总觉无力。又咳吐浓痰，间或眩晕，口时流沫，脉息软弱，舌质绛苔薄。《素问·五脏生成篇》曰：“目受血而能视，足受血而能步，掌受血而能摄。”脉为血府，舌为心苗，心生血，血为营，良以营阴虚衰，生气之少火偏盛也。盖营行脉中，渗诸阳，灌诸阴，濡筋骨，利关节，和调五脏，洒陈六腑。水精四布，五经并行，而后手能握，足能步，头目清明，舌荣脉匀，营卫调和，无过不及，方可神转不回，膏泽百骸，筋力强健，长生久视。如阴液不足，骨属屈伸不利，则左之利者易行，右半相形见绌，所以总感无力。营虚则少火易升，肺金受刑，水津不布，聚液成痰；斡旋失衡，头目失荣，时成眩晕，所由来也。《素问·阴阳应象大论》曰：“治病必求于本。”本者何？病之原也。病由阴液不足，补阴济阳为主，顺气通络为佐，则阴阳匀平，诸症自痊。处方：太子参62g，枸杞子62g，天麻62g，珠儿参31g，秦艽31g，天冬31g，白前62g，怀山药310g，陈皮31g，云茯苓93g，当归93g，杭白芍93g，夜交藤62g，菟丝子31g，续断93g，桑寄生62g，磁石93g，怀牛膝93g，红枣125g。上药煎汁滤去滓，入阿胶125g克，虎骨胶(现已代用)125g，冰糖500g，收膏。每晨沸水冲服一匙。

吴考槃按语：类中一证，多为阴液不足，气火上逆，肝阳偏盛，肝风内动；或痰湿壅阻，化热生风；亦有外邪引动而发病者。诸种因素，相互影响，同时为患。本例为气火夹痰，冲激元神。故治疗始终贯彻泄热化痰，顺气通络而获效，最后以补阴济阳而竟全功。

养生二诀 长寿之要

有人说老中医有特别的长寿秘诀，而吴考槃的长寿秘诀是生活简朴，持之以恒；淡泊名利，豁达人生。

一、生活简朴，持之以恒

吴考槃生活规律，早起早睡，中午小憩片刻；饮食清淡，简单适量。早餐一个鸡蛋，一块蛋糕，一碗牛奶。午餐一荤一素一个汤，以米饭加小酒一杯。晚上简餐量少适宜。他认为，早晨要吃好些，中午要吃饱些，晚上要吃少些，这是吴考槃长寿的一个秘诀。熟悉吴考槃的人都说吴考槃只有看书的嗜好。其实饭后一支烟，也是吴考槃几十年的嗜好。吴考槃喜欢飞马牌香烟，认为便宜好抽又上口。吴考槃烟瘾不大，一支烟要分三次抽，一包要分三天吸。有时亲朋好友送来一条好烟，吴考槃总是要吸上几个月。可是自己却从不买好烟，用他的话说“抽烟是浪费”。

适当运动、饭后百步走，是吴考槃每天习惯做的事，不管家中有菜与否，早晨六点起床必走菜场一次。晚饭后，也要在外面散步半小时。吴考槃习惯走路，每个周日还去新街口一次，总是走路去走路回，从不坐车。有一位老红军的母亲病重，请吴考槃出诊，并要用车来接。吴考槃婉言谢绝，能走路就不坐车，能乘公交车往返，就不要病家专车接送，这是吴考槃的出诊习惯，也是行医风格。几十年来以走路健身，也是吴考槃长寿的秘诀之一。

生活俭朴。“够用就好”是吴考槃的口头语。几十年来，吴考槃勤俭持家，克己奉公是他的美德。到过吴考槃家的人都知道，他家除了基本用的床、桌、椅、板凳等简单的生活用品外，像样的家具都没有。他常跟家人说，生活上只要够用就行，多买了也是浪费。与吴考槃住在一起的孙女，多次想添置些现代的家具和电器，可每次都被吴考槃拒绝。吴考槃衣着朴素，但干净整洁，一年四季只有几套更换的衣服。若提前让他知道要给他添置衣物或食品，他总是不高兴地要吵起来。有时只好背着他买回后，待他高兴时拿出来，才勉强接受。凡吴考槃使用的物品都很耐用。每逢雨天，打着土黄色油布雨伞，足穿褪了色的军用球鞋，肩上挎着帆布背包，在校园里行走的老人，谁都知道，那准是吴考槃医生。

生命不息，用脑不止。除了日常生活，吴考槃大多数时间都在工作学习。许多人认为吴考槃学问如此渊博，肯定家中藏书万册，其实吴考槃爱书，但很少买书。他常告诉子女，书买多了，因为家中有书，也就懒得读了。所以学校的图书馆与文献所的资料室是吴考槃常待的地方。什么书放在什么地方，他都记得清清楚楚，查阅起来伸手可得。吴考槃记性极好，他读过的书几乎是过目不忘。资料室甚至全所乃至全校老师，碰上难解的字词都要请教他。吴考槃是大家的“活字典”。吴考槃平时沉默少言，不了解他的人，认为他只精于中医，但跟他深谈过的人，都知道他是个天文地理、诗词文史乃至帝王将相、古今轶事无所不晓的一位学者。从20世纪70年代起，家中就订阅了《新华日报》等报刊。他还经常去图书馆阅读其他专业书刊，非常关心时事要闻。吴考槃常告诉儿孙，读书不仅可以增知识，长学问，还可以养德健身，也可使生活更充实。这也是吴考槃长寿的重要原因。

二、淡泊名利，豁达人生

吴考槃一生淡泊名利，豁达宽厚，为人低调，不事张扬，不求闻达，只潜心于中医事业。作为著名中医文献学家、教育学家，吴考槃博览群书，精攻典籍，白手起家，创办学堂，亲任校长兼教员；开业行医，不分贫富，扶贫济世，以医活人，20年间培养了近百名优秀中医人才；后特邀参与创办江苏省中医进修学校（现南京中医药大学），并温课执教，著书立说，编撰教材与专著。吴考槃70余年的杏林生涯，精研覃思，立言传世，为学科的建设默默奉献，为人民的健康作出了卓越的贡献，在中医学术界享有崇高的声誉，被赞誉为著名经典医籍注释大家与研究大师、中医界的“活字典”、中医药文献研究的一代名家。然而作为一个普通人，吴考槃幼年丧母，中年丧子，肩负着两代人的抚养与教育之责，不断激励后代努力学习。受吴考槃的教诲，孙辈们都发奋图强，学有所成，获得了硕士或博士学位。吴考槃虽历经了国家变革，“十年动乱”冲击，以及家庭重负等种种磨难，仍以坚忍不拔的毅力，取得了常人无法想象的巨大成就。吴考槃将自己的全部精力投入于中医事业，从不计较个人得失。他经常帮助他人审稿改稿，从不要求署名，不计报酬，只有自己独家撰写的，才署上“海门吴考槃”。吴考槃也从不向领导提出任何要求，不阿谀奉承，即便真正有困难，也总是自己想办法解决。他一生淡泊名利，内心清静而无杂念。他为人谦和诚恳，处事坦诚，深得医界同仁的敬仰。

对于人生的种种不平，吴考槃都以博大胸怀，宽厚性情一一包容。他的这种豁达淡泊是一种自信、宽容、开朗，是一种修养，一种理念，一种境界，一种对待人世的态度。这种淡泊不是不思进取，不是无所作为，不是没有追求，正是这种淡泊，能经受荣耀，也能耐得寂寞，在顺境中不自鸣得意，身处逆境时不枉自菲薄，宠辱不惊，悉由自然。这就是吴考槃的人生，也是他长寿的秘诀。

（撰稿人　吴承玉　吴承艳）

《中华中医昆仑》丛书150卷总名录

（按生年排序）

第一集	张锡纯	丁甘仁	萧龙友	王朴诚	恽铁樵
	曹炳章	冉雪峰	谢　观	施今墨	汪逢春
第二集	孔伯华	黄竹斋	吴佩衡	蒲辅周	陈邦贤
	李翰卿	李斯炽	姚国美	陆渊雷	张泽生
第三集	时逸人	张梦侬	叶橘泉	王聘贤	陈慎吾
	邹云翔	赵炳南	承淡安	余无言	刘惠民
第四集	岳美中	沈仲圭	秦伯未	赵锡武	韦文贵
	程门雪	黄文东	赵心波	董廷瑶	吴考槃
第五集	章次公	石筱山	陆南山	张赞臣	李聪甫
	刘绍武	陈存仁	朱仁康	陆瘦燕	姜春华
第六集	韩百灵	高仲山	李克绍	王鹏飞	刘春圃
	金寿山	哈荔田	何世英	周凤梧	干祖望
第七集	关幼波	王为兰	任应秋	罗元恺	祝谌予
	杨医亚	郭士魁	何时希	耿鉴庭	俞慎初
第八集	裘沛然	顾伯华	江育仁	邓铁涛	门纯德
	刘渡舟	尚天裕	朱良春	李玉奇	程士德
第九集	尚志钧	赵绍琴	董建华	米伯让	李辅仁
	张珍玉	班秀文	颜正华	于已百	颜德馨
第十集	路志正	方药中	王乐匋	黄星垣	谢海洲
	余桂清	何　任	王子瑜	程莘农	陈彤云

第十一集　焦树德　张作舟　张　琪　李寿山　张镜人

王绵之　方和谦　印会河　王玉川　蔡小荪

第十二集　李振华　马继兴　王嘉麟　宋祚民　刘弼臣

王雪苔　刘志明　吴咸中　李今庸　任继学

第十三集　裴学义　王宝恩　周霭祥　贺普仁　唐由之

赵冠英　许润三　金世元　陆广莘　刘柏龄

第十四集　徐景藩　吉良晨　吴定寰　沈自尹　王孝涛

张灿玾　周仲瑛　强巴赤列　张代钊　李经纬

第十五集　郭维淮　柴松岩　苏荣扎布　陈可冀　李济仁

夏桂成　郭子光　巴黑·玉素甫　张学文　陈介甫

特别鸣谢

《中华中医昆仑》的出版，得到了以下多家企业、多位社会知名人士和具有远见卓识的优秀企业家的大力支持。在此，向他们致以崇高的敬意和衷心的感谢！

姚振华　李功韬　杨　钊　杨　勋　胡小林　谢秉臻

梅　伟　何伟诚　刘彦龙　周建良　邓耀华　周汉智

香港浩伟国际投资有限公司　顺丰国际(控股)有限公司

陈源池　李建军　苑　为　曹晓虹　苑牧鸽　兰　冰

崔晓浔　赵　兵　钟文心　薛蛮子　牧新明　李艾妮

张彩萍　吴力田　额尔敦　陶　莹　尹华胜　杨柳青

徐乃亮　陈经纬　伍　昕　孙　淼　王泽楷　万真扬

魏建辉　刘秀芳　魏振业　魏兴业　魏超业　魏俐娜

魏　倩　董栋华　郑仁瑞　周明海　石　岚　周天蕙

周天沁　周天洋　王汉智　汤苏云　王　娟　王　宇

郭　扬　王中华　赵　杨　王天开　王天其　李琪群

丁　健　范中杰　TCL集团　张　爽　王洪川　张平义

李少勤　翁　斌　徐建胜　柏　松　何倩明　柏景文

过以宏　张文颖　李作灵　陈　艳　邱维廉　夏秋阳

张　辉　陈广才　王凤成　贾俊飞　张国富